Heino Gehrts

Von der Welt der Märchen zu der Welt der Sagen

Herausgegeben von Heiko Fritz

IGEL VERLAG

H A M B U R G

Schriften zur Märchen-, Mythen- und Sagenforschung Band 6

Gesammelte Aufsätze 6

Heino Gehrts

Von der Welt der Märchen
zu der Welt der Sagen

Herausgegeben von Heiko Fritz

Schriften zur Märchen-, Mythen- und Sagenforschung Band 6

Gesammelte Aufsätze 6

LITERATURWISSENSCHAFT

Heino Gehrts
Von der Welt der Märchen zu der Welt der Sagen
Herausgegeben von Heiko Fritz
Schriften zur Märchen-, Mythen- und Sagenforschung Band 6,
Gesammelte Aufsätze 6

1. Auflage 2019
ISBN: 978-3-86815-733-8
Covermotiv: pixabay.com

IGEL Verlag *Literatur & Wissenschaft* ist ein Imprint der Bedey Media GmbH
Hermannstal 119 k, 22119 Hamburg
Printed in Europe

Die Deutsche Bibliothek verzeichnet diesen Titel in der Deutschen
Nationalbibliografie.
Bibliografische Daten sind unter http://dnb.d-nb.de verfügbar.

Vorwort*

Der Titel dieses sechsten Bandes macht einen zeitlichen Prozeß deutlich, nämlich den der Entwicklung vom Märchen zur Sage. Auf den ersten Blick muß ein solcher Fortgang keineswegs zutreffen, denn der Beginn der schriftlichen Aufzeichnung von Märchen und Sagen fand im selben Jahrhundert statt, und dabei ließen sich sowohl uralte Märchen finden wie auch sehr alte Sagen. Demgegenüber scheint eine Gleichursprünglichkeit von Märchen und Sagen wegen der Verschiedenheiten, die zwischen beiden Textgattungen bestehen, unwahrscheinlich.

Die vornehmlich formalen Unterschiede arbeitete der Schweizer Märchenforscher Max Lüthi in seinem Buch „Das europäische Volksmärchen", überzeugend heraus.

Für ihn zeichnet sich das Märchen vornehmlich durch seine eindimensionale Struktur aus, wovon man bei der Sage keineswegs sprechen kann. In „der Sage steht neben der diesseitigen Welt, geistig streng von ihr geschieden, eine jenseitige. Äußerlich ist diese jenseitige Welt nicht fern; sie kann jederzeit in den Alltag herüberwirken, und ihre Vertreter wohnen oft mitten unter den Menschen. Aber sie wird ganz anders erlebt als alles Diesseitig-Profane."[1] In der Sage wird eine „Gefühlsspannung spürbar, die den Menschen im Angesichte des Ganz Anderen ergreift."[2]

Im Gegensatz zu den Sagen verkehren die Menschen der Märchen mit den „Jenseitigen, als ob sie ihresgleichen wären … Ihnen fehlt das Erlebnis des Abstandes zwischen sich und jenen anderen Wesen."[3] Im Märchen gibt es weder Angst vor den Jenseitigen noch Neugier danach. Wenn der Held „im unterirdischen Reich ein geheimnisvolles Schächtelchen erbeutet, so läßt er es ungeöffnet, bis er in eine schwierige Lage gerät…".[4] Erst dann schaut „er hinein, um zu erfahren, was es enthält"[5], das heißt, er probiert es nicht vorher aus, wundert sich nicht darüber.

---

*   Dieses Vorwort ist ein überarbeitetes Teilstück des Aufsatzes „Die Krabat-Sage", erschienen im Buch: Heiko Fritz, „Märchenhaft Vermischtes – Aufsätze und Aphorismen", Igel Verlag Wissenschaft, Hamburg 2008, S. 81-110.
[1]   Max Lüthi, „Das europäische Volksmärchen", A. Francke Verlag, Tübingen und Basel 1997, S. 8.
[2]   Ebenda.
[3]   Ebenda S. 9.
[4]   Ebenda S. 10.
[5]   Ebenda.

Wenn hingegen „in der Sage ein Tier plötzlich zu sprechen beginnt, so packt den Menschen das Entsetzen. Im Märchen zeigt der Held, der sprechenden Tieren, Winden oder Gestirnen begegnet, weder Verwunderung noch Angst."[6] Das bedeutet, in „der Sage sind die Jenseitigen dem Menschen äußerlich nah und geistig fern. Im Märchen sind sie ihm örtlich fern, aber geis-tig-erlebnismäßig nah. Die örtliche Ferne ist dem Märchen offenbar das einzig legitime Mittel, das geistig Andere auszudrücken ...; der Held des Märchens muß bis ans Ende der Welt wandern, um die verwunschene Prinzessin zu erreichen. Aber dieses Weltende ist wirklich nur geographisch fern, nicht geistig. Jedes Jenseitsreich läßt sich erwandern oder erfliegen."[7]

Es werden also auch im Märchen Diesseits und Jenseits unterschieden. Nicht alle Figuren haben zum Beispiel Zauberkräfte. Aber beide Ebenen stehen nebeneinander, und die jeweiligen Figuren verkehren unbefangen miteinander. „Der Märchendiesseitige hat nicht das Gefühl, im Jenseitigen einer anderen Dimension zu begegnen."[8] Das eben nennt Max Lüthi die Eindimensionalität des Märchens.

Eine weitere formale Verschiedenheit zwischen Sagen und Märchen ist, daß Sagen eine Tiefengliederung besitzen, während sich Märchen durch Flächenhaftigkeit auszeichnen. Die Märchengestalten „sind Figuren ohne Körperlichkeit, ohne Innenwelt, ohne Umwelt; ihnen fehlt die Beziehung zur Vorwelt und zur Nachwelt, zur Zeit überhaupt."[9] Die Sage dagegen „schildert in realistischer Weise wirkliche Menschen und Dinge mit mannigfalltig gestuften Beziehungen zur diesseitigen und jenseitigen Welt."[10]

Das Märchen nennt selten „Gefühle und Eigenschaften um ihrer selbst willen oder um Atmosphäre zu schaffen ... Eigenschaften und Gefühle sprechen sich in Handlungen aus – das heißt aber: sie werden auf dieselbe Fläche projiziert, wo sich auch alles andere abspielt. Die Gefühlswelt als solche fehlt der Märchenfigur, und damit geht ihr seelisch jede Tiefe ab."[11] Das „Märchen zeigt uns flächenhafte Figuren, nicht Menschen mit lebendiger Innenwelt. Die Märchenheldin bringt es" beispielsweise „fertig, das Schweigegebot sieben Jahre lang zu erfüllen; von den seelischen Nöten und Konflikten, die in ihr dabei entstehen müssen, erzählt uns das echte Märchen nichts...".[12]

---

6 Ebenda.
7 Ebenda S. 11.
8 Ebenda S. 12.
9 Ebenda S. 13.
10 Ebenda.
11 Ebenda S. 15.
12 Ebenda S. 16.

Kurzum, wo immer das Märchen kann, „ersetzt es Inneres durch Äußeres, seelische Triebkräfte durch äußere Anstöße."[13] Die Innenwelt wird auf die Ebene des äußeren Geschehens verlagert. Statt des erotischen Empfindens wird zum Beispiel geheiratet.

Demgegenüber hat der Mensch der Sage „eigene Seelentiefe und reiche, spannungsvolle Beziehungen zur Umwelt…".[14]

Es kann also gesagt werden, was „in der Sage tiefengestaffelte Innenwelt und Umwelt ist, wirft das Märchen auf ein und dieselbe Fläche *nebeneinander*."[15] Deshalb sind die Handlungsträger im Märchen im Unterschied zur Sage weitgehend ohne Eigenbedeutung, besitzen keine selbständige Persönlichkeit, sondern haben, wenn das Märchen als eine Institutionalisierung von Erlebnissen gesehen wird, eine Individualität, die ganz in den Dienst des Regelsystems im Märchen gestellt ist. Demgemäß ist im Märchen die „Begegnung mit dem Jenseitigen … da, aber das Erlebnis des Jenseitigen fehlt."[16] Und deswegen gibt es im Märchen, wie eben gerade angedeutet, auch keine „sexuellen und erotischen Stoffkerne. Brautwerbung, Hochzeit, Ehe, Wunsch nach einem Kinde sind zentrale Motive des Märchens. Aber jede eigentliche Erotik fehlt."[17] Überhaupt werden im Märchen aufregende Situationen „mit derselben Ruhe berichtet wie die einfachen Bezüge und Funktionen des Alltags. Ohne tragischen Ton erzählt das Märchen von Mord, Gewalttat, Erpressung, Verrat, Verleumdung, Blutschande und vom unglücklichen Tod so vieler unbegnadeter Anwärter auf die Prinzessin."[18]

Wird all das gerade dargelegte verallgemeinernd zusammengefaßt, kann gesagt werden: „Das Märchen … bleibt uns rätselhaft, weil es wie absichtslos das Wunderbare mit dem Natürlichen, das Nahe mit dem Fernen, Begreifliches mit Unbegreiflichem mischt, so, als ob dies selbstverständlich wäre."[19] Die Sage dagegen will „auf den dämonischen Untergrund des Lebens hinweisen, vor unbekannten Feinden und Mächten warnen und auf alle Weise den Hörer auf die ‚andere' Welt einstellen."[20] Sie „will erschüttern und belehren".[21] Die Gestalt der Sage steht deswegen „in engem Zusammenhang

---

[13] Ebenda S. 17.
[14] Ebenda S. 18.
[15] Ebenda.
[16] Ebenda S. 65.
[17] Ebenda.
[18] Ebenda S. 67.
[19] Ebenda S. 6.
[20] Ebenda.
[21] Ebenda.

mit dem Berichteten. Ein Ereignis, ein Erlebnis, eine wirkliche oder geglaubte Tatsache wird Sprache. Der Gegenstand bestimmt die Stimmung des Erzählenden und beide, Gegenstand und Stimmung, bestimmen die Form der Erzählung."[22] Das Geheimnis des Märchens hingegen „ruht nicht in den Motiven, die es verwendet, sondern in der Art, wie es sie verwendet."[23]

Heino Gehrts arbeitet nun darüber hinaus einen inhaltlichen Grund für die Unterscheidung von Märchen und Sagen heraus, nämlich bei der Rolle des Opfers in ihnen. Daraus erschließt sich ihm auch der Sinn der Blutsbrüderschaft. Als vorzügliches Darstellungsobjekt dient dazu das „Zweibrüdermärchen". Bei diesem Märchentyp ist die Tötung mindestens eines Bruders bzw. sein Durchgang durch das Jenseitsreich Voraussetzung dafür, daß der andere einen Lebensgewinn erzielt, – im Märchen dargestellt als Erringung der Königstochter.

Heino Gehrts stellt in seiner Analyse des Zweibrüdermärchens und dessen Nähe zu den Opferritualen fest, daß der Bereich der Sage „durch den Tod beschränkt" ist: entweder der Held fällt „als ein unwiederbringliches tragisches Opfer, er stirbt seinen ganz persönlichen unabkaufbaren Tod und erschöpft damit den Sinn seines Daseins ... oder er wechselt hinüber in die Welt des Mythos, um hinfort dort drüben den Sinn seines Daseins in einem nun unabwendbar gewordenen Bild darzustellen. Mythos und Sage sind zwei Weltkreise, die zwar gegeneinanderhin geöffnet sein können, die jedoch immer völlig auseinander liegen. Das Märchen umfaßt diese beiden Kreise mit einer einzigen Figur und verschmilzt sie darin, indem es das Opfer, die Todeswandlung, uneingeschränkt bejaht und den Opfergewinn jeweils schon mit in das Bild des Opfertodes hineinnimmt: Opfertod ist Wandlung, und keine Verwandlung versteinert auf ewig ... die Todesfessel wird im erneuten Opfer wieder entbunden."[24] Der Tote bleibt also im Märchen auf das gelebte Leben rückbezogen. Der Sagenheld löst sich dagegen an der Nahtstelle des Todes aus der Bindung mit dem Leben.

Es ist ein tiefsinniger Gedanke im Märchen, daß alles „Unheil nicht nur wiedergutgemacht werden kann, sondern darüberhinaus die Heilung am Ende einen wirklichen Heilsgewinn abwirft ...".[25] Der Gewinn zeichnet sich dadurch aus, daß ein „Mißgeschick nie durch eine weise Frau selbst oder

---

[22] Ebenda.
[23] Ebenda.
[24] Heino Gehrts, „Das Märchen und das Opfer – Untersuchungen zum europäischen Brüdermärchen", Bouvier Verlag, Bonn 1995, S. 211-212.
[25] Ebenda S. 219.

einen zauberkundigen Mann ins Lot gebracht wird – obwohl oft durch ihren Rat und mit ihrer Hilfe – sondern immer durch einen Nichtinitiierten, der sich durch eine die rituelle Ordnung wiederherstellende Handlung selbst zum Heilsträger initiiert."[26]

Etwas anderes als das Märchen entsteht, „sobald das erzählte Geschehen den Opfersinn verneint und durch das Bild des Todes ersetzt, den Opfergewinn in Raub verwandelt und die Person zuungunsten der Rolle überbetont."[27] Das sind Kennzeichen der Sage. Sie stellt die furchtbaren Folgen dar, welche sich „infolge des Ausbruches aus der rituellen Rolle überhaupt ergaben."[28] Das, was im Ritus der initiierten Person den Schrecken des Todes nimmt, die Fähigkeit, Diesseits und Jenseits zu verküpfen, wird in der Sage oft in eine überirdische Zone, in den Mythos, hinaufgetragen. Das bedeutet, die Sage hat „den ritualistisch-ganzheitlichen Sinn völlig in den Mythos ausgeschieden … Im Mythos ist das Opfermodell auf die schicksallose Gottheit angewandt, und das Geschehene erhebt und erfüllt durch Unerreichbarkeit mit Wehmut …".[29] In der Sage, wo der Held in den diesseitigen Schicksalsfesseln gebunden ist, wird das Geschehen in seiner Unabwendlichkeit nur durch das heroische „Mitleid" erhoben und erfüllt. Dem Märchenheld ist dagegen „der tiefe Ernst des tragischen Schicksals durchaus fremd."[30] Der Optimismus des Märchens erwächst nach Heino Gehrts „aus der Gewißheit der Opferverwandlung".[31]

Den Vergleich zwischen Märchen und Sage abschließend kann also gesagt werden: „Fällt der Ton auf die Abdingbarkeit aller Opferfesseln und die Wiederherstellbarkeit der Welt, so haben wir das Märchen –, wenn auf die Unausweichlichkeit und die Unwiederbringlichkeit persönlicher Opfertode",[32] so handelt es sich beim dargestellten Geschehen um eine Sage.

Dies alles zusammengenommen und noch vieles weitere, drängte Heino Gehrts zu der Auffassung, daß „mit Wahrscheinlichkeit" die Sagen „ihren Ursprung aus den Märchen"[33] genommen haben.

---

[26] Ebenda.
[27] Ebenda S. 220.
[28] Ebenda.
[29] Ebenda S. 221.
[30] Ebenda S. 222.
[31] Ebenda.
[32] Ebenda S. 225.
[33] Ebenda S. 213.

Anmerkungen des Herausgebers

Grundlage der hier vorliegenden Arbeiten von Heino Gehrts sind entweder die ursprünglichen schreibmaschinengeschriebenen Originale aus seinem Nachlaß oder die vom Autor selbst autorisierten Veröffentlichungen. Kam es zu einer Publikation eines Aufsatzes, ist dies bei der Überschrift erwähnt. Die letzten vier Aufsätze, „Andenken an Alfred Schuler", „Die Spaltung von Oraibi", „Genius der Jugend und kritische Gesetztheit – Zur Psychologie der Kritik in den Geisteswissenschaften" und „Das Delikt der Fahrerflucht", gehören thematisch nicht zum Titel dieses Bandes und sind demgemäß als Anhang zu verstehen. Sie sind hier mit aufgenommen worden, um einerseits auf Bereiche aufmerksam zu machen, mit denen sich Heino Gehrts ebenfalls intensiv beschäftigt hat, wie mit dem geistigen Kreis um den Philosophen Ludwig Klages oder das Leben der Hopi-Indianer, und sie sollen andererseits aufzeigen, wie Gehrts' Denkweise sich auf Geschehnisse erstreckt, die den praktischen Alltag berühren. Alle vier Aufsätze können deutlichere Aufschlüsse darüber geben, wie seine Art der Erkennisgewinnung war, als es sich bei seinen Arbeiten zur Märchen-, Mythen- und Sagenforschung zeigt.

VOM SINN DER BLUTSBRÜDERSCHAFT

[Erschienen in der Zeitschrift „Märchenspiegel 4/93 – November 1993“, Haag + Herchen Verlag, Frankfurt am Main 1993, S. 2-7.]

Sogar in unserem Jahrhundert mag noch manch ein junger Mensch davon geträumt haben, wie es wäre, wenn er sich mit einem anderen Menschen im Blute, durch das Blut verbünden würde, und zeitweilig mag er solche enge freundschaftliche Bindung noch der erst später reizvoll werdenden erotischen Verbindung vorgezogen haben. Über die Vorstellung einer innigen Verbundenheit gehen allerdings heutzutage die Gedanken nicht hinaus. Die Blutsbrüderschaft jedoch ist vom höchsten Altertum, und die Anschauungen der Gegenwart reichen zu den Gehalten, die ehedem eine solche rituelle Verbindung erfüllen, nicht mehr zurück. Auch ich stieß auf diesen Gehalt erst dadurch, daß ich ein uraltes Dokument langsam verstehen lernte und erkannte, was die dort ausgebreiteten Bilder besagen wollen. Erst danach fand ich auch in späteren Überlieferungen und in historischen Dokumenten die Bestätigungen für meine Funde. Das prähistorische Dokument war das europäische Zweibrüdermärchen (AT 303), eines der wirklich uralten Märchen. Verallgemeinert ausgesprochen: Nur eine Anzahl alter Märchen – keinesfalls alle – überliefern uns die einzigen zusammenhängenden sprachlichen Zeugnisse aus der schriftlosen Vorzeit.

Seit wie langer Zeit das Bewußtsein von Sinn und Auswirkung der Blutsbrüderschaft bei uns schon geschwunden ist, das vermag man daran zu sehen, daß diese Form der Verbindung zwischen Siegfried und Gunther sich sogar aus unserem hochmittelalterlichen Nibelungenliede schon verloren hat, während die Völsungasaga dieses Verhältnis noch klar zum Ausdruck bringt: *their saverjaz nú í brædhralag sem their sé sambornir brædhr:* Sie schworen sich nun ins Brüdergesetz, als seien sie „zusammengeborene“ Brüder. *Sambornir*, nach den Wörterbüchern: von einer Mutter, von denselben Eltern, leibliche Brüder – hier vielleicht am sinnvollsten: Brüder eines Blutes.

Trotz mannigfaltiger Traditionsverluste wird uns in der mittelhochdeutschen Heldenepik doch wenigstens eine Schwurfreundschaft noch überliefert, nämlich die von Ortnit und Wolfdietrich, und in ihrem Doppelepos verläuft die Handlung noch weitgehend wie in dem beispielgebenden Zweibrüdermärchen. Wolfdietrich zieht dort aus, um mit Ortnit um dessen Erbe zu kämpfen. Das heißt aber nicht, daß er ihm sein Reich entreißen will, sondern dies: daß er sich als überlegener Rachekämpfer und würdiger Nachfolger erweisen möchte – für den Fall, daß Ortnit im Kampfe fiele. Darum sagt Wolfdietrich: Wenn ich ihn besiege, will ich sein Geselle werden – und Gesell vertritt an dieser Stelle das Wort Schwurbruder. Später heißt es dann, als Wolfdietrich nach Wunsche über Ortnit gesiegt hat: Sie schworen sich zusammen, die würdigen Fürsten, niemand als der Tod sollte fürderhin die beiden Kühnen trennen können.

Diese Stelle im Wolfdietrich-Epos stellt klar, was eigentlich die Herausforderung Gunthers durch Siegfried ehedem bedeutet hat: nicht nämlich unverschämt reckenhaftes Verlangen nach Gunthers Reich, sondern die kämpferische Aufforderung, mit dem Herausforderer eine Schwurbrüderschaft einzugehen. Wie die Blutsbrüderschaft selbst hat auch dieser Sinn von Siegfrieds Auftreten in Worms sich aus dem Nibelungenliede schon verloren. Mir scheint, daß in der entsprechenden Wormser Szene des Liedes dieser Ausfall noch immer in Siegfrieds unklar zielloser Herausforderung und seiner psychologisch unglaubhaften Beschwichtigung zu spüren ist.

Das alte Ritual

Zunächst seien nun die Hauptzeugnisse für den Brüderbundritus aus der altnordischen Literatur angeführt. Nicht jede dieser Nachrichten ist vollständig, erst zusammen zeigen sie ein abgerundetes Bild. Zunächst geben wir die Stelle aus der Fóstbrœdhrasaga wieder, die eben nach den Schwurbrüdern benannt ist. Es handelt sich um zwei kämpferische Jungmannen auf Island, Thorgeir und Thormod, *„und es war früh Freundschaft zwischen ihnen, denn sie waren in vielem gleichgeartet. Früh sagte ihnen ihre Ahnung, wie es sich späterhin bewährte, daß sie den Schwerttod sterben würden; denn sie waren entschlossen, nie nachzugeben, vielmehr obzusiegen, mit wem sie auch etwas auszufechten hätten. Daher gaben sie sich das feste Versprechen, daß der den anderen rächen sollte, der länger lebte. Obgleich aber damals die Leute Christen genannt wurden, war doch zu jener Zeit das Christentum noch jung und sehr unvollkommen, so daß viele Funken des Heldentums noch zurückgeblieben waren. So war die Sitte berühmter Männer beibehalten worden, jener, die die Gesetze miteinander aufgestellt hatten, daß einer den andern rächen sollte, der länger lebte. Da sollten sie unter drei Erdstreifen gehen, und das war ihr Eid. Der Hergang war diesermaßen: Man mußte drei lange*

Rasenstreifen aus der Erde schneiden – ihre Enden mußten alle fest in der Erde bleiben – und die Mitten hochheben, so daß man darunter gehen konnte. Diesen Brauch übten Thormod und Thorgeir bei ihrem Versprechen."

In der Egilssaga einhenda, einer erdichteten Saga, lautet der Text so: Nun führten die beiden, Aran und Asmund, *„alle die Übungen durch, die junge Männer zu jener Zeit gewohnt waren, und sie waren so gleich, daß niemand einen Unterschied hätte feststellen können. Dann nahmen sie den Ringkampf auf, und es gab harte Griffe bei ihnen, und keiner konnte feststellen, wer stärker war, und sie schieden so, daß sie beide müde waren. Da redete Aran zu Asmund: ‚Wir werden aneinander nicht unsere Waffentüchtigkeit erproben, denn das wäre schade um uns beide. Ich will, daß wir uns zum Fóstbrædhralag verschwören, daß jeder den anderen rächen soll und daß wir alle Güter gemeinsam haben, Erworbnes und Unerworbnes.' Das folgte auch aus ihrem Eid, daß der, der länger lebte, den Hügel für den anderen aufwerfen lassen sollte und so großes Gut darin niederlegen, wie es ihm passend schiene."*

In der bekannteren Gíslasaga beschließen ausnahmsweise vier Männer, die Verpflichtung einzugehen: sie *„schnitten einen Rasenstreifen aus dem Boden, so daß beide Enden an der Erde festblieben, und stellten in der Mitte darunter einen Runenspeer, dessen Schaftnägel ein Mann mit der Hand erreichen konnte. Sie mußten alle vier daruntertreten, Thorkel, Gisli, Thorgrim und Vestein. Nun ritzten sie sich blutig und ließen ihr Blut auf die Erde träufeln, die unter dem Rasenstreifen bloßgelegt war, und vermischten Blut und Erde miteinander Darauf fielen sie alle auf die Knie nieder und schworen den Eid, jeder solle den anderen wie seinen Bruder rächen, und riefen die Götter zu Zeugen an."*

In den meisten Texten wird mit einer wesentlich kürzeren Formel vom Abschluß der Schwurbrüderschaft gesprochen; so vermerkt der Ormstháttr Slórolfssonar von zwei jungen Männern, Orm und Asbjörn, nur dies: *„Sie wetteiferten in mancherlei Fertigkeiten und waren sich in allen gleich, bei denen die Kraft nicht den Ausschlag gab. Hier aber war Orm immer der Stärkere. So kam es, daß sie nach altem Brauch Blutsbrüderschaft schlossen. Der Überlebende sollte den andern rächen, falls dieser fiele."*

Wir wiederholen, daß das Ritual unter einem mit Speeren hochgestemmten Rasenstreifen begangen wird, daß im allgemeinen nur zwei Männer daruntertreten, daß sie beide Blut auf die Erde tropfen lassen und es dort vermischen, daß sie unter Handschlag und unter Anrufung der Götter sich einen Eid leisten. Dieser Eid besagt vor allem und gelegentlich ausschließlich, daß beim Kriegertod des einen der andere ihn zu rächen verpflichtet ist; dazu tritt die Verantwortung für die Bestattung. Des öfteren wird auch die Gemeinsamkeit des Gutes, des mitgebrachten und des zusammen erworbenen, ausdrücklich genannt.

Was weiß das Märchen davon?

Es scheint so, als hätten wir in den Zitaten die mit unserem Thema gestellte Frage schon beantwortet, aber das ist nur ein Anschein: Wir haben den Texten nur etwas über die Eidesleistung, über Zwecke und Ziele entnommen. Im übrigen haben wir weder erkannt, was denn die eigentliche, die leibliche Verbindung im erdvermischten Blute bedeutet, noch haben wir etwas Näheres ausgemacht über das Ziel des Bundes, nämlich über die Rache. Wir ahnen nicht, warum die Blutrache so wünschenswert ist, daß dazu ein besonderes vorsorgendes Ritual begangen wird.

Um zu den dahingehörenden Antworten zu gelangen, müssen wir uns an das Märchen wenden. Der Bündigkeit halber habe ich dazu eine zwar vollständige, aber recht kurze und stellenweise mehr referierende als erzählende Fassung gewählt. Sie trägt die Überschrift „Von Johannes-Wassersprung und Caspar-Wassersprung" und steht als Nr. I, 74 im Erstdruck der Grimmschen Märchen von 1812:

Ein König bestand darauf, seine Tochter sollte nicht heirathen, und ließ ihr in einem Wald in der größten Einsamkeit ein Haus bauen, darin mußte sie mit ihren Jungfrauen wohnen, und bekam gar keinen anderen Menschen zu sehen. Nah an dem Waldhaus aber war eine Quelle mit wunderbaren Eigenschaften, davon trank die Prinzessin, und die Folge war, daß sie zwei Prinzen gebar, die darnach Johannes-Wassersprung und Caspar-Wassersprung genannt wurden, und wovon einer dem andern vollkommen ähnlich war. Ihr Großvater, der alte König, ließ sie die Jägerei lernen, und sie wuchsen heran, wurden groß und schön. Da kam die Zeit, wo sie in die Welt ziehen mußten; jeder von ihnen erhielt einen silbernen Stern, ein Pferd und einen Hund mit auf die Fahrt. Sie kamen zuerst in einen Wald, und sahen zugleich zwei Hasen und wollten darnach schießen, die Hasen aber baten um Gnade und sagten, sie mögten sie doch in ihre Dienste aufnehmen, sie könnten ihnen nützlich seyn, und in jeder Gefahr Hülfe leisten. Die zwei Brüder ließen sich bewegen, und nahmen sie als Diener mit; nicht lang, so kamen zwei Bären, wie sie auf die zielten, riefen die gleichfalls um Gnade, and versprachen treu zu dienen: also ward auch damit das Gefolge vermehrt.

Nun kamen sie auf einen Scheideweg, da sprachen sie: „wir müssen uns trennen, und der eine soll rechts, der andere links weiter ziehen!" aber jeder steckte ein Messer in einen Baum am Scheideweg, an deren Rost wollten sie erkennen, wie es dem andern ergehe, und ob er noch lebe; dann nahmen sie Abschied, küßten einander und ritten fort. Johannes-Wassersprung kam in eine Stadt, da war alles still und traurig, weil die Prinzessin einem Drachen sollte geopfert werden, der das ganze Land verwüstete, und anders nicht konnte besänftigt werden. Es war bekannt gemacht, wer sein Leben daran wagen wolle und den Drachen tödte, der solle die Prinzessin zur Gemahlin haben, niemand aber habe sich gefunden; auch hatte man das Unthier hintergehen wollen, und die Kammerjungfer der Prinzessin hinausgeschickt, aber die hatte es gleich erkannt und nicht gewollt. Johannes-Wassersprung dachte: du mußt dein Glück auf die Probe stellen, vielleicht gelingt dirs, und machte sich mit seiner Begleitung auf gegen das Drachennest. Der Kampf war gewaltig: der Drache spie Feuer und Flammen, und zündete das Gras rings herum an, so daß Johannes-Wassersprung gewiß erstickt wäre, wenn nicht Has, Hund und Bär das Feuer ausgetreten und gedämpft hätten; endlich mußte der Drache aber unterliegen, und Johannes-Wassersprung hieb ihm seine sieben Köpfe herunter, dann schnitt er die Zungen heraus und steckte sie zu sich; nun aber war er so müd, daß er sich auf der Stelle niederlegte und einschlief. Während er da schlief, kam der Kutscher der Prinzessin, und als er den Mann da liegen sah, und die sieben Drachenköpfe daneben, dachte er, das mußt du dir zu nutz machen, stach den Johannes-Wassersprung todt, und nahm die sieben Drachenköpfe mit. Damit ging er zum König, sagte, er habe das Ungeheuer getödtet, die sieben Köpfe bringe er zum Wahrzeichen, und die Prinzessin ward seine Braut.

Indessen kamen die Thiere des Johannes-Wassersprung, die nach dem Kampf sich in die Nähe gelagert und auch geschlafen hatten, wieder zurück und fanden ihren Herrn todt. Da sahen sie, wie die Ameisen, denen bei dem Kampf ihr Hügel zertreten war, ihre Todten mit dem Saft einer nahen Eiche bestrichen, wovon sie sogleich wieder lebendig wurden. Der Bär ging und holte von dem Saft, und bestrich den Johannes-Wassersprung, davon erholte er sich wieder, und in kurzem war er ganz frisch und gesund. Er gedachte nun an die Prinzessin, die er sich erkämpft hatte, und eilte in die Stadt, da ward eben die Hochzeit mit dem Kutscher gefeiert, und die Leute sagten, der habe

*den siebenköpfigen Drachen getödtet. Hund und Bär liefen ins Schloß, wo
ihnen die Prinzessin Braten und Wein um den Hals band, und ihren Dienern
befahl, sie sollten den Thieren nachgehen, und den Mann, dem sie angehör-
ten, zur Hochzeit laden. So kam Johannes-Wassersprung auf die Hochzeit,
und gerade ward die Schüssel mit den sieben Drachenköpfen aufgetragen,
die der Kutscher mitgebracht hatte. Johannes-Wassersprung zog die sieben
Zungen hervor, und legte sie dabei, da ward er als der rechte Drachentödter
erkannt, der Kutscher fortgejagt und er der Gemahl der Prinzessin.*

*Nicht lang darnach ging er auf die Jagd, und verfolgte einen Hirsch mit
silbernem Geweih, er jagte ihm lange nach, konnte ihn aber nicht erreichen,
und kam endlich zu einer alten Frau, und die verwandelte ihn sammt seinem Hund, Pferd und Bären in Stein. Indessen kam Caspar-Wassersprung
zu dem Baum, worin die beiden Messer standen und sah, daß das Messer
seines Bruders verrostet war; sogleich beschloß er ihn aufzusuchen, ritt fort
und kam in die Stadt, wo die Gemahlin seines Bruders lebte. Weil er aber
diesem so ähnlich sah, hielt sie ihn für ihren rechten Mann, freute sich seiner
Wiederkunft, und bestand darauf daß er bei ihr bleiben sollte. Allein Caspar-
Wassersprung zog weiter, fand seinen Bruder mit seiner Begleitung versteinert, und zwang die Frau, den Zauber aufzuheben. Darauf ritten die beiden
Brüder heim, unterwegs machten sie aus, derjenige solle Gemahl von der
Prinzessin seyn, dem sie zuerst um den Hals fallen werde, und das geschah
dem Johannes-Wassersprung.*

Diese Fassung des Zweibrüdermärchens zeichnet sich vor einer ganzen Reihe anderer dadurch aus, daß von Anfang bis zum Ende für die zwei
Brüder nur eine Frau, eine Prinzessin da ist. In vielen Fassungen wird zum
Schluß noch geschwind eine Schwester der Kronenerbin hinzuerfunden und
der zweite Bruder mit ihr vermählt. Aber dieser allerletzte Nachsatz: und der
Bruder erhielt ihre Schwester – ist sinnlos, ein bloßer Erzählereinfall um ver-
meintlicher Symmetrie willen, ein Fehlgriff, der dem echten Gehalt nicht entspricht. Einer der Beweise dafür ist der Sinn der Versteinerung: sie bedeutet
den Tod. Auch das Notzeichen, das rostende Messer, soll ja, wie des öfteren
gesagt wird, den Tod anzeigen. In einem russischen Märchen, um doch ein
Beispiel dafür zu geben, heißen die Brüder, nah verwandt mit denen in unserem Grimmschen Märchen, Iwan-Wassersohn und Michail-Wassersohn und
werden auf ähnliche Weise gezeugt. Dort beißt die Hexe den Iwan-Wassersohn zu Tode, zerstückelt ihn, salzt die Stücke ein, wirft sie in einen Korb
und vergräbt den im Wald. Die Hexe des Zweibrüdermärchens ist nicht etwa

ein zauberndes Menschenweib, sondern sie ist eine Todesgöttin, die Tödin, wie eine solche Gefährtin des Todes in süddeutschen Sagen genannt wird, germanisch also die Hel.

Mithin fällt der ältere Bruder, der vorangeht ins Schicksal, gegen den Drachen, um des Königtums willen, der sich aussetzt, und zwar auch für den Bruder, da ja alles Errungene stets beiden gehört, also auch Krone, Reich und Eheweib, dieser Ältere, Rechtshingewandte fällt als ein Todesopfer für die lebendige Schicksalsvollendung des Jüngeren, der den linken Weg einschlug und zunächst zurückblieb. Dann aber rückt er nach und holt den Bruder heim, so erzählt es das Märchen, zu Ehe und Königtum, die beide nur in der Einzahl zur Verfügung stehen. Wie kann der Bruder den Bruder heimholen aus dem Tode? Es ist bekannt, wie die Toten in Germanien wiederkehren. Oftmals heißt der Enkel nach seinem Ahn und gilt als seine Wiedergeburt. So, könnten wir denken, holt auch der Bruder den Bruder aus der Todeszone ins Leben zurück. Indem er den Sohn zeugt mit der Frau, die für ihn der Tote ursprünglich gewonnen hat, verschafft er dem Bruder ein erneuertes Leben. Für uns mögen solche Gedanken abwegig sein, dem Altertum waren sie selbstverständlich.

Unteilbar Einer

Ja, der Vorgang war ehedem noch weit geheimnisvoller. Nicht der Jüngere allein zeugte den wiedergeborenen Bruder, sondern wie das Märchen es ausdrückt, es kehrte ja der Ältere selbst wieder heim, und er ist sogar der Hauptgatte. Es ist wirklich sein Sohn, der da geboren wird. Um das zu verstehen, müssen wir noch eine Stufe tiefer in die Gedankengänge des Altertums zurückgehen. Ich zitiere dazu einige Sätze aus Grönbechs „Kultur und Religion der Germanen": *„Die Verwandten verstärken einander; sie sind nicht wie zwei oder mehr Individuen, die ihre Kräfte zusammentun, sondern sie handeln in gleichem Takt, weil tief in allen ein Geheimnis sitzt, das für sie weiß und für sie denkt. Ja noch mehr, sie sind so verbunden, daß der einzelne von seinen Gefährten Kraft an sich ziehen kann."* Es ist vielleicht richtig, wenn ich zwischendurch, um das Gesagte begreiflicher zu machen, anführe, wie Grönbechs eigener Titel für das Buch lautete: Vor Folkeæt i Oldtiden – Unser Volksstamm im Altertum. Das Zitat geht so weiter: *„Diese Eigentümlichkeit des Menschen kennt der Bär sehr wohl, nach dem, was man im nördlichen Schweden erzählt. ‚Lieber mit zwölf Männern als mit zwei Brüdern kämpfen',* *lautet ein Sprichwort, das man dem klugen Tiers zuschreibt. Von zwölf Männern kann er den einen nach dem anderen gründlich beseitigen; die zwei aber kann er nicht einzeln erledigen. Und wenn der eine fällt, geht seine Stärke auf seinen Bruder über."*

Für uns klingt dies alles noch allzu psychologisch. Wir haben den Sinn für das Substantielle, das für das Altertum die Hauptsache war, verloren. Die Stärke geht auf den Bruder über – nun ja, denken wir, der Tod des anderen ist für den einen der Anlaß, sich zusammenzureißen und alles, aber auch alles einzusetzen. Weit gefehlt, so dachte das Altertum nicht; es stellte sich einen wirklichen Einfluß, ein Einfließen des Toten in den Lebenden vor. Auch selbst in unserer Zeit wird dergleichen noch erlebt. In dem Buch „Geistererscheinungen und Vorzeichen", das Aniela Jaffé, die bekannte Schülerin von C. G. Jung, aus zeitgenössischen Berichten zusammengestellt hat, erzählt ein ehemaliger Lokführer: *„Am 8. April 1950 starb mein Bruder. Er war im 60. Altersjahr. Am 11. April 1950 wurde er in W. beerdigt. Einige Tage später ging ich, wie gewohnt, zirka um 20.00 Uhr ins Bett, lag noch einige Zeit wach auf dem Rücken. Meine Gedanken waren nicht bei meinem Bruder. Ich mochte vielleicht 10 bis 15 Minuten so dagelegen haben, als er plötzlich aus der mich umgebenden Finsternis und wie aus dichtem Nebel heraus, etwa eineinhalb Meter über mir erschien. In Lebensgröße, in seinen alltäglichen Kleidern, kam er ganz langsam angeschwebt und blieb dann, quer über mir, aber nur die obere Körperhälfte, stehen. Jetzt geschah etwas Merkwürdiges! Plötzlich löste sich aus seinem, für mich sichtbaren Körper, etwas wie ein ganz feiner Nebel und im gleichen Moment auch aus meinem Körper. Diese beiden ganz schwachen, nebelhaften Gebilde bewegten sich genau in der Mitte zwischen ihm und mir, indem sie ganz ineinander einflossen. Und so, vereinigt, kehrte dieses Gebilde in meinen Körper zurück.*

Der ganze Vorgang dauerte vielleicht eine Minute und zwar ohne ein Geräusch und ohne irgendein Gefühl zu verursachen. Im Moment, wo dieser ‚Nebel' oder ‚Geist', oder wie man eine solche Erscheinung nennen soll, in meinem Körper ganz verschwunden war, verschwand auch mein Bruder wieder, lautlos, wie er gekommen war.

Ich habe seither schon oft an dieses Erlebnis gedacht und mich gefragt, was es damit für eine Bewandtnis haben könnte, kann mir aber keine definitive Antwort geben. Auch unseren Pfarrer habe ich gefragt, aber auch ohne Erfolg."

Zu diesem Erlebnis aus unserer Zeit zitiere ich eine Stelle aus dem mittelhochdeutschen Eckenliede, zwei Strophen ältesten Gehaltes, die sich grad noch in der mittelalterlichen Dichtung gehalten haben. Es ist bezeichnend, daß diese beiden Strophen in einer verkürzten Fassung des Gedichtes, die ich besitze, ausgelassen sind. Bei dieser Dichtung handelt es sich um eine Dietrich-Sage. Sie erzählt, wie ein junger Held, Ecke mit Namen, im kämpferischen Dienste einer jungen Frau Dietrich von Bern zwingt, gegen ihn zu kämpfen, und wie Dietrich wider den eigenen Wunsch ihn erschlagen muß. Danach trifft er auf Eckes Bruder Vasold, der zum Rachekampf gegen Dietrich antritt. Dabei wechseln sie die folgenden Reden: Dietrich: *„Gott bewahre mich vor dir, du bist ja ein roter Degen! Das Herz Eckes ist in dich gefahren, obwohl er als Leiche im Walde lag, da ich von ihm ritt. Das paßt mir nicht mehr, daß du mich zu zweien angreifst: Laß das, laß deinen Gesellen aus dem Spiel: Trittst du mir allein entgegen, das wäre wirklich kühn!"* - Darauf Vasold: *„Was wirfst du mir zwei Herzen vor! In dir ist ja auch Diethers Herz, deines wunderkühnen Bruders, mit dem du eines Weibes Schoß entstammst. Damals, als ihn auf grünem Felde vor Ravenna der kühne Wittich erschlug, da fuhr seine Kraft in deinen Leib!"*

Diese zwei Strophen sind ein Fragment uralter Vorstellungen. Die Kraft der Toten, Diethers und Eckes, ist ihren lebenden Brüdern, Dietrich und Vasold, in den Leib gefahren und wirkt auf diese Weise mit ihnen im Verein. Und diese Stärke ist nicht etwas Abstraktes, sondern sie ist das Herz selber des Toten. Wie substantiell das gedacht ist, geht aus den Reginsmál der Edda hervor. Sigurd hat den Fafnir erschlagen – auf Antreiben Regins, angeblich, um den Vater Regins, den Fafnir um des Schatzes Willem ermordet hat, zu rächen – in Wahrheit, weil Regin selbst nach dem Besitz des Goldes giert: eine Sippe dämonischer Mörder. Regin brauchte nur noch Sigurd zu töten, dann gehörte ihm das Gold. Zugleich wäre dies die Bruderrache für den von Sigurd erschlagenen Fafnir. Aus diesem Grunde will Regin das Herz seines Bruders Fafnir essen, und Sigurd muß es ihm rösten. Das Herz ist aber nicht etwa ein einfaches Stück Drachenfleisch, sondern es wird *fjörsegi fránn* genannt – schwer zu übertragen, weil uns das Wort *fjör*, das noch mittelhochdeutsch *verch* lautet, verlorengegangen ist. Wir kommen aber dem Sinn nahe mit der Wiedergabe: das funkelnde Stück Lebenskraft. Dies Stück Lebenskraft, diese leibhafte Lebenssubstanz, das *verch*, mit Verwendung des mittelhochdeutschen Wortes, ist aber nicht etwa nur ein Bestandteil des individuellen Leibes, wie die moderne Anatomie und Chirurgie das Herz auffaßt. Zu *verch* gehört noch ein anderes nahverwandtes Wort, das im Gotischen *fairchwus* lautet und Welt bedeutet. Bei Ulfilas dient es dazu, das griechische Wort *kósmos* zu übertragen. Mit anderen Worten: durch das *verch* ist der individuelle Leib zugleich welthaft oder kosmisch. Man sieht, wie mit dem Verlust eines einzigen Wortes ganze philosophische oder psychologische Gedankenverbindungen und Ausdrucksmöglichkeiten verlorengehen. Was ist so Unmögliches an der Telepathie, Hellsicht Telekinese, Schicksalsweisheit, wenn ich mit meinem *verch* zugleich welthaft bin!

Regin plant also, sich das *verch* seines verdrachten Bruders Fafnir einzuverleiben und damit auch die Macht zu gewinnen, den Sigurd zu überwältigen und zu töten, also die Bruderrache auszuüben – wie Vasold das, mit dem Herzen Eckes in sich, ebenfalls vorhat. Dem Sigurd aber kommt bekanntlich, während er das Herz röstet und mit dem Finger etwas von dessen Saft auftippt, eine Ahnung von der Bedeutung des Vorganges und von dem verräterischen Vorhaben Regins: hörbar wird sie ihm in der Stimme der Meise über seinem Haupte. Durch das Herz des Toten wird er offen, ganz im Sinne des Gesagten, für die leise Stimme der Welt, für die Schicksalsweisung.

Heimkehr ins Leben

Regin würde, wenn er Sigurd tötete, den Drachenhort gewinnen. Aber er hätte damit auch das funkelnde Stück Lebensmacht erst wirklich gewonnen. Indem er den Töter des Bruders dem Tode weihte, würde er den Toten durch ein Opfer austauschen und damit ins Leben zurückführen. Denn darin scheint mir die Vorstellung von der Wirkung der Blutrache zu gipfeln: daß der Rächer den erschlagenen Töter der Todesgottheit zusendet und im Austausch dagegen den toten Bruder zurückerhält. Das wäre die *Redemptio ex infernis*, der Rückkauf oder Loskauf aus der Unterwelt. Es ist ja bemerkenswert, daß auch im Christentum die Erlösung der Toten mit einem Kaufmannswort bezeichnet wird und daß der Christus Redemptor heißt, was ursprünglich Aufkäufer und Unternehmer bedeutet und erst im christlichen Latein Erlöser.

Wir haben nun verstanden, in welchem substantiellen Sinne durch die Blutrache der Tote heimkehrt, und wir können nun auch verstehen, inwiefern der ältere Bruder im Märchen aus der Versteinerung des Todes gelöst wird, im Bruder selbst bei der Braut wieder einkehrt und imstande ist, selbst sich im Sohn zu erneuern. Wir verstehen dann auch, von welch außerordentlichem

Gewicht eine Lebensversicherung in Gestalt eines gegenseitigen Rache-
gelöbnisses für denjenigen war, der unabsehlichen Kämpfen und Kriegen
entgegenging. Der Rachebund ist aber auch für den von hohem Gewinn, der
als Überlebender die Rache ausführt; denn er umschließt in seiner Brust dann
auch ein zweites Herz mit, er gewinnt einen ständigen Mitstreiter in Gestalt
seines toten Bundesbruders. Der Lebende ist von dem toten Bruder besessen,
was nicht etwa etwas Schlimmes bedeutet. Denn es handelt sich nicht um
eine kakodämonische, eine bösartige Besitzung, sondern um eine agathodä-
monische, eine wohltätige, eine hilfreiche Besessenheit.

Daß dies etwas Allbekanntes, Typisches und Erwartetes war, geht aus den
zitierten Worten Dietrichs im Eckenliede hervor: Du bist ja ein roter Degen!
Dies war offenbar das Fachwort für den von einer Bruderseele Besessenen
– ganz im Einklang damit, daß die Todes- und die Totenfarbe seit dem Pa-
läolithikum und in weiter eurasischer Verbreitung *rot* war. Die Siegeskraft eines solchen Kriegers war dann auch dadurch mitbedingt, daß der *eigentliche*
Streiter der Tote war und der Lebende nur dessen Medium. Von Weihekrie-
gen, Wiganden, und Kämpfern im *Enthusiasmós*, Berserkern, ist in Germanien ja auch sonst die Rede. Ob diese von Toten besessen waren, läßt sich
nicht mehr ausmachen.

Im mythischen Bilde

Das Kämpferpaar mit dem besonderen Lebens- und Todesgeschick und
dem einen Weibe scheint schon indogermanischen Alters zu sein und sich in
den Mythen der Zwillingsgötter zu spiegeln. Uns sind am bekanntesten die
griechischen Dioskuren, deren Mythos in vielfältiger Weise mit dem ihrer
Schwester Helena verbunden ist. Wenn nun diese Schwester auch nicht ihre
Braut ist, so bleibt es doch bemerkenswert, daß die Dioskuren auf einer ganzen Reihe von Kultbildern symmetrisch zu einer Frau dargestellt werden, die
nicht ihre Schwester sein muß und in einigen Überlieferungen auch wirklich
nicht ist. Wichtig ist ferner, daß die zwei ein verschiedenes Verhältnis zum
Tode haben; Kastor ist sterblich und versinkt mit dem Tode in die Unterwelt,
Polydeukes steigt empor zum Olymp. Aus Bruderliebe aber nehmen sie beide zusammen ihren Aufenthalt, tagweise wechselnd, in der Höhe und in der
Tiefe.

Ein verwandtes Verhältnis zur „Braut" findet sich auch in dem Paar der lettischen Sonnensöhne, die auf ihren Rossen geritten kommen und um die Sonnentochter freien. Entweder sind sie selbst die Freier, oder sie sind die Brautführer für den Mond. Auch bei den indischen Zwillingsgöttern, den Asvins, erscheint das Motiv des Brüderpaares mit der einzigen Braut. Sogar ihr Wagen, mit dem sie die Sonnentochter einholen, wird im Rigveda aus diesem Grunde dreisitzig genannt. Die Brüder in dem zweiten großen Epos der Inder, im Rāmāyana, Rama und Lakshmana, sind ebenfalls mit nur einem Weibe von mythischem Sinn verbunden, mit Sita, die der Ackerfurche entstammt. Auch hier ist das Verhältnis der Brüder zum Tode grundverschieden.

Diese merkwürdige Verbindung der indogermanischen Zwillingsgottheiten mit nur einem bräutlichen Weibe hat noch niemand erklärt. Mir ist es wahrscheinlich, daß die Lösung in einem Mythos zum Blutsbrüderpaar liegt, in der Tod und Leben umspannenden Verflechtung der Brüderschicksale, von denen einer sterben muß, damit der andere im Rachesieg die Lebensbraut gewinnt.

Indogermanisch scheint auch schon eine stehende Redensart zu sein, die sich auf ein Kämpferpaar bezieht und auch mit der von Grönbech zitierten Bärenweisheit zusammenstimmt. Der Spruch lautet im Mittelhochdeutschen: *Zwêne sind eines her*, und ganz ähnlich so kommt sie auch in der Lieder-Edda vor: *tveir ro eins herjar*. Der Sinn der Zeile ist offenbar, daß zwei Krieger den einen bedrohen wie ein ganzes Heer, eddisch sogar wie Heere.

Merkwürdig ist, daß damit der schwer zu deutende Sinn des Namens der Odinskrieger verständlich wird: *Einherjar*, singularisch *Einheri*. Sie waren dann die Krieger, die als einzelne jeweils schon ein Heer bedeuteten. In Schwaben wurde mit den Chroniken (Crusius) noch ein Riesenname überliefert, *Einheer, Einotheer*, mit der Bedeutung: der allein so viel ist als ein ganzes Heer. – Im Griechischen lautet die Bärenweisheit so: Gegen zweie schafft's nicht einmal der Herakles. Die Redensart bezieht sich auf eine ganz bestimmte Niederlage des Heros, die in den Umkreis unseres Themas gehört: besiegt wurde er nämlich von den Molioniden, zwei Wagenkämpfern, Zwillingen, die aus *einem* silbernen Ei geboren und an den Hüften zusammengewachsen waren.

Wir haben die Wirkungen des Brüderbundes bis in den Tod und über ihn hinaus verfolgt. Wir müssen uns noch einmal zurückwenden zu der Voraussetzung des Geschehens, zu dem Blutsritual. Wir können diese Grundlage nun auch besser einsehen, nachdem wir sie in ihren Folgen kennengelernt haben. Die Rechtshistoriker haben im Schwurbrüderbund die Herstellung einer künstlichen – wie sie sagen – Verwandtschaft gesehen. Aber im rituellen Leben gibt es keine Artefakte, sondern nur eine Vertiefung oder Steigerung des Wirklichen. Auch reicht die Schwurbrüderschaft nicht über die Brüder hinaus in die beiderseitigen Familien. Ein tragisches Beispiel dafür gibt die Thorsteinssaga Vikingssonar. Dort sind Njörfi, König von Uppland, und Viking Vifilsson den Bund miteinander eingegangen. Unter den Söhnen beider bricht später blutige Feindschaft auf, und der letzte Sohn des Njörfi faßt den Entschluß, auch dem Viking nachzustellen. Der Sohn sagt zum Vater: *„Das ertrüge ich nicht, wenn die Erschlagung meiner Brüder auf mir hängen bliebe, und das sage ich unbedenklich, daß Viking keinen Frieden vor mir haben soll, noch seine Söhne, und solange werde ich nicht aufgeben, als sie nicht in der Unterwelt sind!"* - Der Vater entgegnet darauf: *„Dann liegt es bei mir, zu erweisen, wer von uns beiden Freunde hat. Denn mit allen denen, die mir folgen wollen, werde ich ausziehen, dem Viking seine Schar zu behüten. Wichtig dünkt es mich nämlich, darüber zu wachen, daß du nicht Vikings Totschläger wirst. Denn sonst müßte ich eines von beidem tun: entweder dich erschlagen lassen, und das verschaffte mir einen übelen Leumund, oder meine Eide brechen, die ich geschworen habe, Viking zu rächen, wenn ich ihn überlebte."*

Eine schlimme Verwirrung! – Und eine solche tritt ja auch in der Sigurdsage ein. Gunnar hat sich zur Rache verpflichtet, ist aber selbst der Urheber, wenn auch nicht der Täter bei Sigurds Ermordung. Die Schicksalsfolge davon ist unvermeidlicherweise ein furchtbares Blutbad. - Ein warnendes Beispiel für die Verirrung unter Schwurbrüdern bietet das Hjadhningenwíg, der Kampf von Hedin und Högni, zwei Männern, die sich brüderlich verbunden haben, dann aber miteinander zerfallen sind bis zum tödlichen Zweikampf. Allnächtlich aber weckt Hild, Tochter des einen, Gattin des anderen, die versteinten Toten wieder auf, und ewig müssen sie kämpfen bis zum Ragnarök. Denn wenn der eine Schwurbruder den anderen totschlägt, muß er ja selbst den Brudertod an sich rächen.

Eines Blutes, eines Sinnes

Was aber bedeutet die Blutsbrüderschaft dann, wenn sie nicht Versippung meint? Nun, sie bedeutet eben das, was der Tod des einen und die Blutrache des anderen dann endgültig verwirklichen, die Vereinigung. Das Individuum gibt seine Eigenexistenz auf, und, indem die zwei das Blut miteinander im Erdboden mischen, vereinigen sie das beiderseitige *verch* im Grund und Boden des Kosmos. Hieraus würde logischerweise folgen, daß ein Schicksalsschlag, der den einen der Brüder träfe, zugleich auch dem anderen fühlbar würde, und das hieße nichts anderes, als daß zwischen den Brüdern, mit heutigen Worten gesagt, eine hellsichtige oder telepathische Verbindung bestände. Dies wird nun tatsächlich hier und da auch zum Ausdruck gebracht.

In dem Märchen besteht die geheimnisvolle Verbindung in dem Todes- und Notzeichen, das die Brüder miteinander verabreden, dem Messer, das sie in den Baum stoßen, in der Pflanze, die sie nur dazu in den Boden setzen, daß sie ein Zeichen gibt. Und immer ist der Bruder allsogleich zugegen, wenn das Zeichen des anderen Not kündet. Im Märchen erscheint das wie ein Zufall, aber was ist Zufall im Märchen? - Es ist das, was in der Realität Synchronizität heißt, also das zeitliche Zusammenfallen aus Verbundenheit im Sinn der Welt. So braucht in der norwegischen Lillekort-Variante des Zweibrüdermärchens der eine Bruder bloß zu rufen, und sogleich ist der andere zur Stelle. Ganz Entsprechendes geschieht in einem jakutischen Zweibrüdermärchen: der eine Bruder droht im Dämonenkampf zu unterliegen, er ruft nach dem Jüngeren, und im Nu ist der zugegen, packt den Dämon bei den Haaren, reißt ihn beiseite und tötet ihn. Mit besonderem Tiefsinn ist dieses Motiv ausgestaltet worden in einer mittelalterlichen legendenhaften Umsetzung des Zweibrüdermärchens, in der Erzählung von Amicus und Amelius. In der französischen Fassung ist Amiles in toddrohende Not verfallen, aus der ihn nur der Freund, Amis, retten kann. Dieser hat nun einen quälenden Traum, der ihm den anderen, Amiles, von einem verräterischen Höfling bedroht zeigt. Da springt er im Schlafe nackend aus dem Bett zu seinem Schwert. Zugleich reitet Amiles aus, um den Freund zu bitten, einen Zweikampf für ihn zu bestehen, den er nicht selbst ausfechten kann. Bei diesem Ritt gelangt Amiles zu der Wiese, auf der die Brüder einst ihre Treuschwüre miteinander getauscht haben. Hier faßt er nun einen seltsamen Entschluß: *„Weil nun dieser Ort so schön ist und so blühend und aus Liebe zu meinem Freunde, werde ich hier nun ein wenig schlafen, auf daß Gott mir meinen Gesellen Amis sende und* *ich solche Nachrichten von ihm hören kann, aus denen ich erfahre, ob er lebend ist oder tot. "* Nun ist aber Amis seines Angstraumes halber selbst schon ausgeritten, langt just zu dieser Stunde auch auf der Wiese an und erscheint nun, indem er Amiles weckt, dem Freunde als Nothelfer leibhaft. Der Rollenwechsel aber erfolgt sogleich auf der Wiese, hier also auf dem Boden des Bruderbundschwures.

Ein spätes Zeugnis

In anderen Fassungen dieser Legende finden sich noch weitere Zeugnisse für den tiefsinnig aufgefaßten Zusammenhang der Brüder. Es würde uns jetzt nur noch eine Nachricht fehlen, die den synchronistischen Zusammenklang der räumlich getrennten Brüder auf den Blutsritus selber zurückführt. Leider gelangt man mit einer diesbezüglichen Überlieferung nur bis in den Beginn der nordischen Altertumskunde zurück, nämlich nach Kopenhagen und in das 17. Jahrhundert. Der Arzt Thomas Bartholinus hat nämlich derartiges berichtet, und da er zugleich mit Ole Worm, dem berühmten Sammler altnordischer Handschriften und Anreger skandinavischer Altertumsforschungen an der Kopenhagener Universität lehrte, so könnte es sich bei dem Bericht, wenigstens zum Teil, um altererbte Kunde handeln. Die Nachricht bezieht sich auf einen damals noch praktizierten Kunstgriff, indessen erscheinen Zweck und Ausführung in der Beschreibung schon stark rationalisiert. Sie lautet nach einer vor rund 170 Jahren gedruckten Wiedergabe: *„Die eine Person ritzt sich mit einer Messerspitze den linken Arm blutig und wäscht das Blut mit einem Schwamme säuberlich ab; die andere macht sich gleichfalls eine Ritze im Gold- oder Ringfinger, und läßt aus dieser einen Tropfen Blut in die Wunde der erstern fallen, worauf diese den Arm und jene den Finger verbindet, bis beider Wunden vollkommen geheilt sind. Darnach verwundet sich die zweite Person den Arm, die erste den Finger, und nachdem ein Tropfen Blutes aus der Fingerritze in die Wunde des Armes geträpfelt ist, wird wieder beides, bis zur völligen Heilung, verbunden gehalten. Wenn nun eine dieser Personen, wie weit sie auch immer von der andern entfernt seyn möge, sich mit einer Nadel in die Narbe der zugeheilten Wunde sticht, so fühlt die andere gleichzeitig denselben Stich. Ist noch überdieß im voraus verabredet worden, was der erste, zweite, dritte Stich usw. bedeuten solle: so kann auf diese Weise der eine Mensch dem andern, in jedem beliebigen Augenblicke, von seinem*

Befinden und anderen Umständen immer sogleich Nachricht ertheilen." Bartholinus selbst versichert: *„Ich habe vertrauliche Freunde gekannt, die sich gegenseitig Nachrichten übermittelt haben vermittelst des Blutes ihres Gesellen – und dies bestand auch noch fort, vermittelst gewisser Merkzeichen, wenn sie einander fern waren, und zwar jeder für sich. - Dies wird auch von Corfitz Ulfeldt und seiner Gemahlin Ulrica Eleonora berichtet".*

Ulrica Eleonora war eine Tochter des dänischen Königs Christians IV.; Ulfeldt, dessen Schwiegersohn, erreichte in Dänemark eine beherrschende Stellung und ward auch von Kaiser Ferdinand 1641 zum deutschen Reichsgrafen ernannt. Jedoch machte er sich in seiner Heimat unbeliebt, mußte 1653 in das mit Dänemark verfeindete Schweden fliehen und führte 11 Jahre lang, bis er 1664 in Deutschland starb, ein unruhvolles, gefährliches Leben. Bartholins Nachricht wurde im Jahre 1673, also neun Jahre nach Ulfeldts Tode, gedruckt. Daß diesem unter seinen politischen Irrfahrten eine telepathische Verbindung mit seiner Gemahlin zur Übermittlung von Nachrichten als sehr wünschenswert erscheinen mußte, leuchtet ein. Bemerkenswert ist für uns, daß in Bartholins Schilderung des Rituales jener alte Zug fehlt, daß das Blut im Erdboden gemischt wird. Die Verbindung ist zweckhaft personal und nicht mehr kosmisch eingebunden. Das Nachrichtendienstliche an ihr entspricht auch nicht mehr der Schicksalsbindung für den Notfall und für den Tod. Immerhin bedeutet die Mitteilung des Thomas Bartholinus noch einmal eine späte, wenn auch einseitige Bestätigung für das synchronistische Anliegen, das im alten Blutritus der Schwurbrüderschaft gelegen hat. Ursprünglichem Sinne nach haben die Blutsbrüder *ein* Leben mitsammen, *ein* Schicksal. Der Todeshieb trifft beide, aber im Rachesieg des einen leben beide auch wieder auf.

Mit einem Blick in die Ferne sei hier eines berühmten Schwurbrüderbundes in der chinesischen Literatur gedacht: des Schwures im Pfirsichblütengarten. Das Rachemotiv fehlt, es war in der allgemeinen Sitte verankert; entschieden aber wird die Gemeinsamkeit im Tode hervorgehoben: *„Mein Pfirsichgarten hinter dem Hause steht gerade in voller Blüte. Wollen wir uns nicht morgen wieder zusammenfinden und dort feierlich vor Himmel und Erde Bruderschaft schließen?" schlug Tschang Feh vor. Die beiden anderen stimmten freudig zu. Am nächsten Tag fand man sich wieder auf Tschang Fehs Landgut ein. Der Hausherr hatte im Pfirsichgarten einen Altar errichtet und hielt einen schwarzen Stier, ein weißes Roß, Wein und andere Opfergaben bereit. Man brannte der Reihe nach Räucherwerk ab, beugte sich vor*

Himmel und Erde und sprach einzeln den Bruderschwur: „Wir drei, Liu Peh, Tschang Feh und Kwan Yü, obwohl verschieden von Familie und Herkunft, schließen hiermit einen Bruderbund und geloben, uns gegenseitig mit ganzem Herzen und allen Kräften in Not und Gefahr zu helfen und beizustehen. Wir geloben, nach oben dem Herrscherhaus Han zu dienen, nach unten zum Wohl des Volks zu kämpfen. Wir fragen nicht danach, ob wir im gleichen Jahr, im gleichen Monat, am gleichen Tag geboren sind, aber wir geloben, im gleichen Jahr, im gleichen Monat, am gleichen Tag gemeinsam zu sterben. Mögen Allvater Himmel und Allmutter Erde unsere Herzen ansehen und Zeugen unseres Eides sein! Und sollten wir je treulos und abtrünnig werden und den Eid brechen, dann wollen wir vom Zorn des Himmels und der Rache der Menschen zerschmettert werden!" Nachdem man also geschworen hatte, empfing Lin Peh als Ältester, sodann Kwan Yü und zuletzt Tschang Feh als Jüngster den feierlichen Brudergruß seitens der beiden anderen. Hierauf wurde der schwarze Stier dem Himmel und das weiße Roß der Erde als Opfer dargebracht.[1]

---

[1] Literaturhinweis: Heino Gehrts hat im Verlag Bouvier, Bonn, das Buch „Das Märchen und das Opfer – Untersuchungen zum europäischen Brüdermärchen" herausgegeben. Der Verlag plant eine Neuauflage zum Ende des Jahres 1993.

DRACHENSIEG UND BRUDERKAMPF
– Untersuchung zur Polspannung im Königsritual

[Erschienen in „Antaios Band VII – Nr. 2 – Juli 1965", Ernst Klett Verlag, Stuttgart 1965, S. 166-195.]

Unter den Urgedanken der Menschheit ist kaum einer tiefsinniger und von größerer Tragweite als der in der ganzen Menschheit verbreitete Mythos von der Scheidung des Himmels und der Erde.[1] In ihm liegt, wie sich zeigen wird, eine echte Einsicht vor in den Urbeginn der vom Menschen erlebten Welt, und offensichtlich ging es den Urhebern dieses metaphysischen Fundes auch um ein derartiges Ergebnis und nicht etwa nur um ein „poetisches" Bild zur Verklärung altmenschlicher Unwissenheit. Fassen wir die mancherlei Einzelzüge zusammen, so macht die Mythe die folgende erwägenswerte Aussage: Es hat ein Zeitalter gegeben, das des eigentlichen Lebensraumes ermangelte, in dem es eng und dunkel war und der tief hereinhangende Himmel hinderlich und bedrückend. Der Mensch, sofern die Mythe, um jenen Zustand zu schildern, ihn schon voraussetzt, ist doch nicht der eigentliche Mensch, sondern ein gedrücktes Wesen, das an der eingeborenen Entfaltung in Licht und Luft und an freier Bewegung gehindert wird. Einen einzigen Vorteil bietet anscheinend diese Vorwelt: Wie alles ungeschieden ist, so ist meist auch der Speisende von der Speise nicht geschieden – sie ist nah, gelegentlich sogar bedrängend nahe, oder Himmel und Erde selbst sind Speise, immer bietet sie sich ohne die Spannung von Jagd oder Feldarbeit. Wenn das ineinander verschlungene und wirkende Urdasein im Bilde der Welteltern geschaut wird, so umklammern sich diese in ununterbrochener Umarmung, der Himmel liegt dicht auf der Erde, und er hindert die Urbilder des Menschen, die erstgezeugten Götter, an echter Ausgeburt. Daher sind sie es, die dem unerträglichen Zustand ein Ende bereiten, indem sie in der Wachstumsrichtung, oft mit Kräutern oder Bäumen im Verein oder sogar von ihnen gehoben, den Himmel empordrücken, so daß fortan Himmel und Erde, Lichtspender und Lichtempfänger geschieden bleiben, der Kreislauf des Wassers zwischen Feuchtespendung und -empfängnis und ein Dasein in Licht und Luft beginnt.

---

[1] Grundlegend Willibald Staudacher, „Die Trennung von Himmel und Erde. Ein vorgriechischer Schöpfungsmythos bei Hesiod und den Orphikern", Tübinger phil. Diss. 1942. Aus der Sammlung der ethnologischen Varianten, S. 4-43 alle unten folgenden Beispiele, soweit nicht besondere Quellen vermerkt.

Der anthropologische Sinn der Mythe ist ohne Zweifel, daß die wachstumsmäßige Aufrichtung des Menschen gegen einen vorher empfundenen, von oben wirkenden Druck mit Mühe sich durchsetzte, daß mit dieser Aufrichtung Raum und Licht, Himmelsferne und Erdenfeste überhaupt erst zum Erlebnis wurden und daß mit dieser Himmelsfernung die entscheidende Gestalt des Daseins geprägt wurde: die Mitte des Fußens, die Lotrechte des Sichreckens und die Polspannung einerseits zwischen Atem und Licht oben und Schwere und Dunkel unten, und andererseits zwischen dem Mittelpunkte, in dem der sich Erhebende fußt, und dem Umkreis, den er damit aufklüftet. Im Baume wird dies Daseinserlebnis anschaulich, und es wiederholt sich in der Kultsäule, in Mal und Steinkreis, ebenso wie im Bilde des Menschen, der, indem er sich zum Ewigen erhebt, die Arme emporreckt und zum Himmel dergestalt eine ätherische oder magische Verbindung wiederherstellt. Im mythischen Gegenbilde erscheinen der Weltriese und die Weltsäule, die den Himmel tragen, oder der Weltbaum, von dessen Standfestigkeit das Dasein abhängt.

In dem Dreiklang, den wir in dieser Weise auffinden: in den einfachsten, auch uns noch vertraut anmutenden Bauten des Kultplatzes, im Bilde der Welt und in der Urmythe – erweist sich jene uns seltsam dünkende Vorstellung von der Entstehung des Menschen und seiner Welt lebendiggegenwärtig gegründet. Wir könnten die Himmel-Erde-Fernung geradezu als eine aitiologische Mythe auffassen, welche die aus seelischen Antrieben des Menschen erwachsene Gestalt des Kultplatzes kosmogonisch untermalt. Damit indes wäre ihr Sinn schon unzulässig verengt, denn es gibt noch weitere und vielleicht noch tiefsinnigere, jedenfalls nicht unmittelbar von der Oberfläche abzuschöpfende Zusammenhänge zwischen der lebendigen Umwelt des Menschen und der Entstehungsmythe. Oft nämlich erscheint auch das Gerät des Menschen dort in einer urtümlich-bedeutungsvollen Funktion – etwa das Messer, das die Verbindung zwischen Himmel und Erde zertrennt. Und wenn wir das spezifisch Menschliche im Gebrauch eines schneidenden und scheidenden Werkzeuges berücksichtigen, dann will es uns möglich dünken, daß Menschwerdung, Himmelsfernung und Polspannung mit dem ersten Gebrauch des Messers allerdings sich verwirklichen konnten. Auch die ursprünglichen Waffen, Schwert und Speer, erscheinen in verwandter Funktion, zu trennendem Hieb, zu Schub und Stütze. Erkennen wir aber diesen Werkzeugen eine innere Funktion zu, mit innerlichen Wirkungen, die Herbeiführung einer erlebnismäßigen inneren Spannung zuvor ungeschiedener Pole, eine Begründung der Menschenwelt in der Menschenseele, dann werden wir den Tiefsinn des scheinbar Kindischen ebenfalls nicht mehr verkennen. Der Reisstampfer, in dessen Gebrauch der Mensch durch den herabhangenden Himmel behindert wird oder dessen Bewegung den Himmel verdrießt, wird uns dann ebenso bedeutungsvoll erscheinen wie des Messers Schneide – nicht minder gegen das ursprüngliche, sich durchdringende, werklose Beieinander gerichtet.

Denn die Herstellung des dem Menschen sozusagen natürlichen Zustandes schildert die Urmythe keineswegs konfliktlos. Etwas Gewaltmäßiges scheint den verschiedensten Ausformungen der Mythe anzuhaften, und des öfteren verlegt sie sogar das Erlebnis einer Schuld in den Urvorgang, der dem Menschen Dasein gab. Wenn die Urpole der Welt als Elternpaar vorgestellt werden, so sind es die Kinder, die gewaltsam die Eltern auseinanderreißen, und in der uns vertrautesten, der hesiodischen Fassung der Mythe verschwört sich Kronos mit der Urmutter Erde und trennt dem Vater Himmel mit dem Sichelschwert die Schamglieder ab – damit ein für allemal der Urzeugung ein Ende machend. Diese Gewaltsamkeit erscheint auch schon in Fassungen, in denen von den Geburten noch keine Rede ist. Nach der Yoruben-Mythe waren Himmel und Erde, Obatala und Odudua, lange in einer großen Kalebasse im Finstern eingeschlossen, in der Enge, unbehaglich, hungrig. Als Odudua deswegen ihrem Mann Vorwürfe machte, gab es Streit, und der endete damit, daß Obatala in der Wut seinem Weibe die Augen ausriß. Was mit diesem Raube gemeint ist, sehen wir deutlicher, wenn wir erfahren, daß nach einer Variante in Polynesien, wo der Mythos der Himmel-Erde-Fernung eine hervorragende Rolle spielte und wo uns die einsichtigsten Fassungen überliefert sind, daß dort Himmel und Erde, Atea und Fakahotu, einen Austausch vornahmen, so daß Atea von Fakahotu alles empfing, was in ihr Männliches war, und Fakahotu alles, was in Atea weiblich.[2] Beide Mythen schildern mithin eine ursprüngliche Polarisation, die Entstehung eines ersten Spannungsfeldes zwischen entgegengesetzt-verwandten Naturen, eines Spannungsraumes, durch den allein erst Dasein möglich wird. Der Augenraub Obatalas verlegt den ersten Anhub dieser Werdespannung in einen Lichtgewinn, in das Lichtübergewicht der oberen Macht, und darin stimmt die Yorubenmythe mit zahllosen Mythengedanken der Welt überein, denen als Urstoff des Daseins ein substanzhaftes Licht gilt.

---

[2] „Funk and Wagnall's Dictionary of Folklore",, Mythology and Legend, s. v. Atea.

Die Gewalttat Obatalas ist notwendige Vorbedingung für die Erfüllung der auf Weite, Helle und Speise, auf Dasein gerichteten Wünsche Oduduas. Das Geschehen in der Yoruben-Kalebasse ist daher nicht etwa eine mythologische Kuriosität, sondern eine fundamentale Erkenntnis vom Wesen eines Daseins überhaupt, und das Urmotiv des Lichtraubes wiederholt sich durchgehend in der manifesten Welt, und es spielt auf allen späteren Daseinsstufen in naturhaftem und rituellem Nachvollzuge eine immer entscheidendere Rolle – bis zu den grausigsten molochitischen Riten hin, die den daseinsfreundlichen Zweck der Urmythe in bloße Machtbegier pervertieren.[3] Mit dieser Vorausschau haben wir für den Augenblick zwar wichtige Stufen mythischen Werdens übersprungen, andererseits mit dem Machtgedanken aber ein Leitmotiv entschieden hervorgekehrt, das mit der Fernungsmythe wahrscheinlich von vornherein in mannigfacher Wechselwirkung gestanden hat: das Ritual der Macht und der Ermächtigung, Herrschertum und Königsritual.

Wir vergegenwärtigen uns den Zusammenhang zunächst an einem einfachen, unmittelbar in die Augen fallenden, sinnenhaften Beispiel, das uns zugleich auch über die Wirklichkeitsnähe der seltsamen Fernungsmythe belehrt. Es wird bei weit voneinander entfernt lebenden Völkern erzählt, daß der drückende Himmel mit einem Stabe oder mit mehreren emporgestemmt worden sei. In einer Südseevariante[4] heißt es überdies, daß der Urgott Ru sich dazu verschiedener Holzarten bedient habe –, wahrscheinlich, obwohl dies nicht ausdrücklich überliefert wird, derjenigen Hölzer, die auf der Insel zum Feuerbohren und zu anderen Riten verwendet werden. Aber auch ohne diese Annahme öffnet uns der Bericht mit eins das Auge dafür, daß unsere stillschweigende späteuropäische Voraussetzung, die Himmelsfernung sei als ein mechanischer Vorgang aufgefaßt worden – wie allerdings die Bilder, in denen sie erzählt wird, unserer Auffassungsweise mechanische Vorgänge vorspiegeln –, falsch ist und daß es sich vielmehr um ein magisches Bewirken und einen seelischen Vorgang handelt. Sollten wir aber daraufhin den „Primitiven", nach der uns geläufigen Art, auch in dieser Sache einem eitlen Zauber erlegen glauben, dann richten wir besser unseren Blick auf den Stab und seine Magie, soweit auch wir sie noch unmittelbar verstehen, den Stab in der Hand des Herrschers und Richters. Wir werden dann einer analogen zauberhaften Wirkung unvermittelt gewahr, wir erkennen den Zusammenhang des Stabes mit der „Säule des Staates", mit dem Malbaum und dem Weltenbaum

---

[3] Ernst Jünger, „Das abenteuerliche Herz", S. 22 ff.
[4] William Wyatt Gill, „Myths and Songs from the South Pacific", London 1876, S. 59.

– wir wissen, warum das Herrschaftszeichen Stab nicht etwa quer über die Knie gelegt, sondern aufrecht gehalten werden muß und warum der Richter, solange das Gericht tagt, den Stab aufrecht hält und daß er ihn erst mit der Enthegung des Gerichtes niederlegt. Diese Stäbe erzaubern, wie die des Ru, einen Gegenwartsraum, ein wirkliches Dasein, die Potenz der Vorgänge, die unter dem Szepter vonstatten gehen, und dieses Dasein tritt mit dem Niederlegen des Stabes in die Latenz zurück. Dieser wirkliche, mit der Himmel-Erde-Fernung völlig deckungsgleiche und sie verständlich machende Sinn des Stabes erhellt schon aus der Anschauung; für das Tatsachendenken läßt er sich erweisen aus der geschichtlichen Herkunft des Schamanen- und des Königsszepters. Materiell sind sie ohne Zweifel oftmals ein ermächtigendes Reis vom heiligen Kultbaume, im Bilde aber Abbild des Weltenbaumes.[5]

Würde der König nur durch einen Zweig vom Baume der Mitte ermächtigt, so wäre seine Macht noch exzentrisch, und es mangelte ihr die eigentlich heilige Kraft. Ein entscheidender Teil der Rituale ist daher der Einführung des Königs in die wirkliche Mitte gewidmet, also in einen der Himmelsfernung analogen Kultort, und der Ausstattung mit ihrer Macht. Für das Zwischenstromland hat Widengren nachgewiesen,[6] daß der König als Hüter am Baume des Lebens und der dort sprudelnden Lebensquelle galt, als Gärtner, der den Baum mit Lebenswasser vorm Verdorren bewahrt, daß er somit die lebensentscheidende Kultrolle ausfüllte und – wie der Gott – im Bilde sogar selbst als der Baum des Lebens erscheint.

Die rituelle Einordnung des Königs in die Mitte ist unter anderem auch eine naturgegebene Folge der Aussonderung eines Führers aus einer sich gliedernden Masse; solange sie sich nicht vorwärts bewegt, scheidet sie ihn in die Mitte hinein aus, wobei sie selbst die Form einer Mondsichel, eines Hufeisens oder eines Ringes mit einer schwächsten Stelle im Rücken des Königs annimmt. Die vererbten Riten unterstreichen diese Naturform und ordnen sie in den unter ähnlicher Gestalt sich darbietenden Kosmos ein. In Skandinavien dienten zur Königsweihe die Steinkreise: auf dem Block in der Mitte stand der König, auf den Findlingen ringsherum die „Wähler". An vielen Orten richtete sich der König in seiner Mitte dadurch ein, daß er Schwerthiebe in die vier Richtungen tat, oder es wurden Pfeile in die vier

---

[5]   Geo Widengren, „The King and the Tree of Life in Ancient Near Eastern Religion", Uppsala Universitets Årsskrift 1951: 4, S. 20 f. Hans Findeisen, „Schamanentum", Stuttgart 1957, S. 114. Robert Eisler, „Weltenmantel und Himmelszelt", München 1910, S. 581.
[6]   Geo Widengren, „The King and the Tree of Life in Ancient Near Eastern Religion", Uppsala Universitets Årsskrift 1951: 4, S. 20 f.

Himmelsgegenden geschossen, oder sein Königtum ward aus den vier Richtungen ihm zugesprochen. Im indischen Epos sendet der König vor der Weihe seine vier Brüder aus, welche ihm die vier Weltgegenden unterwerfen und das Salbwasser von den vier Weltmeeren zubringen.

Eben diese Salbung ist im Râjasûya,[7] dem wichtigsten der umfangreichen und vielgliedrigen indischen Königsrituale, einer der entscheidendsten Vorgänge, und bei der späteren Schrumpfung des Rituals war es dieser, der am längsten fortbestand. Das Wasser dazu wurde aus 17 verschiedenen „Wassern" gemischt: aus dem heiligen Strome, Meerwasser, Fruchtwasser einer Kuh, Sonnenregentropfen, Teich- und Grubenwasser, aber auch aus Honig, Milch und geschmolzener Butter. Die Zahl 17 galt als Zahl für das All, die Vereinigung all dieser Gewässer ergibt also die eigentliche Essenz des Lebens, und sie wird mit den Urströmen verglichen, welche bei der Weltaufklüftung durch Indra entbunden wurden. Mit diesem Urwasser wird also der mit erhobenen Händen in der Mitte stehende König von Vertretern der vier Stände aus den vier Himmelsrichtungen in der Reihenfolge des Sonnenlaufes weihend begossen. Heesterman hat ohne Zweifel recht, wenn er, diese und andere Einzelheiten zusammenfassend, feststellt, „daß der König bei der Salbung der lebende Vertreter der Weltsäule sei, sowohl die Achse des kosmischen Kreislaufes wie auch der Weg zwischen Himmel und Erde, auf dem die befruchtenden Wasser ihren Kreislauf vollbringen".[8]

Ein Herrschertum, das sich in dieser Gestalt verwirklicht, gemäß dem Sinngefüge des Kultplatzes, im Bilde der Himmel-Erde-Fernung, vergegenwärtigt leibhaft das Goldene Zeitalter. Auch die Sagen von der Goldewe selbst stehen in engem Zusammenhang mit dem Mythos der Himmelsfernung. Gerade Kronos, der sich als Sohn der Erde erhebt, um das Dasein zu lüften, ist auch der König des Goldenen Aions, und wir dürfen vermuten, daß er ihn funktionell in der gleichen Art erwirkt wie der eben geschilderte königliche Himmelspfeiler, wenn auch unter einem anderen Bilde. Die von ihm verschlungenen Geburten deuten allerdings auf ein weiteres rituelles Motiv hin: er wäre der König einer durch Opfer erkauften und dergestalt künstlich verlängerten Goldewe. Noch ein weiteres Bild sei für diese mythische

---

[7] Albrecht Weber, „Über die Königsweihe, den Râjasûya", Abh. der Kön. Akad. der Wiss. zu Berlin, 1893, Phil.-hist. Kl. Abh. 2, S. 1-158. J. C. Heesterman, „The Ancient Indian Royal Consecration", Disputationes Rheno – Trajectina II, s'Gravenhage 1957. Für das spätere Ritual s. Hans Losch, „Râjadharma, Einsetzung und Aufgabenkreis des Königs im Lichte des Purâna's", Bonner orient. Studien, N. S. Bd. 8, 1959.

[8] J. C. Heesterman, „The Ancient Indian Royal Consecration", Disputationes Rheno – Trajectinae II, s'Gravenhage 1957, S. 122.

Weltsekunde gegeben, um sie noch eindringlicher in ihrer goldenen Fülle zu kennzeichnen. Von dem entsprechenden Urkönig der iranischen Mythologie sagt Firdusi I, 134: „Yima saß sonnengleich im Luftraume, und die Welt versammelte sich um seinen Thron, voll Bewunderung für sein leuchtendes Glück." - Die iranische Überlieferung kennt noch ein anderes Urwesen, das zwar nicht mehr als Himmelsheber bezeichnet wird, denn diese Würde hat nach der zarathustrischen Reform Ahura Mazda erhalten, dem aber nach der Beschreibung diese Funktion sicher einmal zukam. Dieser Urriese, Gaya marətan genannt (= sterbliches Leben), steht ein ganzes Weltalter, 3000 Jahre lang, die Ewe ungestörter Daseinseinheit hindurch, bis zum Einbruch der Gegenstrahlung, gleich hoch wie breit, licht wie die Sonne, in der Mitte der Welt[9] – also mehr ein leuchtender Menhir als eine Menschengestalt. Das durch die Polspannung der Himmel-Erde-Fernung gekennzeichnete Zeitalter, der Gestalt nach durch Achse und Umkreis, Erhebung und Umlauf bestimmt, ist eine Ewe goldener Fülle, und eben darum wird der König in ein derart beschaffenes Dasein initiiert. Nun gehörte aber offenbar zu den Grundüberzeugungen des kultischen Menschen die Einsicht, daß sich der Charakter der Wirklichkeit nicht in den Wesenszügen der Himmelsfernung erschöpft und daß es Mächte und Kräfte in der Welt gibt, denen die reine Mittenmacht, das reine Dasein im Allaustausch, die bloße Leuchtkraft nicht gewachsen ist. Opferlos würde die Goldewe nicht länger währen als einen festlichen Sonnentag. Kronos wird durch Zeus gestürzt; Yima verliert sein Licht und wird, nachdem er vor seinem Widersacher ans Ende der Welt geflüchtet ist, mit dem Baume, in dem er sich verbirgt, zersägt; Gaya maretan, nachdem er im zweiten Weltalter, sich verdunkelnd, noch 30 Jahre gestanden hat – nach dem Königsbuch seine Regierungsspanne – bricht zusammen; der Same, den er verliert, bleibt zum größeren Teil lichte Essenz, aus einem Drittel erwächst das zunächst noch pflanzenhafte erste Menschenpaar.

Der indische König aber, den wir soeben nach Heestermans Schilderung mit dem König der Goldewe verglichen haben, dieser König, der mit der Salbung, wie wir meinen, die Ermächtigung der Weltmitte erhalten hat und auf der Höhe des Daseins stehen sollte – dieser König verliert in eben diesem Augenblick nach allen Kommentaren seinen Glanz und seine Kraft. Besinnen wir uns noch einmal darauf, daß im späteren indischen Königsritual fast nur diese Salbung beibehalten wurde, daß sie also wirklich auch von den

---

[9] Nach Hermann Baumann, „Das doppelte Geschlecht", Berlin 1955, S. 156 ff; vgl. Bundahišn 3, 4, 10, 14 f.

Brahmanen als Höhepunkt des Rituals angesehen wurde, so gibt es wohl in keinem Königsritual etwas Rätselvolleres als diese Wirkung einer Weihe: daß sie den König, statt ihn zu bestärken, schwächt. Zugleich aber bestätigt uns dieser Machtverlust im Verlaufe der indischen Königsweihe allerdings auch die Gleichung, die wir zwischen dem König dieser Szene und Yima wie Kronos aufgestellt haben; in der Richtung solcher Vergleiche dürfen wir daher auch den Schlüssel vermuten, der uns das Rätsel lösen wird.

Georges Dumézil, ein Forscher, für den in seltnem Grade das *sapere audet* gilt, und daher auch dort, wo er irrt, stets anregend und erfinderisch, war meines Wissens der erste, der den Mythos der Himmelsfernung heranzog, um das Motiv der Schwächung im Rôjasûya verständlich zu machen, und der dadurch auch auf die zentrale Bedeutung des Motivs hinwies. In dem Buche „Ouranos – Varuṇa"[10] bekannte er sich zu der umstrittenen Gleichung zwischen den beiden im Titel genannten Göttern und versuchte, die Uranos-Entmannung sowie verschiedene auf Varuṇa bezügliche Ritualmotive und die Schwächung des Gesalbten unter dem Gesichtspunkt herrscherlicher Verwandten-Rivalität zu erfassen. Nun hat zwar Dumézil zu gleicher Zeit bestritten, daß die Uranos-Entmannung eine Form der Himmel-Erde-Fernungs-Mythe sei, und sich in dieser Hinsicht getäuscht, wie denn die von Staudacher zusammengetragene Variantenfülle allein schon gebieterisch die Einbeziehung auch der griechischen Mythe verlangt. Dennoch hat er mit jenem Vorstoß die Richtung gewiesen, in der für wesentliche Bestandstücke des indischen Königsrituals, ja des Königtums überhaupt der Sinn zu suchen ist. Die allgemeinen Gründe, die für den Zusammenhang von Königtum und Himmel-Erde-Fernung sprechen, sind hier zu übergehen. Einzelne Übereinstimmungen haben sich bereits ergeben, weitere werden uns zufallen, und zu bestimmten Einzelheiten kommen unten die Ritualisten selbst zu Worte. Hier seien zunächst einige allgemeine Feststellungen getroffen.

Die Gleichung zwischen dem König und dem Herrn des Goldenen Aions ist nicht die einzige, die der Ritus für die Götter der Urmythe aufgestellt hat: auch als Uranos und als Zeus konnte, griechisch gesprochen, der Herrscher eingesetzt werden. Und zwar nicht etwa deswegen, weil die Art des Rituals und seine praktisch-politische Bedeutung dazu drängte, die „Ermächtigungen" möglichst zu häufen; nicht weil als bester König derjenige gelten mußte, der sowohl als Uranos wie als Kronos und Zeus geweiht war, sondern weil

---

[10] Georges Dumézil, „Ouranos-Varuṇa", Paris 1934.

die Kosmogonie es forderte, daß er rituell alle diese Stufen durchlief, um sich in der letzten, sie alle vereinend, wie der Kosmos zu vollenden. Während nun die Mythe in Griechenland in hoher Klarheit erhalten blieb, sind dort die Königsrituale der Urzeit aus mancherlei Gründen bis auf Spuren versunken. Der indischen Geistigkeit aber entsprach es und die Geschichte ließ es zu, die Grundmotive der Urmythe in der vielfältigsten Weise im Rituale zu verweben, nichts fallen zu lassen, sondern alles in immer neuen Verwandlungen dem ursprünglichen Ziele dienstbar zu machen. Daher rührt es vor allem, daß der in Griechenland der mythologischen Gegenwart ganz entsunkene Uranos in Indien als Varuṇa noch immer Teile des Rituals beherrscht und zugleich, im mythischen Hintergrunde, entscheidende kosmische Funktionen behält. Darum ist die indische Königsweihe zugleich ein Varuṇa- und ein Indra-Ritus, und darum umfaßt der mythische Indra zugleich die Rollen des Kronos und des Zeus, ist er zugleich weltaufklüftender, den Menschen-Äon eröffnender Weltriese und weltbeherrschender, durch die Weltenwaffe ermächtigter Himmelsgott.

Indra kann diese Rollen in sich vereinen und als mythisches Vorbild die Schwäche des „Kronos-Königs" überwinden, weil in seiner Gestalt ein Urmotiv zur Vollkommenheit gedieh, das bisher unerwähnt blieb: der Kampf gegen den Urdrachen, seine Erschlagung und die Befreiung der von ihm eingeschlossenen Urgewässer –, ebenfalls ein Motiv von menschheitlicher Verbreitung und ebenfalls von höchster Wichtigkeit für das Ritual. Die Naturmythologen des letzten Jahrhunderts, denen der Mythos als primitive Natur-„erklärung" galt, wollten auch Indras Sieg über den Drachen Vṛtra bald mit dem Aufbrechen des Wintereises, bald mit dem Durchbruch der Ströme aus den Quellbergen, bald mit dem die Regenfluten entbindenden Gewitter verknüpfen. Sie verkannten, daß für ein rituelles Denken diese natürlichen Vorgänge nur zu dem täglichen und jährlichen Ritual gehören, mit dem der Kosmos selbst seinen Ursprung feiert, und sie unterschätzten den Rang, die ontologische Allgemeinbedeutung und die Wirklichkeitsnähe des mythischen Denkens und seiner Ergebnisse.

Schon oben war die Gewaltsamkeit der Himmel-Erde-Fernung erwähnt worden; der Kampf gegen den Urdrachen gestaltet diesen Zug der Mythe, und der Drache vergegenwärtigt die Macht, welche Himmel und Erde vor der Fernung zusammenhält und welche sie nachher rückgängig zu machen strebt, also dem Dasein entgegenwirkt. So heißt es in den Schöpfungsgesängen von

Tahiti: „Als Land zu Land wurde und wie es fest war, hielt doch der große Krake Tumu-ra 'i-fenna noch fest; ein Arm südwärts, ein Arm nordwärts, einer nach Osten und einer nach Westen: den Himmel hielten sie fest auf der Erde."[11] Auch nach der Tradition von Raiatea lag der Himmel in Urzeiten dicht auf Erde und Meer und ward von den Armen eines großen Tintenfisches untengehalten. Zu diesen mythischen Bildern gehören auch jene, nach denen die Vorwelt selbst die Gestalt eines Ungeheuers hat, und ihnen entsprechen ferner die Drachen- und Schlangenbilder, welche die Einheit der Raumeswelt, der immerwährenden Zeit oder des Daseienden überhaupt darstellen: also etwa der alchemistische „Schwanzfresser", der Ouroboros, der, sich zum Kreise schließend, den Schwanz im Rachen hält; ein Wesen, das auch den mexikanischen Kalender und in brahmanischer Darstellung das Gewebe der Maja als dessen Einheit umschlingt.[12] In ähnlicher Weise liegt um die Menschenwelt der germanischen Mythe die Midgardschlange. Für das aber, was der Weltendrache umschlingt, für das Dasein gibt die alte Kosmologie ein Bild der Mitte oder der Lebensessenz: die Schlange ringelt sich um den Weltenberg und den Erdnabel, den Stamm des Weltenbaumes, den Lebensquell, den Schatz der Gestirne. Auch im Bilde der kultischen Wiederholung rollt sich der Drache um das Kleinod des Daseins: den Brunnen, das Gold und die Königsbraut. Alle diese Signaturen haben dreifachen Sinn: den kosmogonischen, die Urantriebe der Weltwerdung, Keimkraft und Gegendruck umfassend, den kosmologischen mit den Polen des Werdens und Entwerdens, und den eschatologischen, in welchem das Übergewicht der bedrohlichen, das Dasein vernichtenden Gewalt erscheint.[13]

Liegt nun das Dasein in der geschlossenen Drachenwindung verborgen und wird es durch die Sprengung des Ringes entbunden, so verstehen wir zunächst, daß im Gegensatz zur Himmelsfernung im Drachenkampf eine horizontal wirkende Kraft zur Geltung kommt. An diesen anschaulichen Gehalt der Mythe schließen sich einige weitere wesentliche Züge organisch an. Sind es in der Fernungsmythe oftmals die Pflanzen, mit denen im Verein der Mensch die Raumesöffnung bewirkt, und spielen dort die Tiere nur ausnahmsweise eine Rolle, so finden wir beim Drachenkampf in zahllosen Fällen

---

[11] Teuira Henry, „Ancient Tahiti", Bernice P. Bishop Mus. Bull. 48, Honolulu, 1928, S. 338.
[12] C. G. Jung, „Psychologie und Alchemie", Zürich 1952, S. 149 ff., 299.
[13] Für Wolfgang Lange steht in seiner wertvollen und grundlegenden Dissertation „Der Drachenkampf", Münchner phil. Diss. 1939, kosmologisch allzusehr der „Ragnarök-Charakter" und hinsichtlich der Initiation die Bewährung im Vordergrund. Nur aus dem kosmogonischen Urdrachen ist das Wesen des Drachenkampfes wirklich zu erschließen.

den Menschen im Bunde mit dem Tier. Nicht nur sind es Pferd und Hund, die ihm im Kampfe helfen – dies könnte ja rein erzählerische Zutat sein –, sondern im Drachentötermärchen beispielsweise eine ganze Kette opferbereiter Tiere bis zum Hasen hinab (es sind wirklich die Opfertiere eines alten Rituals!) – oftmals aber der Löwe, womit bereits zur Herrschersymbolik ein höchst bedeutsames Band sich knüpft, und oft auch der Stier, den keineswegs allein und wahrscheinlich nicht einmal vorwiegend, die Zeugungskraft zum Herrscheravatar bestimmt. Denn es gibt wohl schwerlich ein anderes Tier, in dem die horizontal wirkende Wucht tierischer Daseinsentfaltung einen derart sinnfälligen Ausdruck findet. Als „Burgenbrecher" ist daher der ägyptische Pharao Stier und ebenso Indra.

Aus den gleichen Gründen trägt der Drachenkämpfer der Sage oftmals Tierfelle, besonders auch das des Stieres, Herakles das des Löwen, und darum ist umgekehrt der Drachenkampf derjenige Ritus, durch den sich der Mensch der Tierstufe entringt. Der Mythos drückt dies im Bilde so aus, daß gelegentlich die Überwindung des Drachen nur von seinem Innern her möglich ist – also aus der mittensten Mitte – und daß der Held, wenn er sich aus dem Drachen herauskliebt, haarlos ist. In der Zeit herrschender Naturmythologie mußte dieser Glatzkopf der Mond sein z. B. Herakles, der vor Troja die Tochter Laomedons, Hesione, vom Drachen freikämpft –, der Kahlkopf ist aber im Gegensatz zur Tiermaske des Drachenkämpfers nur ein sinnfälliges Bild für das Menschsein, das sich dem Haarkleid und der vormenschlichen Urwelt entrungen hat. Es entspricht andererseits dieser Hüllen sprengenden Kraft, die aus der Mitte des Daseins zu ihrem eigentlichen, sich im Raume erfüllenden Menschsein aufbricht, wenn der Drachenkämpfer nicht auf dem gewöhnlichen Geburtswege geboren wird, sondern von selbst die Seite der Mutter durchbricht: so Indra, so der ägyptische Seth, auf den wir nachher noch zurückkommen: sinnvolles Bild eines Menschentums, das sich nicht mehr nur von den vegetativen Kräften auf vorgebildeter Bahn voranschieben läßt, sondern in dem selbst ein Mittelpunkt der Kraft liegt, aufzubrechen, wohin er will, königliche Kraft, die sich nicht bescheidet bei den Trends, urschöpferische Kraft, welche die Drachenfessel durchhaut.

Wir wiederholen, daß nach der Fernungsmythe der Urgott aus pflanzlicher Wuchskraft den Raum aufklüftet und damit die Lichtfülle des Goldenen Zeitalters entbindet, daß er aber in der Mitte seines Umkreises wie ein Gaya maretan 3000 Jahre leuchtend stehen bliebe – in königlicher Ruhe, die noch immer ein Pol königlichen Verhaltens ist – wenn er nicht den Umkreis,

nun einem horizontal wirkenden tierischen Bewegungsdrange folgend, auf-
klüftete und damit eine neue Polarität begründete: die zwischen dem sakralen Raume, der sich um eine naturgegebene Mitte rundet, und dem profanen
Raume gleichgearteter Orte, der im besten Falle zu jenem einen Zugang besitzt. Im Vâjapeya,[14] einem anderen indischen Königsritual, das im Verhältnis
zum Râjasûya zum Teil ältere, zum Teil jüngere Züge aufweist, wird dieser
Raum von der sakralen Mitte her durch 17 aufeinanderfolgende Pfeilschüsse
eröffnet – 17 ist das All! – ein Schuß immer vom Treffpunkt des vorigen
aus weiterführend. Dieser gestaffelte, durch die Vielheit der Raumstationen
führende Weg aber ist im Ritual die Wagenrennbahn, und durch eine Wagenfahrt heimst der in der Salbung geschwächte König die verlorene Leuchtkraft
und Macht wieder ein – ausgesprochenermaßen in der Rolle des Indra. Wir
ahnen auf Grund der vorausgegangenen Erörterung zum Teil bereits, wie das
sein könne, vergegenwärtigen uns die Tat des Indra zu genauerer Einsicht
jedoch zunächst durch einige vedische Verse: „Indra drängte beide Welthälf-
ten durch seine Größe auseinander …" - „Weiten Raum hat Indra, auf gleichem Wagen fahrend, dem Wagengenossen Kutsa geschaffen, beim Gewinn
der Sonne." - „Freund Viṣṇu, schreite weiter aus! Himmel, gib Raum dem
Donnerkeil, zum Auseinanderstemmen! Wir beide wollen den Vṛtra töten,
wollen die Ströme befrein!" - „Töte Vṛtra, ersieg das Himmelslicht!" - „Der
diese beiden großen Welten fest zusammenhielt, den hast du, o Indra, mit
Finsternis bedeckt. - „Als er jenen Himmel ausbreitend stützte, da erst ward
der Erdbewohner geboren."[15]

Wir haben hier alles beisammen: das Aufstützen des Himmels, die Tötung
des dem Dasein widerstrebenden Drachen, die Weitung des Raumes, die Frei-
setzung des Himmelslichtes, der Urgewässer und der Sonne, die Entstehung
des Menschen. Wir sehen darin episch vereint, was wir getrennt dargestellt
haben, einerseits die Lüftung des Himmels, andererseits die Eigenbewegung
ins Weite, raumschaffende Wagenfahrt, raumgewinnenden Waffenwurf – und
den Glanz eines kosmogonischen Sieges, den der Sieger hier nicht mehr allein für die Welt entbindet, sondern den er für sich erringt und an seinen
Ruhmeswagen heftet.

Mit diesem leuchtenden Gewinn seines Vorbildes kehrt also auch der König des Rituals von der Wagenfahrt zurück – eigentlich von einer Fahrt in

---

[14] Albrecht Weber, „Über den vâjapeya", Sitzungsberichte d. königl.-preuß. Akad. d. Wiss. zu
      Berlin, 1892, XXXIX, S. 789.
[15] Rgveda 7, 23, 3; 6, 20, 5; 8, 100, 12; 8, 89, 4; 8, 6, 17; 8, 51, 8 (nach verschiedenen Über-
      setzern).

den profanen Raum, den die Wagenrennbahn im kultischen Bezirke vertritt. Daß der König so einkehren kann, hat nun aber einen Grund, der im profanen Raume selber liegt – und liegen muß! – und den wir bisher noch nicht erwähnten, obwohl er den eigentlich entscheidenden, das Ritual abrundenden Gehalt darbietet. Denn die alten Ritualisten spielten ja nicht Theater, und es genügte ihnen keineswegs, daß der König in einer Indra-Rolle ins Weite fuhr, um dann unter Heilrufen zum Opferplatze zurückzukehren. Die Tat des Urgottes setzte das Licht frei – und der alten Metaphysik war natürlich Himmelslicht, Sonnenglanz und Feuerschein wesenseins mit königlichem Siegeslicht, mit Ruhmesglanz und Gnadensonne. Wie aber konnte der König dieses freie Licht gewinnen? Natürlich so, wie er es in Wirklichkeit gewann. Im Gewitterregen, in allen Himmelswassern strömt das Himmelslicht zur Erde, in der Pflanze und ihrer Blüte, im Grase drängt es wieder zum Ursprung auf, in das heilige Rind geht es auf der Weide ein, wird in ihm zu Milch und Butter, aus der Blüte sammelt es die Biene im Honig. Mit diesen Ur- und Opferspeisen ernährt der König seine kriegerische Gefolgschaft, ihr Ruhmesglanz vereint sich zu seiner herrscherlichen Leuchtkraft. Wir verstehen, daß mit diesen wirklich überlieferten Gedanken,[16] mit dieser Einsammlung der Lichttropfen im Raume zusammenhängt jene durch den Raum und seine Stationen führende Wagenfahrt. Und in einer der beiden Fassungen des Rituals fährt der König wirklich in eine Kuhherde hinein, berührt mit der Waffe ein Rind, macht sich die Herde so zu eigen und kehrt gestärkt zurück.

Wir haben damit allerdings den Tiefsinn der Mythe noch nicht erschöpft. Wir müssen nun noch erwähnen, daß nach einigen Nachrichten auch Indra von seiner schöpferischen Fahrt geschwächt zurückkehrt, daß auch von anderen Göttern, Varuṇa und Prajapati, in entsprechenden Situationen berichtet wird, daß sie eine Schwächung erleiden. Der Sinn ist überall derselbe. Im sakralen Raume der Himmelsfernung gibt es weder Macht noch Ohnmacht, mit der Eröffnung des profanen Raumes aber findet sich jedes Wesen als Einzelnes und als ein gegenüber dem Allzustand unendlich ohnmächtiges Wesen. Macht kann es erlangen oder besitzen nur im Verhältnis zu anderen Wesen.

Der hier zugrundeliegende und als Hintergrund des Rituals vorausgesetzte Gedanke entstammt nicht etwa erst spätindischer Spekulation, sondern er gehört bereits in den Bestand indo-iranischer, wenn nicht gar indogermanischer mythischer Weltdeutung; denn die iranische Urmythe berichtet, in

---

[16] Dazu Johannes Hertel, „Die arische Feuerlehre", Indo-Iranische Quellen und Forschungen, H. VI, Leipzig 1925, besond. S. 16, 73, 82.

etwas gewandelten Bildern, ganz Entsprechendes von Yima. Nach der zoroastrischen Fassung verliert er seinen Glanz zwar wegen irgendwelcher von ihm begangener Sünden, aber ein älterer und echterer Zusammenhang drängt sich geradezu auf. Yima erweitert nämlich periodisch nach jeweils dreihundert Jahren mit goldenem Pfeile – Urbild jener Pfeilschüsse des Rituals – oder mit Herrschaftsstab und Geißel dreimal die Urwelt – offenbar die Mittenwelt Chvaniratha in Richtung der sechs Karschvars. Das Herrschaftsfeuer aber verläßt ihn ebenfalls in Abständen und in Dritteln, in Gestalt dreier Adler –, und da die zoroastrischen Sünden nicht dreifach gestaffelt sind, so werden wir den dreimaligen Lichtschwund mit Recht auf die dreimalige Weltenweitung zurückführen. Dann hängen auch hier die Eröffnung des profanen Raumes und der Verlust von Mitte, Licht und Macht unmittelbar zusammen, und das sinnvolle Bild vollendet sich darin, daß der Drachenkönig Sohak den entlichteten Yima am Ende der Welt töten läßt, daß er ihn *mit dem Baume*, in dem er sich birgt, zersägen und daß er ihn dergestalt zerteilen läßt.[17]

In Indien erfährt der Urgott selbst an sich die Ohnmacht des raumgewordenen Daseins, das heißt, auch an ihm selber stellt der Mythos sie dar, und zwar nach dem Vorbilde des geopferten Weltriesen. Wie der indische Puruṣa, der germanische Ymir und sogar der erschlagene Urdrache in die Weltbestandteile zerstückelt werden, so zerfällt der Urgott in das Vielerlei und das Einzelne. Er aber überwindet diese Schwächung, indem er sich selbst aus dem Vielen wieder zurücknimmt – oft durch ein Mittel der Macht, eine Waffe wie die Aigis des Zeus oder den Vajra, die drachentötende Waffe Indras, oder den ruhmeinsammelnden Sonnenwagen oder, und darin noch entschiedener mythisches Spiegelbild der menschlichen Kultrolle, durch die Bestandstücke des Rituals selbst oder ihre kosmischen Entsprechungen. Aus dem Existierenden gewinnt also dergestalt der Gott die Essenz zurück, und dieses Wechselspiel zwischen Essenz und Existenz begründet erst die Möglichkeit einer Ermächtigung und einer ermächtigenden Weihe, läßt auch den König beispielhaft im Ritual aus dem Vielen das Eine, das wesentliche Licht gewinnen.

Für diese Grundgedanken seien nun aus der indischen Ritualliteratur einige Beispiele gegeben – zunächst der Sinn für ein Gewinde goldener Lotosblüten, das sich der König umhängt: „Indra erschlug den Vṛtra –, von diesem bekam die Erde ihre vielfältigen Lebensformen; der Himmel bekam die Sterne. Infolge des Sternenscheines sprießt der Lotos. Indem nun der Opfrer

---

[17] „The Mythology of All Races", Bd. VI, Boston 1917, S. 304ff, vgl. Vendîdâd II, 9 ff., Yašt 19, 34 ff., Schâchnâme I, 140 ff.

41

das Lotosgewinde an sich befestigt, befestigt er jene Manifestation Vṛtras an sich: die Herrschaft." „Indra erschlug Vṛtra; seine Kraft verließ ihn in beiden Richtungen (eben mit Himmel und Erde, die nun auseinanderstreben). Da erschaute er diese (bestimmte) Liederweise, mit ihr stärkte er sich durchaus. Er, der mit dem Râjasûya geweiht wird, erleidet einen Verlust an Kraft und Kühnheit, denn er erschlägt einen Vṛtra. Indem der Brahman jene (bestimmte) Weise singt, kräftigt er sich wieder." - „Aus dem zerteilten Prajapati gingen Paare hervor in Gestalt der Gandharven und Apsarasen; und er, sich in einen Wagen verwandelnd, schloß sie ein, und da er sie eingeschlossen hatte, nahm er sie zu sich und machte sie sich zu eigen. Und gleicherweise nimmt dieser (Opfrer) hier, indem er sie einschließt, sie zu sich und macht sie sich zu eigen (nämlich die Kühe) … Und dieser Wagen hier ist jene Sonne dort; denn in ihrer Gestalt war es, daß Prajapati jene Paare einschloß, sie zu sich nahm und sich zu eigen machte."[18]

Aus dieser Polarität von lichtstarker Essenz und zerstreuter Existenz und aus der Begründung der Herrschaft in dem Besitze essentiellen Lichtes ergibt es sich also, daß der König sein Licht aus einzelnen Wesen zieht, aus Kühen, daß er es durch eine Wagenfahrt einheimst, daß er dazu der Waffe bedarf – und daß er diese Waffe, und damit nennen wir nun den entscheidenden Zug des Rituals, gegen einen Verwandten gebraucht. Denn der Verwandte, im entscheidendsten Falle der Bruder, ist jenes Mitgeschöpf, gegen das er sich distanziert, demgegenüber er sich ermächtigt, indem er es schwächt, hier wiederholt sich also jene ursprüngliche Polarisation, von der wir oben bei der Himmel-Erde-Fernung sprachen, jener Lichtraub des Himmels an der Erde – zu dem Zwecke, den einen Bruder gegenüber dem anderen zu erhöhen, zu ermächtigen und leuchtend zu machen. Aus diesem Grunde gehören die Kühe des Rituals einem „schwachen Verwandten", oder es wird, in der anderen Fassung des Rituals, die Waffe direkt gegen einen Verwandten verwendet. Der König schießt einen Pfeil auf ihn ab, ohne ihn zu verletzen, der Verwandte wischt die Spitze ab (um sie vom Opferunheil zu reinigen, das damit an ihm haftenbleibt) und gibt dem König den Pfeil, nun Träger des Opferheils, zurück. Dieser Verwandte ist auch ein „Königischer" (râjanya), kann aber nach dem Ritus nicht mehr König werden, offenbar doch, weil er einen entscheidenden Substanzverlust erlitten hat.

---

[18] Pañcaviṃśa-Brâhmaṇa 18, 9, 6-18, 11, 1. Śatapatha- Brâhmaṇa 9, 4, 1, 2; 15.

Dumézil irrte, als er in diesen Schüssen wie in der Uranos-Entmannung den Ausdruck einer *politischen* Verwandten-Rivalität sah: es handelt sich um die metaphysische Rivalität der verwandten Geschöpfe, Söhne einer Mutter Erde. Das Himmelslicht – so läßt sich der Gehalt aller dieser miteinander verwandten Rituale aussprechen – die goldene Kostbarkeit, die im kosmogonischen und kultischen Drachenkampfe *frei wird*, wird im mythischen und rituellen Bruderkampfe *erworben*. Oder in anderer Formulierung: die Himmel-Erde-Fernung schildert die Entbindung des Lichtes und dessen Welt, so wie sie von der pflanzenhaften Seite der menschlichen Natur erlebt wird, der Drachenkampf aber so, wie die tierhafte Seite sie erlebt; daher ist mit jener das Licht als alldurchstömende Lebensessenz gesetzt, mit diesem aber zugleich die raumdurchmessende Vielheit und das Licht als die im Mitgeschöpf zu erjagende Beute. Nach der Himmelsfernung ist am aktivsten in der Welt das Licht, dem just seine Bahnen eröffnet sind, und der König der Mitte ist der Strahlungskegel, der es in der Runde verteilt und wieder sammelt –, nach dem Drachenkampf sind die Vielen und Einzelnen aktiv geworden, und der König muß mit ihnen um die Wette fahren, um immer noch jene alte Funktion möglichst vollkommen erfüllen zu können.

Ludwig Klages[19] sah in dem mythologischen Bruderkampf ein schon vom Frühmenschen ersonnenes Symbol für den „Zerfall der Lebenspole" schlechthin. Sollte dies zutreffen, so wäre das Bild doch erst durch den rituellen Sinn des Bruderkampfes zu erschließen, gewönne mithin sein eigentliches Bedeutungsgewicht stets aus machtbezogenen Machenschaften des Menschen. Läge aber diesen eine wirkliche Lebensstörung zugrunde oder hätte in ihnen das rituelle Denken eine solche vorausgesetzt, so wäre die Störung bereits in den gewaltsamen Zügen der Urpolarisation zu suchen, dort nämlich, wo die Himmelsfernung den ewigen Gamos der Pole blutig zerreißt. Die Achillesferse, die nach Klages sinnverwandt und ein Bild für die „verwundbare Stelle des Lebens" sein soll, ist in der Tat zugehörig. Der verwundbare Fuß, der durch eine bloße Fußverletzung erreichbare Fall des Menschen bezeichnen, sehr sinnenhaft-sinnbildlich, die mangelnde Standfestigkeit des eigentlichen Menschen, des „Aufgerichteten" par excellence. In ihrem lebensnächsten Sinne aber und im Grunde meinen die Ferse des Achilles und das verwandte Lindenblatt Siegfrieds die *Opferfähigkeit* solcher Gestalten – wie auch des Gayamarətan, des Yima, des in diesem Sinne begriffenen Kronos –,

---

[19] Ludwig Klages, „Der Geist als Widersacher der Seele³", Bonn 1954, S. 1245-1248.

also jeweils der kultischen Rolle, die dem Herrn der Goldewe entspricht und die vermöge eines Opfers abgelöst wird durch einen Machtherrn, einen „Selbkönig" in dem sogleich zu entwickelnden Sinne.

Es entspricht dem hier erschlossenen Sinne des Bruderkampfes, wenn nach dem Drachensiege des Kadmos die aus der Erde entsprossenen Männer, Söhne und Brüder einer Saat, einander auf Tod und Leben bekämpfen und die Sieger die Ahnen der thebanischen Adelsgeschlechter sind. Aus dem gleichen metaphysischen Grunde lodert, sobald das Königtum des Kronos gestürzt ist, der Krieg zwischen Zeus und den Söhnen der Gaia auf, zu denen ja auch Kronos selbst vorzüglich zählt. Wo die Himmelsfernung auch den zweiten mythischen Schritt schon mit darstellt und enthält, wie in der neuseeländischen Mythe, bricht sogleich nach der Eröffnung des Raumes ein Bruderkrieg aus, und zwar des Sturmgottes, der zum Vater Himmel hält, gegen den Waldgott, der vornehmlich an der Verstoßung des Vaters schuldig war, und gegen die mitschuldigen anderen Brüder. Unter diesen weicht nur der Mensch dem Kampfe nicht aus, er stellt sich ihm und wird dadurch zum eigentlichen, aufrechten Menschen, während die anderen Brüder in ihrer Angst verkrauten, verlurchen, vertieren. Hier ist also wirklich der Urkrieg der Vater aller Dinge, ihres Daseins und ihres Ranges.

Der hier vertretene Sinn der Wagenfahrt gegen die schwachen Verwandten wird auch von anderen völkerkundlichen Beobachtungen bestätigt. Der Dumézilschen Verwandten-Rivalität scheinen sich am meisten gewisse afrikanische Gepflogenheiten zu nähern.[20] Hier weiß bei einigen Völkern nach dem Tode des Königs zunächst keiner der Söhne, wer zum Nachfolger bestimmt ist. Bei einer Zusammenkunft aller Brüder wird der Thronfolger von den dazu bestimmten Beamten genannt, und dies ist das Todesurteil für die anderen, die unverzüglich nach dem Ritus getötet werden, der für Träger des Königsblutes bestimmt ist. Es liegt nahe, für diesen Brauch politische Gründe anzunehmen, die Besorgnis vor Thronwirren. Dennoch erweisen verwandte Bräuche mit Sicherheit, wie ich meine, daß auch bei dieser dem Anscheine nach pragmatischen Tötung das rituelle Motiv das tragende ist, zu dem in manchen Fällen immerhin politische Besorgnis als Antrieb hinzutreten mag. Ich erwähne hier nur, daß in Benin mitsamt ihren Kindern alle Träger des Königsblutes getötet wurden, die für eine Thronfolge in Frage

---

[20] Tor Irstarn, „The King of Ganda", The Ethnographical Museum of Sweden, Stockholm, New Series, Publ. No. 8, Lund 1944. Hier auch alles weiterhin angeführte afrikanische Material, soweit nichts anders vermerkt.

kamen – mit Ausnahme der Königsbrüder! Diese durften bis zum Alter von 20 oder 25 Jahren heranwachsen und wurden dann erst getötet. Kein Zweifel, daß die Verwandten-Rivalität, die Furcht vor Thronwirren ein gerade entgegengesetztes Handeln erzwänge und daß man die Brüder deshalb bis zur Höhe männlicher Kraftentfaltung heranwachsen läßt, ihres Rivalentums nicht achtend, um der Königsmacht ein um so höheres Opfer an königlichem Jugendglanze darzubringen. Mythologischer Bruderkampf und rituelles Bruderopfer haben mit byzantinischer Verwandten-Rivalität wenig zu schaffen, sie sind Formen ritueller Machtpolarisation.

Des Königs Fahrt gegen die Verwandten hat im indischen Ritual eine höchst merkwürdige Folge, zu der sich Parallelen in der ganzen Welt finden. Der König darf nämlich ein Jahr lang die Erde überhaupt nicht und für den Rest seines Lebens nicht unbeschuht betreten. Entsprechende Vorschriften galten für die meisten afrikanischen Sakralkönige. Der Kaiser von Abessinien setzte früher außerhalb seines Palastes keinen Fuß auf den Boden. In vielen Reichen wurden die Könige sogleich nach ihrer Wahl, sogar ohne daß inzwischen ein Ritual stattfand, auf die Schultern der Gefolgsmannen erhoben und durften fortan die Erde nicht mehr berühren. Der König von Bono war jährlich einmal zu einem Ritual mit Erdberührung gezwungen, zu einem Ringkampf mit den Vorkämpfern der Reichsgründung, der ihm das Reich neu erwarb: dann wurde er jedoch zuvor seines Königtums entkleidet.[21] Die 5000 Jahre alte ägyptische Narmer-Palette[22] mag ein entsprechendes Ritual darstellen; der König erschlägt dort, selber barfüßig, mit Krone, Rock und Tierschwanz rituell gewandet, einen Feind. Aber er hat dabei *einen* Gefolgsmann und nur diesen einen, seinen Sandalenträger, der sich offenbar zu ritueller Beschuhung des Königs nach dem Gewaltakt auf der Erde bereit hält. Diese Szene entspricht noch genauer der indischen insofern, als der gefällte Gegner Unterägypten vertritt und nach dem dualistischen oder polaristischen Denken der Ägypter, insbesondere der polaristischen Königsmetaphysik, die Herrschaft sich vollendet durch Unterwerfung Unterägyptens und seine Vereinigung mit Oberägypten. Auch hier erfolgt also die Beschuhung wie in Bono und in Indien nach einer Machtpolarisation innerhalb eines brüderlichen Zusammenhanges – gegenüber dem schwachen Verwandten, der anderen Reichshälfte, den stammeszugehörigen Pionieren der Eroberung.

---

[21] Eva L. R. Meyerowitz, „The Divine Kingship in Ghana and Ancient Egypt", London (1960), S. 142 ff. S. 158 f. der Vergleich mit den entsprechenden ägyptischen Ritualen.

[22] Oft abgebildet, z. B. Walther Wolf, „Die Welt der Ägypter", Stuttgart 1954, T. 5.

Der Distanzierung des Königs von der Erde selbst entspricht in Afrika ferner dem Abstand, den der König von der Königin hält. Denn die eigentliche rituelle Königin ist dort nicht des Königs Weib, sondern eine Frau in einer Mutterrolle, die jedoch auch nicht seine leibliche Mutter zu sein braucht. Von dieser Frau muß der König getrennt leben, in anderem Gehöfte, jenseits des Stromes, und vielenorts darf er sie sein Leben lang nicht sehen oder doch nur ausnahmsweise zu einem besonderen Ritual.

Für die Meidung der Erdberührung werden uns aus Afrika zwei Beweggründe gemeldet – entweder bestände dabei die Gefahr, daß die Königsmacht die Erde schädigte, etwa die Feldfrucht hinwegbrennen würde, oder es würde umgekehrt die lebenschenkende Königsmacht geschwächt durch die Totenmacht der Erde. Dementsprechend schaut der indische König nach jener Wagenfahrt und indem er die schweinsledernen Sandalen anlegt, auf die Erde hinab und spricht: „Mutter Erde! mögest du mich nicht verletzen, möge ich dich nicht verletzen!"

Das Königtum des Kronos, das auf die Verstoßung des Himmels folgt, wird im Bunde mit der Erde begründet, er selbst ist in viel höherem Maße ein Sohn der Gaia als ein Sohn des Uranos. Im Gegensatz dazu ist das Königtum, das auf das seine folgt, eine obere Macht, der König ist zu seiner Rolle erhöht über die Erde, und das Vorbild seiner Machtmittel ist die Waffe des Sturmgottes, der vermöge seiner Blitze oder seines Donnerkeils sich auch zu himmlischer Macht erhebt. Im Falle des Zeus, dessen Name geradezu den Himmel bedeutet, spiegelt sich die Distanzierung von der Erde deutlich genug in der Verzwistung mit Gaia, die gegen ihn die Giganten ausrüstet, wie auch in den homerischen Zänkereien mit seinem Weibe, da denn auch Hera in der Tat eine alte Erdgöttin ist. Es steht im Einklang mit dieser mythischen Erdferne der Herrschergötter, wenn auch der Ritualkönig „der Himmel" heißt, wie oft in Afrika, oder „Sohn des Himmels" wie der chinesische oder „Sohn der Sonne" wie der peruanische, und wenn allerorten Sonne und Mond und ihre Symbole zu den Herrschaftszeichen gehören. Die Erhebung des Königs über die Erde hat anscheinend auch den Sinn eines rituellen Nachvollzuges der Himmel-Erde-Fernung.

Wir hätten mithin zwei Königstypen zu unterscheiden. Den einen, der seine Macht aus der Erde schöpft – in dem Sinne, daß er ihrer Ordnung sich eingliedert, in ihrer nach überall hin offenen Mitte sich gleichsam einwurzelt wie der Weltenbaum – den König des ungestörten Austausches universaler

Potenzen – den Lichtspender inmitten des unablässig geförderten Umlaufes, dessen Herrschertum sich im Grunde erschöpft in einem heilig-mächtigen und ruhvoll wirkenden bloßen Da- und Dabeisein –, und andererseits den König aus erworbener Macht, der sie gerade aus seiner Distanz zur Erde und seiner Beweglichkeit schöpft, dessen Eigenmächtigkeit eben darin besteht, daß er die erdhaften, die mütterlichen Ordnungen durchbricht – wie in jenem mythischen Ausbruch aus der Mutterseite –, der seine Macht allerorten betätigen kann, weil sie in ihm selbst investiert ist. Nennen wir im Einklang mit einem altindischen Begriffspaar[23] jenen Typ den Allkönig, diesen den Selbkönig, so müssen wir feststellen, daß in Mythos und Sage überall der Selbkönig gegenüber dem Allkönig als überlegen gilt. Dennoch, und obwohl in geschichtlichen Zeiten die Königsweihe stets auf den in sich Ermächtigten abzielen mußte, führte sie den Herrscher auf einer ersten Stufe der Weihe doch in das Allkönigtum ein, dessen Wesenszüge ja auch immer eine Seite des Herrschertums blieben. Der Mythos aber spiegelt diese Seiten seines Wesens und Stufen der Weihe als quasi-historische Stufen des heiligen Königtums überhaupt.

In der griechischen Sage handeln von dem Widerstreit zwei Abenteuer des Herakles, bei denen er Wesen von der Art des Allkönigs besiegt. Er selbst, Sohn des himmlischen Zeus, hat die Säulen des Herakles gesetzt, für Atlas den Himmel getragen, hat den Drachen besiegt in mancherlei Gestalt. Zeus selbst ist, bei der Begründung seiner Herrschaft, unfähig, die Söhne der Gaia, die Giganten, zu besiegen. Nur Herakles vermag ihm den Sieg zu verschaffen. Unter den Giganten ist auch jener Alkyoneus, der in seiner Heimat unsterblich ist und daher erst, von dort verschleppt, dem Zeussohne erliegt. Literarisch soll er Vorbild jenes Königs Antaios sein, der nur über die Erde erhoben zu besiegen ist – in merkwürdigem und ohne Zweifel prinzipiell gemeintem Gegensatz zu dem Ritualkönig, dessen Macht nur in der Distanz zur Erde wirksam bleibt. Symbolisch aber ergänzen sich die Ermächtigungsgründe des Alkyoneus und des Antaios: das Bleiben in (der Mitte) der Heimat, die fortwährende Berührung mit der Erde. In dem „Ausreißen" der beiden Erdensöhne aber haben wir wohl nicht nur ein Bild für die Obmacht des Himmelssohnes zu sehen, sondern auch, analog den geschilderten Bruderkämpfen, die Aneignung einer Opfermacht, die zu der schon zu eigen

---

[23] samâj-: svarâj- siehe Weber, „Vâjapeya", S. 765 ff. Bernfried Schlerath, „Das Königtum im Rig- und Atharvaveda", Abh. f. d. Kunde des Morgenlandes XXXIII, 3, Wiesbaden 1960, S. 132 ff.

besessenen Macht noch hinzutritt – wie denn Herakles auch wirklich das Kö-
nigsweib des Antaios gewinnt und mit ihr den Stammvater der mauretani-
schen Könige zeugt. Der von der Erde abgetrennte König ist nun aber gegen
den Himmel nicht etwa grenzenlos offen. Wenngleich dies vorkommt – ich
entnehme einer Zeitungsnotiz, daß der König von Afghanistan auch bei Re-
genwetter nicht gegen den Himmel hin beschirmt sein darf –, so scheint das
Gewöhnliche und Beispielhafte doch die Abschirmung des Königs gegen den
Himmel zu sein, meist mit einfachem, gelegentlich sogar mit mehrfachem
Schirm. Manche afrikanischen Herrscher durften bei Sonnenschein nicht ins
Freie – der König selbst ist die Sonne! – oder sie durften sich überhaupt
niemals zeigen. Eine beispielhafte Szene ergibt sich, wenn der japanische
Kaiser (der rituell jedoch ein König ist) sich zu der weihevollsten Zeremonie
des gesamten Einsetzungsrituals begibt, zu der Kommunikation mit den Ah-
nen.[24] Dann werden vor ihm Matten entrollt, die hinter ihm sogleich wieder
zusammengerollt werden und über ihn wird ein Schirm gehalten: er wird also
sichtlich nach oben wie unten in ganz entsprechender Weise abgeschirmt.
Wir sind so sehr daran gewöhnt, in diesen Schirmen ein Herrschaftszeichen
zu erblicken als Abbild des Himmels – ebenso wie in all jenen Baldachinen,
Thronhimmeln und Himmelsrotunden westlicher und besonders östlicher
Herrscher –, daß wir das Privatisierende und das Trennende dieser Herrscher-
himmel allzuleicht übersehen. Aber das indische Königsritual bietet etwas
dem japanischen Vorgang ganz Analoges, bei der Salbung nämlich, wenn der
zu Weihende auf eine Silberplatte gestellt und mit einer Goldplatte bedeckt
wird.[25] Jene wird mit der Erde, diese mit dem Himmel verglichen, jene ist
geschlossen, diese von neun oder 100 Löchern durchbohrt – die Löcher unter
anderem ein Bild der leiblichen und seelischen Kräfte. Die zugehörigen Formeln für das Anbringen der Platten sind bei den Füßen: Schütze vorm Tode!
- beim Haupte: Du bist Kraft, du bist Siegesmacht, du bist Unsterblichkeit!
- oder auch: Schütze vorm Donnerkeil! Außerdem kommt, in unmittelbarem
Zusammenhang mit dem Salbungsritual, wenn auch nicht speziell mit der
Goldplatte, die Formel vor: Schütze vorm Himmel! Mithin scheint der König

---

[24] D. C. Holtom, „The Japanese Enthronement Ceremonies", Tokyo 1928, S. 130: „The Emper-
or walks ‚between Heaven and Earth'. The ground below must not be exposed to his sacred
feet lest it become taboo, and lest his sacred virtue be drained off there; the air above must
not be exposed to his head. " S. 133 schließt der Verfasser: „... overhead protection is just as
essential as that under foot, lest the divine energy be drained off above. "
[25] Weber, „Râjasûya", S. 49 f. J. C. Heesterman, „The Ancient Indian Royal Consecration",
Disputationes Rheno – Trajectinae II, s'Gravenhage 1957, S. 107 f., 112 f.

nach oben nur gegen Verluste gedeckt, für Machtzuflüsse aber geöffnet zu sein, während er sich nach unten hin völlig abschließt.

Die Eigenmächtigkeit und die teilweise Selbstgenügsamkeit des Königs wären nicht möglich, wenn das Bruderopfer oder die Polarisation gegenüber dem Bruder lediglich eine Distanzierung bedeuteten: die Erhebung des einen über den anderen, die Unterwerfung eines Gedemütigten unter den Bevorzugten. Mit einer Huldigung wäre der Sinn des Opfers nicht ausgeschöpft –, vielmehr geht die Substanz des Opfers, so wie der indische König von den schwachen Verwandten sich Macht und Glanz aneignet, in den Opferempfänger ein. Indem der König dergestalt in seiner Rolle den Lichtgeweihten und den Todgeweihten, den Sohn des Himmels wie den Sohn der Erde vereint, wird er selbst zu einer Wiederholung des Alls im All, er vereinigt in sich die Pole wieder, welche ursprünglich auseinandergehoben wurden; darin beruht seine Macht, und aus diesem Zweck erklärt sich die Notwendigkeit, den König durch einen Bruderritus zu vollenden.

Soweit ich sehe, wird diese innere, brüderliche Doppelheit nirgends klarer ausgesprochen als in Ägypten,[26] wo der Pharao geradezu „Horus-und-Seth" genannt wird oder „die-beiden-Herren" oder die beiden Palastbewohner, und mit einer stehenden Formel die Königin: „sie-die-Horus-und-Seth-schaut". Wir werden dies ägyptische Ritualmotiv gemäß unserer Darlegung als ein unverfälschtes Urmotiv ansehen und in seinen Hauptzügen unsere Ergebnisse einigermaßen bestätigt finden, trotz mannigfaltiger Umbildung im einzelnen, trotz aller Entfaltungen und Entwicklungen, der Einbrüche und Rückgriffe, der Überschneidungen und Parallelbildungen, wie sie in einer vieltausendjährigen Vorgeschichte und Geschichte nur zu erwarten sind.

Gehen wir angesichts der Mehrdeutigkeit des Horus von Seth aus, so erscheint in unserem Zusammenhange zunächst als entscheidender Zug sein Drachenkämpfertum. Zwar gibt es nicht den kosmogonischen Mythos, in dem er den Urdrachen erschlüge, wohl aber erscheint diese Tat in ihrem alltäglichen Vollzuge: Seth nämlich steht am Buge der Sonnenbarke und vernichtet allabendlich (oder auch jeden Morgen) die Apophisschlange, welche die Sonne zu verschlingen und so dem Dasein ein Ende zu machen droht. Der Drachentöter aber hat in Ägypten etwas von der daseinsfeindlichen Natur seines Gegners an sich, er ist der *Feind* schlechthin, und als solcher auch der

---

[26]   Hans Bonnet, „Reallexikon der ägyptischen Religionsgeschichte", Berlin 1952, unter den einschlägigen Stichwörtern. Vgl. u. a. Henri Frankfort, „Kingship and the Gods", Chicago (1948), S. 19-22. Und Joachim Spiegel, „Die Erzählung vom Streite des Horus und Seth, Leipziger ägypt. Studien H. 9, 1937.

Gott des Auslandes, der Steppen jenseits des Niltales, und er ist der Töter des Königs. Daß der „Feind", der Gott des Auslandes auch zu den inländischen Göttern zählt, ist nun aber für das Pantheon eines ritualistischen Volkes bezeichnend. Das Ritual nämlich ist immer universal, in den Kulten und den Kultbünden des Volkes sind immer alle wesentlichen Mächte und Kräfte seines Daseins vertreten; der Kultbruder identifiziert sich mit ihnen, er macht sie durch seine kultische Rolle seinem Stamme oder Dorfe dienlich, und es ist keine Schmach, in Vergegenwärtigung der Seuche, der Dürre oder des Feindes rituell dem Heil des Landes zu erliegen. Der Pharao aber, indem er den „Feind" in sich aufnahm und in seiner Rolle mit dem Daseinsfreunde vereinte, ward auf diese Weise erst zu dem universalen König, der über Freund und Feind, Leben und Tod, Himmelslicht und Drachendunkel herrschte.

Denn Horus stellt in diesem Paar die lichte Daseinsseite vor. Unzweifelhaft ist er himmlischer Natur, sein Name bedeutet wahrscheinlich „der Ferne", was als Himmelsmetapher verstanden wird, und den meisten Forschern gilt er als eine Form des Himmelsgottes. Wir werden in unserem Zusammenhang vermuten, daß dieser Gott, der ohne Zweifel einen Aspekt des Königtums darstellt, nicht einen Uranos bedeutet, nicht den wirklichen Urhimmel, sondern jenes herrscherlich-himmlische Licht, das in der griechischen Mythe als goldener Kronos oder olympischer Zeus Gestalt gewann. In diese Richtung würde auch das Himmels-Appellativ afrikanischer Könige deuten.

Wollten wir nach weiteren bestätigenden Zügen suchen, einem Zusammenhang mit der Fernungsmythe, so würden wir zunächst auf den Gott Schu stoßen, als den Urgott, der Himmel und Erde schied. Aber wie Kronos die griechischen Welteltern auseinanderhieb, indes sein Bruder Iapetos der (Himmels-?) Schleuderer genannt ward und dessen Sohn Atlas = „Stütze" hieß und den Himmel trug, so mag auch in Ägypten eine solche Funktionsscheidung eingetreten sein. Beachtenswert erscheint mir auf jeden Fall, daß Horus ein typischer Muttersohn ist, und zwar mit so beherrschender Stärke, daß Isis und ihr Sohn noch heute im Madonnenbilde fortbestehen. Ferner könnte jene Mythenvariante von Bedeutung sein, nach der unter den Urgöttern, die noch im Schoße der Urmutter eingeschlossen waren, Isis und Osiris den Horus zeugten, so daß er geschwisterlich mit der älteren Generation zusammen aus dem Urschoße geboren ward und dadurch im besonderen auch dem Seth sowohl Bruder wie Neffe war – eine Doppelung, die mir nicht einer Mythenkreuzung, sondern mythenbildnerischem Tiefsinn zu entspringen scheint. Jedenfalls gilt Horus als der „Eröffner", nämlich als der Erstgeborene, und es möchte seine lichte Natur dann daher rühren, daß er sich als erster, dieser jüngere Sprößling der früher Gezeugten, dem Urdunkel entrang. Polynesien etwa liefert Beispiele dafür, daß sich das Werk der Himmelslüftung auf verschiedene Generationen verteilt und daß die jüngere sie erst eigentlich vollendet. Daß in Ägypten Horus zunächst vereinzelt, in der Spätzeit aber in all seinen Erscheinungsformen mit Schu identifiziert wurde,[27] erschiene uns mithin nur als Ausdruck seines ursprünglichen Wesens.

Gelangte nun Horus auf jeden Fall als „Eröffner", als erster in irgendeiner Weise zum Lichte und eignete es sich dadurch an, so war doch auch Seth ein Erstgeborener, nämlich als Durchbrecher der Mutterseite, und wir dürfen in diesen beiden Arten der Erstgeburt den Ausdruck einer ganz ursprünglichen Rivalität sehen, eines Widerstreits, der erst durch die Vereinigung im Königtum einen Ausgleich findet, der aber als Bruderstreit oder „Verwandtenzwist" eben auch erst zur herrscherlichen Ermächtigung führt. Denn der lange Kampf, den die beiden um die Herrschaft ausfechten, zielt wirklich auf die eigentliche Macht des ägyptischen Herrschers ab: Seth reißt dem Horus die Augen aus, dieser dem Seth die Hoden ab. Auge und Hode sind aber nach der alten Metaphysik und daher in zahllosen Blendungs- und Kastrationsriten und -mythen die vorzüglichsten Gefäße des kosmischen Lichtes – im Auge Lebensfülle, im Hoden Werdedrang. Wir brauchen uns mit dem Auge des Horus mithin nicht erst auf den Himmel und die Sonne zu beziehen, um es zu verstehen. Das durch den Urvorgang entbundene Licht wird im Bruderkampfe erworben: im Streite des Horus und Seth wird es mit ausgerißnem Auge und abgerißnem Hoden verfügbare Macht, und zwar in seiner manifesten wie in seiner potentiellen Form. Die ägyptischen Kronen heißen darum Augen des Horus, die Königsszepter sind die Hoden des Seth[28] – durchaus sinnvoller Weise, da Kronen strahlende Lichter sind, Herrscherstäbe aber, wie oben dargetan, Potenz herrscherlicher Akte. Vor allem die Symbolik des Auges dient hieroglyphisch wie metaphorisch dazu, das dem König und sogar dem Menschen an Kraft und Macht Verfügbare zu bezeichnen.[29] Vorzüglich ist es ein Zeichen für das Land Ägypten oder einen der beiden Reichsteile, kann außerdem aber auch seine Herden, Felder, Wälder und Bergwerke

---

[27] Hermann Junker, „Der sehende und blinde Gott", Sitzungsber. d. Bayer. Akad. d. Wiss., Phil.-hist. Abt. Jg. 1942, H. 7, München 1942, S. 27, Anm. 1.

[28] Henri Frankfort, „Kingship and the Gods", Chicago (1948), S. 130.

[29] Joachim Spiegel, „Das Werden der altägyptischen Hochkultur", Heidelberg 1953. S. 148. Henri Frankfort, „Kingship and the Gods", Chicago (1948), S. 112, 129, 132, 138 f., 376 Anm. 3. Hermann Junker, „Der sehende und blinde Gott", Sitzungsber. d. Bayer. Akad. d. Wiss., Phil.-hist. Abt. Jg. 1942, H. 7, München 1942, S. 6, 51.

meinen, die Falkenstandarten, die Krönungsspeise, das Speiseopfer an den toten König, den Speisetisch, Brot, Öl, Wein, Bier, Trauben, Gewürz, Weihrauch, Geschirr, Gewebe, Augenschminke, Edelsteine – kurz, jede Macht, jeden Kraftspender, jeden Lebenswert. - Vereinte nun dergestalt der ägyptische König in seiner Rolle die beiden Götter, den daseinsfreundlichen Horus, den widersacherischen Seth, das im Raume strahlende und das zum Ausbruch drängende Licht, den Isissohn im Himmelslichte und den eigenmächtigen Ausbrecher, der doch den lichtfeindlichen Drachen in Schranken hält – dann werden wir, wenn auch diese Züge in besonderer, in ihrer ägyptischen Weise ausgeprägt sind, dennoch darin das bedeutsame Paradeigma nicht verkennen, das sie für das Bruderkampfmotiv der Königsrituale stellen.

Unter den hier vorgetragenen Gesichtspunkten gewinnt auch die rituelle Königstötung einen besonderen Sinn. Seit Frazer herrscht darüber die Ansicht, und sie stützte sich zum Teil auf seinerzeit noch lebende afrikanische Bräuche, daß der König immer dann getötet würde, wenn seine Kräfte ihm in natürlicher Weise schwänden – dann müßte er einem Jüngeren Platz machen und würde darum getötet. In ähnlicher Weise faßte man die Greisentötung, die es bei vielen Völkern gegeben hat, als rein wirtschaftlich gedachte Befreiung von unnützen Essern auf. Daß es dergleichen gegeben hat, vor allem in Zeiten der Not, ist nicht zu bezweifeln, daß sich aber von hier aus der Sinn des Königsopfers ergibt, ist ein Irrtum. Daß die Greisentötung nicht gegen den ohnmächtigen, sondern gegen den allmächtigen Alten gerichtet ist, der den Lebensquell zum Versiegen bringt, daß sein Tod das Leben erlöst und die Quelle wieder fließen läßt, daß also die Altentötung ein Sieg des Lebens ist wie der Sieg Indras über den daseinssperrenden, das Licht occludierenden, die Wasser hemmenden Drachen: diese für ein urwüchsiges Denken auf der Hand liegende Ansicht ist meines Wissens nicht zuerst von der Wissenschaft aufgedeckt worden, sondern von einem Dichter, von Jean Giono nämlich in seiner Novelle „La colline". Und diese Deutung trifft voll und ganz auch auf die Königstötung zu. Daß nicht Ohnmacht des Königs zu seiner Ermordung zwingt, folgt schon daraus, daß die Macht in ihm investiert ist: die Möglichkeit der Investierung, die Übertragung und Verfügbarkeit schließen ein bloß physisches Altern aus.

Mit der Königsweihe selbst, wenn der voll initiierte König als ein zwischen Himmel und Erde schwebendes „Machtpaket" erscheint, ist ein Umschwung angebahnt, durch den die Person des Königs aus der Rolle der segenspendenden Sonne in die des lichtverzehrenden Drachen verfallen kann. Wenn in manchen afrikanischen Staaten die Frauen oder die belauschten Klagen der unzufriedenen Frauen den Anlaß zur Königstötung gaben, dann ist als der eigentliche innere Anlaß nicht eine beginnende Impotenz des Königs anzusehen, sondern die beginnende *Occlusion* der Potenz. Das heißt, der König wurde in dem Augenblick geopfert, da er die ihm innewohnende Macht nicht mehr in Licht, in Wasser, in Samen dem Volk und den Seinen mitteilte. Er wurde nicht umgebracht, weil er schwach, sondern er wurde geopfert, weil er machtvoll war. Aus ihm wurde das Licht aufs neue durch einen anderen Gottkönig entbunden, der den alten Drachen erschlug. Und war er zuvor ein König des Lebens gewesen, weil er Essenz ausstrahlte zur Steigerung des Daseins, so ward er nun in der Rolle des Totengottes bestätigt, der Dasein verzehrt, um die Essenz zu vermehren. Dies ist ja auch die Rolle des Urgottes, wenn er sich aus den Geschöpfen durch den Zeitkreis des Sonnenlaufes, durch den Zyklus des Entwerdens, durch seine Todeswaffe wieder zurückholt – zu neuen Emanationen. Die an dem König vollzogene Tötung initiierte ihn mithin in dem Augenblick als Totenkönig, da er selbst schon dessen Funktionen zu übernehmen begonnen hatte. Schon mit dem „Essenzgewinn" aus dem Bruder, der immer ein Lebensopfer bedeutet, war dem König diese Macht verliehen worden; im Alternden beginnt sie zu herrschen.

Daß Herrscher und Drachentöter selbst als Drache galten, dafür gibt es zahlreiche Beispiele. Der Kaiser von China saß auf dem Drachenthron und war, im Gegensatz zu den Wetterdrachen, ein „wahrer Drache". Paradeigmatisch ist überhaupt der Beginn des chinesischen Herrschertums: der Ahnherr der ersten Dynastie ward in einem Heiligtum zerstückelt und verwandelte sich in einen Drachen – Königsweihe nach dem Ritual einer kosmogonischen Drachenschlachtung![30] In Ägypten ist grade der Drachentöteraspekt des Königs, also Seth, die „Feindseite" seiner Doppelnatur. In Persien war ein und derselbe Held, altpersisch Thraêtaona geheißen, einer der kosmischen Drachenkämpfer, und in Firdusis Königbuch, neupersisch lautgerecht Feridun genannt, als Überwinder des Drachenkönigs Sohak, des Yima-Mörders, Hochkönig von Iran und legte sich als solcher in Drachengestalt seinen drei Söhnen in den Weg, um gemäß ihrem Verhalten ihre Namen und den Thronfolger zu bestimmen.

Daß in Germanien der Drachentöter selbst die Drachenrolle übernahm, belegt die Sage in überzeugender Weise. Im Gudrunliede bekleidet sich der

---

[30] J. Dyer Ball, „Things Chinese³", London 1900, S. 181 ff. Wu Ch'êng-ên, „Monkeys Pilgerfahrt", Zürich (1947), S. 147. Marcel Granet, „Chinese Civilisation", New York (1958), S. 181.

junge Hagen, nachdem er den Drachen erschlug, mit dessen Haut und gewinnt dadurch Heldenkraft, und er trinkt von dem Blut und gewinnt dadurch Geisteskraft. Und daß dies nicht willkürliche Erdichtung ist, bestätigt die Siegfriedsage. Verkennen wir die Hornhaut nicht als Panzer, so müssen wir sie als Drachenmaske verstehen, ebenso wie der Egishelm der Sigurdlieder Kultmaske des Drachen ist, die Sigurd übernimmt. Und wenn die Worte, mit denen der sterbende Drache sehr freundwillig seinen Töter warnt und berät, auch in manchem zweifelhaft sind, so scheinen sie in einer Hinsicht doch völlig klar: daß Sigurd durch die Tötung selber in die Rolle des Drachen eingegangen und daher auch dem Drachenschicksal verhaftet ist, als Machtopfer zu sterben. Denn nicht nur die äußere Maske eignet er sich an, sondern auch sein Gold, den leuchtenden Schatz, und seines Wesens Kern, das Herz, das der Text ein funkelndes Stück Lebensmacht nennt (fjǫrsegi fránn).

Indessen läßt sich, nach diesem paradeigmatischen Beginn, an Sigurd das typische germanische Königsritual nicht weiter verfolgen; denn aus Gründen, die nicht alle in diesem Beginne liegen, führt die Sigurdsage in tragische Verwicklungen, die nicht beispielhafte Königsrollen mehr darstellen. Das Wissen darüber gewinnen wir in anderen Überlieferungen und finden dort zu unserer Überraschung, daß das germanische Königsritual weder den Bruderkampf noch das Königsopfer – in dem hier entwickelten Sinne – kennt. In den als beispielhaft anzusehenden Fällen ließ es der rituelle Zwang, der den König zu immer neuen Drachenkämpfen verpflichtete, wie den uralten Beowulf, wie den opferbereiten, todesgewissen Ortnit, nicht zu, daß er in einer lebensperrenden Drachenrolle veraltete. Daher gab es auch keinen Königstöter als Drachentöter. Gewiß, es bestand auch in Germanien die Tendenz zur endgültigen „Verdrachung", sichtbar etwa an König Aun in Uppsala oder dem Goten Ermenrich oder dem König im schwedischen Märchen „Treu und Untreu".[31] Der vorbildliche König aber fiel in seinem letzten Drachenkampfe und zu seinem Nachfolger ward nicht sein Töter erhoben, sondern der Schwurbruder, der ihn rächte.[32] Nicht dem Bruder kämpfte er mithin das königliche Drachengold ab, sondern dem Drachen des Bruders Seele, die er durch seinen Rachesieg aus der Todesaura erlöste und im Triumphe mit heimbrachte zu des Bruders Witwe: der eigenen Königsbraut.

---

[31] S. Eitrem, „König Aun in Uppsala und Kronos", Festskrift til Hjalmar Falk, Oslo 1927, S. 245-261; „Nordische Volksmärchen", übers. von Klara Stroebe, 1. Teil, Jena 1915, S. 216 ff.
[32] Dazu Heino Gehrts, „Das Märchen und das Opfer. Untersuchungen zum europäischen Brüdermärchen", Bonn 1965.

VON SCHLANGEN UND DRACHEN

Die Texte von Walther Machalett zu diesem Thema, brachten mich auf den Gedanken, dazu aus meinen eigenen Sammlungen noch etwas ausführlicher beizutragen, – weil in der Tat in den Überlieferungen des Altertums jene beiden Wesen eine hervorragende Rolle spielen. Auch gehört es ja zu unseren Aufgaben, jenes Drachenwesen zu begreifen, das an den Externsteinen unter dem Kreuzigungsbilde erscheint.

Walther Machalett spricht den Verdacht aus, daß unsere Vorstellungen von den beiden Wesen stark beeinflußt seien von der Kirchenlehre. Dazu möchte ich eingangs ein eigenes Erlebnis schildern. Vor fünfzig Jahren befand ich mich in einer Infanterie-Kompanie am Mittelmeer – zur Sicherung der italienischen Küste – etwa auf der Breite der Nordspitze der Insel Korsika. Die Stellungen lagen am Strande, dahinter folgte ein schöner Pinienwald. Noch weiter ostwärts erstreckte sich eine fruchtbare Ebene, die von Nord nach Süd von der Via Aurelia durchschnitten ward. Parallel zur Küste und zur Straße verlief mitten durch den Pinienwald ein breiter Weg, den ich oftmals mit dem Rade zu befahren hatte, ebenso wie der Kompanieführer, ein Oberleutnant. Dieser war ein Schwabe, eine prächtige Hölderlingestalt, auch mit Sinn für die Dichtung. Eine Tages kam ich den Waldweg gefahren; ihn querte ein zu der Zeit ausgetrocknetes Bachbett, und darin sah ich in einiger Entfernung im Walde eine Schlange liegen. Geschwind lief ich durch den Wald zu der Stelle, und da war die Schlange bloß ein sich schlängelndes Seil. Im Kompanie-Gefechtsstand berichtete ich von der fehlgeschlagenen Begegnung, und der Oberleutnant unterbrach mich lachend: „Ja, da bin ich auch hingelaufen und war auch enttäuscht: ich wollte die Schlange ja totschlagen!" Worauf ich antwortete: „Das wollte ich allerdings nicht, ich wollte sie bewundern!" - Für uns erhält diese schlichte Geschichte ihr Gewicht daher, daß der Oberleutnant im Zivilberuf evangelischer Pfarrer war.

Nun zeigen Schlangen freilich bisweilen ein so eigenartiges Verhalten, daß der Mensch sich zum Totschlag herausgefordert finden könnte. In einem Heft der schleswig-holsteinischen Zeitschrift „Heimat" von 1904, in einem Bericht über die Glattnatter, traf ich zufällig auf die folgenden Sätze: „Mein Schwager fand sie auf der Dreschdiele, wohin sie wahrscheinlich mit dem eingefahrenen Korn gelangt war. Da sie nicht fortlief, sondern ihn anfauchte, hielt er sie in der Aufregung für eine Kreuzotter und tötete sie." Sie maß 56 cm. - Diese kleine Geschichte erinnert mich an ein eigenes Erlebnis, hoch oben auf einer Alm in 2000 Metern Höhe, einsam, ohne Vieh, ohne Hirten, wo eine Kreuzotter zischend auf mich losging und mich zwang, zurückzuweichen. Seltsames Verhalten dieser Tiere tief da unten, die auf ein 30 oder 50mal höheres Wesen zustoßen, – verständlich wahrscheinlich als angsterzeugtes Imponiergehabe. Vielleicht kann man mit meinem und dem Erlebnis des holsteinischen Bauern ein altes nordisches Bild vergleichen – den Reiter nämlich von einem Helm aus dem schwedischen Uppland. Vor ihm bäumt sich eine Schlange empor, unbekümmert um Speer und Pferdehufe, und sie sperrt weit das Maul auf.

Der Bauer auf der Diele schlägt „in der Aufregung", wie der Schwager sagt, die Schlange tot, – und ähnlich verlaufen auch Ereignisse in der Volksüberlieferung. Sie kennen alle die Geschichte vom Kind und der Schlange aus den Hausmärchen der Brüder Grimm, wo das Kleinkind am Milchnapf mit der Schlange spielt und spricht und die Mutter dazukommt und mit einem Holzscheit die Schlange tötet. Das Kind aber stirbt. Eine schlimme Geschichte, die so auch in anderen Landschaften erzählt wird.

Es gibt nun aber auch bei uns ein durchaus anderes Erleben der Schlange, furchtlos und tierfreundlich. Die Magd, die in einer Tiroler Sage den Stall versieht, trifft beim Melken stets auf die Krönlnatter: das „war ein herziges Tierlein und hatte glänzende schwarze Äuglein, mit denen es die Magd gar bittend und klug ansah", und diesem Eindruck entspricht der Fortgang der Geschichte. - In einer Allgäuer Sage setzt die Magd, die bei ihrer Arbeit auch ein Kleinkind zu beaufsichtigen hat, ihm immer eine Schüssel Milch mit Brocken hin. Da kommt stets auch eine Schlange dazu, und die wird durchaus nicht böse, wenn das Kind sie auf den Kopf schlägt und sagt, sie solle auch Brocken fressen, nicht bloß Milch. Und weil die beiden so vertraut waren miteinander, so hatte auch die Magd nichts gegen den Schlangenbesuch. - Später, als die Magd heiratet, am Hochzeitsmorgen, als ihr die Zöpfe geflochten werden, drängt sich die Schlange zur Tür; die Braut sagt, man solle sie doch einlassen, und da wird sie von der Schlange mit einem Krönlein beschenkt, – eine Gabe, die für das ganze Leben Glück und Reichtum bedeutet. - Auch jenes Kind, bei dem die Schlange getrunken hat, erhält von ihr, als es Braut wird, ein Krönlein. Aber der Ehemann ist habsüchtig, gönnt nicht den jungen Schlangen die Milch, verjagt sie, und sosehr die junge Frau auch lockt, sie kommen nicht wieder. Not und Siechtum ziehen ein, und schließlich kommt der Hof auf die Gant. - Ähnlich ist der Verlauf in der Tiroler Sage; der Bauer jagt die Magd, die die Milch seiner Kühe an die Natternbrut verschwendet, wie er meint, aus dem Hause. Aber sie erhält das Krönlein der Schlange und wird reich, während der geizige Bauer um Haus und Hof kommt. - Solche Sagen stellen schlimme Vorzeichen dar für eine Zeit, in der die Habsucht als eine Tugend gilt. Es kann dann nicht fehlen, daß am Ende ein ganzer Staat auf die Gant gerät.

Wir haben uns damit Erlebnissen zugewandt, die in der Vorzeit eine große Rolle gespielt haben, uns aber fast völlig fremd geworden sind. Der Glaube an die glückbringende Hausschlange war weit verbreitet und hat hier und da noch bis an unsere Zeit heran gelebt. Eine alte Nachricht bezeugt, daß die Langobarden das Bild eines Tieres verehrt hätten, das man *vulgo*, also normalerweise, *vipera*, Schlange nenne. Man könnte aus der Formulierung schließen, daß das langobardische Volk selbst für das Tier einen Götternamen gebraucht hat. Für das 16. Jahrhundert bezeugt Olaus Magnus, daß auf „abgelegenen Höfen Norwegens und Wärmlands die Schlange als eine das Haus beschirmende Gottheit" galt. Zwischen der Schlange und ihrer Verehrung vermittelte sicher auch die Vorstellung, daß in ihr die Seele eines Verstorbenen erscheinen könne. Die der Schlange dargebrachten Speisen, besonders die Milch, wären also auch Totenopfer gewesen. Überhaupt hat die Schlange ja das mit den Toten gemeinsam, daß sie zum Boden des Daseins gehört, zum Urgrund, in dem das Leben wurzelt.

Solche Wesen bezeichnen wir mit dem griechischen Wort *Chthon* = Erde als chthonisch, also als erdennah, erdenhaft. Aus dieser Zone stammt eben auch die Kraft, die diese Wesen spenden. Damit hängt aber auch die heute empfundene Fremdheit zusammen, da wir Hilfe zumal von oben her erwarten, freilich eine nicht erst und nicht nur christliche Vorstellung.

Den Zwiespalt finden wir deutlich in einer Sage aus Lauingen an der Donau. Dort lebte ein Paar armer alter Leute trotz allen Fleißes höchst kümmerlich. Der Alte findet bei der Fallholzsuche zu seiner Freude den niedergebrochenen starken Ast einer Eiche. Er hebt ihn auf, aber da kommt von der Eiche her eine große Schlange auf ihn zu, und er flieht. Den nächsten Tag versucht er sich erneut an dem Ast, aber da hat sie sich darum geringelt und streckt gar nicht unfreundlich ihr Köpfchen ihm entgegen. Ihn aber schaudert es wieder, und er begnügt sich mit einem Bündel Reisig. Zuhause aber gleitet die Schlange grad aus diesem Bündel heraus, und die alte Frau schreit auf. Doch die Schlange beginnt mit der Hauskatze zu spielen, schließlich gibt sich das alte Paar drein und ist mit der Schlange als Hausgenossin zufrieden. Sie meinen, es könne ein verwunschener Mensch sein, und geben ihr auch zu fressen. Dafür bringt sie ihnen „Glück und Segen in das kleine Haus". Was sie beginnen, gerät, und sie erreichen mitsammen ein hohes Alter. Nach ihrem Tode aber wurde die Schlange von niemandem mehr gesehen.

Von hoher Eigenart sind die Schlangen, die mit einem Menschen besonders verbunden sind, gegebenenfalls schon seit der Geburt. Häufig wird erzählt, daß Schlangen mit Kindern zusammen geboren werden. So heißt es etwa in einer pommerschen Sage, daß einer schlafenden Schwangeren die Schlange in den Mund gekrochen ist und daß dem Kinde, als es geboren wird, die Schlange fest um den Hals lag und erst durch ein Milchbad dort zu lösen war. Nun weicht sie aber nicht von der Seite des Kindes, lag mit ihm im Bett, trank mit ihm aus der Schüssel und tat ihm kein Leid an. - In einer mittelalterlichen Sage aus Flandern, um 1200, ist das Neugeborene ebenfalls von einer Schlange umwunden, und sie löst sich erst, als man ein Schwert auf sie legt. Das Kind lebte aber nur noch wenige Tage. Man hätte vermutlich die Schlange nicht verjagen dürfen; denn der Tod des Kindes ist sonst in diesen Sagen ganz ungewöhnlich.

Ein baskisches Märchen erzählt von einer unfruchtbaren Frau, daß sie in der Hoffnung auf fruchtbringenden Rat drei weise Schwestern aufsucht, eine immer höher als die andere auf den Bergen hausend. Doch sie vermögen ihr nicht zu helfen. Erst eine Schlange, der die verzweifelt Weinende beim Abstieg begegnet, weiß eine Wurzel, die sie essen muß, um Zwillinge zu gebären. Eines der Kinder würde freilich eine Schlange sein. Die Frau hat nichts dawider und gebiert wirklich einen Knaben und eine weibliche Schlange, die ganz geschwisterlich zusammen aufwachsen. Nach zeitweiliger Trennung bestehen sie zusammen in weiter Ferne ein Abenteuer, kehren dann mit menschlicher Braut und einem Natternbräutigam heim und leben fortan mitsammen.

In einem italienischen Märchen, das vor 450 Jahren aufgezeichnet wurde, ist es noch unmittelbarer die Schlange selbst, die der nach einem Kinde sich sehnenden Frau die Fruchtbarkeit bringt. Das Märchen gehört zu dem weit verbreiteten Typus „Das Mädchen ohne Hände", der auch in der grimmschen Sammlung vertreten ist. In den meisten Fassungen des Märchens sind es eifersüchtige Frauen, die der jungen Frau die Hände abschlagen lassen und sie verjagen, oft mit ihren auf den Rücken gebundenen Zwillingen. Auf mancherlei wunderbare Weise gewinnt die Frau ihre Hände wieder, – etwa so, daß ihr die Kinder über die Schulter ins Wasser fallen, wenn sie sich zum Trinken darüber beugt, und die Hände aus den Stümpfen sprossen, wenn sie nach ihnen greifen will, – oder christliche Heilige oder Gott selbst schenken ihr die neuen Hände. Aber in einer der ältesten europäischen Fassungen, eben der italienischen des Straparola aus dem 16. Jahrhundert, ist der Verlauf ein ganz anderer. Die Mutter der jungen Frau, eine Markgräfin von Monferrato, ist nach langen Ehejahren noch immer ohne Kinder. Doch als sie einmal im Garten, am Fuße eines Baumes, einschläft, „da näherte sich ihr eine kleine Schlange. Die, nachdem sie ihr unter die Kleider geschlichen war, glitt ihr ganz geheim in das eigenste Wesen, ohne daß die Gräfin dessen gewahr wurde. Und da sie so in den Bauch der Dame gestiegen war, hauste sie sich fein und schmiegsam dort ein." Die Gräfin findet nun, daß sie schwanger ist, gebiert zu ihrer Zeit ein Mädchen und dazu eine Schlange, die in dreifacher Windung um des Kindes Hals geschlungen ist.

Die Geburtshelferinnen erschrecken, doch die Schlange löst sich vom Kinde und entweicht in den Garten. Anstelle der Schlange aber schimmert dem Mädchen am Halse unter der Haut eine feine goldene Kette. - Zehn Jahre später entdeckt sich die Schlangenschwester im Garten dem Mädchen und verleiht ihm, durch besondere Waschungen, höchste Schönheit. Später, als die Schöne verheiratet und schwanger ist, wird sie auf Anstiften der Schwiegermutter in einem Walde geblendet und der Hände beraubt. Dort kommt auf ihr Wehklagen die Schlangenschwester ihr zu Hilfe: sie sammelte „Kräuter von großer Heilkraft und legte sie ihr auf die Augen; sie vereinigte die Hände wieder mit den Armen – und heilte sie dergestalt ohne Verzug." So weit sind in dieser Erzählung die Schlangenmotive traditionsgerecht; dann aber folgt eine nicht eigentlich märchenhafte, sondern eher phantastische Wendung. Die Schlange streift ihre Haut ab und verwandelt sich in ein sehr schönes junges Mädchen. - Damit ist die glückhafte Rückkehr der jungen Frau zu ihrem Gemahl und der Untergang ihrer Widersacherin angebahnt. Von weiteren eigentlich menschlichen Geschicken der Schlange wird nichts erzählt. Es liegt auch dergleichen in dem sagenhaften Anhub nicht darin. Sagenhaft getreu sind nur die Anbahnung der Geburt und die Lebenshilfe der Schlangenschwester.

Über die mit Menschenkindern zusammengeborenen Schlangen hat Ebermut Rudolph eingehende Forschungen angestellt, und er berichtet, daß auf den Philippinen solche Vorstellungen heute noch lebendig sind. Der mit der Schlange zusammen geborene Mensch ist dann oftmals zum Heilerberuf bestimmt, und die Schlangenschwester oder der Schlangenbruder gibt ihm die Ratschläge zu den Heilungen. Ein solcher Heiler erzählte, daß dreißig Minuten nach seiner Geburt die Mutter im Beisein der Hebamme die Schlange geboren habe. Eigenartig ist in diesem Falle, daß der Schlangenbruder den jungen Mann in die Höhle des Schlangenkönigs geführt hat, auf einem finsteren Gange in eine blendend helle Kristallhöhle, und dort verleiht ihm der König eine besondere Kraft. Dies Erlebnis steht in einer nahen Verbindung zu einem weitverbreiteten Märchenmotiv, wo der Knabe von dem Schlangenfreund ebenfalls in die Höhle des Schlangenkönigs geführt wird und von diesem den Zauberring als Geschenk erhält, der sein Glück begründet (AT 560).

In unseren Sagen ist die nahe Verbindung zwischen Menschenkind und Schlange bisweilen auch darin begründet, daß sie zwar nicht zusammen geboren sind, aber doch die Milch derselben Mutter getrunken haben. Das Motiv ist um so bedeutsamer, als es alte Bildwerke gibt, die schlangensäugende Frauen zeigen, so an mittelalterlichen Kapitälen in Husby, Soest, in Arles, im navarresischen Pamplona. Das Bayrische Nationalmuseum besitzt eine Figur der Terra, die einer großen Schlange die Brust reicht. In einer schwäbischen Sage, die Bechstein erzählt, die aber fast gleichlautend auch im Steirerland aufgezeichnet wurde, schläft die säugende Mutter auf dem Felde ein, ebenso ihr Säugling, und als die Mutter erwacht, hat eine Schlange sich an ihrer Brust festgesogen und läßt sich nicht abschütteln. Lange Zeit muß sie die Schlange, die mächtig heranwächst, tragen, so lange, bis ihr ein Wissender davon abhilft. Doch später, so erzählt nur Bechstein weiter, wird das Kind im Walde unversehens von einem Bären bedroht. Indes, die Mutter hätte nicht zu erschrecken brauchen, denn die Schlange, die von ihrer Milch so groß und stark geworden ist, vermag in ihren Windungen den Bären zu erdrosseln.

Wir verstehen, daß ein Milchopfer des menschlichen Weibes an das chthonische Wesen Erdkräfte erwachsen läßt, die dem Menschenkinde zu Hilfe kommen können. Ebenso begreifen wir, daß das unfruchtbare Weib die größten Hoffnungen setzen darf auf die Wesen des irdischen Untergrundes, um zum Gebären angeregt zu werden. So jedenfalls sind die symbolischen Zusammenhänge. Das folgt ja aus dem Lebenspendenden der Erde überhaupt, dem Sprießenden, Sprossenden im Urboden allen Lebens. Daher stammt auch im italienischen Märchen die Heilkraft der Schlangenschwester, die mit den Kräutern die Geblendete wieder sehend macht und die abgehauenen Hände wieder anwachsen läßt. Zu denken ist auch an das Märchen von den drei Schlangenblättern (KHM 16). Dort ist ja der Mann als Lebender mit seiner toten Frau zusammen, dem Ehevertrag entsprechend, beigesetzt worden. Im Grabe, in der Todeszone sieht er aber, wie eine Schlange ihren Gesellen, den der Mann erschlagen hat, durch Auflegen von Blättern wiederzubeleben vermag, und er ruft mit den drei Schlangenblättern auch seine Ehefrau wieder ins Leben zurück – ein Motiv mit einer sehr alten Tradition. Apollodoros schon, vor über 2000 Jahren, erzählt aus einer damals schon mehr als tausend Jahre zurückliegenden Zeit eine Sage, nach der ein Seher mit einem toten Knaben zusammen bestattet ist, mit einem Sohne des Minos, und auch er beobachtet das Schlangenwunder, die Wiederbelebung mit einer magischen Pflanze, wie es dort heißt, und wiederholt an dem Knaben das Wunder.

Wollten wir bei uns in eine ebenso tiefe Vergangenheit zurückschauen, dann fehlte es uns am Zeugnis des Wortes. Aber die Schlangenbilder auf den Felszeichnungen, auf den Rasierklingen der Bronzezeit deuten auch eher auf helfende, wohltätige Wirkungen hin, die man vom Schlangenbilde erwartete, als auf schädliche Einflüsse. Auch auf der Waffe erscheint das Bild der Schlange und sprachlich im Verse eines der Helgilieder der Edda: „An der Schneide liegt ein blutgefärbter Lindwurm, und am Valböst (das heißt wohl: an der Parierstange) wirft eine Schlange den Schwanz."

Mit diesen Worten der Edda leiten wir schon über zum zweiten Teil, der vom Drachen handeln soll. In der Edda heißt er durchweg ormr, unser Wort *Wurm*, also Lindwurm, und damit wird ein Drachenbild nahegelegt, das sich von dem unserer heutigen Bilderbücher, von der Panzerechse, unterscheidet und eher einer großen Schlange gleicht. Der Name Drache, ein griechisch-römisches Lehnwort, altnordisch *dreki*, kommt nur einmal in der Edda vor, allerdings in einem wesentlichen Lied, in der Völuspá, dort aber erst in der letzten Strophe, wo man fremde Einflüsse vermutet:

„Da kommt der düstere Drache geflogen,
die schwarzgleißende Natter von den niederen Bergen;
das Feld überfliegend, trägt er in seinem Gefieder,
der Schandhau, die Leichen, – nun muß sie sinken, –"

nämlich die Seherin, die am Anfang zur Schau der Endzeit heraufgerufen worden war. - Für unser Thema ist es bemerkenswert, daß stilistisch das Wort *dreki* in der nächsten Zeile mit *naðr* = Natter wieder aufgenommen werden kann. Wir werden also, wenn wir vom nordischen Altertum handeln und damit auch unser eigenes Altertum aufhellen wollen, nicht die strenge Unterscheidung von Drache und Schlange machen dürfen, die der heutige Wortgebrauch und die entsprechenden Vorstellungen nahelegen.

Der Lindwurm ist auch nicht etwa der Wurm, der am Lindenbaume haust, sondern die Silbe *lind* ist nichts anderes als unser heutiges Wort *lind* und bezeichnet das Wesen als geschmeidig, also gerade nicht als ein gepanzertes Ungetüm. Im Isländischen ist das Wort *linnr* geradeswegs zu einer Benennung für die Schlange überhaupt geworden. Betrachten wir aber die Geschmeidigkeit, die Biegsamkeit als ein wesentliches Merkmal des Tieres, dann erscheint darin eine Möglichkeit, wie sie in dieser Vollendung keinem anderen Lebewesen eigen ist, nämlich diese: entweder sich selbst zum Ringe zu schließen – oder *als* Ring etwas anderes zu umschließen. Richten wir den Sinn auf die Geschlossenheit des Reifens, so haben wir das Bild der Ewigkeitsschlange, das Kreisen des Lebens in ewiger Todlosigkeit. Schauen wir auf das, was der Ring umgürtet, dann erblicken wir dort das Kleinod der Lebensmitte, den eigentlichen Schatz des Daseins, die Perle auf Bildern des chinesischen Drachen. Walther Machalett vermutet, daß auch der Drache auf dem Externsteingebilde ursprünglich eine Kugel zwischen den Kiefern hielt.

Wir verfolgen die Entwicklung des Schlangenbildes noch weiter. Die Ewigkeitsschlange ruht in sich selbst, nichts vermag sie zu beeinflussen. Denken wir aber an die leibhaftigen Wesen, so finden wir sie, bei aller inneren Geschlossenheit, andererseits offen nach außen, entworfen auf den Andrang von Welt und Schicksal. Im Schlangenbilde stellt sich dies dar, wenn der Leib zur Spirale sich ringelt und das Schlangenhaupt in aufmerksamer Haltung darüber erhoben ist. Ein ergreifendes Bild, ein Vorbild: in sich zu ruhen und gleichzeitig wachsam zu sein. - Die Spirale gibt dergestalt ein wirkliches Bild unseres Daseins, und sie erscheint schon in der Frühzeit auf Blöcken der Großsteingräber und auf der Keramik.

Wenn weitere Grundzüge des Daseins in das Spiralenbild eingehen, auch die Wirrsal des Menschenloses und die Schicksalsfrage nach dem Wege ins Offene und in die Mitte, dann wird das Bild des Labyrinthes erfunden. Seine Mitte mag dann entweder besetzt sein mit dem Ungeheuer – oder es wartet dort auf den Suchenden der Schatz seines Lebens. Oder, in Eines gefaßt: die Mitte ist der Ort, da es gilt, dem Drachen die Perle des Lebens abzuringen.

Wir wenden uns von den Sinnbildern wieder den Gebilden altüberlieferter Sagen zu. In der vorbildlichsten Form finden wir den zum Ring geschlossenen Lindwurm und seine Wirkungen in der Saga von Ragnar Loðbrók. Die Fassung, die wir besitzen, ist etwa 600 Jahre alt, der Inhalt dürfte aber in Teilen weit älter sein. Es gibt verwandte Geschichten mit ähnlichen Geschehnissen, es gibt sogar andere Fassungen unserer Saga mit anderem Einsatz und Ablauf, so daß wir nicht sagen können: so war die Auffassung des Altertums. Aber dies läßt sich erkennen, daß unsere Fassung von einem wirklich symbolverständigen Dichter stammt.

In Gautland, also in Götland in Schweden, gab es einen mächtigen Jarl, der für seine Tochter ein besonderes Haus mit einem Holzzaune darum hatte bauen lassen. Die Tochter, Thora mit Namen, mit dem Beinamen Borgarhjört, Hindin der Burg, weil sie so schön war wie die Hindin des Waldes und alle Frauen übertraf, erhielt von ihrem Vater täglich ein Geschenk, und eines Tages schickte er ihr einen kleinen, ungewöhnlich schönen Lindwurm, golden nach einer Fassung. Diesen Wurm setzte Thora in eine Truhe aus Eichenholz und legte ihm Gold unter. Nicht lange lag er so, da wuchs er mächtig und ebenso das Gold unter ihm. Bald bot die Truhe ihm nicht mehr genügend Raum, und er ringelte sich außen um sie herum; aber immer noch ward des Goldes mehr unter ihm. Dann wurde ihm auch die Stube zu eng, und er lag draußen um das Wohnhaus herum, so daß Kopf und Schwanz sich berührten. Niemand mehr konnte es wagen, sich dem Hause der Thora zu nähern, außer allein dem Manne, der den täglichen Ochsen brachte für die Mahlzeit des Lindwurmes.

Thora, die Jarlstochter, blieb gleichwohl in ihrem Gemach wohnen, und das Ganze gleicht einem geweihten Bezirk, einem Temenos. Ein Haus mit *einem* Gemach, mit einer das Gold mehrenden Truhe darin, mit einem Zaun ringsum und mit dem zum Ring geschlossenen Lindwurm. Im Innersten, als Hüterin der Lade, die edle Jungfrau, – man könnte auch sagen, im Sinne des gesamten Gebildes, als Priesterin. Als solche aber ist sie auch Vertreterin der Göttin und ihr Ebenbild.

Es entspricht ganz dem Verständnis dieser Anlage mit der Jarlstochter in ihrem Innern, wenn in einer Anzahl dänischer Sagen der Drache im Ring um die Kirche liegt. Ein solches Gebilde wäre aus der christlichen Tradition schwerlich zu erklären. Auch findet in mancherlei sonstigen Drachensagen der Kampf auf dem Platz vor einer Kapelle statt.

Nach dem Beweis dafür, daß die schwedische Jungfer im Drachenring eine Göttin darstellt, brauchen wir nicht lange zu suchen. Die im Drachenkampfe zu erringende junge Königsfrau ist ja die künftige Braut, und im Hochzeitsbrauchtum hebt die Tracht mit der Krone die Braut so sehr aus allem Alltäglichen heraus – an diesem *einen* Tage, daß gar kein Zweifel am göttlichen Sinn dieser rituellen Bekleidung bestehen kann: die Braut stellt die

Göttin des Lebens dar. Als solche tritt sie hervor, mit ihrem Licht in den Tag, wenn sie aus der Umringung durch den Lindwurm gelöst wurde.

Gerade im Hinblick auf die Ragnarssage dürfen wir sagen: Bliebe das Gebilde so im Ringe des Wurmes, dann wären das Gold und die Jungfrau dem Leben entzogen. Darum müssen solche Gefüge, wenn sie zur Vollendung herangereift sind, geöffnet werden. Das muß von außen her geschehen und kann sich nur so vollziehen, daß der Drachenring durch eine Jünglingstat aufgesprengt wird. Darum hat der Vater Thoras feierlich gelobt, dem Manne, der den Lindwurm erschlüge, seine Tochter zum Weibe zu geben und das Gold unter ihm als Mitgift. Der sehr junge Held, der sich dort einfindet vor Tau und Tag, ist Ragnar Loðbrók, und er tötet den Wurm mit einem Speerstoß. Zu diesem Drachenkampf hatte er sich in besonderer Weise bekleidet, mit Hose und Mantel von Loden, in Pech gesotten und dadurch gehärtet; auch wälzt er sich vor dem Kampfe im Sande des Meeresstrandes. Diese besondere Rüstung schützt ihn aber nicht etwa vor dem Drachenfeuer, von dem hier keine Rede ist, sondern vor dem Blutstrahl, der aus der Wunde des Lindwurms emporschießt. - Am Tage beruft der Jarl eine Volksversammlung ein, und Ragnar wird durch die Waffe als Drachensieger erkannt. Denn er hatte die Speerspitze vom Schaft gelöst und in dem Lindwurm stecken lassen. Mit dem passenden Schaft weist er sich nun als der Sieger aus, wirbt um Thora, und es wird eine große Hochzeit gefeiert.

In den Sagen und Märchen vom Drachenkampf steht die Jungfrau im allgemeinen in einem anderen Verhältnis zum Lindwurm als in der Ragnarssaga. Entweder ist sie von ihm geraubt worden, oder sie wird ihm als Opfer dargebracht, um schlimme Verheerungen abzuwenden. Immer ist sie Königsjungfrau, und mit ihrer Befreiung ist das Königtum an ihrer Hand verbunden. Zwar wird ihre Aufopferung oft damit erklärt, daß alle anderen Mädchen schon hingegeben worden sind und sie allein noch übrig ist – oder daß auf sie gerade das Todeslos, das Opferlos gefallen ist. Aber das ist spätzeitlicher Erzählereinfall; in Wahrheit verbindet der für die Drachensage grundlegende Sinn eben gerade die königliche junge Frau mit dem Drachen, mit dem Kampf und dem Sieger.

Von daher erhält auch das Drachengold seinen Sinn. Gold ist kein Geld und kein Geldeswert. Es ist das greifbare Licht, das von der jungen Frau an den Sieger übergeht. Durch seinen Sieg hat er das Land aus der Verfinsterung durch die Drachenbedrohung erlöst, hat ein Licht entbunden für das Königreich.

Im Golde erleuchtet er das Leben der Gefolgsleute und des Volkes. Die nun heiratsmündige junge Frau sichert mit künftigen Geburten die Königsfolge, Sieg und glückhaften Frieden. Dies ist der eigentliche Kern des Drachensieges, und daher bietet die Ragnarssaga ein einmaliges Bild für den Zusammenhang der Jungfrau und ihrer Goldlade im einstubigen Hause mit dem Zaun und dem Lindwurm ringsherum.

In meinem Aufsatz „Von den Lichtern über dem Erdboden"[1] habe ich dargelegt, wie sehr die Lichter der örtlichen Wesensmächte verkannt werden, wenn man sie auf ausmünzbares Gold hin deutet statt auf den Sinn und die Seele des Ortes. In der gleichen Weise sind seit langem die Schlangenerscheinungen mißverstanden worden, ist ihr Sinn verdorben worden. In Vorarlberg, von der Alpe Schadauna erzählten „die Alpknechte, daß man auf einer Steinplatte eine schöne Natter mit einer Goldkrone auf dem Kopfe gesehen habe. Die Natter habe einen Ring gebildet, um den eine Menge anderer Nattern zum Schutze ihrer Königin strahlenförmig lagen." Ein wunderbares Bild – und ein seherischer Kultführer des Altertums hätte es auch verstanden. Aber die Erzählung der Alpknechte geht so weiter: Die Kronenschlange „sei eine verwünschte Königstochter gewesen. Wer es zustande gebracht hätte, ihr das goldene Krönlein wegzunehmen, der würde sie erlöst haben und selbst steinreich geworden sein." Wer die menschliche Verdorbenheit in einer solchen, im vorigen Jahrhundert aufgezeichneten Sage empfindet, den wundern die schauerlichen Verirrungen im öffentlichen Handeln dieses Jahrhunderts nicht.

Von den Drachenkampfmärchen seien hier zwei in ihrem Ablauf wiedergegeben. Es sind im Verzeichnis der Märchentypen die ersten unter den Zaubermärchen mit den Nummern 300 und 301. Das eigentliche einfache Märchen vom Drachenkampf ist das mit der Nummer 300. Der Verlauf ist hier etwa so, daß der Drache das Land bedroht, etwa durch die Forderung, ihm Menschen zu fressen zu geben. Wenn der Held darüber zukommt, ist gerade die Königstochter zum Opfer bereitgestellt. Entweder ist sie im Wagen zum Opferplatz gefahren worden, und dann ist der Kutscher Augenzeuge des nun eintretenden Geschehens, oder ein Gefolgsmann des Königs hat sie hingeführt. Der Drachentöter hat auf wunderbare Weise helfende Tiere gewonnen, drei Hunde etwa oder auch Wildtiere. Er nähert sich der Königstochter, verspricht ihr seine Hilfe und schläft ein, – ein geheimnisvoller, sinnhaltiger

---

[1]   Siehe Heino Gehrts, „Gesammelte Aufsätze – Band 4", Igel Verlag 2017, S. 84-99.

Zug in der Handlung. Als der Drache naht, gelingt es der Königstochter mit genauer Not, ihn zu wecken. Mit Hilfe der Tiere siegt er über den Drachen und schneidet ihm die Zunge aus – oder die Zungen, wenn er mehrköpfig ist. Die beiden verloben sich, und meistens erhält der junge Mann von dem Mädchen ein Tuch oder dergleichen als Wahrzeichen, oder sie hat dem Schlafenden schon einen Ring ins Haar geknotet – oder auch den Tieren eine Kette in den Pelz gehängt. Denn der Mann geht nicht mit der jungen Frau heim zu ihrem Vater, sondern er behauptet, noch wandern zu müssen, – eine sehr erklärungsbedürftige Einzelheit. Statt seiner drängt sich nun der Beobachter ins Bild, unter Morddrohung muß die Königstochter schwören, ihn als Drachentöter zu bestätigen und demgemäß auch zu heiraten. Mit dem Kopf oder den Köpfen des Drachen kehrt der Betrüger zum König zurück und wird von ihm zum Prinzgemahl bestimmt. Der Prinzessin gelingt es aber, die Hochzeit mit dem Schwindler hinauszuschieben, bis der wahre Drachensieger einkehrt und sich als solcher ausweist: mit den Zungen der Drachenköpfe und den Zeichen der Königstochter, die nun auch endlich reden kann. Der Betrüger erhält seine Strafe, der Held und die Königstochter heiraten. Der Drachentöter wird später König sein.

Verwickelter ist der Verlauf im Typus 301. Drei Königstöchter sind von Drachen oder Riesen geraubt worden. Der Jungmann zieht aus, sie zu finden und zu befreien. Unterwegs verbündet er sich mit drei anderen Jungkerlen und bezieht mit ihnen zeitweilig ein einsam im Wald gelegenes, scheinbar unbewohntes Haus. Drei gehen jeden Tag jagen, der vierte bleibt zum Kochen am Herd. Die drei unterwegs aufgelesenen Burschen erleben dabei, einer nach dem anderen, einen Überfall durch einen bärtigen Zwerg, der das Essen ins Feuer kippt und den Koch jämmerlich verprügelt. Doch keiner von ihnen verrät, was ihm begegnet ist. Der Held indes wird, als die Reihe an ihm ist, des Zwerges mächtig und keilt ihn mit dem Barte fest. Doch als er ihn den Gefährten zeigen will, hat er sich von seinem Barte losgerissen und ist blutend davongerannt.

Die vier Gefährten folgen den Blutspuren und gelangen an einen Schacht, der tief in die Erde führt. Der Held wird am Seil dort hinuntergelassen und entdeckt die Königstöchter, eine nach der anderen, in drei Schlössern, die immer kostbarer gedeckt sind: mit Kupfer, Silber, Gold. Er erschlägt die Unholde, in deren Gewahrsam die drei Mädchen dort hausen, und erhält von ihnen drei Kleinode, die wohl ursprünglich immer den Sinn von Gestirnen hatten: Stern, Mond und Sonne. Das dritte Mädchen verspricht ihm die Ehe.

Die verräterischen Gefährten ziehen die drei Königstöchter am Seil herauf, ihn lassen sie unten. Unter Morddrohung müssen die Mädchen schwören, die Verräter nicht zu entlarven, und mit ihnen ziehen die Bösewichter als Retter und künftige Ehemänner in die Königsstadt ein.

Der wirkliche Sieger hat die Warnung erhalten, daß er dann, wenn man ihn unten ließe, auf drei Widder stoßen würde, weiß, rot und schwarz. Er müsse sich auf den schwarzen werfen; von dem würde er auf den weißen gelangen, der ihn in die Oberwelt hinaufbringen würde. Es geschieht aber das Umgekehrte, vom schwarzen wird er in die tiefere Unterwelt geworfen, und von dort ist die Heimkehr um so zweifelhafter. Die Welt dort in der tiefsten Tiefe leidet aber an Wassermangel; ein Drache versperrt den Quellort und läßt ihn nur gegen ein Mädchenopfer frei. Die Tochter des Unterweltskönigs ist an der Reihe, aber der Held erschlägt den Drachen. Die Königstochter wird ihm als Frau angeboten; er aber wünscht sich als Belohnung den Aufstieg zur Oberwelt. Der König allein hat indes nicht die Macht dazu. Der Held muß die Hilfe des Riesenvogels, des Weltenvogels, so dürfte man ihn auch nennen, vor allem dazu gewinnen. Er erschlägt die Schlange, die dessen Brut bedroht, und erlangt das Versprechen des Weltenfluges, wenn er dem Vogel dazu eine gewaltige Menge Fleisch verschafft. Die erhält der Jungmann vom König, und nun trägt ihn der Vogel in die Oberwelt hinauf. Er erweist sich mit den Gestirnskleinodien als der wahre Erlöser und erlangt die jüngste Königstochter zum Weibe. Die ungetreuen Gefährten werden vertrieben oder hingerichtet.

Dieses Märchen enthält in der vollständigen Fassung also einen dreimaligen Kampf: mit den Entführern der Königstöchter in der Unterwelt; dadurch werden die jungen Königsfrauen erlöst und ihre goldenen Himmelskleinode zum Aufstieg befreit; – mit dem wassersperrenden Drachen in der untersten Welt, dieser Sieg erbringt die Befreiung der Gewässer im Weltenabgrund; – mit der Schlange, die den Flug zwischen den Welten verhindert; – drei gewaltige Taten von mythischer Größe: die Befreiung der Weltenlichter, des Wassers der Tiefe, der weltenverbindenden Bewegung.

Der Kampf um das Lebenswasser ist auch ohne den Rahmen des Märchens in sagenhaften Fassungen überliefert. Eine solche Sage ist vor dreiviertel Jahrtausend aufgezeichnet worden - in Kärnten von Heinrich von dem Türlin in seiner Aventiure Crône. In dieser Erzählung aus dem Umkreis der Gralssage findet sich der epische Held Gawein mit drei Gefährten infolge eines durch Zauberei bewirkten Bergsturzes in einer Höhle eingesperrt; aber er entdeckt den Schlüssel zu einer Tür, durch die es hinausgeht zu einem Brunnen mit einem wunderbar kraftspendenden Wasser. Doch das ist nur im Kampf zu gewinnen. Denn um diesen Brunnen hat sich ein Drache gelagert, und zwar, eine einzigartige Aussage, gegen die Sonne. Das heißt, links herum gewunden, gegen den Sonnenlauf, *rangsœlis*, wie es im Altnordischen heißt, als man mit solchen Kreisungen noch einen weltanschaulichen, lebenswichtigen Sinn verband – also wider die Sonne, wider das Leben. Das Heiligtum umwandelt man ja *réttsœlis*, im Sonnensinne. Der Drache verschließt den Brunnen so vollständig, daß von diesem nichts zu sehen ist. Es gelingt dem Gawein, den Drachen zu töten, aber der Kampf erschöpft ihn so, daß er nicht mehr gehen kann an das Wasser; auf Händen und Füßen kriecht er an den Brunnen. Doch durch den Trunk gewinnt er seine ganze Kraft wieder. Im Helm bringt er den Gefährten, die vier Tage lang weder essen noch trinken konnten, das wiederbelebende Wasser. Vor der Höhle aber hat sich das Volk versammelt, das der Drache ins unbebaute Land vertrieben hatte und das nun voller Freude „maneger hande carme, hübsch unde hôch" zu Gaweins Lob und Dank singt, – also vielerlei schöne und wohlklingende Lieder. Die erquickten Ritter aber sind sogar imstande, sogleich einen Kampf zu bestehen – gegen die Ritter des Zauberers, der sie in der Höhle gefangen hatte.

Wie im Kampf um Braut und lichtes Gold gewinnt der Held im Kampfe ums Wasser das Leben selbst. Es entspricht ganz dieser Symbolik, daß man als Wasserspeier an alten Brunnen den Drachenkopf oder auch den ganzen Drachen findet. Typisch dafür ist der Brunnen bei der Michaelskirche in Schwäbisch Hall, wo das Wasser aus drei Brunnenfiguren in das große Becken läuft. Dargestellt sind drei Siege über drei Ungetüme, der Löwe und Simson, der Teufelsunhold und Michael und der Drache mit St. Georg. Die Wassersymbolik ist hier also auf drei christliche Gebilde übertragen, obwohl schwer einzusehen wäre, wieso das erquickende Naß grad aus dem Teufelsrachen rinnen könnte. Aber in einem Münchener Brunnenbildwerk läuft das Wasser auch aus dem abgeschlagenen Haupte der Medusa, das Perseus hoch emporhält, und aus dem kopflosen Halse des Fabelwesens. Die alte einheimische Drachen- und Wassersymbolik beherrscht dort auch die eingeführte Thematik.

Unter dem Gesichtspunkt des Drachenkampfes und des dabei zu erringenden Gutes haben wir die symbolische Verwandtschaft von drei Wesensmächten entdeckt: der Schatz des Lebens kann die Braut sein, das Gold und das Wasser. Alle drei sind lauter und licht. - Zu diesen dreien gehört noch die große kosmische Lichtquelle, und im Mythos wird allerdings auch sie im Drachenkampfe errungen: die Sonne. Es gibt in der Welt vielerlei Mythen, die davon erzählen, wie das Dasein ursprünglich durch Ungetüme eingeschlossen war, durch einen Riesentintenfisch, einen weltgroßen Kraken, durch zwei mit den Schwänzen verhäkelte Krokodile, durch einen Drachen. Auch die alte indische Überlieferung erzählt in vielerlei Formen von der Eröffnung der Urwelt. Himmel und Erde sind wie zwei fest zusammengepreßte Schalen, – es ist die erste göttliche Leistung, diese zwei zu trennen, um Raum zu schaffen für Licht und Luft und Wasser. Die Macht, die dagegen hält, ist der Urdrache Ahi Vṛtrá.

Ahi ist das Drachenwort. Im Deutschen ist es der erste Bestandteil des Wortes Eidechse. Im Althochdeutschen lautet es *egidehsa*; *egetier* ist ein Ungeheuer. Es ist möglich, daß der schwer zu deutende Name des Externsteines mit diesem Stammwort zusammenhängt. Der Sieg über den Drachen ist des Gottes erste Tat; sie machte das Leben möglich. Die Lobpreisungen Indras im Ṛgveda beziehen sich daher oft auf diesen schöpferischen Schlag und seine belebenden Folgen. „Als du, o lndra, mit Macht den Vṛtrá, den Drachen schlugst, da ließest du am Himmel die Sonne aufsteigen, zum Schauen." - Die indische Ritualphilosophie kennt nun aber eine noch kostbarere Lebensmacht als die Sonne: das eigentliche innerste Licht, das auch die Sonne, überhaupt alle lichten Wesen leuchtend macht. Es heißt, mit dem Sanskritwort, *svar*, was mit Himmelslicht übertragen wird. Lautgeschichtlich liegt das Wort allen indogermanischen Sonnennamen zugrunde - Von indisch *Sūrya* bis zu gotisch *sauil* und altnordisch *sól*, mit anderem Stammauslaut auch unserem Wort Sonne. Dementsprechend lautet eine Veda-Strophe, eine Anrede an Indra: „Führ kühn den Schlag auf Vṛtrá, Kühngesinnter! Mög' hoher Ruhm dir blühen! Die Wasser sollen, die Mütter, eilig strömen. Töte Vṛtrá, ersieg das Himmelslicht!" - Diese Strophe enthält noch einen Hinweis auf eine bisher nicht erwähnte Art des Lichtgewinnes. Der siegreiche Hieb auf den Feind läßt auch das Ruhmslicht aufblühen, – eine heute kaum noch verständliche Anschauung, da Kriege eher dem gegen den Bösen gerichteten Speerstoße Michaels gleichen sollen.

Fassen wir den ersten Drachenkampf ins Auge, durch aus der Umklammerung das lichte Leben entbunden wird, dann verstehen wir, daß der Lindwurm der Ragnarssage und der Drache der Gaweingeschichte, die beide den Lebenswert umringen und einschließen, die Braut, das Gold, das Wasser, noch ein Bild aus dem ersten, dem göttlichen, dem kosmogonischen

Drachenkampf wiedergeben. Tradiert wurden diese Gebilde vermutlich weniger durchs Erzählen als durch den kultischen Drachenkampf, das Drachenkampfspiel, das an vielen Orten noch im Mittelalter ein Festspiel war. In Deutschland hat es sich, gegen den Widerstand der Geistlichkeit, nur noch an einem Ort erhalten können, in Furth in Bayern. Die seltsame Rüstung Ragnars, die in Teer gehärtete Lodentracht, könnte vielleicht noch ein Hinweis auf das rituelle Drachenspiel sein.

Was ist der Drache? Man erhält darauf vielfach die Antwort, er sei das Böse, wohl gar der Böse. Dem entspricht es, daß der von Michael niedergerungene Satan oft als drachenartiges Ungetüm dargestellt wird. Aber – was entspringt dem Niederringen des Bösen? Es wird das Gute gesichert, die Versuchung durch den Bösen abgewehrt. Die Tötung des Satans entbindet nichts, was an sich selber ein Gut wäre. - Dem Drachenkampf aber entspringt ein großartiger Lebenswert: das eigentliche innere Licht, das Himmelslicht der Veden, das Goldlicht des Daseins, das Leben schenkende Wasser, die strahlende Braut als Göttin der hohen Zeit. Dafür gibt es ein unmißverständliches Zeichen. Der Drache, bei dem es nur darum geht, daß man ihn totschlägt, trägt in den überlieferten Bildern an seinem Leibe kein Heilszeichen. Er ist in den Kämpfen des Engels Michael und des Heiligen Georg eben nur der Widerpart. Doch bei vielen Bildwerken außerhalb der christlichen Tradition begegnet uns ein Drache, dessen Schwanz in ein Heilszeichen ausläuft; er ist dort als Dreisproß, als Dreiblatt ausgebildet. Die Widersacher der Heiligen dagegen zeigen den bei Schlangen gewohnten glatten Schwanz, oder er läuft in einen Stachel, eine Pfeilspitze oder ein beißlustiges Köpfchen aus, – diese drei wohl als Zeichen der bis zuletzt immer noch zu fürchtenden heimtückischen Verletzung durch das Böse, den Bösen.

Schwierig ist die Frage zu beantworten, was denn der Dreisproß am Schwanze des Ungeheuers bedeuten könne. Ist darin die Verheißung des Lebensgutes ausgedrückt, das der Drachensieger am Ende gewinnen wird? Hat der Drache Teil an dem, was er abwehrend umringt? - So ist es wohl, wenn wir bedenken, daß in der Ragnarssage das Gold wächst unter dem Lindwurm. Dieser Gesichtspunkt bestimmt auch den Sinn des Drachenkampfes und ehedem auch den jedes Kampfes. Zu unserer Zeit haben die Kriege als Ziel Besitz, Macht und belehrende Mission. In alter Zeit aber war der Krieg nicht oder nicht allein zu diesen Zwecken da, sondern war ein Gut in sich selbst, das dem Sieger den Ruhm bescherte. So mag man auch das wachsende Gold unter dem wachsenden Lindwurm auffassen. Je stärker der Gegner, um so höher der Ruhm, den der Sieg über ihn verheißt.

Ähnliches gälte dann auch für den kosmogonischen Drachenkampf. Indras Sieg über Ahi Vṛtrá ist keine Schöpfung aus dem Nichts, sondern die Entbindung des Wesensgoldes, das der Drache verbirgt, des *Svar*, des Himmelslichtes. Wie nahe solch ein kosmogonischer Sieg den menschlichen Triumphen war, mag auch daraus hervorgehen, daß der Name des kosmischen Drachen, Vṛtrá, für sich auch einfach den Bedränger, den Feind bezeichnet. Auch wird im Veda nicht allein Indras weltschöpferisches Handeln gepriesen, sondern auch der Ruhm hervorgehoben, den er im Drachenkampf gewinnt. Er ist unmittelbares Vorbild also auch des drachentötenden Helden und Herrschers.

Sehen wir nun unseren Ahi von den Externsteinen an, so wie ihn Christian Rauch und Ernst Bandel vor mehr als anderthalb Jahrhunderten gezeichnet haben, dann ist im Gegensatz zu den Satansbildern der christlichen Kunst jedenfalls dies höchst bemerkenswert, daß der Schwanz hier wie auf den anderen, eher sagenhaften Drachenbildern in einem Dreiblatt endet. Es handelt sich also nicht um das Satansungeheuer – oder allenfalls um den Versuch – in synkretistischer Auffassung, in glaubensvermittelnder Darstellung, heißt das – das Fremde mit dem einheimischen zusammenzufassen, – ein Verfahren, das in Bekehrungszeiten etwas ganz Gewöhnliches ist.

Dann aber wären Adam und Eva höchst ungewöhnlich dargestellt; wo gäbe es den bärtigen Adam und die bekleidete Eva in der christlichen Kunst? Selbst wenn ein Anklang beabsichtigt war, dann hielte der Wurm in seiner Windung doch nicht eingeringelt ein Sünderpaar nach biblischer Lehre, sondern es könnte etwa sein ein Menschenpaar im Aufbruch, in der Entwicklung aus dem Noch-Nicht-Dasein. Vielleicht ist es auch von Gewicht, daß nicht des Wurmes Rachen die Menschen bedroht, wie in zahllosen Höllenbildern der christlichen Kunst, sondern sie werden gehalten vom umschlingenden Leibe.

Wir kennen ähnlich Bedrängte, wenn auch nicht Umringte, die doch auf eine glückliche Freiheit hinaussehen. Es sind die Halbverschlungenen im Schlunde der Drachen. Auf dem Hamburger Aquamanile läuft sogar der Schwanz des Drachen in ein Dreiblatt aus. Sehr merkwürdig ist auch die freudig tanzende kleine Figur über dem Rachen der eingerollten Schlange auf Hlevagasts Goldhorn. Ebenso frohlebendig scheint sich auf dem Wappen der Visconti der Mensch aus dem Schlangenrachen zu lösen. Diese

Halbverschlungenen sind ursprünglich wohl Bilder derjenigen, die aus dem Tode, vielleicht aus einer rituellen Todesweihe heimkehren ins Leben. Derlei Figuren eigneten sich verständlicherweise zu einer christlichen Umdeutung.

Der Drache des Externstein-Reliefs hat eine höchst ungewohnte Gestalt – zwar auch schlangenartig im Kopf- und Schwanzteil, so aber ganz und gar nicht im Mittelstück. Dies sieht eher wie ein Vogelleib aus, und insgesamt erschiene das Ungetüm dann hahnenartig. Doch auch nicht wie ein Basilisk, d.h. wie das vom Hahn abstammende Fabeltier, denn dies hat nach den Abbildungen einen Schwanz wie die Schlangen. In der Völuspá werden drei Hähne genannt, die zum Ragnarök ihre Stimme erheben, Fialarr, der rotschöne bei den Riesen; Goldkamm bei den Asen und der sottrote bei den Gehöften der Hel. Keiner von diesen, da sie auch sonst in der altnordischen Literatur nicht genannt werden, ließe sich auf den entfernt hahnenartigen Drachen des Externstein-Reliefs beziehen.

Fragen wir nach dem Menschenpaar der germanischen Überlieferung, dann ist das erste jenes, das in der Völuspá Ask und Embla genannt wird, wachstümlich von den Bäumen stammend, noch schicksallos und dann erst von den Urgöttern belebt. Aber von einer Bedrängnis der beiden ist keine Rede. - Eher dürfte man auf ein anderes Paar hinweisen, an das auch Bernhard Kummer schon gedacht hat. Es sind Líf und Lífthrasir, die den Großen Winter, den Fimbulwinter überleben und von denen alle Menschengeschlechter abstammen werden. Ihre Namen bedeuten etwa: Leib und Leibeskraft, geborgen werden sie sein im Holze Hoddmímirs. Ernähren werden sie sich vom Morgentau, – mehr erfahren wir nicht von ihnen. Beim Hoddmímir sind wir, wie in vielen anderen Fällen, ganz auf die schwierige Namensdeutung angewiesen. *Mímir* ist der bekannte mythische Name für ein Wesen, das in der Verborgenheit nachsinnt. *Hodd* ist unser Wort *Hort*, das selbst zwei verschiedene Bedeutungen hat, – einerseits Schatz, andererseits Schutz – wie in Hort des Friedens. Ein gehorteter Schatz ist eben auch der mit Schutz bedeckte. Wäre Hoddmímir der in oder aus tiefem Sinnen Schutz Spendende? Es wäre freilich schwer, von dorther einen direkten Schluß zu ziehen auf das Gebilde der Externsteine. Immerhin: das Menschenpaar ist in Bedrängnis, – aber der Drache bedroht sie nicht, wendet ihnen nicht einen todbringenden Rachen zu. Vielmehr scheint er mit ihnen fortzustreben, scheint entworfen in der Richtung seines Leibes auf ein Ziel. Er reißt die Menschen nicht abwärts, wittert nicht nach oben, steht fest in der Mitte und zielt doch von ihr fort. Was ist das? Keinesfalls ist das, wie immer wir das Bild anschauen, der Zug des Bösen. Symbolisch gesehen, gibt es nur eine Macht, die den Menschen so hinwegreißt, und Hunderte von kunstvollen Bildern vergangener Jahrhunderte, Bilder des Totentanzes, bestätigen diesen Zug, – es ist der Tod, der den Menschen so von dannen schleppt auf seinem Wege. Mit dem Kreuzigungsbilde zusammen gäbe das auch einen christlichen Sinn.

Jede Deutung, die wir in unseren Tagen versuchen, ist mit Leichtigkeit angreifbar. Würden wir ein sehr tiefsinniges Verständnis für die Szene zugrundelegen, so gebräche es uns an jedem überlieferten Beweise. Andererseits dürfen wir voraussetzen, daß der heidnische Weise über das Seinige etwas tiefer nachdachte als die kritischen Geisteshelden neuerer Zeit, die nicht einmal mehr die gebogene Irminsul zu sehen vermögen. Für diese haben wir allerdings einen unverwerflichen Zeugen aus den Tagen nachlebenden Heidentums: den wackeren Mann, der die Beine des Nicodemus weggemeißelt hat. Er und seine Gesellen haben damit ein deutliches Zeichen gesetzt. Übrigens in einer sehr vornehmen Weise, wenn wir ihre Art der Korrektur vergleichen mit der des Franken Carolus und seiner Nachfolger.

Walther Machalett hat das Paar in der Drachenwindung sehr positiv gedeutet. Er geht in seiner Betrachtung aus von dem gewaltigen Drachen des Felsens 11 mit dem Menschenkopf nah dabei. „Es ist, als winde sich vor dem Drachen ein versteinerter Riesen-Menschen-Kopf aus dem Fels heraus, in ohnmächtigem Schrei seine Qual und sein Leiden kündend." Angesichts dieses Kopfes könne man an den Prometheus denken, der im Schmerz erstarrt, am Felsen des Kaukasus hing. An den Externsteinen gäbe es außer diesem Drachen nur noch einen Fundort dafür: es ist „der stehengebliebene Trakt mit der Darstellung der beiden voreinander knieenden Menschen im Fruchtbarkeitsakt." Beide Bilder weisen räumlich in dieselbe Richtung, der eine wie der andere Drache schaut, der allgemeinen Ausrichtung der Steine entsprechend, nach Nordosten. Sollte etwa, fragt Machalett, die Szene am Felsen 11 „das Ende des irdischen oder des geistigen Lebens bedeuten?" Und dazu im Gegenspiel zeige sich am Felsen 1 die Fruchtbarkeitszeremonie, „das Aufbrechen der neuen Menschheit in die vor ihnen liegende Zukunft." - Das sind sehr gewagte Vermutungen, aber sie führen doch aus der beklemmenden Enge der herkömmlichen Satans- und Erlösungsvorstellungen heraus, die angesichts der wirklichen Einzelheiten auch nicht befriedigen können.

Wenden wir uns einem weiteren Betrachter des Bildes zu; sein Name rechtfertigt es, ihn abschließend zu nennen: Goethe. Er kennt das Bild aus der Zeichnung des Königlich Preußischen Hofbildhauers, des Herrn Rauch, und vermutet, „daß ein zarter Hauch der Ausbildung dem Künstler des 19ten Jahrhunderts angehöre." In der Vermutung äußert sich ja eben die Verwunderung, daß im Wald des Lipper Landes versteckt, ein solches einmaliges Kunstwerk aus alter Zeit sich findet. Ich zitiere den hier wichtigen Absatz, in dem dieser Betrachter es bezweifelt, daß die Kraft der Erlösung bis in das Bild des Untergrundes hinabreiche. Er beruft sich dazu auf eine Spur des Manichäismus, die durch das Ganze gehe – also auf den bleibenden unaufhebbaren Gegensatz der oberen lichten und der unteren finsteren Welt – und dies „möchte sich auch durch den Umstand bekräftigen, daß wenn Gott der Vater sich über dem Kreuze mit der Siegesfahne zeigt, in einer Höhle unter dem Boden ein paar hart gegeneinander kniende Männer von einem löwenklauigen Schlangendrachen als dem bösen Princip umschlungen sind, welche, da die beiden Hauptweltmächte einander das Gleichgewicht halten, durch das obere große Opfer kaum zu retten seyn möchten."

Angesichts der Rätsel, denen wir überall um die Externsteine begegnen, mag es angemessen erscheinen, daß wir uns auf die Meinung des mit schauenden Augen begabten Dichters berufen. Lassen wir aus den Sätzen nur das böse Prinzip heraus, das dem überall geläufigen Vorurteil gegen das Schlangenwesen entspricht, dann erhalten wir die Vorstellung von einer Welt zwischen Licht und Dunkel, Polen des Daseins, die miteinander im Gleichgewicht sind. Und zwischen sie gestellt – fügen wir hinzu – der Mensch – zu seiner Bewährung – damit er für sich und andere, im weltschaffenden Ringen – wie der Gott – das Licht entbindet.

Es bedurfte vermutlich keiner leibhaften Begegnung irgendeiner Art, um das Drachenbild unserer Sagen entstehen zu lassen. Das Bild des Schrecklichen konnte allein aus der Phantasie entspringen, das fortentwickelte chthonische Wesen der Schlange, phantastisch vergrößert und ausgestattet, – der Rachen, die Panzerung, die Klauen, – alles Züge, vor denen der Tapferste als wehrlos erscheint, damit der Allerkühnste als Bezwinger der grenzenlos schaurigen Bedrohung aufleuchten konnte. Ob zu den phantastischen Gebilden auch die Gene unserer eigenen kreidezeitlichen Urahnen beitragen konnten, die mit den Sauriern sicherlich aus *einer* Lebenssubstanz herrührten, Erberinnerungen sozusagen, ist eine unbeantwortbare Frage.

Nichts deutet darauf hin, daß irgendwo Saurier die große Katastrophe vor 65 Millionen Jahren überlebt haben. Zu dieser Annahme fehlt es an Funden. Sie erlagen einem zerschmetternden Schlage aus dem Kosmos, – dem Einsturz eines planetarischen Klotzes von etwa 10 Kilometern Durchmesser – mit der Geschwindigkeit von 144.000 Kilometern je Stunde und einer Energie-Entwicklung von einer Milliarde Megatonnen TNT. Die Bebenwellen rasten mehrfach um die Erdkugel, der Feuerball der Explosion versengte weithin alles Land; heftige Stürme tobten; Meereswellen rollten daher von mehreren Kilometern Höhe; Staub, Steine in unvorstellbaren Mengen stoben empor, weit über die Atmosphäre hinaus. Trümmer stürzten zerschmetternd nieder, der Staubmantel verhängte die Sonne: es wurde bitterkalt und todesfinster. Kein erholsamer Aufenthalt, auch selbst nicht für gepanzerte Riesenechsen.

Indessen gibt es doch eine mögliche Verbindung der Sage zu den urzeitlichen Wesen: Funde ihrer Gebeine, ihrer Spuren könnten unmittelbaren Einfluß auf sagenhaftes Erzählen gehabt haben. Einen höchst bemerkenswerten Zusammenhang dieser Art hat vor einigen Jahren der Sagenforscher Heinz Ritter-Schaumburg ans Licht gebracht. - Er hat dazu eine bisher unbeachtete neue Quelle aus unserem Altertum herangezogen, die auf dunkle Jahrhunderte unserer deutschen Geschichte mit einem Male ein helles Licht fallen läßt: auf die Zeit zwischen dem Verstummen der römischen Quellen und den Sachsenkriegen. Schon immer bekannt war, daß die umfangreiche, in altnordischer Sprache aufgezeichnete Thiðrekssaga auf norddeutschen Traditionen beruhte. Das sagt nämlich die Saga klar in ihrer Einleitung: „Unsere Geschichte ist zusammengestellt nach der Erzählung deutscher Männer, teilweise nach ihren Liedern, … die gedichtet waren in heidnischer Vorzeit unmittelbar nach den Geschehnissen, von denen in dieser Geschichte die Rede ist. Und nimmst du einen Mann aus jeder Stadt in Sachsenland, so werden alle diese Geschichten auf dieselbe Art erzählen. Das kommt von diesen ihren alten heidnischen Liedern."

Dementsprechend war ein hartes unumgängliches Faktum immer schon dies, daß der Untergang der Nibelungen sich nicht zugetragen hat in der nebelhaften Ferne des Ungarlandes, sondern hierzulande, nämlich in der Stadt Soest. Aber bisher hatte man versäumt, diese Tatsache mit den anderen Ortsangaben der Saga zu verknüpfen. Das hat Heinz Ritter-Schaumburg in großem Umfange unternommen, und dazu verhalf ihm noch eine andere Entdeckung. Die Thiðrekssaga gibt es nämlich in zweierlei handschriftlicher Überlieferung, in einem altwestnordischen und einem altostnordischen Zweige, und von diesen ist der westnordische bisher weit überschätzt worden. Der altschwedische Text aber gibt die einfachere, ursprünglichere Fassung der Saga, ist in Teilen sehr verschieden von den westlichen Texten und stellt die getreueste Überlieferung von dem dar, was im Sachsenlande aus heidnischer Zeit überliefert wurde.

Auf Grund dieses Textes hat Heinz Ritter-Schaumburg sich mit den dort angeführten Ortsnamen befaßt und vieles, was bisher leerer Name war, mit bestimmten Orten glaubhaft zusammenbringen können. Dahin gehört vor allen anderen Namen auch der Ortsname, nach dem Dietrich von Bern selber heißt. Bern ist nicht, wie die späteren ungeschichtlichen Sagen es wollen, das norditalienische Verona, sondern Bonn. Daran gibt es keinen Zweifel. So ist ein 400 Jahre altes Bild der Stadt beschriftet mit den Worten: Verona, nunc Bonn, Communiter; ... Also: Verona (= Bern), jetzt gemeinhin Bonn genannt. Oder das Stadtsiegel aus dem 13. Jahrhundert: Sigillum antique Verone nunc oppidi Bunnensis. - Auch in der altnordischen Thiðrekssaga steht im Titel und im Text immer nur Bern, so daß anzunehmen ist, daß nicht etwa Bern aus Verona umgelautet ist, sondern eben Bern der alte Name der Stadt ist. Aber aus diesen Namensänderungen rührt auch her die fehlerhafte Verselbigung des Helden der altsächsisch-nordischen Thiðrekssaga mit Theodorich dem Ostgotenkönig, der im Verona der Lombardei residiert hat.

So weit die Vorbemerkungen zum Verständnis des Folgenden, nämlich der Lage der Örtlichkeiten, die hier von Gewicht sind und die nicht in den Alpen oder noch südlicher, sondern im nordwestlichen Deutschland liegen. Dietrich reitet als junger Mann von Bern aus auf Abenteuer und kommt in den Teutoburger Wald. Dort erschlägt er einen Ritter, der ihn herausgefordert hat, und besiegt dann dessen Bruder, der den Toten rächen wollte. Die beiden verbrüdern sich, und nun will Dietrich mit ihm zurückkreiten nach Bern.

Wir folgen nun den Texten der Saga in der Übertragung von Heinz Ritter-Schaumburg.

Am Abend kamen sie an eine Stätte, die *Aldinsela* heißt. Dort lagen sie die Nacht über.

Am Morgen ritten sie früh davon in einen Wald, der *Rimslo* heißt. Dort begegnete ihnen ein Tier, das *Fil* (Elefant) heißt. Das war beides, groß und grimm. Herr *Didrik* sagte zu *Fasold*: „Ich will mit diesem Tiere kämpfen, wenn du mir helfen willst! Und das wäre ein großer Ruhm, wenn wir es überwänden!" - *Fasold* (antwortete): „Ich habe so große Wunden, dieselben, die ich von dir empfing, und das Blut ist mir stark ausgelaufen, deshalb traue ich mich nicht, dir groß zu helfen. Doch streitest du mit diesem Tier, dann meine ich, daß du niemals in größere Not kamst!" -

Didrik antwortete: „Bekomme ich keine Hilfe von dir, dann helfe mir der, auf den ich vertraue! Ich will dieses Tier töten, wie es mir auch gehe, wohl oder übel!" - *Didrik* band sein Roß an einen Ölbaum (eine Buche?), ging straks auf das Tier los und hieb darauf mit seinem Schwert, und dieses biß gar nicht. So schlug das Tier ihn zu Boden mit seinem Vorderfuß. Als *Fasold Didrik* in dieser Not sah, sprang er sogleich von seinem Roß und lief und wollte *Didrik* helfen und fand nicht die Stelle, wo er sich (zu)traure, dem Tier eine Wunde zu schlagen. Da sagte er zu *Didrik*: „Du kannst nirgends das Tier wund machen, außer du kannst es in den Nabel stechen, während du so darunter liegst." -

Falke, der gute Hengst, sah Herrn *Didrik* in großer Not, riß sich los, lief zu dem Tier und schlug es so stark auf die Lenden, daß es fast umfiel. Indem stach Herr *Didrik* dem Tier das Schwert beim Nabel hinein, hinauf bis zum Heft, und lief so unter dem Tier weg, und das Tier fiel tot zur Erde. *Fasold* hatte dem Tier manchen Hieb gegeben und wollte Herrn *Didrik* helfen; doch das (Schwert) biß nicht darauf. Dann ritten sie davon.

Als sie durch den Wald kamen, sahen sie einen Flugdrachen, der war ganz grimm und wunderlich. Er hatte großen Körper, große Beine, lange scharfe Klauen und große Augen. Er flog dicht über die Erde hin. Und wo er in die Erde griff mit seinen Klauen, da war es, als wäre mit dem Pflugeisen geschnitten. Er hatte im Schlund einen gewappneten Mann, mit den Füßen drinnen bis an die Schultern, und die Hände waren innen in den Unterkiefern. Und der Mann lebte! Er sah die zwei reiten und sagte zu ihnen: „Gute Burschen, helft mir! Dieses grimme Tier griff mich, da ich schlief auf meinem Schild. Wäre ich wach und in Waffen gewesen, dann hätte es mir nicht geschadet!"

Didrik und *Fasold* sprangen von ihren Rossen, liefen zum Drachen und hieben auf ihn ein. *Didriks* Schwert biß etwas, doch *Fasolds* gar nicht. Der Drache war stark und stur (groß), doch hatte er nicht die Kraft, zu fliegen, und kam auch nicht dazu, sich zu wehren wegen dessen, den er verschlungen hatte.

Da sah der Mann, den der Drache verschlungen hatte, daß *Fasolds* Schwert nicht auf ihn biß, und sagte zu *Fasold*: „Nimm mein Schwert aus den Drachenkiefern! Das zerschneidet alles, woran seine Schneide kommt, wenn der Kerl taugt, der es führt!" *Fasold* sprang vor mit großer Kraft und nahm das Schwert aus den Drachenkiefern. Da sagte der Mann, der im Drachen war: „Meine Beine sind tief unten in des Drachen Schlund. Deshalb hau vorsichtig, daß ich nicht wund werde von meinem eigenen Schwert! Und nun tüchtig zu, gute Burschen! Denn der Drache drückt mich so fest mit seinen Kiefern, daß mir Blut läuft aus Nase und Mund!" -

Darauf hieben sie auf den Drachen, bis er tot war. *Sintrams* Schwert biß auf ihn so, wie das schärfste Haarmesser beißen könnte in einen Bart. So wurde der Mann frei aus dem Maul des Drachen.

Er sagte zu ihnen: „Nun hätte ich euch das wohl zu lohnen, denn ihr erlöstet mein Leben von diesem üblen Troll. Doch eine Bitte bitte ich euch: Gebt mir mein Schwert wieder!" - Da sagte *Didrik* zu ihm: „Guter Bursch, was für ein Mann bist du, und aus welchem Geschlecht? Und wohin willst du fahren?" - Er antwortete: „Ich heiße *Sintram*-Jarl, mein Vater heißt *Ragbald* und ist Jarl in *Wenden*. Dort bin ich geboren. Und ich zog aus, meinen Blutsfreund *Hillebrand* zu treffen und seinen Herrn *Didrik*. Ich bin nun 11 Tage geritten, so daß ich und mein Roß müde waren, und legte mich deshalb, um zu ruhen. Da kam der Drache und packte mich, wie ihr saht!" -

Didrik antwortete: „Guter Bursch, wir wollen dein Schwert dir wiedergeben und alles, was du hattest. Du hast's gut getroffen; denn du hast mich nun gefunden: *Didrik* hier vor dir! Begleite mich heim nach *Bern*, dort wird dir guter Empfang!" -

(Am Aldenfils)

Dann suchten sie im Wald und fanden seinen Schild. Als sie zwei Tage nach dem Roß gesucht hatten und fanden es nicht, trennten sie sich, um ein jeder es auf seinem Weg zu suchen.

Didrik kam zu einer Burg, die *Aldinfils* heißt. Dort stand das Roß mit Sattel und Zaum. Des Grafen Mannen hatten es im Wald gefunden. *Didrik* bat, ihm das Roß zu geben, und sagte, wem es gehörte. Der Graf sagte nein. *Didrik* forderte, ihm das Roß im Guten zu geben, „oder es kostet dich 10 Rosse und mehr, dazu Leben, Land und Reich!" -

Als der Graf hörte, wie kühn der Mann sprach, und hatte kostbare Waffen, da fand er, es wäre ein adeliger Kämpe, und sagte zu ihm: „Ich will dir aus Freundschaft das Roß zurückgeben. Ich sehe, du bist ein Edelmann und kühn an unbekannter Statt! Hier hast du auch einen Goldring, den will ich dir geben. Bist du *Didrik* von *Bern*? Dann sage mir das!" - *Didrik* antwortete: „Meinen Namen will ich nicht leugnen. Ich bin *Didrik*, König *Thetmars* Sohn von *Bern*. Lebe gesund und glücklich, und hab Dank für deine Gabe!" - Der Jarl wünschte ihm gute Fahrt. Herr *Didrik* brachte das Roß zu *Sintram*, da trafen sie sich alle drei und ritten dann wieder heim nach *Bern*.

Mit Ritter-Schaumburgs eigenen Worten sei nun geschildert, wie er zu diesen Drachenkämpfen die heute noch erhaltenen Fußspuren fand. Diese hatte er zunächst gar nicht im Sinne, sondern eine Burg, den Limberg, einen Namen, auf den ihn die Saga hingewiesen hatte, und dort sollte allerdings Dietrich, der Ortssage nach, auch einen Lindwurm erschlagen haben. Irritierend für die Lokalhistoriker, denn was hatte der norditalienische Held bei ihnen jagdlich zu suchen. Aber Wasser auf die Mühle des Sagaforschers Ritter-Schaumburg.

Wie immer, wenn ich glaubte, einer neuen Einsicht auf der Spur zu sein, machte ich mich (mit meinem Volkswagen-Käfer) auf, um den Limberg zu sehen. Ich nahm meine Tochter mit, die damals 16 Jahre alt war.

Ich habe dieses „Erkunden vor Ort", dieses Erspüren der Besonderheit einer Landschaft und ihrer Geschichte, als ein Erkenntnismittel erfahren, das durch kein Buchstudium ersetzt werden kann, als ein „heuristisches Prinzip" (eine Finde-Kraft) gleichsam, mit dem Verstand kaum zu erklären, das wie mit der Wünschelrute zu neuen, entscheidenden Begegnungen und Einsichten führt. Die plötzliche Verwandlung der Umwelt, das Merken auf jede Einzelheit, Erzählen und Befragen von Unbekannten, das Erwachen neuer Bewußtseins-Inhalte bei uns und bei ihnen, das Überspringen zündender Funken, endlich das Aufsteigen des geschlossenen Nachbildes in der Rückschau – all dies tut Möglichkeiten auf, denen wir sonst nicht begegnen, klärt Fragen, löst Rätsel. Nicht immer das Gesuchte, eher das Unerwartete aus dessen Umkreis ergibt sich uns.

In dem kleinen Ort Buer nahe dem Wiehengebirge standen vor dem Kirchhof ein paar schwarz gekleidete Herren. Ich trat an sie heran, fragte sie nach dem Limberg und trug ihnen mein Anliegen vor. „Da müssen Sie zu dem Hauptlehrer Schäfer gehen", sagten sie, „der kennt sich hier in der Landschaft und ihrer Geschichte aus!" -

Wir traten beim Hauptlehrer Schäfer ein. Er hatte die Grippe und war vorerst nicht zum Mitkommen zu bewegen; aber er gab uns bereitwillig Auskunft. Ich erzählte ihm von Dietrich von Berns Zug zum Osning und Rimslowald und seinen Kämpfen mit den Riesentieren. Da wurde er aufmerksam. „Kennen Sie die Saurierspuren?" fragte er. „Saurierspuren?" sagte ich. „Lieber Herr Schäfer, kommen Sie mit und zeigen Sie uns die! Wir packen Sie warm ein und bringen Sie sicher zurück!" -

Es ging das Tal der Hunte hinunter, die, etwas nördlicher, das Wiehengebirge durchbricht. An einer Holzbrücke ließ er halten, wir gingen hinüber, stiegen eine Schlucht hinauf und standen in einem engen Steinbruch, dessen linke Seite eine leichtgewellte, etwa 8 Meter hohe Schrägwand bildete. Und auf dieser Fläche waren Spuren eingedrückt, riesige Tapfen vorsintflutlicher Tiere, von zweierlei Form: Trittsiegel wie von riesigen Elefanten, wie frisch in den nassen Schlick gestempelt; und rechts daneben, eins - zwei - drei - ja vier, scharf und gefährlich, wie mit Eisen gemeißelt: die Eindrücke mächtiger, dreizehiger Klauen, jede einen halben Meter im Durchmesser: „Und wo seine Klauen den Boden berührten, da war es, als wäre mit schärfstem Eisen gemeißelt worden." Der Schrägwand gegenüber war eine Tafel aufgestellt, die über Auffindung und Bedeutung der Spuren Auskunft gab.

Jägerlatein.
Ich hatte gefunden, was ich zuvor nicht vermuten konnte: Eine Wirklichkeit, die mit der Erzählung der Thidrekssaga unmittelbar zusammenhing, wenn auch auf eine ganz andere Weise, als ich mir vorgestellt hatte. Ob der wunde Didrik und der noch wundere Fasold im Rimslowald wirklich gejagt hatten, das mochte man bezweifeln. Daß aber der „Flugdrache", wie die Sage ihn nennt, hier seine eisenscharfen Klauen eingeschlagen, daß der „Elefant" hier seine Stapfen hinterlassen hatte, daran war kein Zweifel möglich. In diesem Sinne hatte die Thidrekssaga richtig und genau berichtet. Nur hatte seit jenen Urtier-Zeiten der Schlick des Jurameeres sich versteint, der Boden sich verschoben und gehoben, waren undenkliche Zeiten über die Landschaft hingegangen. Auch war es fraglich, ob die beiden Jungfürsten grade diese Spuren zu Gesicht bekommen hatten. *Daß* sie aber Spuren solcher Art und dieser beiden Typen gesehen hatten, und zwar in der deutlich bezeichneten Gegend zwischen Rimslowald und Limberg, davon gab die Schilderung der Thidrekssaga offenbares Zeugnis.

Wie war solcher Zusammenhang zu deuten? Fasold war der Fürst dieser Gegend und hatte hier Vollmacht. Er nahm den neugewonnenen Blutsbruder mit und zeigte ihm die Besonderheiten seines Bereichs. Irgendwo und irgendwann waren in seinem Revier die Spuren der beiden Saurierarten zutage getreten und bekannt. Und die beiden Jungfürsten, leidenschaftliche Jäger und gewohnt, in Spuren zu lesen, malten sich aus, welche Gestalt die Tiere haben konnten, die hier geschritten waren, deren Dasein noch zu ihren Zeiten sie vielleicht nicht für unmöglich hielten; stellten sich vor, wie sie sich ihnen gegenüber verhalten müßten und was sie mit ihren Waffen gegen sie ausrichten könnten. So mochte, aus Beobachtung, Frage, Phantasie und Übermut, zugleich in der Begegnung mit Sintram, Hillebrands einfallsreichem Neffen, jene Fabel zustande gekommen sein, welche die Drei dann bei ihrer Rückkehr den staunenden Daheimgebliebenen aufbanden.

Nun erscheinen auch manche Angaben der Thidrekssaga-Erzählungen in einem ganz anderen Licht: Die unbestimmte Darstellung des „Elefanten", das Fehlen jeder Erwähnung von Rüssel und Stoßzähnen, die Behauptung, daß ein Schwert seine Haut nicht durchdringe als nur beim Nabel. All dies erklärt sich nun einfach dadurch, daß es sich gar nicht um einen Elefanten handelte, sondern um ein fremdes, noch größeres, ganz unbekanntes Tier, dessen Eigenschaften die beiden Jäger nur aus seinen Spuren erschlossen.

Auch die Angaben über den Flugdrachen, von dem vor allem die scharfen Krallen bevorzugt erwähnt werden, lassen sich aus der Betrachtung der Spuren erklären. Nicht nur die Thidrekssaga, auch noch die Forschung des vorigen Jahrhunderts hat die dreizehigen Trittsiegel für die Fährte eines Riesenvogels, also eines Flugdrachen gehalten, zumal keine Schwanzspur zu sehen war. Es wollte erklärt sein, weshalb dieser Drache, anstatt zu fliegen, seine Klauen so stark in den Boden schlug. Er war zu schwer, meinten die beiden Jäger, schwerer als gewöhnlich. Warum wohl? Er trug Beute, vielleicht sogar einen Menschen; mehr noch: er trug einen gewappneten Mann im Maul, *deshalb* konnte er nur so dicht über der Erde fliegen. Die Begegnung mit dem plötzlich auftauchenden Sintram kam ihnen hier grade recht.

Die Vermutung solcher Entstehung wird bestätigt durch die seltsame Starrheit der Szenerie. Wundern wir uns schon beim „Elefanten", daß er beinahe am Platz verharrt, nicht flieht, kaum angreift, den beiden Zeit läßt, Gespräche zu führen, ihr Pferd anzubinden, die Schwerter zu tauschen, so ist es bei dem Drachen nicht anders. Während des ganzen langen Kampfvorganges, während er angeblich doch fliegt, scheint er kaum von der Stelle zu kommen. Beide Tiere harren gleichsam geduldig aus, bis sie erschlagen sind.

Wir erleben hier das Entstehen eines ungewöhnlichen Jägerlateins. Im Anblick von Riesenspuren wird ein Abenteuer aufgebaut. So wird es später daheim den Gesellen erzählt, und so geht es in die Überlieferung ein. Didrik von Bern, kaum erwachsen, erweist sich als ein Münchhausen der Völkerwanderungszeit!

Sintram mußte an der Ausschmückung der Fabel seinen Mitanteil haben. Bei seiner Schilderung heißt es später: „Sintram von Wenden hatte ein schönes Gesicht, hübsche Augen, weißes (= weißblondes) Haar gelockt, langen Hals. Sein ganzer Körper war weiß. Er war lang und schmal. Er hatte schöne

Füße und Hände. Er war schnell und stark und ein großer Kämpe. Er war lustig und trank gerne; er war ein großer Spieler und Spaßmacher, redegewandt, rasch in Worten und Taten, freigebig und betriebsam. Sein Schild war grün wie Gras. Darin stand ein brauner Drache mit roten Füßen. Das deutet darauf, daß er im Maul des Drachen lag." (Verkürzt!) Diese Eigenschaften passen gut zu der Erfindung und Ausschmückung der Fabel.

„Die Saurierspuren von Barkhausen am Wiehengebirge", wie die genaue Bezeichnung lautet, sind zwar konserviert, sie sind aber trotzdem, da sie frei liegen, sehr gefährdet. Dafür hat das Landesmuseum in Hannover sie in seinen Räumen auf das Genaueste nachgebildet und zugleich die Tiere selbst in Lebensgröße dargestellt, so wie sich ihr Erscheinungsbild aus Spuren und Skelettfunden (anderwärts) ergibt. Ich befragte den Leiter des Museums, Dr. Heinrich Friese, der selbst einen Bericht über die Saurierspuren veröffentlicht hat, nach den Fährten und ihrer Verbreitung. Er versicherte mir verbindlich, daß diese Fährten (bis 1978) die einzigen in Europa bekannten seien. Sonst gebe es sie nur noch in Amerika, wo sich auch die zugehörigen Skelette gefunden hätten.

Diese Angabe ist von entscheidender Wichtigkeit für die Thidrekssaga. Sie beweist nämlich, daß diese Sagen-Überlieferung *im niederdeutschen Raume entstanden* sein muß. Man kann also nicht mehr davon ausgehen, daß hier vermeintliche Jagdabenteuer Theoderichs des Großen aus dem Alpenraum nach Norddeutschland übertragen worden seien. Denkbar ist nur das Umgekehrte: daß die Abenteuer des niederdeutschen Didrik in den Sog des großen Gotenkönigs gerieten und durch Verwechslung mit diesem in den Süden gelangten …"

So weit Heinz Ritter-Schaumburg. - Der Nachweis, daß die Geschichte Dietrichs von Bern im nordwestlichen Deutschland wurzelt, scheint mir erbracht; die zahlreichen übereinstimmenden Ortsnamen lassen daran keinen Zweifel. Höchst erstaunlich ist, daß die Saga so genaue Angaben macht über zwei verschiedene Ungeheuer und daß diese Angaben übereinstimmen mit dem, was man heute noch im Wiehengebirge sehen kann.

Sicherlich stammen die phantastischen Ungeheuer unserer Sagen nicht nur aus der Anschauung von Bodenfunden. Aber der Zusammenhang von altem „Jägerlatein" mit dem Drachenkampf der Heldensage, also von Saurierspuren mit Drachengestalten, liegt in der Thiðrekssaga für einmal zutage.

DAS GESICHT AUF DEM WEGE

[Erschienen in „Antaios Band XII – Nr. 1– Mai 1970", Ernst Klett Verlag, Stuttgart 1970, S. 58-84.]

I

Perceval, als er im Verlaufe der Gralssuche zum zweiten Male und nun zu seiner Aufgabe gereift, auf die Gralsburg gelangt, fragt dort nicht nur nach den zentralen Geheimnissen, nach dem Grale, nach der Lanze und ihrem Dienst, sondern zuvor schon nach den Geheimnissen, die ihm auf dem Wege begegnet sind; er wünscht das Kind gedeutet, das einen schönen Baum erkletterte und in seinem Wipfel verschwand – den von mehr als tausend Kerzen strahlenden Lichterbaum, die doch alle bei seinem Nahen erloschen –, die nächtige Kapelle, in der ein toter Ritter aufgebahrt lag und wo spukhaftes Licht, ein Donnergetöse und eine schwarze Hand ihr Wesen trieben.[1]

Von diesen drei Erscheinungen auf dem Wege ist die Kapelle leibhafter Artung, zumindest so, wie sie in den Gang der Handlung verflochten ist; denn zu ihr kehrt Perceval später zurück und besiegt mit Gottes Hilfe den Spuk. Die beiden Baumerscheinungen dagegen sind eher visionärer Natur, und ihr Wesen ruht ganz in der Bedeutsamkeit. Das den Baum ersteigende, im Wipfel verschwindende Kind bezeichnet die eigentlich menschliche Erlebensrichtung, bietet ein Bild der himmelwärts strebenden Seele; der Lichterbaum wird als Kultbaum der Feen gedeutet, und sein Erlöschen soll auf die Erlöserrolle Percevals gegenüber allem Spuk im Lande hinweisen –, so wie erst recht vor der später erfundenen Rolle des Galahad alle „Wunder" im Reiche des Artus erlöschen. Zu diesen beiden zeichenhaften Gesichten Percevals gehört vielleicht noch ein drittes Baumabenteuer hinzu, das freilich in der Erzählung durch eine lange Kelle fremder Abenteuer anderer Ritter von den letzten Weggesichten getrennt ist und das auch nicht in das „bedeutende", sondern in das leibhafte Geschehen eingeordnet wird. Perceval stößt nämlich, der zeitlichen Ordnung nach just bevor er das Kind im Baume schaut, auf einen Ritter, der, an den Füßen in einen Baum gehängt, am Verschmachten ist. Diesen Todgeweihten befreit er und sendet ihn zu Artus an den Hof.

---

[1] „Potvin" 30724ff., 33755ff., 34414ff., 34781ff., 35348ff. „Irrfahrt und Prüfung des Ritters Perceval", übers. von Konrad Sandkühler, Stuttgart 1960, S. 140. „Perceval der Gralskönig", übers. von Konrad Sandkühler, Stuttgart 1964, S. 44f., 55f., 62f., 72ff.

83

Da indes der Ritter, nach seinem Namen und seinen Begebenheiten, mit den roten Rittern, den Sendlingen aus dem keltischen Totenreich, in Verbindung gebracht werden kann oder gar mit dessen König, so wäre er in der Gestalt, wie er dort dem Perceval aufstößt, und gerade im Gegensatz zu dem emporflüchtenden Kinde als ein Bild des niederwärts gewandten Todes zu deuten, und wenn man in dieser Weise die Gesichte vom verkehrten Ritter und vom steigenden Kinde unter *einem* Gesichtspunkt zusammenfaßt, so möchte damit auch der Fingerzeig für eine Deutung des Lichterbaumes gegeben sein, die tiefer wäre als die dem Gralskönig in den Mund gelegte.

Vom Lichterbaume ist hier allerdings nicht zu handeln, sondern wir fragen nach weiteren Belegen für das Aufsteigen bedeutender Bilder auf dem Wege in die mystische Zentrale – auf dem Wege in die wie immer beschaffene, einer bestimmten Kultur, einer bestimmten metaphysisch bedingten Örtlichkeit und Stunde zugemessene machterfüllte Mitte – wir fragen nach dem Kraftfeld des Heiligtums. Dabei wird sich zeigen, daß sich für dies Wegerlebnis sehr verschiedenartige Formen aus den unterschiedlichsten räumlichen wie geistesgeschichtlichen Bereichen beibringen lassen. Diese Vielfalt könnte den Verdacht erwecken, es handle sich überhaupt nicht um miteinander verwandte Erscheinungen. Aus diesem Grunde, um die Einheit unseres Gegenstandes von vornherein sicherzustellen, sei schon hier darauf hingewiesen, daß auch innerhalb der Gralstradition die Visionen Percevals vor dem Mittenort nicht die einzigen sind und daß in der Gralsdichtung Heinrichs von dem Türlin, die der eben angezogenen französischen sehr ferne steht, der Weg zum Gral ebenfalls von visionären Bildern umwittert ist – und zwar von Bildern in einer Art und Anordnung, die denen Percevals in keinem Zuge gleichen. Die literarische Selbständigkeit scheint mithin bei diesem Beispiel, das wir weiter unten anführen, ebenso gewiß zu sein wie der erscheinungsmäßige Zusammenhang.

Vom Felde, das der Genius eines Ortes beherrscht, und von der Spannung zwischen seiner Mitte und dem Umkreis ist besonders deutlich in manchen Spuksagen die Rede. Oft wird erzählt, wie der Spuk auch im Freien nur innerhalb eines genau bestimmbaren Bereiches waltet. So findet sich der nächtliche Wanderer auf seinem Wege etwa von einem Irrlicht begleitet – aber erst von einer bestimmten Stelle an, und abermals an einer anderen wohlbekannten Stelle jenseits des durchschrittenen Bezirkes wird er wieder dem Dunkel und sich selbst überlassen. Treten hier Mitte und Macht wenig entschieden hervor, so werden sie doch in anderen Sagentypen übermächtig spürbar. Ein Beispiel für zahllose Abwandlungen bietet eine niedersächsische Sage, die vom Spuk an den „fünf Eichen" nahe Selxen bei Hameln erzählt.[2] An dem Orte selbst sind nächtlicherweile den Vorüberkommenden die verschiedensten Erscheinungen begegnet – ein Ding ohne Kopf und Gliedmaßen, tanzende nackte Jungfern, eine wegsperrende Mauer. Für uns bedeutend ist das Erlebnis eines alten Juden, der eine weiße Gans unter den Bäumen sitzen fand, ebenfalls bei der Nacht, der sie mit Gewalt in seine Kiepe steckte und dem die Last darin allmählich immer schwerer ward, bis er schier unter ihr zusammenbrach und er den Befehl einer Stimme vernahm, er solle sie zu den fünf Eichen zurücktragen, sonst sei er des Todes. Wohl nur vergessen ist in dieser Fassung, was in anderen ausdrücklich gesagt wird, daß die Last auf dem Rückweg in die Mitte des Spukes auch wieder mählich leichter wird. Ähnlich verhält es sich oft mit heiligen Steinen, Bildern, Glocken, Reliquien, die nur am gehörigen Orte und auf dem Wege dahin leicht und beweglich sind, die aber um so schwerer werden und die Bewegung der Zugtiere gar völlig hemmen, je weiter man sie fortschleppt.

In derartigen Sagen und Legenden wird die Wirkung des Feldes überwiegend am Objekt aufgewiesen, und sie scheint darin um so vollständiger aufzugehen, je namenloser die Menschen bleiben, die das Wunderbare erlebt haben. Andererseits gibt es Berichte, die sich an geschichtlich bezeugte Personen knüpfen, und dann erscheint das Wesen dieser Machtäußerungen auch gelegentlich im Empfinden eines Subjektes. Die Besessenheit der Nonnen von Loudun gehört zu den äußerst seltenen Fällen der Art, bei denen Menschen ums Leben kamen. Drei der von der Kirche bestimmten Exorzisten wurden selbst besessen. Der eine unter ihnen, der Pater Tranquille, ein berühmter Prediger der Zeit, hat berichtet, daß die Teufel, die in Loudun die Nonnen samt der Priorin besessen hielten, ihm auf dem Wege entgegenkamen, um ihn, den sie als Gegner fürchteten, „nach Möglichkeit mit Entsetzen zu erfüllen, und (sie) ließen ihn auf dem Wege eine derartige Schwäche in den Beinen empfinden, daß er bereits daran dachte, nicht weiterzugehen".[3]

Es geht uns hier nicht um eine situationspsychologische Aufklärung des von Pater Tranquille Erlebten; wir haben uns lediglich zur Aufgabe gestellt, die Wegerlebnisse in ihrem Zusammenhang mit der erstrebten oder auch

---

[2]   Lutz Mackensen, „Niedersächsische Sagen", Leipzig-Gohlis 1925, Nr. 29, vgl. Nr. 30, 78, und Gerhard Kahlo, Niedersächsische Sagen, Leipzig-Gohlis 1923, Nr. 97.
[3]   Tr. K. Oesterreich, „Die Besessenheit", Langensalza 1921, S. 114f.

endlich erreichten Mitte sichtbar zu machen. Loudun aber, von wo ihm die Teufel entgegenkommen, ist zu dem Zeitpunkt Sitz einer ganzen Schar medial erregter Personen, öffnet sich also just den Seelenkräften, die seit je in besonderem Grade das Erlebnis religiöser, jenseitiger, metaphysischer Wesenheiten vermitteln. Vermutlich haben wir indes Tranquilles Schwäche nicht allein im Zusammenhang mit einer räumlichen Mitte zu sehen, sondern ebenso in einem Schicksalsbezug: denn eben dort in Loudun sollte er nicht viel später jenen übermächtigen Gewalten im Tode erliegen.

Seit den Ereignissen von Loudun sind mehr als 300 Jahre vergangen. Sehr viel näher stehen uns die Erlebnisse eines englischen Kolonialoffiziers in einem Felde von ähnlicher Gestalt, im Umkreise eines heidnischen Kultzentrums nämlich, wohl im Gebiete der ostafrikanischen Nyanya.[4] Das Heiligtum ist dem Geist eines toten Häuptlings gewidmet, der vermöge der Medialität seiner Witwe und ihrer Mägde mit magischer Gewalt auf seine Umgebung wirkt – bis zur Besessenheit Widerstrebender, bis zu Zwangshandlungen und Thanatomanie. Der Bericht ist in mannigfaltigster Weise für die Beurteilung von Märchen- und Sagenmotiven und auf anderen Gebieten von hoher Bedeutung, doch beschränken wir uns hier auf einige Züge. Schon in einer Entfernung von vierzehn Meilen vor dem heiligen Bezirk wird der Berichterstatter von Unwohlsein, einem seltsamen Schmerz im Nacken und dem Gefühl befallen, daß ein unsichtbares Wesen seinen Willen angreife. Es gelingt ihm zwar, diese Beeinflussung abzuwehren, er fühlt sich indes trotzdem geschwächt. Am nächsten Tage, in etwa 500 Meter Entfernung von dem heiligen Hain, wird er „durch Suggestion gezwungen", auf einer Wiese eine gegen hundert Meter lange Schlange mit abgetrenntem Haupte zu erblicken. Kurz darauf erhebt sich aus dem Hain ein gewaltiges, weißleuchtendes Tier, geflügelt, geschwänzt, mit Pferdehaupt, aufgerissenem Rachen und rotglühenden Augen, das sich dann mit Löwenkrallen an die nächsten Felsen klammert. Dies Tier soll ein Begleiter ebenfalls gesehen haben. Im Hain selbst fand der Offizier „eine bedrückende, beschwerliche Friedhofsluft. Die Vögel sangen auf den Zweigen, aber auf eine eintönige, einschläfernde Weise". Auch dort hat er noch einmal die Gefühle, die ihn schon auf dem Wege bedrängten, und den Schmerz im Nacken. Diesmal gelingt es, die Einwirkungen vollständiger zu überwinden, und nun bemerkt er, daß die Sonne

---

4   Ernesto Bozzano, „Übersinnliche Erscheinungen bei Naturvölkern, Bern (1948), S. 156ff.

ihren gewohnten Schein, die Vogelwelt ihren gewöhnlichen Gesang und die Luft nichts Bedrückendes hat.

Die Quelle zeugt dafür, daß wir es bei unserem Gegenstande durchaus nicht mit kultischen Erscheinungen oder Sagentypen zu tun haben, die an eine bestimmte Kultur oder gar an eine Menschengruppe gebunden wären. Hier berichtet vielmehr ein europäischer Soldat, was ihm durch afrikanische Kultmedien widerfährt; er wird dort einer Atmosphäre ausgesetzt, wie sie auch das Hexenschloß im deutschen Märchen „Jorinde und Joringel" umzieht, und sein Mut wird auf die Probe gestellt durch Drachen, wie sie sonst in zahllosen Legenden, Heldensagen, Märchen, Initiationen als zu überwindende Todesungeheuer erscheinen. Es dürfte daher durchaus der Sache angemessen sein, wenn wir diesem zeitgenössischen Bericht aus Afrika Episoden aus dem alten Skandinavien an die Seite stellen.

Wir beginnen mit der Saga von Olaf Tryggvason und seinem Versuch, sich einem altnorwegischen Heiligtum anzunähern.[5] Olaf, einer der Bekehrer des Nordens, in dessen Gestalt sich der germanische Königsheld in eigentümlicher Weise mit dem unmenschlichen missionarischen Eiferer mischt, gehört auch insofern näher in unsere Thematik, als von ihm ebenfalls, wie von Perceval und von Galahad, berichtet wird, daß vor ihm die Wunder erlöschen – oder mit Sagaworten: daß Trolle und Wichte sich vor ihm flüchten.[6] Die geschichtliche Lage ist so, daß der König das südliche Norwegen schon seiner Botmäßigkeit und dem Christentum unterworfen hat und daß er nun auszieht, auch Halogaland, wohin sich schon zu Harald Schönhaars Zeit die freiheitliebenden Landherren geflüchtet haben, zu unterjochen. Raud der Starke, ein Bauer, Opferer und zauberkundiger Häuptling, also ein heidnischer Kultverwalter, der auch viele zauberkundige Finnen in seinem Gefolge hat, stellt sich mit seiner Mannschaft und seinen Freunden der Flotte des Königs entgegen, wird aber geschlagen und flüchtet auf seinem Langschiff, das vorn ein vergoldetes Drachenhaupt trägt, in die heimischen Gewässer und zu seinem Heiligtum, nach Godö im Saltfjord. Der König versucht mehrfach, in den Fjord einzulaufen, muß aber immer wieder davon abstehen, weil ihm jedesmal schwere See und ein wilder Sturm aus dem Fjord heraus entgegenbrausen. Am Ende, nach der Rückkehr von einer ungehinderten Fahrt in den Norden, ergreift des Königs Bischof religiöse Maßnahmen. Er legt seine

---

5   „Heimskringla", udg. ved Finnur Jónsson, København 1893, Bd. I, S. 396-402 = Thule XIV, S. 281-284.
6   „Flateyjarbok", Bd. 1, Christiania 1860, S. 398-400.

Meßgewänder an, tritt mit dem Kreuz in den Vordersteven des Königsschiffes, sprengt Weihwasser, streut Weihrauch, läßt Kerzen brennen, betet und liest evangelische Texte. So rudert man in den Fjord hinein, mit Windstille von vorn, mit stiller See im Kielwasser, wo die übrigen Schiffe folgen, mit solchem Wogenschwall an den Seiten, daß die Uferberge verdeckt sind. In dieser Weise gelangen sie bis nach Godö, finden vor Tage Raud und seine Mannschaft schlafend, und die Bekehrung geht nach Olafs Weise vonstatten.

Nach der Meinung der Saga war offenbar der Sturm eine Sinnenverblendung, mit der Raud und seine finnischen Zauberer ihre Heimstatt und ihr Heiligtum verwahrt hatten. Auch hier würden wir dann mediales Wirken im Zentrum als Ursache des schützenden Walles von Visionen ansehen. Von unablässigem Wetterzauber weiß freilich die Quelle nichts, und bedenklich könnte es ferner stimmen, daß der Illusionenschirm so anhaltend wirkt; denn der König liegt das erstemal nicht weniger als eine Woche vor der Fjordmündung, segelt dann mit gutem Winde nordwärts, kehrt nach längerer Zeit wieder und verzieht abermals tagelang. Daher müßte man verwandte Vorgänge vielleicht eher in Berichten suchen, nach denen es zu ähnlichen Verwahrungen überhaupt keiner gegenwärtigen Vorkehrungen bedarf; bei denen der schirmende Zauber, ein für allemal durchgeführt, aus der Vergangenheit in das gegenwärtige Ereignis, in die aktuelle Bedrohung herüberwirkt. Ein solcher Zauber verhielte sich also zu dem des Nyanya-Haines wie der lokale zum medialen Spuk.

Das Beispiel, das wir anführen, wirkt sich, wie der Schutzzauber von Godö, im Bilde elementarer Gewalten aus. Saxo Grammaticus erzählt in seinem euhemerisierten Mythos von Balder, daß der an einer Verwundung durch Hother Gestorbene von seinem Heer in einem Hügel bestattet wurde. „Diesen Hügel untersuchten nun einige Männer unserer Zeit (der vornehmste von ihnen war Haraldus) nächtlich in der Hoffnung, Geld zu finden; denn die Erinnerung an die alte Begräbnisstätte war noch lebendig; sie mußten aber ihr Unternehmen in plötzlichem Schrecken aufgeben. Der Berg selbst nämlich schien sich zu spalten und aus seiner Spitze ein gewaltiger Wasserstrom mit mächtigem Brausen hervorzustürzen, dessen reißender Schwall in schnellster Strömung über die darunterliegenden Gefilde sich ergoß und alles, was ihm im Wege stand, fortriß. Bei seinem Andringen warfen die Gräber bestürzt ihre Hacken weg und ergriffen die Flucht ... So flößten die Schutzgötter jenes

Platzes den Männern eine plötzliche Furcht ein … Alle Späteren ließen den Hügel unberührt."[7]

Ein solcher Bericht von der zaubrischen Verwahrung eines Grabhügels hat viele Verwandte in aller Welt. Im Norden stehen ihm die Geschichten von den zaubermächtigen Häuptlingen nahe, die ihren eigenen Grabhügel auch noch auf die Zeit ihres Todes verwahren und die selbst am Ende gelegentlich, wenn die Masse der in der Grabkammer aufgehäuften Schätze einen Wikinger verlockt hat, den Hügel aufzubrechen, ihn dort als kampftüchtiger *draugr* zu einem letzten grausigen Ringen erwarten. In der Harðarsaga, die ein solches Handgemenge mit dem wandelnden Leichnam schildert, ist der Hügel selbst gegen die Grabräuber dadurch verwahrt, daß er jeden Morgen, trotz des am Vortage gegrabenen Schachtes, wieder unversehrt erscheint.[8] Näher an der Sage vom Baldersgrab steht eine Schilderung des Gullthorissaga,[9] die zugleich auch eine klarere Vorstellung von der Örtlichkeit liefert als der Redeprunk Saxos. Dort hat nämlich Thorir ein Grabfeuer erblickt und von dem Ortskundigen erfahren, daß ein gewisser Agnar, ein Berserker, sich den Hügel habe aufwerfen lassen und mit seiner Schiffshabe und vielem anderen Gut hineingegangen sei. „Seitdem wehre er den Hügel mit Zauberei, so daß niemand sich ihm nähern könne. Viele aber, die nahe genug gekommen seien, um ihn aufzubrechen, seien des Todes gewesen, oder ihnen seien andere unheimliche Erscheinungen begegnet. Wir aber wissen nicht, ob er als Lebender oder als Toter dort umgeht." Trotz der Gefahr unternimmt Thorir mit einem seiner Schwurbrüder das Wagnis. „Sie mußten aber, um an den Hügel zu kommen, einen Berghang ersteigen, und als sie in den Hang kamen, brach ein mächtiger Sturm gegen sie los, so daß sie nicht aufrecht stehen konnten." Mit vieler Mühe gelangen sie trotzdem nach oben, sind aber so erschöpft, daß sie sich liegend an einem mächtigen Felsen festbinden und einschlafen. Nun zeigt sich dem Thorir der Berserker im Traume als machtvolle, prächtige Gestalt, schilt ihn, bezeichnet sich als seinen Verwandten von Vaterseite, bietet ihm eine volle Rüstung als Geschenk an und weist ihm eine ehrenvollere und einträglichere Aufgabe, als den Gesippen zu berauben: er soll die Schatzhöhle eines Wikingers am Nordmeer ausleeren, in der sich dieser mit seinen Söhnen in Drachengestalt auf dem Golde niedergelassen habe. Agnar

---

[7] „Saxo Grammaticus", 77f. H., übers. von Paul Herrmann.
[8] „Hardhar Saga ok Hólmverja, Thórleifr Jónsson gaf ut", Reykjavik 1891, S. 29-36 = Thule VIII, S. 212-217. Vgl. auch Jan de Vries, „Altgermanische Religionsgeschichte", Bd. 1, Berlin 1956, S. 231f.
[9] „Gull-Thóris Saga", udg. ved Kr. Kålund, København 1898, S. 9ff.

bietet ihm dazu zwei Züge aus einem Becher und für seinen Schwurbruder einen. Zu diesem Trunke erwachen sie; es zeigt sich, daß beide die Vision geteilt haben und daß das Waffengeschenk mitsamt dem Becher vor ihnen liege. Sie tun die vorgeschriebenen Züge, dann aber leert Thorir den Becher bis auf die Neige. Darauf fallen die beiden wieder in Schlaf, Agnar erscheint aufs neue und wirft dem Thorir vor, daß er gegen seinen Rat den Becher vollends ausgetrunken habe: das würde er am Ende seines Lebens entgelten müssen, – diese Voraussage bezieht sich vermutlich darauf, daß Thorir später selbst den Berserkergang und Gestaltverwandlungen erleidet. Agnar sagt den beiden weitere künftige Schicksale voraus und berät sie zu dem Unternehmen gegen die Drachenhöhle; dortselbst erweist er sich ihnen später als ein im Augenblick herbeizurufender Hilfegeist.

Wir haben in dieser Episode einer nur teilweise geschichtlichen Saga die hochbedeutende Schilderung einer germanischen Initiation vor uns – mit dem beschwerlichen, erprobenden Annahen den Hang empor und gegen den Geistersturm und mit der *útiseta*, dem Draußenharren auf das Gesicht, und ihrer Erfüllung in der visionären Begegnung mit dem toten Anverwandten. In der Vision selbst die Verleihung der Waffen, die Kommunikation im Lebenstrank, die Schicksalsweisung, den Drachenkampf als Heldenauftrag und schließlich die Begabung mit einem toten Helfer – und dies alles vor dem Grabe und in Gemeinschaft mit dem später dem Tode verfallenden und zu rächenden Schwurbruder, dessen kultische Rolle schon durch die Beschränkung auf *einen* Becherzug vorgezeichnet erscheint.[10] Je bedeutsamer dieser Gesamtzusammenhang sich erweist, um so bedeutender muß uns auch *in* ihm das Wegerlebnis der Brüder bedünken, ihr Anstieg die Halde hinauf, wider den zaubrischen Wind, dem Grabe des ratenden Geistes entgegen.

Waren es in den letzten Beispielen Wind und Wasser, die den geweihten Ort beschirmen, so finden wir in anderen und hochbedeutenden auch das dritte Element, nämlich das Feuer. Vom brennenden Feld um das Berserkergrab mit dem kostbaren Schwert erzählt die Hervararsaga,[11] die Wölsungensage erreicht einen ihrer Höhepunkte im flammenumwirbelten Walkürenheiligtum. Im Vergleich zu den Stürmen und den Wassergüssen erfüllt sich der Sinn des Feuers allerdings weit mehr in der Auslese als in der Sperrung. Hervör, der das Heldenschwert bestimmt ist, durchschreitet die Flammen ebenso wie Sigurd, dem die Walküre bestimmt ist. Um so weniger besteht das Feuer

---

10 Dazu Heino Gehrts, „Das Märchen und das Opfer", Bonn 1967, S. 64ff, 152f.

11 „Heidbreks Saga", udg. ved Jón Helgason, København 1924, S. 17-33 = Thule I, S. 202-206.

dieser Berichte in einer bloßen Illusion. Nicht weil ein feuriges Blendwerk nichts über sie vermag, durchdringen die Vorbestimmten die lodernden Brände, sondern weil ihnen, die in ihrer kühnen Schicksalsgewißheit selbst von der Natur der Lohe sind, auch das wirkliche Feuer nichts anhaben könnte.

Jedoch eignet eine solche scheidende Rolle nicht dem Feuer allein, sondern sie kann, wie die mannigfaltigen Abwandlungen in den Märchen es lehren, von vielerlei Erscheinungen getragen werden. Wir erwähnen hier besonders, weil es sich auch dort um eine Begegnung auf dem Wege handelt, das Märchen von den neidischen Schwestern und das entscheidende Motiv in der eigenartigen Form, wie es die Sammlung Tausendundeine Nacht bietet.[12] Im allgemeinen ist in dem Märchentyp den mit ihrer Herkunft unbekannten Königskindern, dem Brüderpaar und der Schwester, aufgegeben – in der Regel durch Machenschaften ihrer bösen Muhmen, die sie damit vernichten wollen –, drei lebenbedeutende Kleinodien zu erringen – hier den singenden Baum, das hüpfende Goldwasser und den schicksalskundigen, sprechenden Vogel. Der Vogel, auf den es in der angezogenen Fassung allein ankommt, da er auch den Weg zu den andern beiden Schätzen weist, befindet sich in seinem Käfig auf dem Gipfel eines Hügels, und den Hang hinauf führt ein Pfad, den der Suchende beschreiten muß. Aber um ihn her erhebt sich dort sogleich ein betäubendes und sich steigerndes Stimmengewirr, und ihm schallen einzelne schreckende, höhnende, drohende Reden unsichtbarer Rufer ins Ohr. Wendet er sich jedoch danach um, dann wird er in einen schwarzen Marmorblock verwandelt, wie sie auf dem Pfade schon zahlreich umherliegen. Die beiden stolzen und kühnen, selbstgewissen Brüder werden von den Stimmen betäubt und überlistet und versteinern; die bescheidnere Schwester überlistet die Stimmen, indem sie sich die Ohren verstopft. So erlangt Perisade die Kleinodien und damit die Entzauberung der Brüder und die Aufdeckung ihrer königlichen Abkunft.

Zum Abschluß unserer Beispielsammlung erwähnen wir noch einmal eine Fassung des Motivs, die in einer Gralsage vorkommt, und zwar in der Krone Heinrichs von dem Türlin, einer Gralsdichtung, deren Held Gawein ist.[13] Auch er trifft mehrfach auf das Gralsheiligtum, versagt das erstemal, löst das Wunder beim letztenmal. Beidemal hat er auf dem Wege merkwürdige Begegnungen, die allerdings weder dem Raume noch der Zeit nach

---

[12] „Die Erzählungen aus den tausendundein Nächten", übertr. von Enno Littmann, Wiesbaden 1953, Bd. 5, S. 175-193.
[13] „Diu Crône von Heinrich von dem Türlin", hrsg. von G. H. Fr. Scholl, Amsterdam 1966, Vers 14009ff., 28381ff.

so unmittelbar vor der Gralswarte auftauchen wie in Percevals Geschichte. Gleichwohl sind es in beiden Fällen nicht viele Verse, die sich zwischen die Weggesichte und den Gralsbesuch einschieben, so daß im Aufbau der Queste und der ursprünglichen Absicht nach beides jedenfalls eng zusammengehört. Auch hat beidemal der Held unmittelbar nach der einführenden Vision ein verheertes oder verbranntes Land zu durchqueren, also das aus der französischen und britannischen Gralsüberlieferung wohlbekannte, unmittelbar zu dem Gralskönigtum gehörende Pays Gaste oder Waste Land.

Beidemal wird Gawein wie zufällig von der profanen Genossenschaft getrennt und gerät kurz darauf an ein magisches Feuer und dann in das Wüste Land. Das erstemal sieht er einen mannlosen Speer und ein mannloses Schwert über zwei weißen Rossen schweben und sechshundert Ritter erschlagen, und während die Schimmel mit den Waffen entreiten, gehen die Erschlagenen in Flammen auf. Gawein beschließt, den Pferden zu folgen, führt dies, unbeirrt durch die Not des Wüsten Landes und eine Reihe höchst seltsamer Visionen aus, läßt sich auch durch einen todesgefährlichen Flußübergang nicht schrecken und erreicht am Ende wirklich die Gralsburg, die sich zunächst, am Vorabend des Festes, als Spukschloß zeigt, am folgenden Tag aber in all ihrer rätselhaften Herrlichkeit offenbart. Indessen, auch Gawein versäumt, wie Perceval, beim ersten Male die Frage, und er findet sich am Morgen, erwachend, im leeren Gefilde. Auf der zweiten Fahrt wird Gawein von einem Flammenkreis umringt und in die Erde gedrängt. In der Unterwelt belehrt ihn eine Göttin, wie er sich beim Grale verhalten soll. Von ihr entlassen, durchquert er das Wüste Land, und danach erscheinen ihm wieder mehrere Gesichte. Schließlich folgt er einer Reiterschar, die aber zaubrisch unerreichbar bleibt, die also ebenfalls die Natur eines Leitgesichtes hat, und gelangt auf das Gralsschloß. Er wird dort trefflich bewirtet, ohne ein Wesen zu sehen – denn bei Heinrich von dem Türlin findet das Gralsfest nur einmal im Jahre statt, diesmal ist Gawein also zur Unzeit dahin gelangt – und bricht am nächsten Tag wieder auf. Er reitet nun noch einmal durch ein Land mit Kummer und Gebresten und erreicht dann, ein feuriges Schwert passierend, das Land des irdischen Paradieses. Dort erquickt er sich, stößt in einem dritten Lande auf zwei seiner Gesellen und wird mit ihnen zusammen zum Gralsfest geladen. Jene indes verschlafen die Einweihung in das Gralsgeheimnis.

Bei beiden Gralsbesuchen Gaweins beginnen die Gesichte also mit einer Richtweisung, und man möchte meinen, daß er seine Eignung zum Gralshelden nun vorzüglich dadurch erweist, daß er unentwegt dem ersten Gesichte folgt, obwohl ihn immer wieder auftauchende, höchst seltsame Bilder zum Verweilen und Fragen und sogar zum Eingreifen und Helfen auffordern. Er hält jedoch an seinem ersten Frageverlangen fest: mit Eifer verlangt er danach, die Aventüre zu erjagen, jemanden zu finden, der ihm ihre Bedeutung zu künden vermöchte. Aber dies unbeirrbare und unnachsichtliche Streben will doch nicht besagen, daß er reif ist, die Gralsgesellschaft zu erlösen. Als er sich beim zweitenmal wieder an eine zum Grale gehörende Reiterschar hängt, gelangt er zwar ebenfalls auf die Burg, aber zur Unzeit, und er kann die Erlösung, obwohl er dazu das Wissen nun schon bereithält, doch nicht ins Werk setzen. Nicht als Suchender findet er am Ende zu ihrer Erlösung dorthin, sondern als Geladener.

Die Gesichte, die Gawein auf dem Wege hat, sind – abgesehen von den Leitgesichten – solche menschlichen Leides, grausamer Bedrängnis, klaffender Wunden, jähen Todes – neben nackter Schönheit und prächtiger Gewandung, zartem Gesang und süßem Duft – eng vermischt sind die Süße des Lebens und seine Bitterkeit. Man findet sich an Wolfram erinnert, an sein Bild von dem mit Schicksal oder Schuld geparrierten – bunt zusammengeschneiderten – Leben. Dahin weist auch das fünfmal wiederkehrende Bild der Gefangenschaft, der Verstrickung und Verkettung.

Die erste Aventüre, die er „underwegen" findet, ist eine schöne nackte Maid, die vergeblich einen in Ketten liegenden, ungeschlachten Riesen gegen die Vögel zu beschützen sucht, die ihm das Fleisch aus den Wunden reißen. „Er aber bat das Mädchen nicht, da sie ihm diese Aventüre sagte" – in der Befürchtung nämlich, daß er sonst seine Aventüre verlöre. Gleich darauf stößt er auf ein reichgekleidetes, häßliches, altes Weib, das einen gräulichen, nackten Mohren geißelt. Gawein hätte ihm gerne geholfen, „nur daß er sich nicht gut aufhalten konnte; auch wollte er seine Wehr nicht gegen ein Weib wenden." Dann jagt ein schwarzer Ritter vorüber, der einen Frauenkopf an den Zöpfen mitführt, verfolgt von einem roten Reiter; Gawein beklagt, daß er den Ausgang der Verfolgung nicht zu sehen bekommt. Am Waldrand liegt eine blutig-leere Rüstung, des Ritters Haupt steckt auf dem Bannerspeer daneben, klagende Mädchenstimmen ertönen, Gawein möge ihr Herzeleid verkünden. Das fünfte Gesicht zeigt ihm zunächst höchste Wonne. Er erblickt nämlich auf einem Anger einen schönen, hohen kristallenen Palas, aus dem süßer Mädchengesang erschallt. Aber gleich darauf kommt über das Feld ein riesenhafter nackter Bursche gelaufen, der eine ungeheure stählerne Keule schwingt. Damit zerschlägt er das Schloß, das sogleich Feuer fängt. Der

Gesang schweigt, der Bursche tritt ins Feuer und schupft mit der Keule die Mädchen in die Flammen. Gawein ist bekümmert, daß er ihnen nicht helfen kann. - Am nächsten Tage erblickt er in einem erquickend duftenden Rosenhain das letzte Gesicht dieser Reihe, eine schneeweiße Mädchenleiche, die im Arme einen gekrönten Zwerg hält und zur einen Seite einen gefesselten wunden Jüngling hat, zur andern einen schwarzen Ritter mit abgebrochenem Speer im Herzen. Über dies Geschehen macht sich Gawein mancherlei Gedanken, wagt aber nicht, sich aufzuhalten.

Die zweite Reihe zeigt ihm zunächst eine Schar schöner nackter Frauen, die ein brennender Mann mit der Geißel vor sich her treibt; Gawein hat mit beiden Mitleid, neigt ihrem Gruße, verfolgt seinen Weg und schweigt, während die Schar ihm „entsinkt". Dann flüchten im tiefen Tann ein Ritter und ein Mädchen hilferufend an ihm vorüber; sie werden von einem uralten Weibe ereilt und mitsamt dem Walde verbrannt, herzlich von Gawein beklagt. Kurz darauf findet er sich einem Ungetüm gegenüber, das an einen Baum gekettet ist, den es benagt. Auf dem Tiere sitzt, mit Goldbändern daran gefesselt, ein schöngekleideter alter Herr. In der Rechten hält er ein Gefäß aus einem roten Hyazinth, mit einem so köstlichen Stoff gefüllt, daß Anblick und Geruch dem Gawein alle Gebresten schwinden lassen. „Lange schaute Gawein sie an, aber keines der beiden sprach ein Wort, obschon sie lebten, das sah er gar wohl. Daher tat er, was der Mann tun soll, er verneigte sich vor dem Greise und ritt von dannen." Gleich darauf gelangt er auf die Hufspuren, die ihn zum Grale leiten.

II

Wir haben schon oben den möglichen Einwand vorweggenommen, daß unsere Belegreihe gar nicht auf einen einheitlichen Gegenstand führe, und haben uns zu seiner Widerlegung auf die zwei äußerst unterschiedlichen Gralsüberlieferungen berufen, die doch an derselben Stelle, vor dem Einritt zur Gralsburg, Visionen einbauen. Auch mag es wohl glaublich erscheinen, daß in einigen der anderen Beispiele die visionären Erscheinungen einen entsprechenden „Ort" einnehmen. Andererseits besteht bei jedem einzelnen Beleg die Möglichkeit, daß er rein dichterisch hervorgebracht sei oder gar als pure Phantastik erfunden. Im Hinblick auf ihre Gesamtheit jedoch, so möchten wir mit Kantischer Wendung schlußfolgern, läßt sich eine gewisse

Gleichartigkeit nicht verkennen, die auf einem wie immer gearteten, so doch wirklichen und ähnlichen Erleben beruhen muß. Wie sich von selbst versteht, bieten unsere Belege dies Erlebnis – mit ein oder zwei Ausnahmen – nicht als einen unvermittelten Bericht dar, sondern in erzählerischer Wiedergabe, die in einzelnen Fällen unüberschaubare Wandlungen durchlaufen haben kann. Selbstredend kann nur diese überlieferte Form und das Erlebnis, das in ihr zu Worte kommt, den Stoff der folgenden Untersuchung bilden.

Die Schwierigkeiten des Vergleiches sind dabei nicht zu verkennen. Einer der auffälligsten Unterschiede in der Artung der Visionen liegt darin, daß in einigen ein vielgestaltiger Bildgehalt vorwaltet, in anderen eine mächtige Dynamik – bei sehr einfachem, ja eingeschränktestem Bildgehalt. Darauf wird unten zurückzukommen sein. Von weiteren Verschiedenheiten unserer Berichte sei noch erwähnt, daß in kaum einem von ihnen die Funktion der Weggesichte in bezug auf die Mitte ganz gleichartig ist mit einem anderen. In Percevals Geschichte werden sie zum Teil als Sinnoffenbarungen erklärt. Bei Gawein sind sie vermutlich sowohl dieses wie auch Verlockungen, die ihn vom eingeschlagenen Wege hinwegrufen. Im Märchen von den neidischen Schwestern scheinen die Stimmen zunächst nur dazu da, die Heranwandelnden abzuschrecken und zu verderben; erst an dem erfolgreichen Mädchen wird offenbar, wie sehr sie der Auslese dienten. Auch die Teufel von Loudun machen sich bemerkbar, um abzuwehren oder gar zu unterwerfen, und dasselbe scheint für die elementaren Wirkungen vor den Gräbern und Heiligtümern zu gelten. Aber in Hervörs und Thorirs Falle ergibt sich, daß Feuer und Sturm auch der Auslese dienen, wie denn auch die Waberlohe nur den Unwürdigen wehrt. Im meist gewinnlosen Spukbereich endlich erscheint von diesen auf den Menschen bezogenen Zügen nur wenig, dort offenbart sich vielmehr so etwas wie die reine Natur des sakralen Feldes. Indessen, just wenn wir in dieser Weise die Verschiedenheiten ans Licht zu bringen suchen, wird uns der gemeinsame Kern deutlich, die inneren Vibrationen auf dem Wege oder im Ring um die heilige Mitte, ihre Macht, vorausdeutend, auswählend oder abweisend zu erscheinen.

Der strenge Beweis für die Verwandtschaft derartiger Überlieferungen ist freilich nur schwer zu erbringen – eine Schwierigkeit grundsätzlicher Art, die ihre genaue Entsprechung auf dem Gebiet der reinen Erzählforschung hat. Denn dort stellt sich die oft genug unlösbare Frage, ob es sich beim Auftauchen ähnlicher Motive in verschiedenen Überlieferungen um eine einzige erzählerische Tradition handelt oder um vielfältige Urschöpfungen ein und

desselben Gedankens. Denn da die verglichenen Motive meist von vornherein unter dem Gesichtspunkt erzählerischer Vergleichbarkeit ausgelesen werden, so liegt es auf der Hand, daß in jedem derartigen Falle die Behauptung
der Polygenese sogleich mit Zweifel belastet sein muß: steht die erzählerische Vergleichbarkeit am Anfang, so bleibt auch stets die Möglichkeit erzählerischer gegenseitiger Beeinflussung erhalten.

Um Fälle echter Polygenese in den Blick zu bekommen, ist es daher unumgänglich, die Motive unbekümmert um ihre erzählerische Form und Funktion nach sachlichen Gesichtspunkten zu sichten. Die dabei auftauchende,
eben skizzierte Schwierigkeit muß um deswillen in Kauf genommen werden:
forschen wir unter dem Gesichtspunkt sachlichen Zusammenhängens, dann
bleibt die Identität des Gegenstandes zweifelhaft; forschen wir unter dem
Gesichtspunkt erzählerischen Zusammenhängens, dann bleibt die Identität
der Urfabel zweifelhaft.

III

Wir haben bisher von Mitte und Umkreis, von Weg und Ziel gesprochen, haben die Begebenheiten also vorerst und vorwiegend auf Räumliches bezogen.
In der Tat sehen wir die Ereignisse sich in einer räumlichen Ordnung abspielen. Perceval, Gawein, der Jude, der Pater, der Kolonialoffizier, König Olaf,
Thorir, Perisade, sie befinden sich auf dem Wege, sie schreiten, sie klimmen,
sie reiten, sie segeln, und sie haben dabei ein bestimmtes Ziel im Sinne. Liegt
dies in den eben aufgezählten Fällen weiter hinaus, so dringen unmittelbar
vor ihrem Ziele an Sigurd und Hervör, der Grabschänder Harald und andere seinesgleichen. Hier hätten wir daher eher von Pforte oder Schwelle zu
reden. In jedem Falle aber verbindet sich mit den Worten ein bedeutender
Sinn. Weg, Schwelle und Pforte bezeichnen einerseits wichtige Bauglieder
der Heiligtümer, ohne die das innerste Heiligtum nicht sein könnte, was es ist,
und sie sind andererseits Symbolworte, mit denen wir höchst Typisches und
Entscheidendes an der menschlichen Lebensgeschichte bezeichnen.[14]

Bleiben wir vorerst bei der räumlichen Ansicht, so bleiben wir angesichts
dieser Erscheinungen, da uns die Raumwelt zum Begreifen auffordert, auf
der Seite des Unbegreiflichen. Denn wollten wir von der Subjektivität des

---

[14] Vgl. Jürg Zutt, „Auf dem Wege zu einer anthropologischen Psychiatrie", Berlin 1963, S. 352ff.

seinen Pfad Wandelnden ausgehen, so erschiene die Produktion von Illusionen nur allzu verständlich.[15] Blicken wir hingegen auf die Raumverhältnisse unserer Berichte, so lassen sie offenbar die Wegerlebnisse als Wirkungen des Zieles selbst erkennen. Das entfernte Ziel des Weges wirkt schon in die Wegrasten mächtig hinein. Der Raum unserer Berichte ist nicht eine Summe voneinander abgeschiedener Orte, sondern ein Feld, in welchem das ausgezeichnete, ranghöhere Dort schon im Hier zu erscheinen vermag, eine Welt, in welcher der mittelste Sinn sich je und je in zugehörigen Randstätten zu offenbaren vermag. Das Bild der Waberlohe zeigt es besonders deutlich, wie der ausgezeichnete Ort sich in eine Aura hüllt, die den Annahenden innezuhalten zwingt und in die er selbst mit der eigenen Substanz eine Öffnung brennen muß, ehe er die Mitte zu betreten vermag. Oder wir dürften sagen, indem wir uns eines anderen altertümlichen Bildes bedienen: wie der von einem Vorhaben oder seinem Aufbruche bewegte Mensch nach der Auffassung des alten Nordens seine Fylgien aussandte, die sein Treiben und Eintreffen, auch ohne seine Absicht, am anderen Orte ankündigten, so kündigt auch die Zentrale ihr Dasein innerhalb ihrer Bannmeile an durch ihre „Fylgien“, durch schreckende oder lockende Gestalten. In einem solchen Raume verhält sich der ganz erfüllte Ort zum entleereren wie das tiefbewegende Ereignis zum alltäglichen Augenblick, in dem es als Vorgesicht erscheint. In unserer Sammlung von Weggesichten offenbart sich eine Art Prophetie des Raumes.

Mit diesem Satz haben wir eine willkürlich gezogene Grenze schon überschritten. Was im wirklichen Raume geschieht – und was wäre des wirklichen Raumes bedürftiger als das Wunder! – vermag nicht anders als zugleich in der Zeit, also in dem wirklichen Ineinander von Raum und von Zeit zu geschehen. So wie unsere Belegreihe der puren Punktualität des Räumlichen widerspricht, so spricht sie auch gegen die pure Instantaneität des Zeitlichen. Wie das Dort im Hier zu erscheinen vermag, so auch das künftig zu Erreichende im just Erreichten, in dem grad im Aufbruch zu Verlassenden. Wie die gegenwärtige Welt von ihrem Künftigen erfüllt ist, ohne das sie nicht werden könnte, was sie dereinst wird, so drängen sich auch in den Augenblick der Einzelwesen die Gehalte ihrer künftigen Augenblicke hinein. Aber das Rätsel liegt nicht allein im Erlebenden. Unsere Berichte erzählen gerade etwas von dem Wesen der Stätte selbst in Raum und Zeit – auch ohne den Menschen. So erscheinen die Orte auch von vergangenen Gehalten erfüllt, zumal von

---

[15] Wir verwenden das Wort *Illusion* hier und im folgenden in einem allgemeineren Sinne als die Psychopathologie.

solchen, die an ihnen als den Stätten besonderer Weihehandlungen haften. Noch zu „unserer", das heißt in Saxos christlicher Zeit vermag das bei der Bestattung altgermanischer Gottkönige durchgeführte Brauchtum wirksam zu werden. Denn die Wasserflut aus Balders Grabhügel kann nichts anderes bedeuten, als daß der Hügel zu der Zeit, da er gewölbt ward, von zauberkundigen Männern „gefestet" wurde und daß die Macht dieses Rituals der Stätte im Wirbel der Jahrhunderte verblieb. Sie wurde nicht ausgelöst vom Fuß des Verehrers und Opfrers, sondern erst von den Frevlern und ihrem schänderischen Tun – eine Rückwirkung, die Saxo, gemäß weltweit verbreiteter Meinung, den dazu verbundenen Geistern zuschreibt. Wie es sich immer damit verhalten möge – ob das Wesen des Räumlichen aus sich selbst Wirkungen hervorzubringen fähig ist oder ob es dazu, der altertümlichen Anschauung entsprechend, in ihm anwesender Seelen bedarf – in jedem Falle ist der Raum unserer Berichte beseelter Äußerungen fähig.

IV

Wissen von dem im Raume und aus der Raumeswelt Unbegreiflichen sammelt und ordnet die Parapsychologie. Unter parapsychologischen Begriffen lassen sich auch einige unserer Gegenstände einordnen. Der Zauber vor dem Nyanya-Heiligtum wäre als telepathisch wirkende Suggestion zu verstehen, wie es der Berichterstatter selbst schon tut. Der Zauber am Grabe des Balder, dem des Soti und Agnar und wohl auch der vor Godö wäre zum Teil gedeckt durch den Begriff der Hylomantie – oder der Psychometrie –, mit dem man die Entbindung vergangener Schicksale der Dinge – also auch einer Gegend – bezeichnet, wie sie durch seherische Seelen erfolgt. Es kommt für die Erzählforschung und die Religionsgeschichte zunächst nicht darauf an, welche Art Realität den parapsychologischen Begriffen entspricht. Wohl aber ist es höchst wichtig, sich der immer noch fortlaufenden Geschichte der Erzählmotive und altertümlicher religiöser Erlebnisse zu versichern, wie sie die Parapsychologie und ihre Seitenzweige verzeichnen. So ist auch der Geisterwind einiger unserer Weggesichte nicht nur Bestandteil neuester Spukvorfälle, sondern auch Beiwerk zahlreicher Séancen.[16]

---

[16] Vgl. J. W. Wolf, „Niederländische Sagen", Leipzig 1843, Nr. 309; Bruno Grabinski, „Spuk und Geistererscheinungen", Graz (1953), S. 272, 286, 291; Fanny Maser, „Der Okkultismus", München 1935, Bd. 2, S. 873f.

Selbstredend läßt sich ein großer Teil unserer Berichte überhaupt in das Gebiet des Spukes einordnen. Wir haben nicht nur eine der einfachsten Formen lokalen Spukes mitgeteilt, sondern meinen auch, daß sich an ihr die Natur eines solchen metaphysischen Feldes am sinnfälligsten offenbart. Die Wegführung selbst hat am Spukort eine innere Struktur, Zeitlichkeit und Räumlichkeit öffnen sich dort in anderen Perspektiven als in den gemeinen Bezirken, und auch der Mensch wird dort aus dem gemeinen Bezuge herausgekehrt und vor die dem Dasein innewohnenden Rätsel gestellt. Ganz demgemäß verläuft auch die Straße, die aus dem profanen Raum an die Schwelle des sakralen Bezirkes geleitet. Indem sie fortlaufend die Grenze zweier Welten durchstößt, stürzt aus den Bruchstellen eine Flut von Erscheinungen hervor; an zahllosen Prozessionsstraßen ist sie zu einer Fülle von Bildwerken geronnen. Auch die jugendlichen Initianden führt die Straße heran, für die es um die Erfüllung ihres Lebenssinnes oder tödliches Verfehlen geht – Wegstrecke einer nicht bloß physischen, sondern einer metaphysischen Erprobung und daher ihrem Wesen nach Spukbereich. Ganz dementsprechend inszenierten die Reifezeremonien in aller Welt oftmals Begegnungen mit Totenseelen und Naturgeistern. Dies gilt auch für die Zentrale der Gralssage. Auch sie ist von Spukgestalten umgeben, und sogar sie selbst erscheint des öfteren als Spukschloß,[17] was nur den verwundern kann, der die Gralsburg, späten Zudichtungen zufolge, allein als Stätte eucharistischer Weihungen ansieht.

Besonders auffällig ist die Eröffnung der Dimension des Spuks in einem Märchen wie dem aus Tausendundeiner Nacht angeführten. Der Mythos und das Märchen kennen im Grunde den Spuk nicht. Der Mythos lebt ganz in einer dem Jenseits geöffneten Welt, und die Eindimensionalität des Märchens[18] läßt die für den Spuk lebenswichtige Doppelung der Welten, die oft bedrohliche Fremdheit der anderen nicht zu. In dem Märchentyp der neidischen Schwestern sind die Wegerlebnisse daher auch gewöhnlich durchaus märchenhaft-„natürlich": das Wunderbare ist dort immer offenbares Geheimnis, und die wunderbaren Bedrohungen entsprechen den wunderbaren Helfern und Hilfsmitteln. So werden etwa in der türkischen Fassung, wo die gefährliche Macht an jenem Orte eine Fee ist, Türen und Tiere durch freundliche Handlungen des Helden gewonnen, so daß sie ihn gegen den Befehl ihrer Herrin entkommen lassen.[19] Völlig unerklärte und auch fremd und unerlöst bleibende

---

[17] Unbegreiflicherweise wirft gerade dies K. Brogsitter, „Artusepik", Stuttgart 1965, S. 109, dem Dichter der Crône vor.

[18] Max Lüthi, „Das europäische Volksmärchen", 2. A., Bern 1960, S. 12.

[19] „Türkische Märchen", hrsg. von Otto Spies, Düsseldorf (1967), S. 60ff.

spukhafte Stimmen wie in unserem Beleg scheint es in anderen Fassungen, soweit sie mir bekannt sind, nicht zu geben. Mithin hat sich bei dem arabischen Märchen an die Stelle der üblichen Erprobung des Helden, der die Kostbarkeiten erringt – erringt wie Thorir Waffen, Trunk und Totenrat – ein sagenhaftes Spukmotiv eingedrängt – sinnvollerweise, wie die Masse unserer Belege es lehrt. Und auch bedeutungsvollerweise, denn wir könnten daraus entnehmen, daß in anderen Märchen hin und wieder auf entscheidungsvollen Wegstrecken der Handlung ebenfalls märchenhafte Signaturen anstelle von Spukmotiven stehen.

V

Was die Wegewanderer erleben, stimmt nicht nur zu okkulten Erfahrungen Gesunder, sondern auch zu den an seelisch Erkrankten beobachteten Erscheinungen. Durch einen Vergleich werden wir nicht nur einzelner Elemente dieser Erlebnisse gewiß, sondern mögen dahinter auch eine anthropologische Möglichkeit ihres Daseins ahnen. - Parallelen zwischen psychotischem und magischem Erleben sind oft untersucht und gedeutet worden.[20] Oft boten sich dann, um die Ähnlichkeit zu begreifen, zwei Formeln dafür an. Entweder erschien sowohl dieses wie jenes als „wahnhaft" und jeder Wirklichkeitsgrundlage entbehrend, oder das magische Erleben wurde als ein phylogenetischer Unterbau aufgefaßt, und dann schien es, als sei die gegenwartsentsprechende Seelenstruktur im psychotischen Erleben auf den älteren Grund hin abgebaut. Die beiden Erlebensarten begegneten einander dann in den Archaismen oder in der „Primitivität" des Frühmenschen – auch in diesem Falle mithin meist in einem Defekt, in einem Weltverhältnis des Menschen, das der heutigen, im Sachverstande gesicherten Klarheit entbehrt. Um eine solche Reduktion geht es uns nicht. Die Art, wie uns der Gegenstand der Untersuchung in den Berichten entgegentritt, bedingt von vornherein eine andere Deutung. Für uns steht die Wirklichkeit sinnvoller, beziehungsreicher Erlebnisse im Vordergrund; sie erscheinen uns daher nicht im Wahn oder in der Unvollkommenheit des Menschen gegründet, sondern in seinem Wesen schlechthin. Dies wäre es, was sowohl im psychotischen wie im magischen Erleben teilweise und in jeweils veränderter Weise aufgedeckt erschiene – in beiden

---

[20]   Vgl. dazu H. Feldmann, „Die magisch-mythischen Wahngedanken Schizophrener", Confinia psychiatrica, Bd. 9, Basel 1966, S. 20-34, 78-92.

Fällen infolge einer Störung des Erlebens, einer angetanen im Zauber, einer spontanen in der Erkrankung, die jedoch auch als angetan erlebt wird. Das Problematische unseres Vergleichs ist dabei nicht zu verkennen. Wir stellen einen einzelnen Gegenstand aus mancherlei Traditionen dem an eigenartigen Erscheinungen überaus reichen Felde einer einzelnen Seelenkrankheit, der Schizophrenie, gegenüber, und wir dürfen nicht einmal völlig gewiß sein, daß wir mit den zu erwähnenden Symptomen oder den zugehörigen Ordnungsbegriffen wirklich das Wesentliche einer Krankheit benennen, deren rein nosologische Rätsel selbst noch weitgehend ungelöst sind. Die Unsicherheit läßt sich nicht ausschalten; trotzdem fällt vielleicht umgekehrt auch von unserem Gegenstand einiges Licht auf das pathologische Gegenstück.

Am nächsten liegt eine solche Betrachtungsweise bei dem Stimmengewirr des arabischen Märchens.[21] Die Ritter, die Prinzen, Perisade hören auf dem Wege zu dem wissenden Vogel Stimmen, die ihnen Flüche, Schmähungen, Drohungen zurufen, die sich aber auch untereinander Hohnworte über die Bedrängten zuflüstern, die seufzen, stöhnen, schreien und schimpfen – kurz, es wird all das vielfältig laut, was die menschliche Stimme an innerer Macht besitzt, um zu verletzen und zu erschrecken. Just solche Stimmen spielen nun in akuten Psychosen wie in chronischen Zuständen, besonders bei Schizophrenen, eine große Rolle – Stimmen Unsichtbarer, Einzelstimmen, Rufe, Schimpfworte, Kritteleien, Befehle, Stimmengewirr, Wechselreden der Stimmen untereinander oder mit dem Kranken;[22] es kann kein Zweifel sein, daß zwischen solchen Erlebnissen Schizophrener und dem „Stimmenwiderstand", dem die Helden am Berg des Sprechenden Vogels ausgesetzt sind, eine formale Verwandtschaft besteht.

Läßt aber das pathologische Stimmenhören einen derartigen Vergleich zu, dann würde einen solchen Zusammenhang auch die optische Halluzination herstellen, also das krankhafte Wahrnehmen von Scheinbildern und -dingen im wirklichen Raume.[23] Die Schilderung des englischen Offiziers selber spricht es schon aus, daß es sich bei dem Geschauten um seelische Störungen handelt, und er sucht deren Ursache in der Zentrale, der er sich nähert. Auch bei Heinrich von dem Türlin wird auf die mögliche scheinhafte Natur der Begegnungen hingedeutet. Es ist zwar des öfteren von Gaweins Mitleid und seiner Hilfswilligkeit die Rede, als ob er die Erscheinungen für leibhaft wirklich

---

[21] „Die Erzählungen aus den tausendundein Nächten", übertr. von Enno Littmann, Wiesbaden 1953, Bd. 5, S. 179f., 185, 187f., 190.
[22] Vgl. Karl Jaspers, „Allgemeine Psychopathologie", Berlin 1959, S. 62f.
[23] Ebenda S. 57ff.

halte. Aber der Dichter bringt auch einen diesbezüglichen Zweifel zum Ausdruck, dort nämlich, wo bei dem letzten Gesicht die beiden Wesen, trotz ihres anhaltenden Schweigens, als „lebend" bezeichnet werden und Gawein sich demgemäß vor dem gefesselten Reiter verneigt. Auf der Märchenebene, die wir für weite Teile der Gralssage als das Niveau ihrer eigenen Wirklichkeit ansehen müssen, können wir selbstredend derlei Erlebnisse Percevals und Gaweins in psychologischer Hinsicht nicht eindeutig bestimmen. Entschiedenere Urteile lassen die Berichte zu, die sich selbst als geschichtlich geben, die Erlebnisse Olafs, Haralds, Thorirs. Ohne Zögern dürfen wir sagen, daß diese Männer aus Anlaß des bestimmten, von ihnen eingeschlagenen Weges, Widerstände aus Wind und Wasser „halluzinieren" – oder denn, um doch das psychopathologische Vorurteil, das dem Visionär das eigentliche Handeln zuschreibt, nicht in die Aussage hineinzunehmen: mit dem Einschlagen des Weges drängen sich ihnen Gegenwind- und Überflutungshalluzinationen auf.

Selbstredend erscheinen die Sagenmotive nicht im Rahmen einer seelischen Erkrankung. Ein entscheidender Unterschied der Krankengeschichten gegenüber unseren Belegen besteht offensichtlich darin, daß es sich bei den Seelenkranken um ein unausweichliches Erleben handelt, dessen Eintreten von Zeit und Umständen weitgehend unabhängig ist und das sich auch in Lebenssituation und -schicksal nicht sinnvoll einordnet. Bei unseren Sagenhelden aber hängt die „Halluzination" unmittelbar mit der durch schicksalsträchtige Entschlüsse herbeigeführten Situation zusammen, und sie wird ihnen durch Personen oder Seelen angetan, deren Tun und Treiben weitgehend nach Raum und Zeit bestimmbar erscheint. Dennoch knüpft auch das schizophrene Krankheitsgeschehen gern an Krisensituationen an, und auch der zweitgenannte Zug entspricht geradewegs dem, was der Kranke als Ursache seiner Bedrängnisse angibt: auch der Schizophrene ist überzeugt, unter dem Einfluß einer Art zauberischen Fernwirkung zu stehen. Er findet sich ausgeliefert an unheimliche Macht kosmischer, politischer, privater Art. „Diese Mächte stecken dahinter, daß die Kranken beschimpft …, daß sie mit Hypnose oder mit Apparaten beeinflußt …, daß ihnen Gedanken eingegeben oder abgezogen werden."[24] Oft berichten sie davon, daß ihre Gegner mit Strahlen oder Strömen aus der Ferne auf sie einwirken. Formal finden wir also auch in diesem Zuge Übereinstimmung, und sogar inhaltlich gibt es erstaunliche Entsprechungen. Denn auch bei „beginnenden Psychosen hören wir oft die

---

[24] Jürg Zutt, „Psychiatrie", in: „Das Fischer Lexikon, Medizin 3", Frankfurt (1966), S. 269.

Kranken darüber klagen, daß ihre Gedanken weggespült, ja daß sie vom Einbruch eines unermeßlichen Meeres bedroht würden".[25] Eine Frau, die etwa ein halbes Jahr lang vor ihrem Tode an schizophrenieartigen Zuständen litt, sah in dem einleitenden Traume „ein großes furchtbares Wasser, ein Meer, dann ein Haus; über das ging das Wasser". Der Berichterstatter sieht in dem Hause wohl mit Recht ein Bild ihres Selbst; dem Untergang dieses Hauses schreibt er eine mindestens zweifache Bedeutung zu, er versinnbildliche „das Versinken des bewußten Teils der Psyche in den Mächten der Nacht, dem Unbewußten, aber auch des Menschen als Ganzheit im Tode".[26] Dürften wir angesichts dieser Übereinstimmungen einmal den Tatsachenbezug, in dem die mehr geschichtlichen Sagen das Geschehen darbieten, als gegeben hinnehmen, dann schiene es einerseits so, als wäre nach der Erfahrung der Alten der Zauber vermögend gewesen, über einen Menschen zeitweise Zustände zu verhängen, die wir nach heutigem Sprachgebrauch schizophrenieartig nennen müßten. Andererseits aber könnte die Entsprechung auf die gemeinsame, wesentliche und wirkliche Grundlage des verwandten Erlebens hindeuten.

Wir vervollständigen das bisher von diesen Zusammenhängen entworfene Bild, indem wir noch zwei Belege aus der Kriegsmagie heranziehen. Auch der Krieger beschreitet einen Weg, die Schlacht ist eine ausgezeichnete Station auf diesem Wege, und der Weg ist auf eines der höchsten Heiligtümer des Menschen gerichtet – auf das des Sieges nämlich – oder genauer, auf das der im Siege sich verklärenden obersten Götter. Zum kapitolinischen Juppiter führte der römische Triumph empor; der olympische Zeus wie die Athena Parthenos trugen die Nike auf der Hand, zwar erst als spätes Attribut, aber doch gewiß nur als Ausdruck dessen, was seit je ein mitgeschauter Gehalt des Götterbildes war. In eben diesem Sinne nannte der alte Norden seine Götter auch *sigtívar*, die Wohnstätte Odins *sigtóptir*, ihn selber *sigfaðir*. Daß aber die Schlacht auch bevorzugte Stätte der Gesichte ist, zeigt sich nicht nur darin, daß der Sieg selbst ein den Krieger geleitendes Weggesicht ist, und nicht nur in der Maske, die seit alters und noch bis ehegestern Tracht des Krieges war – die Maske, in der sowohl das Selbst sich selbst wie auch der Gegner in visionärer Tiefensicht erschien –, sondern unmittelbarer darin, daß Sage wie Geschichte oft von schlachtentscheidenden, götterentstammten Gesichten erzählen – wozu nur erinnert sei an das Nornengesicht vor der

[25]   O. J. Hartmann, „Geheimnisse von jenseits der Schwelle", Graz (1956), S. 82.
[26]   R. Battegay, „Prophetisches in Visionen und Träumen einer Schizophrenen", Schweizer Archiv für Neurologie etc., Bd. 86, Zürich 1960, S. 182-192. Das Wort *versinken* ist symbolisch freilich nicht korrekt, vielmehr wird das stehende Haus vom aufbrandenden Meer überflutet.

Schlacht von Clontorf (1014), an Konstantins Sieg über Maxentius (312 – In hoc signo) und an die Dänenschlacht Adolfs IV. bei Bornhöved (1227). In der Tat, da in der Schlacht sich Tod und Leben innig durchdringen, rührt sie das Unbewußte mächtig auf, und schon das nackte Geschehen auf der Wahlstatt erlebt der Mitstreiter als eine wirbelnde Vision. Kein Wunder, daß auf einem so fruchtbaren Grunde auch der Zauber sich angesiedelt hat.

Eines der bekanntesten Beispiele für den Kriegszauber des alten Nordens ist der des Schwedenkönigs Eirek, der sich dem Odin weiht und dafür von ihm den magischen Rohrsproß erhält. Als er den über das Feindesheer schleudert, verwandelt er sich in einen Wurfspeer, der in seinem Flugbereich zunächst alles mit Blindheit schlägt und dann mit einem schreckenden Gesicht: am Berge klafft ein Hang auf, und ein Bergsturz bricht über das Heervolk herab; alles flieht, die Fliehenden werden vom Sieger erschlagen.[27]

Dieser schlichten Schilderung der nordischen Sage stellen wir ein Beispiel aus der indischen gegenüber. Die Helden des Mahābhārata und des Rāmāyana sind nicht nur im Gebrauch der Handwaffen geübt, sondern sie verstehen auch, täuschende Gesichte über den Gegner zu verhängen und seinen Illusionen eigene entgegenzusetzen. So läßt in einem der Kämpfe der Gegner Schauer von Keulen, Pflugscharen, Dolchen, Streitäxten und anderem über den Angegriffenen herabregnen, der aber erwartet sie ohne Zagen und macht sie durch Gegenzauber zunichte. Der Gegner, da diese Täuschung sich als wirkungslos erweist, beginnt damit, Berggipfel zu schleudern; Licht und Dunkelheit wechseln miteinander, die Atmosphäre ist einmal schwül, dann erquickend, nun heiß und dann kalt; Schauer von Asche, Kohlen und Waffen stürzen herab; zeitweilig strahlt der Himmel von hundert Sonnen, dann von hundert Monden, Tausenden, Zehntausenden von Sternen; der Unterschied von Tag und Nacht geht verloren, verwirrt sind die vier Richtungen.[28]

Dieser indische Bericht erscheint gegenüber dem germanischen poetisch gewaltig gesteigert, ein Grunderlebnis ist ihnen jedoch gemein. Eignet der indischen Magie in der Fülle ihrer Szenerie eine Macht, die den Kosmos völlig chaotisiert, so besitzt der nordische Zauber sie im Grunde nicht minder, auch wenn er nur einen Bergrutsch aufwühlt. Hochgesteigerte kosmische und eschatologische Visionen tauchen in den schizophrenen Krankengeschichten ebenfalls auf. Für die Kriegsmagie hat nun aber der vollständige Verlust der

---

[27] „Fornmanna sögur V", Kopenhagen 1830, S. 250.
[28] „The Mahābhārata", translated by Pratap Chandra Roy, 2. Bd., Calcutta o.J., Vol.II, Vana Parva, S. 46.

raumzeitlichen Orientierung, den die indische Schilderung so beredt unter-
streicht, eine ganz besondere Bedeutung, die abermals eine Parallele zur seelischen Erkrankung zu ziehen erlaubt. In beiden Visionen finden wir – nach
Wasser, Wind und Feuer unserer Wegerlebnisse – nun auch das vierte Element
einbezogen, die Erde, und zwar in Sturz und Geworfensein. Der Umsturz des
Elementes, auf dem wir fußen, zielt eben just auf den kriegerischen Zweck,
ist doch das *Stehvermögen* des Kriegers ausschlaggebend für den Sieg.

Mit dieser Einsicht in die Funktion des Kriegszaubers nähern wir uns
aber bestimmten Anschauungen und Begriffen, die geeignet erscheinen, das
schizophrene Welterleben zu beschreiben und dergestalt unter einheitlichen
Gesichtspunkten zu erfassen. Der *Stand* nämlich, das aufrechte Stehen und
Bestehen im weitesten Sinne, ist eines der entscheidenden Elemente des
menschlichen In-der-Welt-Seins; der Kranke aber zeigt sich in seinem unmittelbar im Leibe sich darlebenden Weltverhältnis erschüttert. Die *Standeinbuße* ist daher von Zutt als ein wesentlicher Zug in die anthropologische
Kennzeichnung der schizophrenen Symptomatik eingeführt worden.[29] Der
Standverlust ist jedoch nur die eine, die zentrale Seite der Erkrankung; ihr
entspricht am Horizont der Lebenszelle der Verlust des bergenden und be-
grenzenden Außerhalb. Stand und Begrenzung geben bei dieser Betrachtungsweise dem Dasein die strukturelle Ordnung; in ihr liegt die Möglichkeit
des Ab-Standes, der Scheidung des Vertrauten vom Fremden, des behüteten
Wohnens vom feindlichen Einbruch. In der Welt des schizophren Erkrankten
ist, wie wir gesehen haben, diese Ordnung zerstört, das Fremde, die Feinde
reden und horchen, wirken und denken unmittelbar in das Eigenste hinein.
Mit den Worten *Entbergung* und *Entgrenzung* werden sonach wesentliche
Züge der schizophren zerstörten Welt bezeichnet und gedeutet.[30] Sie weisen
jedoch ebenfalls auf die anthropologische Möglichkeit des hier betrachteten
Zaubers hin – des Kriegszaubers, wie wir sahen, ohnehin, aber ebenso auch
der meisten unserer Weggesichte. In ihnen zeigen sich aufs deutlichste, bald
mehr, bald minder betont, der Standverlust ebenso wie die Entbergung. Die
Vorgänger der Perisade liegen, zu Steinen erstarrt, am Boden;[31] den Selxner
Juden drückt ein wachsendes Gewicht danieder. Harald sehen wir vom Was-
sersturz überschwemmt und weggerissen, Thorir vermag wider den Wind

---

[29] Jürg Zutt, „Auf dem Wege zu einer anthropologischen Psychiatrie“, Berlin 1963, S. 410, 415.
[30] C. Kulenkampff, „Entbergung, Entgrenzung, Überwältigung als Weisen des Standverlustes“,
      Nervenarzt 26, 1955, S. 89-95.
[31] So der Text. Sie stehen nicht etwa, wie manche Illustratoren es darstellen, als Bildsäulen am
      Wege.

weder zu gehen noch zu stehen, Olaf wird wochenlang von Zauberwettern bestürmt und gehemmt. Den letztgenannten dreien aber braust die überwältigende Erscheinung just aus dem Winkel ihres Lebenshorizontes entgegen, dem sie als Ziel der Selbstbestimmung zustreben: ein denkwürdiger Grundzug des Vorganges.

Vereint mit den Merkmalen der Entbergung und der Standeinbuße tritt nun aber in unseren Beispielen noch ein drittes hervor: das einer bisweilen übermächtigen Bewegungshemmung. Die Gesichte Percevals und Gaweins auf ihrem Gralswege bestehen - im Gegensatz zu denen Thorirs und anderer – in bilderreichen Szenen; trotzdem liegt auch in ihnen, besonders denen Gaweins, die Tendenz, ihn in der Verfolgung der führenden Gesichte zu hemmen. In anderen Schilderungen aber tritt die Dynamik stärker hervor, bis sie bei einigen den Bildgehalt bei weitem überwiegt. Der Kolonialoffizier fühlt sich von seinen Wegebedrängnissen erschlafft; Tranquille empfindet eine Schwäche in den Beinen; der alte Jude ist am Umsinken; Perisades Vorgänger erstarren zu Stein, auf Olaf, Harald, Thorir dringt eine fast unüberwindliche Strömung ein. Diese Erscheinung läßt sich nicht allein als Standverlust beschreiben; die Bewegungshemmung, mehr oder weniger ausgeprägt, muß als ein eigenartiger Zug der Gesamterscheinung gewertet werden, vielleicht sogar als der entscheidende – im Hinblick darauf nämlich, daß es um das Erreichen eines Zieles geht. - Auch die Kriegsmagie kennt, dies sei der Vollständigkeit halber erwähnt, die zaubrische Hemmung rein als solche – als Heerfessel im alten Norden,[32] als Schlangenfang im alten Indien,[33] beidemal als einen Bann, unter dem der Bezauberte völlig bewegungslos dem Gegner ausgeliefert erscheint.

Wollten wir nun zu diesem Zuge ebenfalls eine Parallele in der schizophrenen Symptomatik aufsuchen, so böten sich dazu die mannigfaltigen Zustände der Bewegungsstörung, der Hemmung und Erstarrung an, die als katatonische Symptome zusammengefaßt werden und die unter dem Namen der Katatonie eine der charakteristischen Sonderformen der Schizophrenie bilden. Für unsere bedeutungsträchtigen Erlebnisse gewinnen wir mit diesem Vergleich indes nur wenig, da die Innerlichkeit dieser Erscheinungen unbekannt und ihr Sinn ungedeutet ist. Es bedürfte aber einer Interpretation, um die Erstarrung unserer Sagenhelden mit der der Katatonen vergleichen zu

---

[32] „herfjöturr": Jan de Vries, „Altgermanische Religionsgeschichte", Bd. 1, Berlin 1956, S. 322.
[33] „nāgapāśa":„The Rāmāyana", translated by Makhan Lal Sen, 4. Ed., Calcutta o.J., Vol. III, Yuddha Kandam, S. 107, 116, 119f.

können. Immerhin erhöht sich auch ohne sie die Zahl der Übereinstimmungen und damit die Wahrscheinlichkeit, daß den Erscheinungen hier wie dort eine ähnliche Verwandlung der Wirklichkeit unterliegt.[34]

VI

Fast ausschließlich haben wir bisher von einer sozusagen objektiven inneren Dimension des Weges selbst gesprochen. Wenden wir uns nun dem Menschen zu, der den Weg beschreitet, so läßt sich nicht verkennen, daß unsere Helden nicht nur den Weg und sein Gesicht in verschiedener Weise erleben, sondern daß sie auch innerlich in einem sehr verschiedenen Verhältnis zur Zentrale stehen. Denn die drei, deren Gesicht weitgehend aller Einzelzüge beraubt ist, denen sich das Heiligtum als Ausgangsort eines mächtigen, ihnen zuwiderlaufenden Stromes offenbart, sind auf ein Sakrileg an der Zentrale bedacht, beschreiten den Weg mit frevelhafter Gesinnung. Im Gegensatz dazu sind Perceval und Gawein zwar noch ungereift, aber zum Grale berufen und bestimmt, und sie werden, im Heiligtume angelangt, dort ein Werk verrichten, dessen das Heiligtum selbst zu seiner Vollendung bedarf.

Zwischen den Berufenen und den Frevlern spannt sich die Kette derer, die geprüft werden, derer, die in sich noch nicht entschieden sind und über die im Heiligtume nichts beschlossen ist. Wer im Spukbereiche einer Drangsal unterworfen wird, kann bei reiner Gesinnung und richtigem Verhalten zum Erlöser werden und den Spuk beenden. Das gälte für den Spuk bei den Fünf Eichen ebenso wie für den Berg des Sprechenden Vogels. Der Kolonialoffizier wird zugleich abgewehrt wie auch zugelassen, und er hat am Ende, nachdem der Zutritt gewonnen war, der Herrin des Heiligtums, dem Weib des Toten einen lebenentscheidenden Dienst geleistet. Auch über Tranquille und sogar über Thorir ergehen auf dem Wege noch Entscheidungen. Über Perceval und Gawein aber ist von vornherein alles entschieden, und unter allen Prüfungen ist ihnen noch jene tiefe Sicherheit zu eigen, wie sie auch der Held des Märchens besitzt. Das Märchen hat selbst die Dimension eines Weges,[35] der den Helden führt, es fehlt weithin die plane Fläche der Verirrungen, und

---

[34] Dazu sei hingewiesen auf Wolfgang Treher, „Zur Pathologie der Seelenbewegung, Eine Studie über schizophrene Innenvorgänge auf der Grundlage der Forschungen von Ludwig Klages", Med. Diss., Frankfurt a. M. 1954, der die schizophrene Grundstörung überhaupt als „gebremste Seelenbewegung" bestimmt.

[35] Vgl. dazu Max Lüthi, „Das europäische Volksmärchen", 2. A., Bern 1960, S. 31f., 83, 86.

nur am Gegenbild des Helden, etwa an seinen älteren Brüdern, wird die Verirrung gezeigt.

Die spätere Gralssage dagegen führt uns auf weiten Strecken, im Gegensatz zu der unter aller Not behüteten Fahrt der Berufenen, die Irrfahrten der Unberufenen vor. Die Tafelrunde des Artus zerbricht, weil auch die Unberufenen – aus Neid, aus maßlos gewordenem Agon – sich dem Hochziele zugeloben, das nur dem Gralshelden aufbehalten ist.[36] Diese alle aber, mit Ausnahme der wenigen Erwählten, sind keine Fahrenden mehr, die der Weg selber trägt, sondern Irrende, nicht einem Heiligtum geweiht, sondern an eine endlose Queste verkauft. Sie alle ermangeln der Leitgesichte, jede Wendung des Weges kann sie weit oder auf immer vom Ziele verschlagen, und finden sie nicht bis in den Gral, so droht ihnen ein tragischer oder mörderischer Tod. So stellen es die mannigfaltigen Schicksale der Artusritter dar – ein gewaltiger Bildersaal am Aufgang des Europäertums – vom höchsten Ziel, von der Suche danach, von der rechten Bahn – und von unaufholbaren Irrwegen und trostlosen Abwegen, die bis in die Verlorenheit hinein verlaufen und die in der allgemeinen Katastrophe der Morte d'Arthur enden.

Sozialgeschichtlich hat indes die Queste der Artusritter einen von der literarischen Ausprägung recht verschiedenen Ursprung: sie wird ausgehen vom Initiationsgelübde und von der Initiationsfahrt der keltischen Jünglinge. Als eine initiierende Utiseta haben wir auch das Erlebnis Thorirs vor Agnars Hügel gedeutet. In frevlem Mut unternommen, endet es doch heilvoll, weil just vor diesem Grabe Thorir – als ein Verwandter des Toten – noch als Berufener angenommen wird, weil sich ihm nun in der Gestalt des Toten ein Leitgesicht offenbart und weil er dessen Weisung und Warnung befolgt. Initiation bedeutete, aus dem Kreise der Kindheit aufzubrechen und den Fuß auf die bis an den Tod sich erstreckende Lebensbahn zu setzen. Hier waren daher der Weg, das Finden des Weges Erlebnisse ersten Ranges: *Initiation* und *Iter* führen auf dieselbe Wurzel, die *gehen* bedeutet, zurück. Auch dort war von vornherein nichts entschieden; der Weg selber, das Beschreiten des Weges brachte es an den Tag, ob der Wanderer berufen oder verworfen und zu welchen Göttern, zu wessen Heiligtum er berufen war. Das Weggesicht hatte auch dort seine eigentümliche Funktion, war auch dort Vorzeichen und Zugkraft des Zieles. In Gaweins Geschichte treten sie besonders deutlich hervor, die weißen Rosse, auf denen Unsichtbare reiten, die unüberholbaren Reiter, die in

---

[36] So auch bei Sir Thomas Malory, „Le Morte d'Arthur", Book XIII, Chapter 7f.

der Ferne verschwinden, deren Spur jedoch auf dem Wege bleibt – beidemal Erscheinungen, die dem weißen Vogel im Märchenwald entsprechen, dem weißen Hirsch, der weißen Hinde – oder, auf anderer Ebene, den Ahnenseelen, Naturdämonen, sprechenden Tieren, Göttern und Geistern, die den Jüngling, den Aufbruchsbereiten in seine Aufgabe, zu deren Mitteln und in die Erfüllung geleiten.

Es leuchtet ein und die Beispiele Percevals und Gaweins zeigen es aufs deutlichste, daß unter der Anleitung von Gesichten der Weg nicht gradlinig sein kann. Durch das Ungebahnte verlocken sie den Ungereiften, damit er reife, an ein unerschlossenes Ziel. In den Wipfelkronen des Urwaldes taucht der weiße Vogel auf und verliert sich wieder. Tausend Vögel lassen außer ihm ihren Gesang erschallen, und nur bisweilen tönen seine Rufe deutlicher aus dem Chore hervor. In den Weggesichten selbst und neben ihnen offenbart sich die Gesamtnatur des geheiligten Feldes, die lebendige Mannigfaltigkeit seiner Kräfte. Daher folgt auch Perceval, selbst er, der doch zum Grale bestimmt ist, um einer Frau Willen dem weißen Hirsch – auf einem Abweg, wie die Literarkritik wähnt, in Wahrheit auf dem einzigen Umweg, der ihn zum zweitenmal an den Gral führen kann –, auf einem Umweg mithin, den er für immer verfehlt hätte, triebe ihn sein Wille auf die gerade Straße zum Gralsschloß – die es nicht gibt. In ähnlichem Sinne wabern auch um Gawein, im Verein mit dem Leitgesichten, verlockende, bedeutende Bilder, und es fehlte nicht viel, daß er einem von ihnen nachritte. Die Verlockung dieser Gesichte haben wir oben als Prüfung bezeichnet und das Festhalten an dem zuerst erwählten als eine Bewährung. Ob aber nicht ebensogut jedes andere Weggesicht, wenn ihm Gawein folgte und wenn er dessen Verlockung nur treu bliebe, ihn mitten in das Gralswunder hineinführen könnte? Merkwürdigerweise bringen ihn ja die beiden Gesichte, denen Wunsch und Wille nur allzugern pfeilgerade auf die Gralsburg folgten, deren er jedoch nur mit Mühe, unter mancherlei Unfällen kaum noch ansichtig bleibt, nicht zur guten Stunde dort hinauf – das erstemal zu eignem Versagen, das zweitemal an einem unfestlichen Tag. Mit gutem Grund zeigen sich ihm die Weggesichte daher verlockend, mahnend, hemmend, bieten ihm wiederholt das Bild der Fessel und Kette dar –, deswegen nämlich, weil der willegeladene Schwung, mit dem er den allerdings treffend erwählten Reitergesichten folgt, in einem Mißverhältnis steht sowohl zu dem Zeitmaß seines eigenen Innern wie zu den übergeordneten Rhythmen, in denen der Gral sich offenbart und verbirgt. Gleichwohl stellt uns die Sage auch Gawein noch wie Perceval als Pathiker dar, bewegt nämlich von der Bilderfülle um den Gral, und als solche sind sie beide Geführte und Berufene.[37]

Die drei Frevler dagegen dringen unberufen und vermessen, nur von ihrem eigenen Willen getrieben, gegen das Heiligtum hin vor. Im Bereiche des Heiligen aber vermag der Eigenwille nicht entscheidend Raum zu gewinnen; nur auf das Selbst vermöchte er reinigend, heiligend, vorbereitend zurückzuwirken. Das Heilige vor ihm aber bleibt stets der Seele vorgegeben, und sie kann sich allerwegen nur von ihm abhängig finden. Harald, Thorir und Olaf stehen daher von Anbeginn ihres Unternehmens an der Grenze ihres Vermögens, vor der Schranke eines absoluten Unvermögens, weil drüben der Wille nichts zu wirken vermag, in einer schweren Krise mithin. Rein psychologisch ließe sich der unüberwindlich gegen sie anbrausende Strom daher als ein dynamisches Bild aller der Widerstände verstehen, die in diesen Männern selbst sich gegen ihre Vermessenheit auflehnen. Daß aber diese Widerstände als Entbergung erlebt werden, mögen wir uns dadurch verständlich machen, daß jeder entscheidende Schicksalsaugenblick just der vorerwähnten strukturellen Ordnung entbehrt. In ihm geht immer der Abstand verloren; die Scheidung von eigenstem Hier und fremdem Dort entfällt; in der je augenblicklichen Entscheidung rücken alle Mächte der Welt dem Manne aufschublos und ohne Brustwehr auf den Leib. Das Ringen um die eigenste Verwirklichung, wo es in die höchste Krise gerät, ist schon von vornherein ein Schwimmversuch in Katarakten.

Nichts liegt uns indes ferner, als die Wegerlebnisse durch die Besinnung auf den Schreitenden selbst zu „subjektivieren". Was an ihnen subjektiv ist, sind lediglich ihre Auswirkungen in der Natur des Nahenden, und unberührt bleibt von unseren Überlegungen die „Objektivität" des innerlich belebten Feldes – um die mystische Zentrale, um den Spukort, um das Heiligtum. Auch den Frevler drängen die bedeutenden Gesichte sich dort zu offenbaren – ein Andrang, gegen den er sich um seines Zieles Willen verhärtet; gegen die ringsum wabernden Gesichte muß er sich blind, gegen ihre richtweisenden Kräfte unbewegt verhalten. Indes, diese seine Unbewegtheit vermag, bei aller Anspannung auf das Ziel hin, doch nicht die gegen seinen frevelhaften Willen gerichtete Dynamik sinngeladener Bilder zu neutralisieren – ja, je mehr es ihm gelingt, sich ihre Bedeutung aus dem Sinn zu schlagen, desto fühlbarer wird ihr Gegendruck, bis dieser am Ende, entkleidet aller artbesonderen

---

[37] Dazu Ludwig Klages, „Der Geist als Widersacher der Seele", 3. A., München 1954, S. 520, 1400.

110

Gestalten, entfesselt erscheint als ein übermächtiger, entgegengesetzt gerichteter Strom, der den Frevler von seinem Wege hinwegzuschleudern droht.[38] Harald wird in der Tat hinweggeschwemmt; Thorir erreicht einen Haltepunkt und wird in völliger Erschöpfung einem Leitgesicht zugänglich; Olaf findet nach langer Stockung eigene mächtige Bilder für die Gradlinigkeit seines Wollens, und mit ihnen bricht er die Hege des Heiligtums. In so mannigfaltiger Weise unterscheiden sich auch die drei verwandtesten unserer Beispiele noch einmal im Endergebnis.

---

[38] Ein ähnlicher Gedankengang bei Ludwig Klages, „Vom Wesen des Bewußtseins", München (1955), S. 47f.

MIT VYĀSA GEGEN DEN HISTORISMUS IN DER SAGENFORSCHUNG

[Erschienen in „Zeitschrift für deutsche Philologie – Band 96 – 1977 – Erstes Heft", Erich Schmidt Verlag , Berlin 1977, S. 1-24.]

Zusammenfassung:

Die Veränderung, die der geschichtliche Stoff in der scheinbar geschichtlichen epischen Dichtung erfährt, vollzieht sich nicht unwillkürlich, sondern sie entspringt ganz bestimmten und bewußten Gestaltungsabsichten, die im Ritual gründen. Der Verfasser glaubt, an einigen mittelhochdeutschen Epen wahrscheinlich gemacht zu haben, daß die Vorbilder ihrer Gestaltung im Schwurbrüderritual lagen. Für das Mahābhārata läßt sich erweisen, daß es von seinem Urheber, „Vyāsa", als ein ritualkritisches episches Modell entworfen wurde und daß der Ablauf des epischen Geschehens geprägt wurde durch die Gestalt einer der altindischen Königsweihen, den Rājasūya.

Gemäß der historistischen Auffassung der großen Epen stellen Heldensage und Heldenepos den Versuch schriftloser Kulturen dar, Erinnerungen an wirklich Geschehenes zu bewahren, sind also eigentlich die Geschichtsrede der Schreibelosen. Indes unterlägen die Träger dieses Versuches seinen Schwierigkeiten; durch versagendes Gedächtnis, Einmischung unzugehöriger Erinnerungen, phantastische Ausmalung verwandele, ja verkehre sich das Bild der wahren Geschehnisse, und demgemäß sei die wirkliche historische Identifikation des sagenhaften Geschehnisses auf der annalistischen Zeitlinie erschwert. Troja selbst, das allgemeinste abendländische Beispiel für das Anschießen sagenhafter Kristallbildungen um historische Kerne, bietet ein getreues Bild solcher Verwirrungen. Der Schatz des Priamos, von dem enthusiastischen ersten Ausgräber gemäß dem Liede Homers benannt, selbst Zeugnis einer gewaltigen Zerstörung der Stadt, ist tausend Jahre älter als die Blüte der mykenischen Kultur, in die schon das Altertum die homerischen Ereignisse verlegte und mit deren Archäologie sich zahlreiche bei Homer bewahrte Züge vereinen lassen. Aber die Zertrümmerung Ilions, die eben in jene Zeit fällt, in die Jahre um 1200, kann nicht den mykenischen Griechen angelastet werden; Burgenbrecher waren damals jene Nordvölker, die auch das Hethiterreich zertrümmerten und wenig später gegen die Grenzen

Ägyptens anbrandeten – eine völlig andere politische Lage. Wenn also Troja einerseits das historistische Vorurteil zu untermauern scheint, so gibt es doch auch andererseits zu tiefgrabendem Umdenken Anlaß. Denn die starke Verwerfung geschichtlicher Schichten brauchte nicht unbedingt ihre Ursache im mangelnden Erinnerungsvermögen der Rhapsoden zu haben, sondern sie könnte auch dem Sinn für ein unzeithaft Gemeinsames entspringen, in dem auch die annalistisch getrennten Schichten aneinanderstoßen. Träfe dies zu, dann wäre Heldenepik alles andere als ein Versuch chronikalischer Überlieferung, ihr Nichtgeschichtliches alles andere als ein Defekt, und ihr Sinn siedelte gerade in der Kluft zwischen den Inhalten der realen Zeit und dem Stoffgehalte der Epen.

Das von der historistischen Ansicht vorausgesetzte Unvermögen schriftloser Kulturen zu getreuer Geschichtsbewahrung fordert die Vorfrage nach deren wirklichem Vermögen heraus. Wir suchen eine vorläufige Klärung in zwei oder drei Beispielen aus dem Bereiche der Urvölker. Zunächst sei ein Beleg aus Schwarzafrika angeführt, vornehmlich wegen der Eigenart der dort geübten Gedächtnisfixierung. Bedürfte eine solche Nachricht auch, um als vollwichtig zu gelten, noch weiterer Bestätigungen, so genügt sie doch in der vorliegenden Form schon, um die unwandelbare Starrheit historischen Tradierens als ein ursprüngliches Ideal auch in schriftlosen Kulturen zu erweisen.[1] Der Zulu Mutwa führt aus – gegenüber den Zweifeln der europäischen Wissenschaft an dem geschichtlichen Erinnerungsvermögen der Bantus –, daß schon ihre Religion, nämlich die Ahnenverehrung, sie zu getreuer Bewahrung des Geschehenen zwinge. Der Preis eines heldischen Ahnen habe nur Gewicht in dem ganz bestimmten historischen Zusammenhang seiner Taten.

Unsere Religion verlangt also, daß wir für die Nachwelt von jeder wichtigeren Begebenheit einen ganz klaren, ganz genauen und wahrhaften Bericht bewahren, hätte sie nun Personen, Sippen, Stämme oder die ganze Rasse einbezogen und sei sie nun ruhmreich oder schmachvoll gewesen. Sogar nach der schmählichen Niederlage in einer Schlacht werden Männer von offenem Sinn, gutem Gedächtnis und klarer Aussprache auserlesen, um diese Niederlage künftigen Geschlechtern in jeder möglichen wahrhaften Einzelheit zu überliefern. Alle überlebenden Krieger werden aufgefordert, genau zu erzählen, was sie erlebt und miterlebt haben. Jeder dieser Berichte wird sorgfältig

---

[1]   Credo Vusa' Mazulu Mutwa, „My People", Harmondsworth, Penguin Books 1971, S. 153.

auf Übertreibungen hin geprüft. Namensreihen der Kühnsten und auch der Feiglinge werden nach wiederholtem Vergleich der Berichte dem Gedächtnis eingeprägt. Eine einzige Geschichte wird dann aus dem weniger Wichtigen zusammengefügt, und diese Geschichte wird dem erwählten Wahrer der Stammesgeschichte anvertraut. Die Geschichte wird seinem Unbewußten für immer eingegraben durch eine Reihe fürchterlichster Schwurbräuche. Es ist nicht wahrscheinlich, daß ein Traditionswahrer auch nur die eine oder andere der feineren Einzelheiten des Berichtes vergißt, wenn er unter der Aneignung der Tatsachen einen Pavian oder einen Hund begattet. Ein solches Erlebnis ist darauf berechnet, im Unterbewußten einen dauernden Eindruck zu hinterlassen.

Wir besinnen uns leicht darauf, daß außer der Ahnenverehrung auch die Versippung durch Heirat, die Blutrache, die Gastfreundschaft und das Heilige Königtum zu ihrer ersprießlichen, rechtmäßigen oder weihevollen Durchführung der tatsachengerechten Tradition individueller Umstände und Vorkommnisse bedürfen – ganz abgesehen von der zuverlässig überlieferten Kenntnis ihrer brauchgerechten Durchführung. Zahlreiche Lebensfragen erheischen eine sicher verfügbare Übersicht über die vielfältigen Verflechtungen der Personen, Sippen und größeren Verbände, um für sie selbst oder ihre Nachfahren wohlgegründete neue Entscheide zu gewährleisten. Diese gute Gründung bedeutet in den rituellen Kulturen allerdings durchaus nicht allein das paßliche Einklinken in eine mechanisch ablaufende Ursachenkette – sondern das In-Einklang-Bringen mit früheren Offenbarungen der zugrunde liegenden heiligen Ordnung, deren Sinn sich in jenen angekündigt hat und nun in neuen Kundgebungen hervorzutreten sich anschickt. Dergestalt wären alle zeitpunktgebundenen Überlieferungen von vornherein in ein besonderes „unhistorisches" Verhältnis zu einer innerzeitlichen Mitte gesetzt: sie erschienen sämtlich als deren sich wandelnde Physiognomie.

Fassen wir den Punkt, an dem sich innerhalb ritueller Kulturen Erinnerungen und Unternehmungen in geschehender Gegenwart verweben, näher ins Auge! Im Bereiche des Handelns sind dort im allgemeinen die *wiederkehrenden* Entscheide bereits durch das Brauchtumsgefüge weitgehend vorherbestimmt; denn in ihm ist der Sinn der Mitte schon ausgeprägt, und in seinen Bahnungen verlaufen alle gewohnheitsmäßigen Angelegenheiten. Außerordentliche Entschlüsse, die nicht rituell vorgezeichnet sind, werden nun aber keineswegs pragmatisch entwickelt aus den historisch erinnerten Tatsachen, sondern diese verhalten sich offenbar nur wie ein Stoff, der einer neuen Gestaltung zu unterwerfen ist. Die Gestalt aber stammt aus dem Kern der Kultur, wird in Mythos und Orakel vergegenwärtigt oder – gegebenenfalls – in der schon paradeigmatisch überformten Geschichtserinnerung. Als sich vor nahezu siebzig Jahren die Ortschaft Oraibi in Arizona, zum Stamme der Hopis gehörig, damals ein rundes Tausend Einwohner stark, zu spalten anschickte, besannen sich diese Indianer auf Urmythos und Wandersage, um unter den ganz bestimmten innen- und außenpolitischen Bedingungen zu einer Entscheidung zu kommen, und sie aktualisierten das Vergangene in einem Orakel. Den Weißen schien es so, als entschieden die Hopis in einem sportlichen Wettkampf, wer Herr im Dorfe bleibe und wer das Dorf verlassen müsse. In Wirklichkeit aber spielten sie die Ahnensage vom Übergang über den heiligen Fluß orakelhaft durch und gewannen so den von keiner Partei in Zweifel zu ziehenden Ausweg aus einer bis dahin weglosen Irrsal.[2]

Der Mythos, nicht nur ein Urbild vom Sinn des Daseins, sondern in den rituellen Kulturen vor allem weltsinnumspannender Präzedenzfall, vermag in solcher Gestalt unmittelbar das Handeln zu bestimmen. Zu seiner Anwendung auf den gegenwärtigen Fall bedarf es einer nicht-rationalen Besinnung, die der historisch-pragmatischen Beurteilung der vergangenheitsbedingten Lage entgegengesetzt ist. Den größten Abstand von *dieser* Art zu urteilen, hält das Orakel. Wie das Hopi-Beispiel zeigt, hatte es nicht überall oder ursprünglich den Sinn, den es in den späteren *religiösen* Kulturen annimmt. Dort erscheint es als Austausch von Frage und Antwort mit dem gegenwärtigen Gott – ein Verfahren, die göttliche Gegenwart zu aktualisieren, das noch uns, wenn wir die Existenz des Gottes concedieren, nicht weniger vernünftig erscheint als die Aktualisierung geschichtlicher Erinnerungen. In den typisch *rituellen* Kulturen aber ist der Gott ein längst dahingegangener Ahne oder die in ihrem Opfer aus dem Dasein geschiedene Dema-Gottheit, und es ist deren mythische Urentscheidung, die im Orakel aktualisiert wird.

Bereits Geschichte im Entstehen erscheint also hier paradeigmatisch überformt. Betrachten wir noch ein weiteres Beispiel, aus dem die Prägung von Geschichte im Erinnern hervorleuchtet. Die Hopis sind schon vor 300 Jahren von den Spaniern missioniert worden. Im Jahre 1680 aber vertrieben oder töteten sie während eines allgemeinen Pueblo-Aufstandes die Missionspriester. Nur *ein* Dorf, Awátovi, zeigte sich auch fernerhin der christlichen Mission geneigt und wünschte eine spanische Garnison zum Schutze seiner

---

[2] Mischa Titiev, „Old Oraibi", Cambridge, Mass., 1944, S. 86, Anm. 149.

Christen. Andere Dörfer wollten diesen Fremdling im Hopilande nicht dulden, überfielen im Jahre 1700 die Siedlung, zerstörten sie von Grund auf und führten die Überlebenden mit sich fort. Seitdem ist Awátovi eine verlassene Trümmerstätte. Dies ist die *Historie* von der Zerstörung Awátovi, wie sie sich aufgrund spanischer Nachrichten und lebender Erinnerungen ergibt.[3]

In seinen „Hopi Traditions" hat Heinrich R. Voth um 1900 die *Sage* von dieser Zerstörung aufgezeichnet: sie enthält kein Wort von Spaniern, Missionaren, Soldaten, Christen, sondern schildert den inneren Zerfall eines Hopi-Dorfes und den Entschluß des Dorfvogtes, seine abtrünnigen Dorfgenossen von den Einwohnern benachbarter Ortschaften züchtigen zu lassen.[4] Die Ähnlichkeit dieser Überlieferung mit Sagen vom Untergang anderer Dörfer ist auffallend, und sie alle enthalten wenigstens *einen* wesentlichen Zug aus der Urmythe: diese berichtet vom Zerfall der Urgemeinschaft unter der Erde – mit dem dann erfolgenden Auszug auf die Erdoberfläche und der Trennung in Rassen, Stämme, Phratrien. Daß die Erinnerung an die mit der Zerstörung von Awátovi verknüpften tatsächlichen Gegebenheiten nicht erlosch, bezeugen andere Erzähler,[5] ist ferner dadurch ausgeschlossen, daß die tatsächlichen Erinnerungen in den folgenden Jahrzehnten wachgehalten wurden durch die Spanier, die sich um die Wiedergewinnung der Hopilande bemühten – und weiterhin dadurch, daß die mit Awátovi aufgerissene schmerzliche Schicksalsfrage auch unter US-amerikanischer Herrschaft fortbestand.

Überdies eignen den rituellen Kulturen Gedächtnisstützen, von deren Artung wir uns im allgemeinen kaum eine Vorstellung machen. Das Sinngefüge der Hopi-Kultur lebt vorwiegend in seinen Katschinas, das heißt in einigen Hundert verschiedenen Geistermasken, die mit ihren Emblemen und Symbolen, mit Kultzubehör und Kultszene eine Art tänzerischer Urschrift darstellen. Auf ihren Festen, die dem Jahreslaufe Sinn und Zusammenhang geben, vergegenwärtigen sie einerseits Urzeitgötter, abgeschiedene Dema-Gottheiten. Andererseits gibt es unter ihnen auch Verdichtungen geschichtlicher Begegnungen, so etwa die Geister der von den Weißen übernommenen Haustiere, also von Kuh, Pferd und Schaf – aber auch von menschlichen Gestalten, z. B. von einem Heldenmädchen, das sein Dorf gegen fremdstämmige Angreifer

---

[3] Frederick J. Dockstader, „The Kachina and the White Man", Cranbrook Institute of Science, Bulletin 35, Bloomfield Hills 1954, S. 68f.

[4] H. R. Voth, „The Traditions of the Hopi", Field Columbian Museum Publ. 96, A. S. Vol. VIII, Chicago 1905, S. 246-253. Vgl. die Nr. 1, 101, 102.

[5] Frederick J. Dockstader, „The Kachina and the White Man", Cranbrook Institute of Science, Bulletin 35, Bloomfield Hills 1954, verweist auf die entsprechende Literatur.

verteidigte – oder von dem Mohren, der 1539 mit den ersten spanischen Truppen ins Land kam und wegen seiner Anmaßung erschlagen wurde.[6] Das die Maske begleitende erläuternde Wort aber bewahrt ihre historische Wurzel. Es ist mithin keineswegs anzunehmen, daß das Fehlen von Spaniern und Christen in der Untergangssage von Awátovi ein Geschichtsverlust ist aus Gedächtnisschwäche. Sondern jene Individualitäten mußten einer sinnverleihenden Prägung weichen, die das Wesen des Unterganges nicht in einen Einbruch von außen setzt, sondern in den Verfall von innen her – eine Sinnfigur, die in der Urmythe vorgegeben war und die ihre Ausgestaltung auch in anderen Untergangssagen schon gefunden hatte. Die in allen diesen Traditionen sich aussprechende Überzeugung vom innerlichkeitsbedingten Weltverhältnis des Menschen und seiner Gemeinschaften aber ist eines der Grundmaße hopimäßigen Verhaltens und Denkens überhaupt. Es kommt zum Ausdruck ebenso in den Zeremonien und deren Bedeutung für Regenfall und Ackerbau wie im täglichen Verhalten, in den Gesundheitsregeln und in der Einstellung gegenüber den fremden Eroberern und den von diesen eingeführten Neuerungen.

Nun wird zwar die Anwendbarkeit von Ergebnissen, die an ursprünglichen Kulturen zu gewinnen sind, auf indogermanische oder germanische Verhältnisse gerne geleugnet. Doch geht es hier gar nicht um die Übertragung von Einzelbefunden, sondern nur um die Aufhellung einer formalen Beziehung verwandter Formen, um das fundamentale Verhältnis gestalteter Erinnerungen zum Zeitenpuls. Indem wir den Blick auf den fruchtbaren Punkt in den altertümlichen Kulturen richteten, sind wir nicht nur der eingeschränkt zweiseitigen Gegenüberstellung von Historie und Sage entgangen, haben nicht nur die anderen, sich dort kreuzenden Fäden zu Gesicht bekommen, sondern wir erhalten auch einen deutlicheren Begriff davon, inwiefern Sage ein selbständiges Leben, ein eigentümliches Wesen besitzen könne, das sich auch in den Urkulturen unverwechselbar deutlich von der Historie abhebt. Die Zulu-Nachricht im besonderen bezeugt uns – durch das merkwürdige Mittel ihrer Erinnerungsbefestigung –, daß Tatsachengeschichte den Charakter eines obsedierenden Zwanges besitzt, und es bedürfte kaum eines nietzscheanischen Geistes, um den Affen- und Hunde-Coitus auch in *unseren* realhistorischen Bemühungen sichtbar zu machen. Es erhellt daraus weiter, daß gegenüber der Historie die Sage um vieles näher zur menschlichen Gesamtnatur stimmt,

6   Frederick J. Dockstader, „The Kachina and the White Man", Cranbrook Institute of Science, Bulletin 35, Bloomfield Hills 1954, S. 10ff.

und zwar nicht nur im Verdrängen und Vergessen, sondern auch im Verwerfen und Wählen. Wie das Hopi-Beispiel deutlich macht, steht diese Auswahl im Dienste der Sinngebung. Dasselbe gilt für Gestaltwandel und Zuwachs. Von der Forschung sind die Anklänge der Heldensage an Mythe und Märchen in ihrem Wesen oft verkannt worden; sie wurden als Schmuck und Arabeske, als rein additive, als „aufschwellende" phantastische Zutat begriffen, und nur allmählich beginnt sich die Erkenntnis durchzuringen, daß in der Sage die Geschichte nicht einfach erliegt: dem Vergessenheitsschwund, dem phantastischen Schwulst – sondern daß sie in ihr durch *übergeordnete*, sinntragende Erzählformen *geprägt* erscheint. Es ist die Frage, wo diese prägende Form ihren Ursprung nimmt, wo sie bei uns in früher Zeit ihren Sitz hat.

Am nächsten liegt die Annahme, daß diese Form dem sagenhaften Erzählen selbst innewohnt. Walter Haug hat diese Ansicht – hypothetisch – folgendermaßen formuliert:

„Die Antwort könnte lauten: Wenn die Sage sich nicht unter dem Aspekt eines bestimmten ästhetischen Interesses von der Geschichte löst, dann erfolgt die Umformung im Interesse des Geschichtsverständnisses selbst. Konkret würde das bedeuten: Die Sage stellt Situationsschemata bereit, von denen her geschichtliche Ereignisse zu verstehen, d. h. in sinnvollem Zusammenhang zu sehen und zu formulieren sind – wobei die Möglichkeit einer bewußten politischen Tendenz (Legitimierung eines Herrschaftsanspruches, eines Dynastiewechsels usw.) mit zu berücksichtigen ist. Das diskontinuierliche Moment [also die Brechung des Geschehens in der Sage] wäre demnach das vorgegebene Schema."[7]

Haug verweist zu dieser Lösung auf Hans von Mžik, der seines Wissens den bedeutsamsten Vorstoß in dieser Richtung unternommen habe. In dessen Beitrag handelt es sich um das Sagenmotiv von dem in der Fremde gezeugten Herrschersohn und seiner im allgemeinen tragischen Begegnung mit dem königlichen Vater. Hans von Mžik hat das allgemeine Ergebnis seiner Forschungen folgendermaßen zusammengefaßt. Es ließen sich die Beziehungen zwischen Sage und Geschichte „*als die* unter bestimmten Voraussetzungen erfolgenden *Einwirkungen gewisser*, ziemlich eindeutig bestimmbarer, doch in ihrer Kraft sehr variabler, durchaus triebhafter *psychischer, innerhalb* eines diesbezüglich einheitlich eingestellten Kreises – *der ‚Gemeinde'* – lebendiger *Faktoren auf die Deutung der* im besonderen Falle in Betracht kommenden

---

[7]   Walter Haug, „Die historische Dietrichsage. Zum Problem der Literarisierung historischer Fakten", in: ZfdA 100 (1971), S. 43-62, hier S. 48.

geschichtlichen Ereignisse und somit auch auf die Überlieferung derselben *beschreiben. - Der Niederschlag dieser Vorgänge, die in der Eingliederung der erlebten Ereignisse in eine ältere,* in der ‚Gemeinde' fest verankerte und den neuen Erlebnissen an innnerer Kraft und Ausgeglichenheit überlegene *Vorstellungsgruppe bestehen, und die,* als von gefühlsbetonten Vorstellungen beherrscht, *eine Art reaktiver Apperzeption historischen Erlebens darstellen, ist die neue Sage,* das neue Kleid des überkommenen intellektuellen Schemas."[8]

Wenn nun von Mžik auch die seelische Disposition der Gemeinde an den Anfang setzt, so ist es im konkreten Falle, wie aus der weiteren Erörterung hervorgeht, doch nicht diese allein und unmittelbar, unter deren Einwirkung sich individuelles Geschehen in typische Sage wandelt, sondern sie ist immer schon ausgebildet vorhanden in der Prägung älterer vorbildlicher Schicksale, und diese Ausprägung ist es, die kraft des in der Gemeinde lebendigen Anliegens sich auch den neuen Stoff unterwirft. Diese Unterwerfung brauche indes keineswegs vollständig zu sein; es handle sich vielmehr um eine gegenseitige Anpassung von historischem Geschehen und intellektuellem Schema, bei der auch Züge des aktuellen Vorfalles sich gegen die überkommene Form durchsetzen könnten. Je klarer das „Licht der Geschichte" auf die Ereignisse falle, um so mehr müßten die „Gemeinde-Vorstellungen" ins Hintertreffen geraten.

Es ist für diese Ansicht von Mžik also von vornherein ein Widerstreit von Historie und sagenhafter Prägung gegeben, er faßt einen Kulturzustand ins Auge – entsprechend dem Zeitalter der von ihm herangezogenen Beispiele –, in dem die sinngerechte Sagenprägung ihre Eigenständigkeit bereits weitgehend eingebüßt hat gegenüber der tatsachengerechten Geschichtsschreibung. Ein solches Kräfteverhältnis erscheint als kennzeichnend für einen Zustand der Kulturmischung oder für einen Übergang, doch nicht als brauchbar, um das ursprünglich-eigene Wesen der Sage aufleuchten zu lassen. Wobei selbstredend nicht zu verkennen ist, daß uns Kulturen und Menschen weit öfter in Mischungen und Übergängen begegnen denn als Gebilde und Bildner einheitlicher Prägungen. Trotzdem, meine ich, sind wir allein in diesen imstande, das Prinzip der Sagenbildung zu durchschauen, auch selbst im Sinne der Grundanschauungen von Mžiks.

---

8   Hans von Mžik, „Sagenmotive in historischen Berichten über die Abstammung von Helden und Herrschern. Ein Beitrag zur vergleichenden Sagenkunde", in: Mitteilungen der anthrop. Ges. in Wien, Bd. 64, Wien 1934, S. 199-228, hier S. 200.

Weiter zurück in die Frühzeit reichen daher auch die Beispiele, mit denen Walter Haug die Aufgabe in Angriff genommen hat, die auch bei von
Mžik vorgetragene These „an einem konkreten Fall methodisch konsequent
durchzudenken".[9] Dazu wird die Gestalt, die Theoderichs Italienkämpfe
in den Sagenepen „Dietrichs Flucht" und „Rabenschlacht" angenommen
haben, verglichen mit den Sagenschlachten in den Brávellir, auf der Dun-
heide und – zu außergermanischer Kontrolle – mit der großen Schlacht des
Mahābhārata auf dem Kurufelde. Es stellt sich heraus, daß den Verwicklungen, die in den genannten Schlachten ausgetragen werden, bestimmte Sche-
mata zugrunde liegen, die in den Versippungs- und Erbverhältnissen der
Herrscherfamilie zum Ausdruck kommen, aber auch unter anderem einen zur
Verzwistung treibenden Ratgeber mit enthalten können. Sicher nachweisen
lasse sich die Überlieferung und Wirkung eines solchen Schemas allerdings
nur, wenn es sich mit Entschiedenheit gegen wohlbekannte Historie durch-
setze.[10] Denn in bestimmten geschichtlichen Situationen werde nicht nur das
Geschehen selbst in solche Konstellationen hineintreiben, sondern es könne
auch spontan, wo sich von ihm nur Teilstücke verwirklichen, zu erzählerischer Ergänzung in ihrem Sinne kommen, ohne daß dazu ein vollständiges,
stets anwendungsbereites Schema vorliegen müsse. Ja, es könne das Geschehen selbst ursprünglich schon vom Handelnden im Sinne solcher der Natur
des Vorganges angemessenen Abläufe hinausgeführt worden sein. Auf ganz
verschiedenen Ebenen beständen somit Tendenzen, bestimmte Ablaufsformen zu verwirklichen. Da indes in den Dietrichsepen die geschichtlichen
Ereignisse in ihr Gegenteil verkehrt erschienen, so habe die Annahme eines
solchen literarisch wirksamen Schemas von relativ geschlossenem Motiv-
zusammenhang die Wahrscheinlichkeit für sich.[11]

Es ist wichtig, daß in der Darstellung Haugs auch von dem Geschehen
selber die Rede ist und daß ihm die Möglichkeit typischer, wiederkehrender
Abläufe zugesprochen wird, ähnlicher Ablaufsformen also, die sich sowohl
aus dem geschichtlichen Geschehen selbst entrollen wie auch unter dem
gleichsinnigen Eingriff der geschichtlichen Handlungsträger ergeben könnten. Etwas Verwandtes scheint auch Kurt Wais vorgeschwebt zu haben, als er
betonte, daß die Sagenforschung bis in die Vorgeschichte zurückführen könne, daß dort die Ergebnisse zwar dunkler und letzthin unerreichbar würden:

---

[9]   Walter Haug, „Die historische Dietrichsage. Zum Problem der Literarisierung historischer
      Fakten", in: ZfdA 100 (1971), S. 43-62, hier S. 48
[10] Ebenda S. 58.
[11] Ebenda S. 62.

„Aber viel wäre schon erreicht, ließen sich, bei all solchen Vorbehalten, Archetypen wenigstens aus einer frühen historischen Zeit erschließen.“[12] Denn unter einem Archetypus muß hier doch wohl eine Handlungsfigur verstanden werden, der im Verhältnis zu willkürlichen oder zufälligen Abfolgen eine von innen oder außen bedingte, wiederkehrende, notwendig-natürliche Gestalt zukäme. Eine auf solche Ziele verpflichtete Sagenforschung bedürfte allerdings der Ergänzung durch eine echte Geschehensforschung. Eine derartige Forschung überschritte freilich die Grenzen, in denen sich die akademische Wissenschaft heute einschränkt, und der einzige Name, mit dem dieses Forschungsgebiet zu kennzeichnen wäre, ist der eines Dichters. Wilhelm von Scholz hat in seinem Buch „Der Zufall und das Schicksal“ eine Reihe von Schicksalsabläufen herausgearbeitet, die zu einem Vergleich mit typischen Handlungsformen der Sage und des Märchens, mit Riten und rituellen Tabuierungen geradezu herausfordern.[13]

Im Altertum, um dessen Vorstellungs- und Erzählformen es uns geht, haben wir es freilich selten mit dem Rohstoff des Geschehens zu tun, sondern mit jenem Bereich archetypaler Abläufe, den wir oben an Hand der Hopi-Beispiele gekennzeichnet haben: Abläufe kosmogonischer und kosmologischer Form, die zwar einer – anders aufgefaßten – Natur abgesehen scheinen, die jedoch immer schon in Riten wiederholbar festgelegt sind und die in dramatisch-orakelhaften Darstellungen existentiell-schicksalhaft erneuert werden können. Ohne die Wurzel auch unserer eigenen Kulturgebilde – unter ihre religiös bestimmten Formen hinab – bis in die Tiefe der rituell bestimmten Vorzeit zu verfolgen, werden wir schwerlich ihr Wesen zu durchschauen vermögen. Der für diese Feststellung wichtige Unterschied zwischen ritueller und religiöser Kultur, schon oben gelegentlich angewandt, in seiner grundlegenden Bedeutung selten durchschaut, sei hier in aller Kürze weiter geklärt. Er ist es nämlich, der die überragende Rolle des Geschehens in den rituellen Kulturen erst recht verständlich macht ebenso wie den Sinn ihrer Berichte vom Geschehenen. Außerdem kennzeichnet er am entschiedensten jene Geistesepoche, in der das große indische Epos wurzelt, und ihren geistigen Wandel, der den ursprünglichen Sinn des Mahābhārata aus dem Bewußtsein der Inder völlig, wie es scheint, entschwinden ließ. Der Unterschied zwischen der typisch rituellen und der typisch religiösen Selbst- und Weltauffassung

---

[12] Kurt Wais, „Frühe Epik Westeuropas und die Vorgeschichte des Nibelungenliedes“, I. Bd., Tübingen 1953, S. 24.
[13] Wilhelm von Scholz, „Der Zufall und das Schicksal“, München 1959, S. 128f.

des Menschen besteht eben darin, daß gemäß dieser gegenwärtige Götter mehr oder weniger unmittelbar den Menschen und sein Dasein bestimmen, während gemäß jener die Gottheiten in einem Opfergang sich schon immer in den kosmischen und den menschbezogenen Lebensformen verwirklicht haben. Die religiöse Kultur gipfelt daher in dem unmittelbaren Zu-Gott-Sein der einzelnen Seele, die rituelle in dem das gotteropferte Geschehen erneuernden Selbstopfer. Es ändert an diesem Grundunterschied nichts, daß menschliche Welten geschichtet sind und daher religiöse Kulturen meist auch Teile jenes rituellen Wurzelgrundes bewahren, aus dem sie ursprünglich erwachsen sind.

Es ist nach dem Gesagten ohne weiteres einsichtig, daß die rituelle Kultur zu Erzählungen paradigmatischer Artung neigt. Was geschieht, ist weltsinnbedingt, was erzählt wird, offenbart Weltsinn und verpflichtet dazu, im eigenen Handeln ihn in gleicher Weise zu bekräftigen, ja, allein in derlei Gestalt vermag eigenes Handeln auch Früchte zu tragen. Es ist ferner klar, daß die Erzählung in der rituellen Kultur von wiederkehrenden, von wiederholten, also von ritualhaften Geschehnissen erzählt. Je mehr sie sich dabei symbolischer Sprache bedient, um so mehr bringt sie den sinnhaften, inneren Handlungsablauf zum Ausdruck. Ganz dementsprechend hat Pierre Saintyves die Märchen Kommentare des Rituals genannt[14] und hat Wladimir Jakovlewitsch Propp zahlreiche Märchenmotive im Sinne der Initiationsrituale gedeutet.[15] Derlei ursprünglich ganz ritualbezogene Erzählungen bewahren, dank ihres archetypischen Gehaltes, ein eigenes Leben, oft weit über das Leben des Rituales, über dessen Ursprungsgebiet und Volksgemeinde hinaus. Die allgemeinste Geschichte dieser Art, von menschheitsweiter Bedeutung, ist wohl die Gralssage – oder zumindest der Gralskomplex innerhalb der mannigfaltig ausgebildeten Grals- und Artussagen, und dieser ist daher ebenfalls auf einen rituellen Ursprung zurückgeführt worden – allerdings je nach den Voraussetzungen der Deuter notwendigerweise auf recht verschiedene Sonderformen – auf das keltische Königsritual, auf das byzantinische Kirchenritual, auf gnostische Mysterien. In den mittelalterlichen Fassungen wäre das archetypische „Gralsmärchen" dann zwar auch als Prägestock auf Heldensage angewendet worden, hätte aber andererseits mit ihr auf literarischer Ebene auch mancherlei Mischformen ausgebildet.

---

[14] Pierre Saintyves, „Les contes de Perrault et les récits parallèles – Leurs origines (coutumes primitives et liturgies populaires) ", Paris 1923, S. 391-395.
[15] V. Ja. Propp, „Le radici storiche dei racconti di fate", Torino 1949.

Im Verlauf ursprünglich ganz anders gerichteter Forschungen glückte es mir vor einigen Jahren, das europäische Zweibrüdermärchen als Sinn-Inbild der typischen Geschicke eines Schwurbrüderbundes zu erweisen.[16] Da dieser Gehalt bisher undurchschaute Züge der indogermanischen Dioskurenmythe zu erklären vermochte – die Brüderlichkeit der göttlichen Zwillinge ohnehin, dazu vor allem ihren verschiedenen Ursprung, ihr verschiedenes Verhältnis zum Tode, ihre verzögerte Aufnahme unter die Götter und die Einzigkeit der mit ihnen verbundenen Braut oder Göttin –, so durfte auf ein sehr hohes, auf ein indogermanisches Alter des Schwurbrüderrituales und der Erzählung von seinem Gehalt geschlossen werden. Damit war ein „Archetypus aus einer sehr frühen Zeit" gefunden, dessen Anwendung auf die Heldensage, als Muster ihres Sinnes, nachzuweisen war. Es zeigte sich, daß gewisse Schwurbrüdersagen, so die Sage von Sigurd-Siegfried und oft die französische Chanson de geste, das altüberkommene Paradigma der Schwurbrüderschaft schon in tragischer Brechung vorführen, daß insbesondere die gemeinsame Braut der Schwurbrüder, die den tiefen Sinn des Bundes am entschiedensten zum Ausdruck bringt, in der Heldensage gerade zum Anlaß für die tödliche Entzweiung der rituell verbrüderten Männer wird. Es zeigte sich andererseits, im Zusammenhang mit Annahmen de Boors über einen ripuarischen Ursprung der Siegfriedsage, daß die paradigmatische Erzählung vom Ritual, falls die historischen Gegebenheiten einer archetypisch notwendigen Figur ermangelten, das Personal in dieser Richtung vervollständigen konnte. Für die Frage nach dem Verhältnis von Tatsachengeschichte und Heldensage ergab sich das Entscheidende aus einer Betrachtung der Sage von Ortnit und Wolfdietrich.

Jan de Vries hatte, nach dem Vorgang anderer Forscher, gemäß dem Schauplatz und anderen Eigenheiten, dieses Doppelepos auf Dietrich von Bern bezogen und dabei natürlich die Umwandlung des feindlichen Verhältnisses von Odoakar und Dietrich in das freundschaftliche von Ortnit und Wolfdietrich höchst erklärungsbedürftig gefunden. Er bot eine politisch-propagandistische Lösung dafür an: die Dichtung habe den Zweck gehabt, die Erinnerung an Odoakar möglichst zu vertuschen, seine Ermordung mit einer schönen Sage zu übertünchen, Dietrichs Herrschaft zu legitimieren und der Usurpation einen schönen Glimpf zu verleihen.[17]

---

[16] Heino Gehrts, „Das Märchen und das Opfer. Untersuchungen zum europäischen Zweibrüdermärchen", Bonn 1967.
[17] Jan de Vries, „Die Sage von Wolfdietrich", in: Germanisch-Romanische Monatsschrift, N. F. Bd. 8 (1958), S. 1-18.

Mir erschien dagegen ein solches Verfahren und scheint es noch als undurchführbar. Im Ausland wird die erlogene Fabel ohnehin nicht geglaubt, und im Inland wirkt eine solche Lüge, da jedermann es besser weiß, im höchsten Maße beschämend und entehrend. Der Übergang der einen Darstellungsform in die andere ist allein dann glaubhaft, wenn die neue Form der alten an Rang überlegen ist. Wir haben die Überlegenheit des Schemas über das crude Geschehen bisher darin gesehen, daß es Sinn verleiht. Wir haben nun hinzuzufügen, daß es für das altgermanische Königtum offensichtlich einen rituell bestimmten Schicksalsablauf gab, durch den der König in der vollkommensten Weise in sein Amt initiiert ward, eben die typischen Ereignisse des Schwurbrüderbundes, die sich in sinnbildlicher Form im Zweibrüdermärchen spiegeln. Die Brüder treten völlig gleichberechtigt in den Bund ein, der eine erringt durch eine heldische Tat, einen Drachenkampf, eine Königsbraut, erliegt dann aber den verderblichen Folgen dieses heldischen Aufschwunges. Der Schwurbruder, durch den Bund zur Blutrache bestimmt, führt diese aus, und ihr archaischer Sinn besteht darin, daß der Tote durch die Rache aus dem Todesbereich zurückgeführt wird ins Leben, das er nun mit dem Rächer teilt. Der Tote und der Lebende haben zusammen *ein* Leben, – eben dies ist schon der Sinn des Blutsaustausches im Schwurbrüderritual – der gerächte Tote lebt im Überlebenden fort, und beide besitzen zusammen einen Thron, ein Weib und eine Nachkommenschaft. Das Zweibrüdermärchen macht diesen Gehalt ganz deutlich; die Versteinung des Bruders, der gebrautet hat, bedeutet, wie auch durch andere Bilder bestätigt wird, seinen leibhaften Tod, und die erneuerte Einkehr bei der Königsbraut, zusammen mit dem Bruder, kann nur die Heimkehr einer erlösten Seele bedeuten. Zum Überfluß bestätigt noch eine auf den Berner Dietrich bezügliche Strophe des Eckenliedes, daß zumindest in Germanien ein Bruder vom toten Bruder wirklich besessen gedacht und daß er in dieser rituellen Rolle als „roter Degen" bezeichnet werden konnte: ein einzigartiges, zufällig erhaltenes, meines Wissens bisher ungedeutetes Stück Altertum. Schließlich bezeugt die Strophe noch, worauf es für den Lebenden vor allem ankommt: daß ihm der tote Bruder als ein Helfer aus dem Geisterreich Überlegenheit unter den Lebenden verleiht, ein Zug, der von höchster Wichtigkeit ist vor allem für die Königsrolle.

Von diesem rituellen Schema nun lassen sich alle wichtigen Züge, zum Teil in höchst eigenartiger Ausbildung, in der Wolfdietrichsage nachweisen – und einige auch in der Thidrekssaga –, und damit wäre der Nachweis erbracht, daß die Historie von Odoakar und Theoderich ganz und gar einem *rituellen* Schema gemäß umgeprägt worden ist:

„Königssage kann nur in Königsmodeln dargestellt werden; die paradeigmatische Königsfabel überwältigt die geschichtlich-schicksalhafte, und die Gestalt und das Los eines Odoakar erliegen der Funktion eines Ortnit, weil sie wesentliche Gestalt gewinnen können nur in einer schon bereitliegenden erzählerischen Matrix, deren Zusammenhalt unvergleichlich viel stärker ist als der historische Nexus, dem der Königsgegner und seine Fata entstammen."[18]

Ritualkundliche Nachrichten sind uns aus Germanien so spärlich und so bruchstückhaft überkommen, daß nicht einmal der Sinn der Blutsbrüderschaft mehr bekannt war, obwohl die altnordischen Zeugnisse doch wenigstens sicherstellen, daß die Verpflichtung zur Blutrache ihren Hauptinhalt ausmachte. Aber den eigentlichen Sinn der Blutrache im Gesamtzusammenhang der Schwurbundsschicksale verrät nur mehr das Zweibrüdermärchen, dessen einzelne Bestandstücke dann freilich auch in einer Vielzahl von Überlieferungstrümmern anderer Herkunft nachzuweisen sind. Dergestalt ruht unsere Behauptung, daß ein Ritualmodell die Historie Theoderichs und Odoakars in Heldensage verwandelt habe, auf Erschlossenem, und sie mag daher für manchen noch mit Zweifel behaftet bleiben.

Indessen war in dem Buch über das Zweibrüdermärchen schon auf eine andere Möglichkeit hingewiesen worden, die Ausprägung von Heldensage in ritueller Form nachzuweisen: es spräche alles dafür, daß eine der großartigsten Dichtungen indogermanischer Zunge als ein Modell der Opfergnose erfunden worden sei.[19] Gemeint war das Mahābhārata, und hier liegen in der Tat die Verhältnisse außerordentlich viel günstiger, insofern als uns das alte Indien eine überaus reiche Ritualliteratur hinterlassen hat. Allerdings fehlen dort die historischen Nachrichten über die etwa dem Epos vorausliegenden Ereignisse völlig; es kann also nicht der Nachweis einer Umprägung oder Ausprägung von Historie in epischer Sage geliefert werden. Wohl aber vermögen wir den Beweis zu erbringen, daß das Epos in seinen Hauptzügen und in vielen Einzelheiten ein Ritualmodell in epische Handlung umsetzt: das epische Geschehen insgesamt verläuft in Gestalt der altindischen Königsweihe, des Rājasūyas. Ein unanfechtbarer Nachweis für diese These ist nunmehr erbracht, ich habe ihn seit dem Frühjahr 1972 mehreren Sachkennern

---

[18] Heino Gehrts, „Das Märchen und das Opfer, Untersuchungen zum europäischen Zweibrüdermärchen", Bonn 1967 S. 279.
[19] Ebenda S. 218.

vorgelegt und die Zustimmung zweier führender Forscher des Gebietes gefunden. Bevor ich die Hauptergebnisse meiner Untersuchung wiedergebe, sei einiges zur Geschichte der Mahābhārata-Forschung gesagt.[20]

Das große indische Epos ist der europäischen Forschung seit etwas weniger als zwei Jahrhunderten bekannt. Das Verständnis dieser gewaltigen Frucht des indischen Geistes wurde während dieser ganzen Zeitspanne gehemmt durch die Voreingenommenheit Europas für Geschichte, so daß nicht einmal diejenigen Züge einer anderen Herkunft, die offen zutage liegen, als solche erkannt wurden. Die Schuld daran lag allerdings nicht allein an dem historistischen Vorurteil, sondern ebensosehr an der Unfertigkeit Europas zu symbolischem Denken. Ein ritualsymbolisches Modell von derartigen Ausmaßen und einer solchen Kühnheit des Entwurfes lag völlig außerhalb europäischer Erwartungen. Nur ein einziger Versuch, das Epos als einen gestalterischen Gesamtentwurf zu verstehen, wurde vor dem Beginn der neueren Forschungen vorgelegt, und zwar gegen Ende des vorigen Jahrhunderts von dem Jesuiten Dahlmann.[21] Er vergriff sich allerdings in der Wahl der geistigen Beweggründe und machte eine viel zu späte Geistigkeit namhaft, die den Entwurf getragen haben sollte. Er glaubte, daß er die Rechtslehren der Dharmaśāstras hätte versinnbildlichen sollen. Indem er sich dabei gegen die reingeschichtliche Auffassung wenden mußte, hat er freilich auch zumindest *einer* falschen Vorstellung ein Ende bereitet: daß die Ehe der fünf Pāndava-Brüder mit *einem* Weibe ein geschichtlich-brauchtümliches Faktum gewesen sei, um das die Sage nicht herumkonnte, obwohl es allen echtindischen Ehebräuchen stracks zuwiderlief. Nichtsdestoweniger ist die Behauptung von der Geschichtlichkeit der Pāndava-Polyandrie stereotyp bis in unsere Tage wiederholt worden – ein schlagendes Beispiel für die undurchdringliche Härte der historistischen Voreingenommenheit Europas.

Dahlmanns Irrtum, der in dieser Weise durchaus mit richtigen Einsichten gepaart war, ist um so verständlicher, als überhaupt erst seit seiner Epoche die Erforschung von Ritualen zu einem Hauptgesichtspunkt der Völkerkunde und der Altertumswissenschaft geworden ist. Aber ebensoweit wie Dahlmanns Zeit entfernt gewesen ist von einem Verständnis für die Wichtigkeit der Riten, ist unsere Zeit noch entfernt von einer wirklich begründeten

---

[20] Ausführliches dazu bei Gisela Kraatz, „Vers und Prosa. Entstehungstheorien zum deutschen und indischen Heldenepos", Phil. Diss. München 1961 und in Georges Dumézil, „Mythe et Épopée. L'ideologie des trois fonctions dans les épopées des peuples indo-européens", Paris (1968), zitierten Werken.

[21] J. Dahlmann S. J., „Mahābhārata-Studien I, Genesis des Mahābhārata", Berlin 1899.

Einsicht in die eigenartige Kraft des rituellen Denkens und die Eigenständigkeit der rituellen Kulturen gegenüber den religiösen. Gerade Indien
aber gewährt ein anschauliches Bild von der religiösen Revolution, die das
rituelle Zeitalter beendete und die ohne Zweifel eine der gewaltigen Mensch-
heitswenden heraufführte, an Ausmaß nicht geringer als die gegenwärtige. In
diese Umbruchszeit – woran nicht der mindeste Zweifel bestehen kann – ist
das Mahābhārata zu datieren, und die Absicht zu seiner Gestaltung, die Form
der Ausführung entspringen den Denkbedürfnissen dieser Geisteswende.

Ein Vorspiel zu den neueren Versuchen, der Entstehung des altindischen
Epos auf dem Weg der Rituale näherzukommen, stellt die Arbeit von G. J.
Held über das Mahābhārata dar.[22] Er folgt darin einem Aperçu des französischen Soziologen Marcel Mauss, der dies Epos als die Geschichte eines
gigantischen Potlatsch bezeichnet hatte. Ist aber einerseits das Potlatsch ein
bodenständiges Geschenkfest der nordwestamerikanischen Küstenindianer
und ist andererseits die Freigebigkeit, die Geschenkfreudigkeit des Königs
überall eine mit dem Amte verbundene Herrschertugend, so läßt sich von
vornherein absehen, daß zwar der rituelle Gesichtspunkt mancherlei dem
Mahābhārata wirklich Eigenes ans Licht bringen wird, daß aber die Kulturge-
bundenheit des als Muster ausgewählten Rituales den Forscher mit Sicherheit
von dem eigentümlich indischen Ausgangspunkt des großen Epos ablenken
wird. Helds Arbeit fand denn auch in diesem Sinne gelegentlich einge-
schränkte Beachtung, hat aber die Forschung nicht entscheidend gefördert.

Ein wirklicher Vorstoß in Richtung auf die zutreffende rituelle Deutung
des Mahābhārata wurde vorgetragen von Stig Wikander und Georges Dumézil.[23] Das ritualistische Ziel dieses Vorstoßes blieb indes zunächst noch la-
tent. Dumézil war von der indogermanischen Mythologie des Herrschertums
ausgegangen, die er nach vergleichender Methode an römischen, indischen,
keltischen und germanischen Materialien entwickelt hatte. Doch ward er sich
dabei nicht vollends dessen bewußt, daß er sich mit diesen Untersuchungen
auf dem Gebiet der Ritualgnose bewegte; denn der soziologisch-politische
Gehalt einer Mythe betrifft ja unmittelbar ihre ritualbildende Kraft. Ein neu-
zeitlicher Theoretiker wird jedoch stets eher zu einer mythologischen Betrachtung geneigt sein, also zur Theorie des Altertums, als zu seiner Praxis,

---

[22] G. J. Held, „The Mahābhārata. An ethnological study", Amsterdam 1935.
[23] Stig Wikander, „Pāndava-sagan och Mahābhāratas mytiska förutsättningar. Religion och Bi-
bel", Nathan Söderblom-sällskapets Ärsbok VI, 1947, S. 27-39. Georges Dumézil, „Mythe et
Épopée, L'ideologie des trois fonctions dans les épopées des peuples indo-européens", Paris
(1968), S. 31-257. Bei Dumézil sind die Einzelbeiträge der beiden Forscher zitiert.

der Ritualistik. Auch Dumézil ging demnach in dieser Weise vor, obwohl er selbst zu einem ritualistischen Verständnis des Mahābhārata entscheidende Fingerzeige gegeben hat und schon vor Jahrzehnten sogar den Rājasūya als eine wichtige Brücke benutzt hatte für den mythologischen Vergleich Uranos-Varuna.[24] Der soziologische Aspekt, unter dem Dumézil die Mahābhārata-Frage erörtert, überdeckt mithin in eigentümlicher Weise, indem er gleichfalls Praxis betrifft, die praktische Fragestellung des Altertums selbst.

In der rituellen Kultur zielt die wesentliche Frage nicht auf die *Artung* des Königtums ab, sondern auf die Form seines Werdeganges: wie wird ein König, wie wird ein König gemacht, welches ist die „reproduzierbare" Form seines Werdeganges, wie muß ein Königsritual beschaffen, wie darf es nicht beschaffen sein? Eben dies aber ist die Frage, die im Ritualmodell Mahābhārata erörtert und beantwortet wird. Der Rājasūya wird durch die epische Handlung ethisch ad absurdum geführt und statt dessen der Aśvamedha, das Pferdeopfer, als Königsweihe empfohlen, eine Umstellung, die auch das Rāmāyana befürwortet, dieses allerdings nicht im Modell, sondern mit dürren Worten. Diese ritualistische Antwort wurde nun aber einer Zeitgenossenschaft dargeboten, die sich gerade anschickte, *jedes* Ritual ad absurdum zu führen, so daß die ritualgnostische Absicht des Epos alsbald überhaupt aus dem Bewußtsein seiner Liebhaber entschwinden mußte.[25] Um der ritualgnostischen Einsichten willen geschaffen, blieb es der literarische Liebling der Inder aus ganz anderen Gründen, infolge vielfältiger, ganz anders beschaffener und bewerteter Vorzüge.

Es war Wikander, der noch vor Dumézil die von diesem entwickelte indogermanische Mythologie der Souveraineté auf die Pāndava-Sage anwendete. Dabei machte er mindestens zwei sehr fruchtbare Entdeckungen: die eine besagte, daß in der Tat die von Göttern gezeugten Pāndavas jene Funktionen verkörperten, die nach Dumézils Forschungen ihren Vätern zukamen: Yudhishthira das Wahren der heiligen Ordnung, Bhīma das gewaltsame, Arjuna das ritterliche Kriegertum – beides auch Formen des Herrschertums –, die Zwillinge die hervorbringende Kraft, besonders herausgekehrt als Pferde- und Rinderzucht. Nach Dumézil würden sich in den drei Hauptfunktionen

---

24 Georges Dumézil, „Ouranós-Váruna. Étude de mythologie comparée indo-européenne", Paris 1934.
25 Für das Zeitbewußtsein, in dem das Mahābhārata wurzelt, höchst aufschlußreich sind zwei Arbeiten von J. C. Heesterman, „Brahmin, Ritual and Renouncer", in Wiener Zs. f. d. Kunde Süd- und Ostasiens, Bd. 8, Wien 1964, S. 1-31 und „The Case of the Severed Head", in Wiener Zs. f. d. Kunde Süd- und Ostasiens, Bd. 11, 1967, S. 22-43.

die oberen drei altindischen Kasten, die Brahmanen, Kṣatriyas und Vaiśyas, spiegeln. Andererseits manifestiert sich der vollkommene König, der die heilige Staatsordnung pflegt und wahrt, so dürfen wir hinzufügen, in dem vollendeten Zusammenspiel aller Funktionen; sie alle sind – in diesem Sinne – auch königliche Funktionen. Demgemäß bedeuten, was an dieser Stelle sogleich ergänzt sei, nach meiner in zahlreichen Einzelzügen begründeten Überzeugung die fünf Königsbrüder, indem sie die Funktionsganzheit eines vollkommenen Königs darstellen, nichts anderes als die vollkommene und vollständige Person *eines* Königs. Gerade um das Spiel dieser Funktionen im Hinblick auf die Königsweihe bloßzulegen, wird die Person des Königs dergestalt funktionell aufgefädelt. Die Einheit der brüderlichen Gesamtpersönlichkeit bringt das Epos in der entschiedensten Weise dadurch zum symbolischen Ausdruck, daß die „Brüder" zusammen nur eine Hauptgattin haben. Diese ist indessen auch noch einmal symbolisch aufzufassen, und sie bedeutet nichts anderes als die „Herrschaft" des Königs. Daß sie gerade *nicht* Ehegattin im gewöhnlichen Sinne ist, wird besonders dadurch ausgewiesen, daß der Thronfolger nicht aus ihrem Schoße geboren wird und daß andererseits die fünf von ihr geborenen Söhne völlig farblos und ohne die geringste Bedeutung sind für die Handlung und nach der Schlacht ohne weiteres „entkörpert" werden. Wikander hat die Gattin der fünf Brüder ebenfalls „funktionell" auffassen wollen, als Fruchtbarkeitsgöttin, die dann insbesondere mit dem Zwillingspaar verbunden gewesen wäre. Der wirklich bei den indogermanischen Dioskuren festzustellende „polyandrische" Zug wäre dann auf die Brüderpentade insgesamt übertragen worden. Ich habe indes oben schon die Verbindung des göttlichen Brüderpaares mit einem Weibe auf die sehr besonderen Verhältnisse des Schwurbrüderbundes zurückgeführt. Auch widerspricht der mythologische Hintergrund, den das Epos selbst für die Draupadī entwirft, Wikanders Ansicht. Sie ist die eingekörperte Gattin des Himmelskönigs selbst und repräsentiert auf dem irdischen Plan eben die Souveränität des Erdenkönigs.

Wikanders zweites wichtiges Ergebnis war, daß die in den Pāṇḍavas verkörperte Mythologie alt ist, daß insbesondere die in Bhīma hervortretende Rolle Vāyus schon in den Veden verblaßt erscheint, aber aus iranischen Vergleichen sich als altes Erbe erweisen läßt. Es muß sich mithin bei der Brüderpentade um ein ererbtes ganzheitliches Schema handeln; von individuell gearteten historischen Personen kann unmöglich die Rede sein.

Im Anschluß an diese Untersuchung Wikanders, die Dumézil in eines seiner eigenen Werke übernommen hat, sind beide Forscher im Mahābhārata
noch mannigfaltigen Mythologemen nachgegangen und haben die besondere
Form erörtert, mit der sie im Epos erscheinen. Auch in der großartigen Zusammenfassung dieser Forschungen, die Dumézil vor einigen Jahren vorgelegt hat, ist seine letzte Einsicht in das Wesen des großen Epos mythologisch,
und die Frage nach dem historischen oder mythischen Ursprung beantwortet
er mit der Formel: „mythe savamment humanisé sinon historicisé" – und ein
etwaiges geschichtliches Faktum wäre darin bis zur Unkenntlichkeit verdeckt
und umgewandelt.[26]

Die wichtige Entdeckung der indogermanischen *idéologie tripartite de la*
souveraineté und die Notwendigkeit, für die Umsetzung einer solchen Ideologie in Mythik und Epik eine geistesstarke Gestaltungskraft anzunehmen,
führen ihn weiter dazu, schon den Indogermanen in ihren Ursitzen Spekulation und Philosophie zuzuschreiben.[27] Ein solches forscherisches Wagnis
fordert – angesichts der gewöhnlichen Ansichten von der mangelhaften Geis-
tesbetätigung in unserem Altertum – Anerkennung. Dem Mute Dumézils ist
sie jedenfalls uneingeschränkt zu zollen, dem Befund nur bedingt. Spekulativ
war unser Altertum sicher schon früh, eine echte Ritualgnose muß produktiv
sein und ist daher spekulativ. Den Terminus Philosophie dagegen würde ich
einschränken auf diejenige Form der Spekulation, die mit der gerade gegen
die Ritualistik gewendeten Geistesrevolution vor 2500 Jahren einsetzt. Auf
jeden Fall aber hat sein eigener Esprit den französischen Forscher vor der
üblichen geistlos-historischen Auffassung des Epos bewahrt und ihm eine
grundlegende Feststellung von hohem Gewicht in den Mund gelegt: er erblickt im Mahābhārata den kühnen einheitlichen Entwurf einer hochgeisti-
gen Mannschaft mit einer Schule in der Folgezeit, die durch volle Einsicht
in das Wesen des Werkes mit den Urhebern verbunden war. Damit hat er,
weit entschiedener als Dahlmann, eine neue Art von Bewußtsein, das wirkliche hohe Werkbewußtsein bei den Gestaltern der Sage aufgedeckt. Nicht
mehr erscheint es als vom Zeitenkatarakt der Fakten überwältigt, zufällig
herausgegriffene Bruchstücke präsentierend; sondern wir müssen, zwar
wohl nicht allen Überlieferern, sicher aber den großen Gestaltern eine klare

---

[26] Georges Dumézil, „Mythe et Épopée. L'ideologie des trois fonctions dans les épopées des
      peuples indo-européens", Paris (1968), S. 21f.
[27] Ebenda S. 48.

Unterscheidung zwischen der Wesensart des geschichtlich Vorgegebenen und des sinngeschichtlich Geprägten zuschreiben.

Dumézil hat, zum Teil auf Wikander aufbauend, zahlreiche überzeugende Entsprechungen in der epischen Darstellung der Göttermythen beigebracht. Auch für den Gesamtrahmen des Geschehens gibt es eine sicher mythologische Parallele: der kosmische Kampf der Götter und Widergötter kehrt als Schlacht der inkarnierten Götter gegen die inkarnierten Dämonen wieder. Darüber hinaus aber versagt das mythologische Schema völlig. Es vermag weder den Handlungsablauf im großen wie im einzelnen zu erklären noch die höchst merkwürdige Verteilung der Helden auf die gegnerischen Parteien. Diese erscheint in Dumézils Deutung um so fragwürdiger, als er das Verhältnis Götter und Dämonen umbenennt in Gute und Böse. Infolgedessen gibt das Auftreten vorbildlich Guter auf der Seite der Bösen ein mythologisch unlösbares Rätsel auf, und damit könnte sich die Frage wiederholen, ob es sich nicht doch um einen *historischen* Gegensatz gehandelt habe; das aus ihm sich entrollende Geschehen mitsamt der politischen Konstellation der Personen würde dann im Epos unverändert wiederkehren, während den Trägern des Geschehens allerdings ein mythologisches Mäntelchen umgehängt worden wäre. Und noch eine Zweifelsfrage schließt sich an: diese Umsetzung von Mythengestalten in epische Personen, von hochgelehrten und gebildeten Dichtern Altindiens vorgenommen – war ihnen das nur ein Spiel? Welcher Gestaltungswille, welche Kraft hat dies gewaltige Werk entstehen lassen? Gab es denn kein lebendiges Anliegen über das Vergnügen hinaus, Mythos in Epik zu verklausulieren, ein Vergnügen, das von ferne dem des heutigen Gelehrten gleicht, der die vor Zeiten geknüpften mythisch-epischen Knoten wieder auflöst, um auf der mythischen Ebene dasselbe noch einmal zu finden, was ihm die epische darbietet? Die angegebenen Schwierigkeiten lösen sich von selbst, wenn man den Ritualablauf als Prägestock des epischen Geschehens erkennt. Es ergibt sich dann in großen Zügen die epische Handlung, und viele einzelne Ereignisse werden gemäß dem Gesamtsinn durchschaubar. Gute stehen gegen den werdenden König, so läßt sich nun einsehen, weil er an ihnen die paradeigmatischen Untaten begehen muß, die der Rājasūya nach der Meinung des Epikers ihm aufzwingt. Eben diese Überzeugung von der Verderblichkeit des Rājasūya-Rituals war es, die den Epiker in die Aufgabe hineinführte, das alte Königsritual durch das epische Modell zu widerlegen, die ihm das Pathos lieh und die Gestaltungskraft befeuerte. Das Rāmāyana beherzigte, wie erwähnt, die Lehre des Modells; die Ablehnung des Rājasūya wird dort an entscheidender Stelle von Rāmas Bruder ausgesprochen und von ihm selber bestätigt. Das Mahābhārata bezeichnet den Rājasūya von vornherein als ein gefährliches Ritual, das durch dämonische Einwirkung leicht entgleisen und die Vernichtung des gesamten Kriegerstandes herbeiführen könne. Am Ende, nachdem dies wirklich eingetreten ist, zeigt es, daß der Rājasūya nicht einmal seinen eigenen Zweck, den König in seiner Kraft und Macht zu bestätigen und zu bestärken, erreicht.

Das epische Geschehen entsteht also derart, daß die wichtigen Ritualszenen in leibhaftes Handeln umgesetzt erscheinen. Das vornehmste der altindischen Opferfeste war die Somafeier. Die altindische Königsweihe in der Form des Rājasūyas war ein durch die herrscherlichen Begehungen mannigfaltig ausgebautes Somafest, und die hervorstechendsten Szenen waren darin die Salbung mit Thronsetzung, eine Wagenfahrt in eine Kuhherde, die einem Verwandten gehört, oder, nach anderen Ritualschriften, gegen einen Verwandten als symbolischen Gegner. Ein rituelles Würfelspiel versinnbildlicht die Eigentumsverhältnisse zwischen dem König und den Kasten.[28] Es ist nun ein höchst eigenartiger Zug der indischen Ritualgnose, – sicher tief begründet in urtümlichen Schicksalsvorstellungen und uralt, da er sich in zahlreichen unserer Märchen spiegelt – daß mit der Salbung des Königs eine Schwächung verbunden gedacht wurde. Sogar dies, daß der König dabei mit der Weltsäule verselbigt wird, bringt ihm keine magische Stärkung, sondern er erleidet dabei einen empfindlichen Verlust an lichter Substanz und Kraft. Diesen Substanzverlust macht der König wett durch die rituelle Wagenfahrt, bei der er die Königsmacht nach den meisten Ritualisten gewinnt, indem er sie den Verwandten entzieht, die auf diese Weise entmächtigt werden.

Das Mahābhārata widmet dem Rājasūya, den der Pāndava-König selbst, innerhalb des Epos, begeht, ein ganzes Buch, das Sabhāparvan, eines von einem runden Dutzend, das die epische Handlung umschließt. Trotzdem ist die Darstellung des Ritualablaufes darin höchst unvollständig, die Thronsetzung und die Wagenfahrt werden überhaupt nicht erwähnt, obwohl sie die Kernstücke des Königsrituales sind. Andererseits erscheinen einzelne symbolische Züge des Rituales in leibhafter Verwandlung. Van Buitenen hat das Buch einer Untersuchung in diesem Sinne unterworfen und dabei auf dieselben bedeutsamen Einzelheiten aufmerksam gemacht, die auch mir als

---

[28] J. C. Heesterman, „The Ancient Indian Royal Consecration", Disputationes Rheno-Trajectinae II, 'S-Gravenhage 1957.

kennzeichnend erschienen waren.[29] Er ist freilich der Meinung, daß die „königlichen Barden" den *gesamten* Rājasūya als Handlungsvorlage für dies *eine* Buch benutzt hätten, um die wirkliche Weihe des Königs zu schildern – er hätte also dabei gerade einen Grundgedanken angewendet, wie er oben am germanischen Material für die Umsetzung von historischem Geschehen in Epik durch rituelle Prägung entwickelt wurde. Nun aber ist ohne Zweifel ein jedes Epos ein Individuum, ein jedes hat seinen höchst eigentümlichen Werdegang, und das Grundprinzip der Epenentstehung zeigt sich jedesmal in eigentümlichster Ausbildung. Das Mahābhārata insgesamt ist kritisches Modell einer Königsweihe; sein Hauptaugenmerk ist nicht offenbar-episches Königsgeschick, sondern verborgen-rituelles Königsgeschehen; seine Verfasser sind nicht auf Königsprunk und Kriegertat bedachte königliche Sänger, sondern verantwortlich denkende Brahmanen; gerade dem Mahābhārata läßt sich also der Gedanke einer Prägung des historisch Gegebenen durch das rituell Vorgegebene nicht zugrundelegen. Immerhin sind uns van Buitenens Einzelbefunde zu einem wesentlichen Teil willkommene Bestätigungen der eigenen Ansicht. Er zeigt nämlich, daß die rituelle Ausrichtung des Königs auf die vier Himmelsgegenden – die auch aus europäischen Herrscherritualen wohlbekannt ist – eine epische Entsprechung hat in den leibhaften Kriegszügen der vier jüngeren Königsbrüder nach den Hauptrichtungen. Der Ritus findet statt vor der Salbung, die Kriegszüge vor der Herrscherweihe des Pāndavakönigs. Der Rājasūya kennt nach Thronsetzung und Wagenfahrt ein rituelles Würfelspiel; im Epos wird der Pāndavakönig nach der Herrscherweihe zu einem Würfelspiel herausgefordert, dem er sich offenbar nicht entziehen kann und dessen bedeutsame Ordnung van Buitenen ans Licht stellt. Wir haben also im Ritual wie im Epos eine genaue Entsprechung in der Reihenfolge dieser sinnentsprechenden Handlungen. Dazu kommt noch ein episches Ereignis, dessen Bedeutung van Buitenen allerdings verfehlt, dessen richtige Einschätzung jedoch erkennen läßt, daß das Epos selber in diesem Punkt die episch-rituelle Gleichläufigkeit ausgesprochenermaßen bekräftigt. Im Sabhāparvan bleibt die Hauptszene innerhalb des Königsrituals merkwürdig undeutlich; ausdrücklich erwähnt wird nur die Salbung, also das schwächende Bestandstück des Rituals – ganz dementsprechend, daß der junge König alsbald dem geübten Würfelspieler erliegt und die Herrschaft auf dreizehn Jahre einbüßt. Erst in den späteren Büchern folgen die stärkenden

---

[29]   J. A. B. van Buitenen, „On the Structure of the Sabhāparvan of the Mahābhārata", in: India Maior, Congratulatory Volume Presented to J. Gonda, Leiden 1972, S. 68 bis 84.

Riten: weihende Bäder, Thronsetzung und Wagenfahrt, diese alle aber nicht rituell, sondern als leibhafte epische Ereignisse – die Wagenfahrt einerseits in Gestalt der kriegerischen Fahrt zur Einholung der von den Verwandten geraubten Kuhherde, andererseits in Gestalt der großen Schlacht auf dem Kurufelde, deren Hauptereignis die unritterliche Tötung des leiblichen Bruders ist, der Höhepunkt der ritualistischen Kritik.

Van Buitenen identifizierte indes irrigerweise die rituelle Wagenfahrt mit einem epischen Ereignis, das sich *vor* dem Hauptereignis des Königsrituals im Sabhāparvan abspielt, das also bei richtig eingehaltener Ordnung niemals der Wagenfahrt entsprechen kann. Auch hat es eine Natur, die just dem entspricht, was das Ritual zu diesem Zeitpunkt erwarten läßt. Der Rājasūya fordert nämlich an dieser Stelle, vor der Salbung, eine apotropäische Begehung, eine symbolische Handlung, die gegen die das Ritual störenden Dämonen gerichtet ist. Im Epos aber widersetzt sich einer der geladenen Könige dem ungestörten Fortgang der Weihehandlung, und der Freund des Königs, Krishna, der eingeleibte Vishnu, wirft dem Quertreiber mit seinem Diskus das Haupt ab. Das Apotropaion des Rituals besteht im symbolischen Wegstoßen eines Hauptes – des Namuci –, ähnelt also in diesem Zuge – und mindestens einem weiteren – dem epischen Ereignis. Daß andererseits die epische Enthauptung jenes Störenfrieds apotropäischen Sinn hat, stellt das Epos selbst außer Zweifel. Der den Kosmos durchwandernde Weise Nārada hat den König gleich anfangs vor gefährlichen Störungen des Rituals durch die Dämonen gewarnt. Nach der Beendigung des Rituals fragt der König einen anderen Weisen, den Vyāsa, nach dem Epos selbst dessen Verfasser, ob mit der Enthauptung jenes Königs die von Nārada angezeigte dämonische Gefahr gebannt sei – er selbst also setzt in diesem Punkte rituelle und epische Handlung gleich. Da er von der Antwort Vyāsas sein ferneres Verhalten abhängig macht und sich aus ihr sein widerstandsloses Eingehen auf das Würfelspiel ergibt und aus diesem alle bösen Folgen bis zum Brudermord hin, so ist jene Gleichsetzung von ritueller und epischer Handlung die eine der beiden Hauptwurzeln des weiteren Geschehens.

Es ist ferner sicher, daß ein anderer Widersacher, Duryodhana, ungetötet bleibt. Das Ritual setzt aber in dieselbe Szene wie das Fortstoßen des Namuci-Hauptes noch einen zweiten apotropäischen Ritus. Zu ihm findet sich jedoch keine ausgeführte epische Parallele, aber ihr würde eben die Tötung Duryodhanas entsprechen, die im Epos schicksalhafterweise unterbleibt. Die ungemeine Wichtigkeit dieses Totschlages wird auf das nachdrücklichste

unterstrichen dadurch, daß seine Notwendigkeit von *den* zwei Personen vertreten wird, von denen dies nach gemeinen Vorstellungen am allerwenigsten
zu erwarten wäre, von dem unbestechlich gerechten Vidura nämlich, einer
Einkörperung Dharmas, des Gottes von Recht und Pflicht, und von Duryodhanas eigener Mutter. Die Tötung Duryodhanas *fehlt* also nicht einfach,
sondern sie ist dharma-widrig, pflichtwidrig *unterlassen* worden, und zwar
scheitert sie am Widerstande Dhritarāshtras, der Einkörperung des blinden
Schicksals. Auch dies episch unausgeführte Bestandstück des Rituals hat also
den Sinn einer weiteren und hochwichtigen Entsprechung zwischen Epos
und Ritual, und darum ist auch die zweite Hauptwurzel des ganzen ferne-
ren Verlaufes der Neid Duryodhanas. Der gesamte epische Konflikt entrollt
sich also aus den Entsprechungen der beiden apotropäischen Handlungen
des Rituals vor der Salbung: aus der auf die wirklich begangene gerichteten
Frage Yudhishthiras und seiner aus der Antwort gefolgerten Widerstandslo-
sigkeit – aus der schuldhaften Unterlassung der anderen und dem dadurch
möglich werdenden eingreifenden Handeln Duryodhanas. Mithin ist das
Epos nicht nur ein erzählerisches Modell des Rājasūyas, sondern das innerhalb des Epos begangene Königsritual, das in einem Punkte unausgeführt
bleibt, ein unumgänglich sich einstellender Ritualfehler also, der mit Notwendigkeit mißlingende Rājasūya selbst ist seinerseits die Ursache der epischen Katastrophe – entsprechend der kritischen Absicht des Gestalters.[30]

Die bisherigen Ausführungen über das Mahābhārata mögen genügen,
um die Ritualabhängigkeit der epischen Handlung, die Verkörperung des
Rituals im Epos und die Artung des ritualistischen Denkens und Gestaltens
für die vorliegende Thematik zu belegen; die ausführliche Darstellung ist
einer anderen Veröffentlichung vorbehalten.[31] Das *allgemeine* Ergebnis der
Mahābhārata-Forschung, das für *einen* Fall die durch und durch ritualistische

---

[30] Im Hinblick auf diese „Wurzel" des Geschehens ist es höchst bemerkenswert, wie sich
dazu der Verfasser des Harivanśa-Purāna äußert, d. h. des krishna-gläubigen Anhanges zum
großen Epos. Nach E. W. Hopkins, „The Great Epic of India", New York 1902, S. 54, unterscheidet er am Mahābhārata eine erzählerische und eine lehrhafte Seite. Er rühme das Epos
als eine vielbedeutende, lehrreiche Erzählung – ākhyāna – „but still says that it is the Bhāratī
Kathā, Bhārata story, the root of which is the dramatic episode of the Rājasūya which led to
the development of the story. (H. 3, 2, 13ff.) "

[31] Diese ist seither erschienen: Heino Gehrts, „Mahābhārata. Das Geschehen und seine Bedeutung", Abhandlungen zur Kunst-, Musik- und Literaturwissenschaft, (Bd. 178), Bonn 1975.
- Erst nach dem Abschluß meiner Arbeit wurde ich mit den Forschungen von Madeleine
Biardeau bekannt; sie scheinen mir von großem Gewicht zu sein für die Klärung des symbolischen und des ritualsymbolischen Sinnes in zahlreichen Episoden des Mahābhārata. Man
vergleiche dazu die „Extraits de l'Annuaire de l'E. P. H. E. ", Section des Sciences Reli-
gieuses, besonders Tome 79, Paris 1971-1972, p. 31-55: Brahmanes et potiers.

Prägung eines Kriegerepos sicherstellt, ist für grundlegend zu halten im Hinblick auf die Ziele der Epenforschung überhaupt – zumal unter dem Gesichtspunkt, daß eben dies schon für die germanische Siegfrieds- und Dietrichsepik behauptet und belegt worden war. Daß auch das Rāmāyana einen „wenigstens teilweisen rituellen Hintersinn" habe „mit einem von der Entstehung des Mahābhārata freilich völlig verschiedenen Werdegang", ist in meiner Schrift über das größere Epos angedeutet,[32] und ich habe dies in einer selbständigen Arbeit, deren Veröffentlichung bevorsteht, im einzelnen ausgeführt. Für die Kelten ist das oben über den Gralskomplex Gesagte zu vergleichen. Auch die wichtige irische Heldensage vom Kampf um den Stier – Táin Bó Cualnge – läßt herrschaftlich-ritualsymbolische Ursprünge vermuten. Die großen griechischen Epen widerstreben noch, wie es scheint, einer ritualistischen Entschlüsselung. Doch hat Walter Burkert den Gesamtrahmen der Odyssee: kannibalisches „Opfer" in der Höhle Polyphems, gefolgt vom kyklopischen Fluch und dem Zorne Poseidons – neunjährige Irrsal mit Tierverwandlung eines Teils der Gefährten – Restitution der Ordnung in der Heimat des Odysseus am Fest des Bogengottes Apollon –, in Parallele gesetzt mit dem initiatischen Werwolfsritual der arkadischen Lykaia, die einen ganz entsprechenden Ablauf zeigen: kannibalische Mahlzeit mit „Vertreibung" (über einen See) – neun Werwolfsjahre – Heimkehr und Entwandlung (mit Sieg im Agon) – das Ganze eingebunden in eine sakrale Spannung zwischen Pan und Zeus –, eine ritualistische Tradition, zu der sich weitere ähnliche Überlieferungen aus dem alten Hellas nachweisen lassen.[33] Eine Krönung dieser Forschungen wäre es, wenn sich auch für die Trojasage der ritualistische Hintergrund sichtbar machen ließe. Eine Möglichkeit dazu liegt im Folgenden. Vālmīki, der Verfasser des Rāmāyana, der vom Raub eines königlichen Weibes erzählt und seiner Wiedererringung durch die Kämpfe vor der Burg des Frauenräubers, geriet in Europa gelegentlich schon in den Verdacht, aus der Ilias geschöpft zu haben. Wie aber, wenn beide Werke, ebenso wie die norddeutsche Gudrun, auf ein altes Ritualmotiv zurückgingen! Den ritualistischen

---

[32] Heino Gehrts, „Mahābhārata. Das Geschehen und seine Bedeutung", Abhandlungen zur Kunst-, Musik- und Literaturwissenschaft, (Bd. 178), Bonn 1975, S. 197.
[33] Walter Burkert, „Homo Necans", Berlin 1972, S. 148-152. An der Gestalt des Odysseus macht Burkert weitere Züge sichtbar, die den rituellen Zusammenhang noch verdeutlichen und von denen hier nur erwähnt seien: der mütterliche Großvater Autolykos, der selbst den Wolfsnamen führt; den der Neugeborenen den Namen gibt; eine Jagd stattfindet, bei der am Parnaß der Jüngling die kennzeichnende Beinwunde erhält –, und der Pilos, die rituelle Kopfbedeckung, die den Odysseus seit archaischer Zeit auf den Bildwerken auszeichnet und die ihn einigen wenigen anderen Gestalten zugesellt: den Dioskuren und dem Hephaistos mit seinen Kabiren, bei denen der Pilos ebenfalls einen rituellen Hintergrund anzeigt.

Hintergrund des Rāmāyana glaube ich aufgehellt zu haben. Wie, wenn eben derselbe auch für die Trojasage Gültigkeit besäße – da ja der Name Troja ohnehin in Europa einen eigenartig gestalteten Kultplatz und ein Kultspiel bezeichnet[34] – und da noch im elften Jahrhundert nach indischer Tradition die Burg des Frauenräubers im Rāmāyana – den Grundriß eines Labyrinthes aufwies, einer Trojaburg? –

---

[34] Ein führender Gedanke schon im Werk des vielgeschmähten Ernst Krause, „Die Trojaburgen Nordeuropas", Glogau 1893.

DIE GULLVEIG-MYTHE IN VǪLUSPÁ

[Erschienen in „Zeitschrift für deutsche Philologie - Band 88 – 1969 – Drittes Heft", Erich Schmidt Verlag, Berlin 1969, S. 321-378.]

Dem Gedächtnis meines Lehrers Hans Teske, geboren 1902 in Hamburg, verschollen 1945 in Berlin

1. Die pragmatisch-historistische Deutung

Der Mythos redet in Bildern und handelt vom Sinn eines Daseins, das vom Ritus getragen wird. Der Mythenforscher spricht als Wissenschaftler in Begriffen von Sachen und bewegt sich als Individuum in einem von Zweckvorstellungen beherrschten Sachraum. Es ist daher nicht zu verwundern, daß er seit alters diesem Raume gemäß die mythische Welt zu begreifen suchte und ihre Bilder wie historische Fakten betrachtete, deren verständige Reihung und Ordnung auf ein und demselben Plane allein schon die verschollene Bedeutung herausspringen ließe. Indessen, – nicht die mythischen Bilder selbst sind das mythische Ding an sich, sondern ihr Sinn innerhalb ihrer Epoche, und es bedarf, um diesen wiederzufinden, eines anderen Verfahrens, – dem Vorgang ähnlich, in dem auch ursprünglich aus geahntem Sinn das ausdrucksstarke Bild entsprang. Auch die Mythenforschung muß, um zu finden, erfinden, – und sie bedürfte einer neuen ars inveniendi heute um so dringender, als uns das rational-pragmatische Denken immer mehr zum selbstverständlichen, einzig natürlichen wird. Selbst der positive, auf den Sinn gerichtete Ansatz im einzelnen Werk droht alsbald auf die rational-historische Bahn zu entgleisen, und an unwegsamen Stellen des Forschungsweges, wo Verbindungen gesucht werden müssen, stehen wir immerfort in der Gefahr, den infantilsten Vorstellungen unserer Epoche, dem alltäglichsten Gassenverstand zu erliegen und mit Banalitäten den mythischen Tiefsinn zu überkleben.

Wie sehr die Forschung irren kann, selbst wenn sie sich der Gefahr mehr oder minder bewußt ist, das lehrt vielleicht am ehesten die dunkelste Stelle des gestaltenreichsten aller eddischen Lieder, die Gullveig-Episode der Vǫluspá.[1]

---

[1] Texte: „Edda", Herausgegeben von Gustav Neckel, vierte umgearbeitete Auflage von Hans Kuhn, Heidelberg 1962. Snorri Sturluson, „Edda, udgiven af Finnur Jónsson", København 1900.

Weil dort von der Verbrennung einer Frau, vom Krieg, von Hexerei und üblen Weibern, von Beratungen und vom Schlachtfeld die Rede ist, verknüpfte man all dies zu einer pragmatischen Geschichte, die um so einleuchtender schien, als sie auch heute noch sich ganz ähnlich so abspielen könnte. Aber um überhaupt die Folge mythischer Bilder als eine rationale Reihung von Fakten begreifen zu können, mußte die Forschung der Aufeinanderfolge der Strophen und ihrer Aussagen eine völlig veränderte Zeitfolge unterschieben, ein doppeltes Hysteron-Proteron annehmen und mehrfach Imperfekte in Plusquamperfekte umdeuten, – ein offenbares Zeichen der Gewaltsamkeit, mit der Mythos in Historie zerlegt wird – eine Auslegung, die nicht auf der Überlieferung fußt, sondern sie verfertigt – ein sehr mißliches Verfahren angesichts eines Textes, der Rätsel über Rätsel aufgibt.

Wir werden im folgenden genötigt sein, uns gegen das historistische Deutungsschema überhaupt zu wenden. Wir werden außerdem aus den Kommentaren hervorragender Forscher Beispiele dafür anführen, wie unser auf Tatsachen gezüchtetes Denken an den bedeutsamen Wendepunkten des mythischen Geschehens von diesem abirrt. Nichts liegt uns ferner, als dergestalt das Lebenswerk von Männern herabsetzen zu wollen – von Müllenhoff bis zu de Vries und Dumézil –, deren bahnbrechendem und opfervollem Vorangang wir selbst aufs tiefste verpflichtet sind. Wir wenden uns allein gegen die Vorherrschaft einer Denkweise, die im vorigen Jahrhundert alle anderen ausstach, die seitdem zwar auf bestimmten Sachgebieten wertvolle Kenntnisse erarbeitet hat, die jedoch wenig geschickt erscheint, gerade den Mythos zu durchleuchten. Wo die mythischen Bilder in Gestalt fragmentarischer Sachen isoliert werden, verflüchtigt sich der den Bildern innewohnende Sinn, und man fängt ihn nicht wieder ein, wenn man die gewonnenen Gegenstände mit Hilfe der herkömmlichen Begriffe zu verknüpfen sucht. Denn diese Begriffe, vom historistischen und kausalistischen Denken geprägt, mögen uns natürlich und angemessen vorkommen, dem Mythos aber stehen sie selten an. Es

Zur Textauffassung: Karl Müllenhoff, „Deutsche Altertumskunde", Bd. V, 1. Halbband, Berlin 1883. Finnur Jónsson, „Völu-spá, Völvens Spádom", tolket af F. J., København 1911. Sigurður Nordal, „Völuspá, Vølvens spádom", udgivet og tolket af S. N., fra Islandsk ved Hans Albrectsen, København 1927. B. Sijmons und H. Gering, „Die Lieder der Edda", Dritter Band: Kommentar, Erste Hälfte: Götterlieder, Halle 1927. Robert Höckert, „Vǫluspá och Vanakulten II", Uppsala 1930. Georges Dumézil, „Tarpeia", in: Essais de philologie comparative indoeuropéenne, Paris 1947, p. 247 s. Jan de Vries, „Altgermanische Religionsgeschichte", Berlin 1956/57, Bd. I, S. 327, Bd. II, S. 211 ff., 395. Jan de Vries, „Vǫluspá Str. 21 und 22", Arkiv för nordisk filologi, Bd.77, 1962, S. 42-47.
Zur Datierung der Vǫluspá neuerdings vor allem: Birger Nerman, „Hur gammal är Vǫluspá?", Arkiv 73, 1958, S. 1-4. Birger Nerman, „Det heliga tretalet och Vǫluspá", Arkiv 74, 1959, S. 264-267. Birger Nerman, „Vǫluspá 61,3 gullnar tǫflor", Arkiv 78, 1963, S. 122-125.

gilt, das Grundmaß urtümlicher Werte und das Richtscheit des Sinnes von Anfang an beim Bauen zu verwenden, nicht aber Sinn und Wert in das fertige Museumsgebäude erst am Ende, als Antiquitäten, hineinzutragen.

Nach der bezeichneten, nun schon herkömmlichen Textauffassung sollen unsere Strophen von zwei rivalisierenden Staaten erzählen, von dem kriegerischen der Asen, von dem auf Prosperität bedachten der Wanen. Jener unterfängt sich, diesen zu erobern, dieser plant schlauer und sendet die mit reichen Mitteln versehene, zur Wollust verlockende Agentin aus, die den andern von innen zu korrumpieren geschickt ist. Sie wird gefaßt und gemartert, zu töten jedoch vermag man die Hexe, trotz umständlicher Anstalten, nicht. Im Gegenteil, man muß sie nach dem Mißerfolg offenbar loslassen, und nun trumpft ihre Nation erst recht auf, verlangt ultimativ Entschädigung. Die Asen, anscheinend in dem Bewußtsein, sich vergangen zu haben, beraten darüber; andere Gelehrte meinen, es stände zur Debatte, ob sie selbst nicht, wegen der von der wanischen Mata Hari angerichteten Schäden, Ersatz verlangen wollen. Der Gegenstand der Beratung ist indes nicht von Gewicht, denn der Unfriedenstifter Odin bricht die Verhandlungen ab und eröffnet ohne Warnung die Kampfhandlungen. Aber auch die Reichen wissen in ihrer Sache Krieg zu führen; die Wanen überrennen die asischen Stellungen, und die Asen müssen sich mit einem Kompromiß bescheiden, Geiseln stellen und nehmen und die Wanen am Weltregiment beteiligen.

Von diesen Geschehnissen soll nun zu dem Inhalt der darauf folgenden beiden Strophen, dem Bau der unbezwinglichen Burg durch den Riesen, ein besonders einfacher Gedankengang führen, und ihn hat in den zwanziger Jahren Nordal noch einmal nachdrücklich hervorgehoben.[2] Im Wanenkrieg sei ja das Asenfort zerstört worden, und man habe daher neue Fortifikationsarbeiten unternehmen müssen; doch seien die Asen unterdes dem Lebensstil ihrer neuen Verbündeten erlegen, so träge seien sie geworden, daß sie jetzt, um etwas zu erreichen, auch lieber Geld und Betrug benutzten, als selber Hand anzulegen. Sie, die früher selbst há timbroðo, hochauf zimmerten, ließen nun die Reparatur lieber durch einen, sagen wir, Fremdarbeiter ausführen, den man am Ende um seinen Lohn prellen kann. - Ich gestehe, daß es mir fast rätselhaft erscheint, wie ein bedeutender Altertumsforscher in derlei Knüpfungen irgendein Vertrauen setzen kann, ist doch ein solcher pragmatischer

---

[2]   Sigurður Nordal, „Völuspá, Vølvens spádom", udgivet og tolket af S. N., fra Islandsk ved Hans Albrectsen, København 1927, S. 58. Robert Höckert, „Vǫluspá och Vanakulten II", Uppsala 1930, S. 90 führt die Ansicht bis auf das Jahr 1859 zurück und lehnt sie ab.

Nexus ganz und gar unmythisch. Der Zusammenhang der Mythen ist unhistorisch und akausal und gründet im Sinn. Dieser kann sich, braucht sich aber nicht in praktischen Motivationen zu spiegeln. Auf keinen Fall führt die Herstellung derartiger Motivationen zu dem mythischen Kern hin, sondern eher von ihm fort. Eine jede mythische Figur trägt ihren vollen Sinn in sich selbst, sie ist in sich selbst beruhende und beständige Schöpfung. Der asische Auftrag an den Riesenbaumeister, eine uneinnehmbare Burg zu bauen, kann daher nicht den Sinn eines Ersatzes oder einer Reparatur irgendeiner anderen Burg haben, sondern muß ein von grundauf neues Unternehmen bedeuten, und gerade auch darum, weil nun ein Riese sie auftürmen soll.

Ebensowenig wie das letztgenannte Aperçu aber führt die ganze pragmatisch-historische Konstruktion zu einer irgendwie bedeutenden Einsicht; sie trägt keineswegs das Signum urvölkerlich-mythischer Denkweise, wie sie uns sowohl durch manche Befunde der klassischen Altertumswissenschaft vertraut geworden ist als auch durch die Entdeckungen der Urvölkerforschung. Jene Ansicht scheint nicht nur völlig von späteuropäischer Denkart abhängig, sondern sogar von ganz bestimmten geschichtlichen Konstellationen der Gegenwart, die sich in äußerst simpler, ja roher Weise in die Forscherarbeit eingedrängt hätten. Wollte beispielsweise in tausend Jahren, wenn sich Urbild und Deutung verwischt hätten, ein Altertumsforscher in den Asen die Japaner, in den Wanen die Amerikaner, im schiffreichen Njǫrðr Admiral Perry sehen, der in der Bucht von Edo das Asenland der Prosperity auftat, so hätte seine Behauptung kaum schlechtere Stützen als manche anerkannte wissenschaftliche These. Machen wir uns aber von dem rationalistischen Beziehungsnetz frei, so fragen wir angesichts des eddischen Urbildes, ob die pragmatisch-logische Ordnung seherischen Gestalten überhaupt angemessen sein *könne*, – ob dies Mythos, ob das Urreligion sei.

In unserem Falle hätte sich überdies gegen eine Deutungsrichtung wie die eben gekennzeichnete sogleich der stärkste Zweifel erheben müssen, weil sich diese quasihistorische Sinngebung gerade bei Snorri Sturluson findet, der die Mythen von Asen und Wanen bewußt euhemerisiert, der sie absichtlich, von ganz bestimmten Vorstellungen beherrscht, vermenschlicht.[3] Dieser stolze Nordländer, lange nach der Bekehrungszeit von der Frage bedrängt, wie sein Volk der Verführungskraft teuflischer Dämonen hatte erliegen und sie Götter nennen können, wußte sich keinen Ausweg, als in ihnen übermächtige

---

3   Dazu Siegfried Beyschlag, „Die Betörung Gylfis", Zeitschrift für Deutsches Altertum, Bd. 85, 1954/55, S. 163-180.

zauberkundige Menschen und nach ihrem Hingang noch wirkende Totenseelen zu sehen, und fand in ihrer Größe und Macht sein verführtes Volk halbwegs entschuldigt. Aber darum weiß auch seine Historie nichts von der Mythe, und ebensowenig werden wir etwas vom Sinn der Mythe erfahren, wenn wir mit ihm den historisierenden Forschungsweg einschlagen.

Indessen gibt es doch mindestens drei Versuche, die Episode auch mythisch und rituell zu verstehen. Höckert hat in der gesamten Vǫluspá ein Bild vom Kampf um den Opfermet gesehen; aber auch er verstand dessen Raub, statt ihn als Mythos vom Wesen eines Kultgetränkes überhaupt zu begreifen, als einen geschichtlichen Religionsstreit. Ferner hat Dumézil im Wanenkrieg, analog den altrömischen Kämpfen zwischen Romulus und Titus Tatius, die mythische Begründung für zwei der indogermanischen Stände gesehen, und Fischer hat die Ansicht entwickelt, daß es sich speziell bei der Gullveig-Strophe um das Bild eines Läuterungsrituales handele, und in seiner Darstellung scheint es mit dem alchemistischen Prozeß verwandt zu sein.[4] Gegen diese Deutung Fischers und zum Teil auch gegen die Dumézils wenden wir vorerst ein, daß ein Bild solange nicht zu deuten sei, daß sein Hintergrund solange nicht vertieft und der Blick nicht in noch tiefere Gründe geführt werden könne, als das vordergründige Bild selbst nicht in allen seinen gleichartigen Teilen durchschaut sei. Gegen diesen Grundsatz hat auch die historisierende Deutung schon seit Müllenhoff gesündigt. Ehe man auch nur begriffen hatte, was mit dem *Weibe* Gullveig geschehe, hatte man schon vorschnell, ohne einen anderen Anlaß als den ersten Bestandteil des Namens, die Speere, die sie treffen, als Stößel gedeutet, die der Zerkleinerung des goldhaltigen Quarzes dienen.[5] Man sieht, selbst bei rationalem Verfahren gerät die Historie der Korruptions-Agentin ein wenig verworren. Mythische Bilder mögen dunkel sein und rätselhaft-vielgestaltig. Aber in einer bloßen Begriffsverwirrung beruht ihre Größe und ihre Tiefe nicht.

---

4 Rudolf W. Fischer, „Gullveigs Wandlung", Antaios Bd. 4, Stuttgart 1963, S. 581 bis 596. Für seinen Deutungsmodus beruft sich Fischer auf Jean Gebser, „Ursprung und Gegenwart", Bd. 2, S. 257f., Walther Tritsch und eine Resolution auf dem IX. Weltkongreß der Historiker. Mir scheint indes, daß Fischer die hier eröffnete Freiheit mehrfacher Deutungsmöglichkeiten verkennt: an den Bezugsstellen handelt es sich immer um die Erhellung einer historischen Wirklichkeit, also auch um die Deutung eines geschichtlichen inneren Gehaltes, nicht aber um die Preisgabe des einmalig Geschichtlichen zugunsten des Bedeutungsvollen überhaupt. Doch hat Fischer Wesentliches richtig gesehen: den Widersinn der Hinrichtungsthese, das Wesen von Speer und Brand.
5 Als Vermutung noch B. Sijmons und H. Gering, „Die Lieder der Edda", Dritter Band: Kommentar, Erste Hälfte: Götterlieder, Halle 1927, S. 27.

2. Die Tötung der Gullveig ein Opfer

Unser Hauptanliegen ist hier, die Gullveig-Strophe zu verstehen; sie wird uns auch das Verständnis eröffnen für die weiteren fünf damit verbundenen Strophen. Zunächst bestreiten wir entschieden, daß Gullveig eine Hexe ist oder eine Agentin, die von den Göttern in spätzeitlicher Weise gerichtet oder liquidiert werden soll: „die Hexe Gullveig haben die Asen ohne Erfolg dreimal verbrannt", so stellt Jan de Vries lakonisch fest.[6] Eine Hexenverbrennung und noch dazu eine mißlungene, – eine unzulänglichere Deutung für ein rätselhaftes mythisches Ereignis läßt sich schwerlich irgendwo finden. Und noch ein zweiter Gedanke desselben Forschers, ein ebenso grundsätzlicher Irrtum, sei hier beleuchtet. Er glaubt die Anwendung der Speere, die auf Gullveig gerichtet sind, aus deren eisernen Spitzen, aus der entzaubernden Kraft des Eisens erklären zu können: das Eisen sei „Abwehrmittel gegen schädliche Dämonen". Nun ist das Eisen hier allerdings nicht einmal genannt, – es könnten ebensogut goldene, tauschierte, bronzene oder im Feuer gehärtete hölzerne Spitzen sein, und wenn zaubrisches Eisen hier von Belang wäre, sollte auch das Wort fallen. Aber nicht hierin sehe ich den Hauptfehler. Einerseits wenden wir uns entschieden gegen die schematische Anwendung der beiden Begriffe „fruchtbarkeitsfördernd" und „dämonenabwehrend" auf all und jede Hinterlassenschaft des kultischen Altertums. Im Grunde bedeuten sie lediglich die unzulässige Übertragung naturwissenschaftlicher Graduierungen auf völlig wesensverschiedene Qualitäten; sie sind daher auch, weil sie letzten Endes nur auf die Setzung eines positiven oder negativen Vorzeichens hinauslaufen, universal anwendbar und im Grunde, im Hinblick auf das zu verstehende Gesamtbild, völlig nichtssagend. Es würde die Forschung sicherlich ungemein fördern und vertiefen, wenn sie, wenigstens eine Zeitlang, den Grundsatz beherzigen wollte, daß es in wesentlichem Geschehen, nämlich in den weltbegründenden Mythen und den ihnen entsprechenden Kulten, weder Fruchtbarkeitsriten noch apotropäische Handlungen geben könne. Von einem solchen, sicherlich übertreibenden Grundsatz wäre im Hinblick auf unseren gegenwärtigen Sachverhalt jedenfalls dieses zutreffend: ein Urweltmythos, und dahin haben wir unsere Mythe zweifellos zu rechnen, kann nicht auf die Gegebenheiten einer rituell ausgeprägten Kultur als

---

[6] Jan de Vries, „Altgermanische Religionsgeschichte", Berlin 1956/57, Bd. I, S. 327. Zum Folgenden: Jan de Vries, „Vǫluspá Str. 21 und 22", Arkiv för nordisk filologi, Bd.77, 1962, S. 45.

Requisiten zurückgreifen, weil er seinerseits zu deren Requisiten überhaupt erst den Grund legt, – er kann Eisen nicht apotropäisch benutzen, weil er das Eisen als einen derartigen Gegenstand noch gar nicht kennen kann. Wenn er jedoch das Eisen, sozusagen unbefangen und ahnungslos, aber mit einer derartigen Wirkung verwendet, dann mit der ausdrücklichen Konsequenz: und darum verwenden wir das Eisen noch heute so. Hätte also de Vries seine Behauptung begründen wollen, so hätte er einen dementsprechenden Gedankengang voraussetzen müssen. Nichts lag ihm indes ferner als das, er hat nur ein überaus zweifelhaftes „Was ist das?" der Religionswissenschaft zitiert.

Gegenüber der Hexentheorie erscheint es mir als unumstößlich gewiß, daß Götter der Urzeit, die ein Wesen nach einem bestimmten Ritus töten, ein Opfer bringen. Dürften wir einen so einfachen Schluß nicht tun, so müßten wir vor den Rätseln der Vorzeit überhaupt kapitulieren. Auch dann, wenn das mythische Geschehen sich selbst in das Gewand einer Hinrichtung einkleidete, hätten wir nicht einen Augenblick daran zu zweifeln, daß der innere Gehalt ihres Vollzuges ein tiefer und bedeutenderer wäre. Es gibt aber einen sehr einfachen Beweis für die Opfernatur des Gullveigfeuers: wir haben dort ja als Auftakt zum ersten Kriege eben das beisammen, was wir bei Germanen, Kelten, Griechen, Römern als Auftakt eines jeden Krieges beisammen finden: Speere, Opferblut und Opferbrand.[7] Hier wird das Opfer *i họll Hárs*, im Weltensaal, in kosmisch-initiatischer Gestalt im Anhub des ersten Heerkrieges dargebracht. Wir stellen ferner fest, daß Götteropfer Weltwenden bedeuten. Opfer wandeln das geopferte Wesen, Götter aber opfern immer das Wesen der Welt. Mit diesen Thesen befinden wir uns in vollem Einklang mit unserem Text, denn schon in der ersten Zeile wird eine Wandlung der Welt von grundauf festgestellt: des ersten Heerkriegs in der Welt erinnert sich die Seherin – als Folge, so dürfen wir wohl sagen, der Vorgänge um Gullveig.

Wir wenden, um diesen Weltwandel und das in ihm stattfindende Opfer zu begreifen, die Vorstellung von den drei Zeitaltern auf das Berichtete an. In welchem Sinne dies zulässig sei, wird sich im Laufe unserer Untersuchung noch genauer ergeben, und wir werden später auch ausdrückliche Zeugnisse dafür vorlegen, daß diese mythische Zeitanschauung auch in Germanien daheim war. Überdies kehrt die dreifältige Gliederung im Wesen der Welt bei den Indogermanen auf den verschiedensten Stufen und an den verschiedenartigsten Sinnträgern wieder; grundlegend ist sie aber eben in Gestalt der

---

[7] Vgl. Karl Weinhold, „Beiträge zu den deutschen Kriegsaltertümern", Sitzungsberichte d. kgl. pr. Ak. d. Wiss. zu Berlin, Jg. 1891, II. Hbd., S. 543-567.

mythischen Zeitanschauung und in ihr daher besonders geeignet, alle möglichen mythischen und kultischen Gebilde als Glieder eines Ganzen ihrer Bedeutung gemäß zu verstehen.

An unserer Stelle ist die Schau der Seherin auf eine bestimmte Zone im mythischen Gefälle gerichtet, auf den Durchgang in das Eherne Zeitalter nämlich. Sehen wir zu, ob auch andere Züge dazu stimmen. Der Name Gullveig ist als *Goldkraft* gedeutet worden; es konkurrieren damit die Bedeutungen *Goldtrank* oder *-rausch* und *Goldgewand*. Wir sähen in allen diesen Namen den bejahenden Ausdruck für Macht und Gehalt des vorausgehenden Zeitalters, des Goldenen. Selbst wenn die Bedeutung *Goldtrunkenheit* wäre, könnte darin, meine ich, keine verneinende Bewertung liegen. Ziehen wir nämlich die übrigen altnordischen Namen auf *-veig* hinzu – und von ihnen dürfen wir doch schwerlich den Namen Gullveig ausnehmen –, so müssen wir dort überall den Ausdruck eines Wertes vermuten, und ein Wort wie Kraft oder innere Macht schiene gewiß für alle am angemessensten: Almveig, Hallveig, Rannveig, Mjaþweig, Pórveig, Sólveig, Gullveig. Der erste Bestandteil bedeutet: Ulme (= Bogen), Saal, Haus, Met, Donar, Sonne, Gold, – wobei wir freilich bedenken müssen, daß die zweiteiligen germanischen Namen nicht ohne weiteres stets nach Art eines zweiteiligen Bindewortes gedeutet werden dürfen. Trotzdem möchten wir angesichts der vorliegenden Reihe, wie auch Nordal und andere es getan haben, als zusammenhangenden Sinn *Goldkraft* mit Bejahung des Wertes ansetzen. Das wäre es eben auch, was das Weib auf Grund unserer allgemeinen Schlüsse bedeuten müßte: innere leuchtende Macht des Goldenen Zeitalters.

Hinzuzufügen haben wir, daß an einer Reihe von Stellen veig unzweifelhaft das Kultgetränk bezeichnet, und zwar gerade auch in der Edda.[8] Möglicherweise hat das Festgetränk wegen seines „Machtgehaltes" das Kraftwort an sich gezogen. In dem Namen des Opferweibes hätten wir daher diesen Sinn durchaus als mitverstanden anzusehen: Gullveig, der von innerem Gold erfüllte, strahlende Göttertrank,[9] wäre auch der Name des Kultgebräues, mit dem die Essenz der Goldewe einverleibt wird – zu kultischer Wiedererstehung eben des festlichen Goldalters selbst. Eine solche vielfältig verknüpfende

---

[8] Grm. 25, Alv. 34, HH. II, 46, Akv. 35, Bdr. 7, Hdl. 50. Vgl. auch Hunn 15, Egill Skallagrimssonr lausav. 3,5 und Snorri Sturlusonr, háttatal 25,7.

[9] Vgl. Robert Höckert, „Vǫluspá och Vanakulten II", Uppsala 1930, S. 116 ff., besonders S. 131, Anm. 1, nach: Olaus Magnus, „Historia de gentibus septentrionalibus", Romae 1555, Lib. XIII, Cap.25: „Fit et apud Gothos ... potus fortissimus: qui ... prae fortitudine radios emittit scintillantes, velut candens ferrum."

145

Anschauungsweise liegt gerade im Sinn der Opferkulte, und wir werden eben darin eine weitere Bestätigung für unsere Sinndeutung sehen.

Daß wirklich den Strophen 21 bis 26 geschilderten Ereignissen eine Goldewe voranging, belegt vor allem die Strophe 8 mit den Anfangszeilen: „Sie saßen beim Brettspiel im Gehöft, heiteren Sinnes, an keinem Dinge gebrach es ihnen aus Gold." Allerdings könnte man den unmittelbaren Zusammenhang Goldewe-Gullveigopfer-Erzewe deswegen bezweifeln, weil auch schon in den Strophen 8-20 mehrfach von Schicksalseinbrüchen die Rede ist. Dennoch wird dadurch, meine ich, der behauptete Sinnzusammenhang nicht widerlegt. Denn einerseits können selbstredend schon vor dem weltumgestaltenden Gullveigopfer dessen in einer tieferen mythischen Schicht liegende Bedingungen genannt werden, und andererseits ist ein großer Teil der Strophen zwischen Urgeschehen und Gullveigopfer nach Meinung der meisten Forscher interpoliert: sicher die Zwergenaufzählung Strophen 9-16, wohl auch die Einführung der Menschen Strophe 17 f. und die der einzelnen Gestirne Strophe 5 und etwa gar die Yggdrasill-Strophe 19. Infolgedessen aber scheint eines der mythischen Bilder dreimal wiederholt: die gewichtige Halbzeile Unz þriár qvómo – bis dreie kamen – in Strophe 8 und 17 kann unmöglich etwas Verschiedenes bedeutet haben,[10] und etwas anderes kann auch die sehr verwandte Wortgebung in Strophe 20 nicht meinen: Von dort kommen Maiden … dreie aus dem Saal… Jedesmal trifft die dreigestaltige Macht auf Schicksalloses (ørlǫglauss – 17,8) und setzt Schicksalsgrenzen – alda bornom, ørlǫg seggia. Unmittelbar aber auf das gerundetste und auch in anderen Quellen überlieferte Bild der Schicksalsmacht, die Nornen am Weltenbaum, folgt die Gullveigstrophe.

Es scheint mithin nicht zweifelhaft, daß an den drei Stellen jeweils die dunkle dreifache Macht an der Wurzel des Weltenbaumes genannt ist, die dem immerwährenden Golde, dem Immergrün und der wärme-, farb- und atemlosen Vorgeburt widerstreitet. Aber sie selbst ist noch „vorgeburtlich", bis sie durch das Götteropfer im Weltensaal unterm Himmel manifest wird. Wir sind mit dieser Deutung nicht nur der Agentin, des banalen Richtverfahrens und der asischen Schuld quitt gegangen, sondern haben auch das angebliche Hysteron-Proteron Gullveig-Heiðr beseitigt. Vor dem Goldopfer konnte es überhaupt noch keine Heid-Hexe gegeben haben, die Art ihres Wirkens

---

[10] Das Femininum in Strophe 17 oder genauer, in der Formel *unz þriár qvómo*, halte ich für ursprünglich, die Anwendung der Formel auf die Dreiheit der Asen für sekundär. Die Identität der Thursenmaiden mit den Nornen vertritt auch Finnur Jónsson, „Völu-spá, Völvens Spádom", tolket af F. J., København 1911, S. 9.

war noch nicht da. Wenn man nur liest, was da steht, so gibt es die Welt, in der sie wirken könnte, bis einschließlich Strophe 21 noch nicht. Wenn Gullveig und Heid überhaupt zusammenhangen, dann zeitlich nur in der Abfolge, wie beide Handschriften sie bieten. Es läßt sich zudem auch kein stilistischer Mißgriff sinnleerer denken, als eine Weltwende – und das erste *fólkvíg ist* für eine solche das untrügliche Anzeichen – in der Gestalt eines Hysteron-Proteron darzustellen. Überhaupt müßte ja, wenn eine solche Stilfigur behauptet wird, ihre künstlerische raison d'être zugleich nachgewiesen werden, aber diesen Nachweis hielt man kaum jemals für nötig, und niemand kann ihn führen.

Zwar hat de Vries behauptet,[11] daß der Dichter auf diese Weise die Spannung erhöhe, und er hat als weitere Belege für die Verwendung der Stilfigur die Strophen 28/29 und 32/33 angeführt. Aber erstens vermag ich in diesen Beispielen durchaus kein Hysteron-Proteron zu erkennen, und zweitens dünkte mich dies ohne tiefere Begründung behauptete Spannungsmittel in einer an sich selbst hochgespannten seherischen Rede eine unwürdige Spielerei. Auch widerspricht eine solche Form nicht nur, wie bemerkt, der Weltwendenbedeutung, sondern überdies dem seherischen Vorgang selbst. Vergleichen wir nämlich ein wirkliches derartiges Gesicht[12] mit dieser Unterstellung, so finden wir eine strenge zeitliche Ordnung bewahrt, und es ist für möglich zu halten, daß es ohne sie überhaupt nicht zu einer Schau, sondern zu einer Überwältigung des Augenpunktes durch das seherische Chaos käme, – zumal ja die Schau ursprünglich überhaupt nur möglich ist, weil die gewohnten Grenzen der Zeit überspült werden. Bei dem Seher Anton Johansson zum Beispiel, der 1907 die apokalyptische Geschichte dieses Jahrhunderts voraussah, war die Zeitfolge durch eine lange Reihe von Jahreszahlen bezeichnet, die neben den Zukunftsbildern wie auf einem Kalender standen, und sollte man etwa aus einem solchen schreibtischmäßigen Zuge auf die Unechtheit der Vision schließen wollen, so wäre dazu zu sagen, daß in solchen Kalenderzetteln die bewußtseinsfremde Natur der namen- und zahlenlosen Zeitigungsstaffeln überhaupt erst bewußtseinsfähig wird und ohne sie gar nicht bewahrt werden könnte. Es versteht sich, daß auch andere Signa die zeitliche Staffelung festhalten und daß sie in der Bilderflut oder dem Bericht davon auch untergehen

---

11 Jan de Vries, „Vǫluspá Str. 21 und 22“, Arkiv för nordisk filologi, Bd.77, 1962, S. 47.
12 „Merkwürdige Gesichte … gesehen von dem Eismeerfischer Anton Johansson …“ herausgegeben von A. Gustafsson, Stockholm (1953), S. 6, vgl. S. 87 unten, 88f.

können. In unserer Spá sind die Stefzeilen rhythmische Haltepunkte und zeithafter Anhalt der visionären Gezeitenströmung.

2.1. Belege für die Opferform

Die Opfernatur des Gullveigbrandes haben wir bisher in allgemeinen Erwägungen begründet. Wir haben nun zu fragen, ob diese Natur auch in den Einzelheiten kenntlich wird, und, wenn ja, ob die Form der Opferung dem vorausgesetzten allgemeinen Gehalt entspricht, ob ein Opfer an der gemeinten Weltwende gerade in dieser Gestalt anschaulich werden kann. Dazu müssen wir zunächst ein Bild von der Opferhandlung gewinnen und stoßen hier, wie an zahllosen anderen schwierigen Stellen der Edda, zunächst auf eine rein textliche Schwierigkeit. In der zweiten Langzeile weichen nicht nur unsere beiden Handschriften voneinander ab, sondern es ist auch der Sinn des von der einen im Singular, von der anderen im Plural gesetzten Verbums nicht klar. Beide Handschriften bieten den Namen Gullveig im Nominativ, wozu aber nur die singularische Verbform stimmt; die Handschrift R jedoch hatte zunächst den Akkusativ *Gullveigo*, was auch zu dem stehengebliebenen Plural der Verbform – *studdo* – stimmt und daher von den Herausgebern wieder hergestellt wird. Je nachdem scheint auch der Sinn des Zeitwortes verschieden, so daß die Zeile nach der emendierten Fassung R zu übertragen wäre: *als sie Gullveig mit Geren stießen*, die überlieferte Fassung H dagegen ergäbe: *als Gullveig sich mit Geren stützte*. Es ist nicht überflüssig, auch die überlieferte, verunglückte Fassung von R in der Übertragung zu vergegenwärtigen: als sie mit *Geren (der Opfermensch) Gullveig stützten*, – oder: *stießen*. Mir scheint, daß die Schwierigkeit, mit der die Schreiber rangen, schon auf den eigentlich springenden Punkt hinweist: des Rätsels Lösung liegt in der richtigen Auffassung des Zeitwortes, und da *styðia* ohnehin nur ausnahmsweise *(durch)stoßen* bedeutet, so dürfte hier der Sinn *stützen* zutreffend sein. Die Fassung H bringt das auch zweifelsfrei zum Ausdruck, verlegt die Tätigkeit aber deswegen in die Gullveig selber, und auch R, indem der Schreiber absichtlich den Nominativ herstellte, scheint dies im Sinne gehabt zu haben. Mithin vollzieht sich das Opfer dergestalt, daß Gullveig mit Speeren aufgestützt[13] und verbrannt wird, – und zwar nach der Fassung H offenbar

---

[13] Dementsprechend auch Georges Dumézil, „Tarpeia", in: Essais de philologie comparative indoeuropéenne, Paris 1947, S. 255: „ils dressèrent G. avec des épieux".

unter Zustimmung und Mitwirkung des Opferweibes selbst. Gibt es zu einem solchen Ritual Parallelen?

Auf Speere gehoben, die mit dem unteren Ende in die Erde gestoßen sind, stirbt Eirek, der Sohn König Ragnars, nach einer verlorenen Schlacht unter den Gegnern einen freiwilligen Tod.[14] Dieser Tod ist als ein Opfer aufzufassen, und einige seiner günstigen Folgen lassen sich unmittelbar aus dem Geschehen ablesen. Zunächst einmal verschafft sich Eirek durch dies heldenhaft selbst auferlegte qualvolle Sterben die Freiheit, für seine ebenfalls gefangene Gefolgschaft Frieden auszubedingen. Außerdem tilgt er damit wohl auch die Schmach der eigenen Gefangenschaft, und er dient in gewisser Weise gegenüber seinem Bruder die Racheverpflichtung ab, der er, selbst gefangen, nicht mehr nachkommen kann. Die eigentliche Hauptwirkung seines Opfers aber liegt in der Tiefe und bleibt unserem Blick zunächst verborgen; wir kommen auf sie weiter unten zurück. Man hat den Eindruck, obwohl sonst Belege im germanischen Bereich fehlen, daß Eirek nicht etwa einem persönlichen Einfall folgt, sondern einen überlieferten Sterbebrauch wählt. Übrigens ist die Ragnarssaga Loðbrókar auch sonst reich an altertümlichen Zügen.

Ein sehr ähnliches Bild bietet ein thrakisches Ritual, von dem Herodot berichtet. Dort wird ein zum Boten an den Himmelsherrn erwählter Krieger auf drei aufrecht gehaltene Speere geworfen. Stirbt der Geopferte nicht, so wird er für schlecht gehalten und ein anderer an seiner Statt gewählt.[15]

Einen weiteren merkwürdigen Beleg liefert das Mahābhārata.[16] Dort ist Bhīṣma, von zahllosen Pfeilen Arjunas getroffen, vom Wagen gestürzt und liegt nun, mit dem Haupt nach Osten, ohne die Erde zu berühren, auf den Pfeilen als Stützen da. Weil die Sonne im tiefsten Abschnitt ihrer Bahn steht

---

[14] „Völsungasaga ok Ragnarssaga loðbrókar", ed. Ólsen, Samfund etc. 36, København 1906/1908, S. 139ff., 148f. „Saxo Grammaticus", IX, 311f. H, bringt wohl den freiwilligen Tod, nicht aber das Speerritual. Eine verwandte altertümliche Art der Hinrichtung überliefert die schleswig-holsteinische Sage, Karl Müllenhoff, „Sagen, Märchen und Lieder der Herzogtümer Schleswig, Holstein und Lauenburg", Neue Ausgabe, Schleswig 1921, Nr. 160. Dort läßt ein heidnischer Fürst der Bekehrungszeit den Missionar auf einen Spieß stecken und verbrennen.

[15] Herodot IV, 94. Joseph Wiesner, „Die Thraker", Stuttgart 1963, S. 85f. Zum Vollzug dieser Opferweise vgl. noch E. Bozzano, „Übersinnliche Erscheinungen bei Naturvölkern", Bern 1948, S. 133-136.

[16] Nach: „Mahābhārata", translated … by Pratap Chandra Roy, … Edited by Hiralal Haldar, Bombay 1950ff., Vol. V, p. 326ff. „Bhīṣma Parva", Section CXX ff., vgl. Vol. VII, p. 33, Vol. VIII, p. 96, Vol. XI, p. 403. Das Vorbild wirkt vermutlich auch im „Rāmāyana", VI, c. 45ff. nach, wo der Held und sein Bruder unter der Wirkung des Nāgapāśa-Zaubers, unter dem „Schlangenbann", mit Pfeilen aufgestützt, daliegen. Fälle von profanem Schlachtentod im alten Skandinavien, wo das Übermaß der Geschosse den Toten aufrecht erhält, siehe bei Sigurður Nordal, „Völuspá, Völvens spádom", udgivet og tolket af S. N., fra Islandsk ved Hans Albrectsen, København 1927, S. 52.

und da es unheilvoll wäre, in dieser Zeit zu sterben, so richtet sich Bhĩṣma auf ein langes Bleiben ein, denn er besitzt die Macht, den Zeitpunkt seines Todes selbst zu bestimmen. Aber sein Kopf hängt nach unten, und daher bittet er den Arjuna, den Sohn Indras, um ein Kissen, und dieser, voll Verständnis, setzt ihm drei Pfeile unter das Haupt. Hätte er dies nicht verstanden, so hätte ihn Bhĩṣma verflucht. „Dergestalt, O Starkarmiger, sollte ein Krieger, der seiner Pflichten eingedenk ist, auf dem Schlachtfelde auf seinem Pfeilbett schlafen. … Laßt einen Graben hier um mich ausheben, ihr Könige! Von Hunderten von Pfeilen durchbohrt, will ich so die Sonne verehren … Ich habe den ruhmwürdigsten und höchsten Zustand der Kriegerrituale erreicht … Mit all diesen Pfeilen über meinen Leib, ihr Männerbeherrscher, sollte ich verbrannt werden." Schließlich bittet er Arjuna noch um Wasser; dieser schießt hart südlich des Bhĩṣma die Götterwaffe in die Erde, und dort springt ein himmlischer Quell hervor. Könige, Krieger, die sieben großen Ṛṣis, Totenseelen, Ahnengeister umwandeln ihn verehrend, Frauen und Kinder bewundern ihn wie die Sonne. Verstehen wir alle diese Einzelzüge richtig – das Pfeilbett, die Ostung, den Ringgraben, die Quelle, die Umwandelung – so ist hier ein Heiligtum des Kriegerrituals entstanden.

Die Worte Bhĩṣma lassen die Selbstverständlichkeit begreifen, mit der Eirek seine kriegerische Erhöhung im Tode betreibt und mit der Gegner und Mannen darauf eingehen; das thrakische Ritual aber und das Vorbild Eireks eröffnen uns das Verständnis für den seltsamen Kriegszauber, den Eireks Bruder Ivar übt bei dem Rachetreffen für den Geopferten. Ivar läßt sich nämlich, wie jenes thrakische Opfer, von seinen Mannen emporschleudern, hier nun aber in das Getümmel der Schlacht, und im Niederfallen bricht unter ihm die Zauberkuh des schwedischen Königs, in der seine Siegesmacht verdichtet ist, zusammen. Ob uns diese magische Handlung Ivars nicht das Inbild der Opferwirkung darbietet, so daß an Ivar nicht der Opfertod, sondern der Opfergewinn aus jener kriegerischen Darbringung seines Bruders erscheint?! Diese Ansicht wird, so scheint mir, unmittelbar bestätigt durch die Worte des schwedischen Königs, der den Opferentschluß Eireks als verderblich für sich selbst erkennt, ihm aber trotzdem den Vollzug nicht weigern kann.

Die beigebrachten Belege, der skandinavische, der thrakische, der indische, genügen meines Erachtens, um einen bestimmten Opferritus der indogermanischen Stämme nachzuweisen, dessen wesentlicher Bestandteil das Aufstemmen mit Speeren war. Die Pfeile des indischen Epos sind sicher als eine spätere Abwandlung zu erklären,[17] weil sich in Indien im Laufe der Zeit bei vorherrschendem Wagenkampf die taktische und rituelle Bedeutung des Pfeiles steigerte und er an die Stelle des Speeres trat. Schon in vedischer Zeit ist die Hauptwaffe der Bogen;[18] durch den Speer gekennzeichnet sind nur die Maruts, eine besonders altertümliche Schar göttlicher Wesen, die in manchen Zügen mit dem Wilden Heer übereinstimmt.[19] In epischer Zeit sind die Hauptwaffen des königlichen Kämpfers Bogen und Schwert.[20] In Germanien dagegen war seit ältester Zeit bis in sehr späte Tage hinein die rituelle und taktische Hauptwaffe der Speer, – wir erinnern dazu nur an den „Speergott" der bronzezeitlichen Felsbilder, an die Frame bei Tacitus (Germania 6), an den Speer Wodans und den Spieß als Bürgerwaffe noch im Mittelalter. Auch der thrakische Reitergott führt wie der germanische die Lanze[21] und ebenso die Hochgöttin der Thraker, die Königliche Bendis.[22]

Auch bei Kelten und Römern bewahrte der Speer die taktische und rituelle Bedeutung bis in die Spätzeit. Daß der Pfeil in Indien für den Speer eintrat, bewirkt es unter anderem, daß in dem epischen Ritual die rituelle Dreizahl der Streben nicht den ganzen Leib abstützt wie bei den Thrakern, sondern nur den Kopf. Übrigens ist es dort auch der Kopf, aus dem sich, einem Meteore gleich, die Lebensgeister zum Himmel aufschwingen.

---

[17] Die oben angenommenen einfachen geschichtlichen Zusammenhänge komplizieren sich in geringem Maße, wenn die von Stig Wikander vorgetragene Ansicht zutrifft, daß die skandinavische Tradition von der Brávallaschlacht mit der Schlacht des Mahābhārata zusammenhängt („Från Brávalla till Kurukshetra", Arkiv 75, 1960, S. 183-193); denn dem Bhīṣma Indiens entspricht ein nordischer Vorkämpfer namens Ubbi Friski, der ebenfalls durch ein Übermaß an Pfeilen fällt, wenn er auch dann nicht aufgestützt überm Schlachtfeld liegt. Sind nun diese beiden Traditionen urverwandt – eine Annahme, für die sich Wikander, wenn auch nicht ohne Bedenken, entscheidet –, dann müßten wir neben dem Speerritual ein schon indogermanisches Pfeilritual gleicher Bedeutung annehmen. Trifft jedoch die gegenteilige Ansicht zu, hat in später Zeit indische Überlieferung noch einmal auf germanische eingewirkt – eine Annahme, für die noch drei weitere, aus rein germanischem Erbe nur schwer zu erklärende Züge sprechen (Odins Keule, Hildetands Wagen, Gurithas Wallfahrt): dann entfiele allerdings die Nötigung, für das Pfeilopfer bereits eine indogermanische Form anzusetzen. Indes – gälte nun eine Annahme: in keinem Falle werden dadurch die Schlüsse, die wir aus dem Bhīṣma-Opfer auf das germanische Speerritual gezogen haben, in *wesentlicher* Weise berührt.

[18] Heinrich Zimmer, „Altindisches Leben. Die Cultur der vedischen Arier", Berlin 1879, S. 298-300.

[19] Heinrich Zimmer, „Altindisches Leben. Die Cultur der vedischen Arier", Berlin 1879, S. 300f. Hermann Oldenberg, „Die Religion des Veda", Stuttgart 1923, S. 225ff. Ṛgveda I, 166, 4; V, 54, 11.

[20] Bogen, Pfeile, Schwert und Bannertuch verbergen die Pāṇḍava während der Zeit ihrer Erniedrigung auf dem Baume. „Mahābhārata", Virata Parva 5, 40ff., = „Mahābhārata", translated … by Pratap Chandra Roy, … Edited by Hiralal Haldar, Bombay 1950ff., Vol. IV, p. 10, 77ff.

[21] Wiesner, „Die Thraker", Stuttgart 1963, Tafel IX, X.

[22] Ebenda S. 107, Tafel III, V.

2.2. Der Sinn der Opferform

Fragen wir nach dem Sinn des Rituals, nach seinem mythologischen Ort, so dürfte dieser in der thrakischen Form am klarsten erscheinen. Dieser gen Himmel geworfene Götterbote, der nicht auf die Erde zurückkehrt, so wie auch Eirek zwischen Himmel und Erde stirbt und Bhīṣma die Erde nicht berührt, wie seine Prāṇas zum Himmel aufsteigen und sein Leib über der Erde verbrannt wird, – diese Krieger werden dem Himmel geopfert in der Gestalt, in welcher der Himmel einst selber erhöht worden ist: das Kriegeropfer bildet das Uropfer der Himmel-Erde-Fernung dar. In der hintergründig-mythischen Deutung, die das Mahābhārata selbst dem Sagengeschehen gibt, ist Bhīṣma Inkarnation einer Gottheit, die den allgemeinen indogermanischen Namen des Himmels(gottes), Dyauḥ, führt; der Schütze ist Arjuna, Sohn Indras und Träger eines seiner Ritualnamen, sein Helfer aber Kṛṣṇa, Inkarnation Viṣṇus:[23] im vollen Umfang stellt also die epische Dichtung durch die Sagenhelden das mythische Uropfer selber dar, und zwar sogar in einer ursprünglicheren als der für den Rgveda typischen Hauptform, – als Himmelsfernung und nicht als Drachensieg.

Wir dürfen wohl von vornherein annehmen, daß die Himmelsfernung nicht nur ein mythisches Bild von Urzeitvorgängen war, sondern daß sie in ritueller Form wiederholt werden konnte. Ja, wir werden zu dieser Annahme gedrängt, wenn wir uns die Frage stellen, in welcher anderen Weise sonst wohl überhaupt eine jede kultische Himmelssäule rituell hätte aufgerichtet werden können. Zwar deutet man gewöhnlich, spätem Aberglauben nach, die an den Säulen dargebrachten Opfer, das Blut, mit dem sie bestrichen werden, als „magische Stärkung", damit sie nicht zusammenbrächen. Einleuchtend aber ist allein, daß mit diesen Opfern das Uropfer selbst wiederholt und der Welt ein neuer „Anhub" gesetzt wurde. Eines der großartigsten Bilder von der rhythmischen Wiederholung des Säulenopfers ist bei Platon überliefert. Auf Atlantis wird der Opferstier – und ich glaube wir dürfen ihn im Rahmen dieser Betrachtung und wegen des jetzt zu nennenden Zuges als „Himmelsstier"

---

[23] „Mahābhārata", Adi Parva 96ff., „Mahābhārata", translated … by Pratap Chandra Roy, … Edited by Hiralal Haldar, Bombay 1950ff., Vol. I, S. 236f. Vgl. auch Georges Dumézil, „Remarques sur le dieu scandinave Heimdallr", Etudes celtiques, Vol. VIII, Paris 1958/59, S. 263-283, besonders S. 267, 280ff., und Georges Dumézil, „Les pas de Kṛṣṇa et l'exploit d'Arjuna", Orientalia Suecana, Vol. V (1956), Uppsala 1957, S.183-188.

bezeichnen –, *auf der Höhe der Säule* getötet.[24] Weshalb – wenn nicht ein „himmlischer Sinn" in dieser über die Erde erhobenen Tötung liegen soll!

Daß die Himmel-Erde-Fernung wirklich mit vollem Bewußtsein im Kult wiederholt werden konnte, dafür mag folgende Schilderung zeugen, wenn es sich dabei auch lediglich um eine Pantomime handelt,[25] Te Rangi Hiroa, selbst Maori und zugleich bedeutender Völkerkundler, erzählt: „Die Weltausstellung von Christchurch in den Jahren 1906/7 wurde auch von Bewohnern der Cook-Inseln besucht, und eine Gruppe von Aitutaki führte die Geschichte von Rutetokorangi vor, von ‚Ru, der den Himmel emporstemmt'. Ein bejahrter Häuptling mit der Würde angeerbten Herrschertums übernahm die Rolle Rus, und die anderen stellten Rus Familie dar, die bei der Urtat mitgewirkt hatte. Im Gleichmaß mit dem Dröhnen hölzerner Gongs stampften sie mit den Füßen auf und ließen sie die Kniee erbeben. Sie sangen ein altertümliches Lied und setzten hölzerne Speere gegen die daliegende Mutter Erde. Der Gesang wurde lauter, und die Speerspitzen erhoben sich; in wachsender Höhe ragten sie in die Luft, wie es dem Wortlaut des Liedes entsprach. Wir stellten uns vor, wie die Speerspitzen den widerstrebenden Leib des Himmelsvaters emporstemmten, – zuerst auf die Enden von Pfeilwurzblättern und dann auf die Höhe hölzerner Stützen, bis sie ihn schließlich mit ausgereckten Armen emporschleuderten in den Raum. Die Holzgongs krachten, die Sippe Rus brach in ein Jubelgeschrei aus; wir aber blickten zweifelnd nach oben und beschauten, was in der Urzeit vollbracht worden war."

2.3. Die Himmelsfernung im germanischen Mythos

Man wird es befremdlich finden, daß wir mit solcher Entschiedenheit den Mythos der Himmel-Erde-Fernung zur Erklärung des Gullveigopfers heranziehen, da doch einerseits diese Mythe in Germanien gar nicht belegt ist und es sich dort andererseits weder um die Opferung eines Vaters noch eines Kriegers noch überhaupt eines Mannes handelt. Wir befassen uns zunächst mit dem ersten Einwand und stellen fest, daß zwar wirklich die Himmelsfernung im germanischen Erbe nicht ausdrücklich überliefert ist, daß jedoch andererseits zahlreiche Züge der germanischen Mythe für sie zeugen. Schon vor zehn Jahren hat Franz Rolf Schröder auf die Parallelen zwischen

---

[24] Platon, Kritias 119 St.
[25] Te Rangi Hiroa, „The Coming of the Maori", Wellington 1952, S. 439f.

Thor, Indra und Herakles hingewiesen und für den nordischen Gott die Fernungsmythe angenommen.[26] Außer auf die in vielen Einzelzügen belegbare Verwandtschaft Thors mit Herakles und Indra berief er sich dazu auf den germanischen Weltsäulenkult, die Hochsitzpfeiler und auf das Geirrödsabenteuer. Hinsichtlich des Säulenkultes ist zu sagen, daß er allein zwar kein zureichendes Zeugnis für das einstige Vorhandensein der entsprechenden Mythe wäre,[27] daß er aber im Rahmen der Gesamtüberlieferung entschieden für diesen mythischen Hintergrund spricht. Ein gleiches bezeugen dann die Hochsitzpfeiler, die *ǫndvegissúlur*, die oben in ein Thorsbild auslaufen. Die Deutung von *ǫndvegi* als Geisterweg würde am besten in diesen Zusammenhang passen.[28]

Daß wir es bei der Gestalt Thors wirklich mit solchen Zügen zu tun haben, geht unmittelbar aus dem Ringen mit den Geirrödstöchtern Gjalp und Greip hervor.[29] Als nämlich die erstere den Fluß Vimur, den Thor auf seiner Fahrt durchschreitet, anschwellen läßt, spricht er die Strophe: „Wachse nicht, Vimur, da es mich gelüstet, dich zu durchwaten ins Reich der Riesen! Weißt du, wenn du wächst, dann wächst mir Asenkraft ebenso hoch auf wie der Himmel." Durch einen Steinwurf verschließt er danach die Quelle Gjalps, ein sehr urtümliches Mythologem,[30] ein Verschluß, der unmittelbar der Entmannung des Urvaters entspricht. Wichtig ist auch der Begriff der Asenkraft – *ássmegin* –, da nach einer gewöhnlichen Deutung des Wortes *áss*[31] er eben „Pfahlkraft", also die (zaubrische) Macht eines stützenden Balkens bedeutet hätte. - Bei der zweiten Szene, in Geirröds Hause, sehen wir nun Thor selbst den Stab, der soundso oft in der Welt als Himmelsheber begegnet, nach oben an die Decke des Saales stemmen, indem zugleich die Töchter Geirröds ihn auf dem Stuhl nach oben heben – „bis an den Himmel" ihn heben wollen,

---

[26]   Fr. R. Schröder, „Indra, Thor und Herakles", Zeitschrift f. d. Philologie, Bd. 76, 1957, S. 1-41, besond. S. 6 f.

[27]   Willibald Staudacher, „Die Trennung von Himmel und Erde", Tübinger phil. Diss. 1942, grundlegend durch umfassende Sammlung von Belegen der Mythe, meint S. 61, Anm 1, daß die Vorstellung der Himmelsstütze nicht den Mythos der Himmelshebung voraussetze, da sich die Verbreitungsgebiete der beiden Mythologeme nicht deckten. Aber dieser Schluß ist unverbindlich, denn allzuoft blieb die Anschauungswelt der Vorzeit nur im Ausschnitt erhalten.

[28]   Jan de Vries, „Altnordisches etymologisches Wörterbuch", Leiden 1961, S. 687 b.

[29]   Snorri Sturluson, „Edda, udgiven af Finnur Jónsson", København 1900, Skáldskaparmál 18, S. 88ff.

[30]   Dazu: Jan de Vries, „Altgermanische Religionsgeschichte", Berlin 1956/57, Bd. II, S. 141. Vgl. Willibald Staudacher, „Die Trennung von Himmel und Erde", Tübinger phil. Diss. 1942, S. 24, den Felsen Izanagis.

[31]   Jan de Vries, „Altnordisches etymologisches Wörterbuch", Leiden 1961, S. 16, läßt sie erst an zweiter Stelle gelten.

wie die Strophe besagt, – was einigermaßen an die polynesische Mythe von Tane erinnert, der zugleich den Himmel hebt und vom empordringenden Pflanzenwuchs selber gehoben wird.[32] Wir fügen hinzu, daß unseres Erachtens Thor und der polynesische Maui aus einer und derselben, geschichtlich nachweisbaren Wurzel stammen, und sind überzeugt, daß diese auch in nicht zu ferner Zeit aufgedeckt werden wird. Um so eher wird dann die Ansicht zu vertreten sein, daß Thor und Maui ebenso als Himmelsheber zusammengehören wie als kosmische Fischer und Bekämpfer der Weltungeheuer.

Zu den oben genannten, von Schröder schon angeführten Anzeichen einer germanischen Fernungsmythe kommen nun wenigstens noch die folgenden hinzu, die wir alle nur in möglichster Kürze aufzeigen wollen. Das Motiv der wachsenden Asenkraft wird anschaulich in dem Bilde des wachsenden Leibes, eine Eigenheit, die Thor ebenfalls mit Ru und mit Maui gemeinsam hat.[33] Sie wird sowohl in der Utgardloki-Geschichte wirksam, wo Thor sich reckt, um die Midgardschlange zu lüften – und *skamt var þá til himins*, nur wenig fehlte noch bis zum Himmel –, wie in der Hymirsage, wo er im Weltmeer mit den Beinen durch den Schiffsboden bis auf den Meeresgrund fährt, um sich gegen das Gewicht der Schlange anzustemmen. Auch die Namen *jarðar burr* und *Fiǫrgynia burr*, die Thor führt und die beide Erdensohn bedeuten, reihen den nordischen Gott unter alle jene Fernungsgötter ein, die mit der Erde verschworen und auf ihr sich erhebend, den Himmel verstoßen. - Als typischen Zug mancher Fernungsmythen erwähnen wir für Germanien auch die Art, wie beim Bau der Welt die Hirnschale Ymirs als Himmel auf vier Zwerge als Träger gesetzt wird.[34]

Ferner hatten die Germanen außer dem Himmelsheber Thor wie die Griechen vielleicht noch einen besonderen Himmelsträger, nämlich Heimdall, dessen Name dann einfach Weltsäule bedeuten würde – allerdings eine sehr unsichere Etymologie.[35] Es würden aber dieser Name und diese Funktion vortrefflich zu einer Figur des Gosforthkreuzes passen.[36] Dort hält nämlich ein Mann einen Speer aufrecht, der oben und unten im Oberkiefer

---

[32] Teuira Henry, „Ancient Tahiti", Bernice P. Bishop Mus. Bull. 48, Honolulu 1928, S. 351.

[33] Snorri Sturluson, „Edda, udgiven af Finnur Jónsson", København 1900, Gylfaginning 45-47, S. 53f., 56. Für Maui vgl. Willibald Staudacher, „Die Trennung von Himmel und Erde", Tübinger phil. Diss. 1942, S. 40.

[34] Snorri Sturluson, „Edda, udgiven af Finnur Jónsson", København 1900, Gylfaginning 7, S. 14. Vgl. Willibald Staudacher, „Die Trennung von Himmel und Erde", Tübinger phil. Diss. 1942, S. 7, 36, 42f.

[35] Jan de Vries, „Altnordisches etymologisches Wörterbuch", Leiden 1961, S. 219 a.

[36] Jan de Vries, „Altgermanische Religionsgeschichte", Berlin 1956/57, Tafel XVII, vgl. S. 240.

eines Ungeheuers ruht – offenbar eine besondere künstlerische Fassung für das Motiv des *einen* Ungeheuers, dessen Kiefer auseinandergestemmt werden durch die Götterwaffe – wie der Rachen des Fenriswolfes durch das Schwert – vermutlich – des Týr.[37] Es gibt allerdings auch Mythen, in denen zwei Weltungeheuer, etwa zwei Krokodile,[38] so auseinandergehalten werden. Daß die Mannesgestalt Heimdall sein könnte, wird noch besonders dadurch nahegelegt, daß sie in der anderen Hand ein Horn hält. Inwiefern Speer und Trinkhorn gerade in der Fernungsmythe zusammengehören, ist hier nicht zu erörtern, nur auf die Gullveig selbst, auf den mit Speeren aufgestemmten „Goldtrank" sei noch einmal verwiesen. Heimdalls Horn wird mehrfach erwähnt, scheint aber meist nicht ein Trinkhorn, sondern ein Blashorn zu sein.

Das Motiv des weltenweit aufgerissenen Schlundes, Sinnbild der Allvernichtung, erscheint des weiteren am Fenriswolf, wie er zum Götterkampf heranrast „mit klaffendem Rachen, den Unterkiefer auf der Erde, den Oberkiefer am Himmel, und wenn Raum dafür wäre, klaffte er noch weiter".[39] Und wie vor der Himmelsfernung kein Raum da ist, den Himmel zu lüften, sondern der Gott ihn erst schafft, so gibt es unterm Ragnarök auch den Gott, der den Raum schafft, in dem allein dies Großmaul auseinanderzureißen ist: Widar, den Rächer des verschlungenen Odin, der mit dem Fuß in den Unterkiefer des Wolfes tritt und mit der Hand den Oberkiefer ergreift und den gähnenden Schlund auseinanderreißt, – eine kosmogonische Tat, die wie keine andere aus Germanien überlieferte das Himmel-Erde-Fernungs-Motiv *unmittelbar* bezeugt. Es ist aufs engste verwandt mit der Himmel-Erde-Trennungsmythe Mesopotamiens, wo Marduk das Urungeheuer spaltet und der obere Teil den Himmel, der untere die Erde ergibt,[40] – und mit der mexikanischen Urmythe, wo die Schöpfungsgötter das Ungetüm überkreuz an seinen Gliedmaßen packen, auseinanderreißen und so die obere Hälfte zum Himmel erheben, die untere zur Erde machen.[41]

Das Bild des Gosforthkreuzes, das mit diesen Mythen aufs nächste verwandt ist, gibt indes Anleitung, noch weitere Motive aus dem alten Norden in den Ideenkreis der Urmythe einzubeziehen. Der weltsäulenartig Oben und Unten auseinanderhaltende Speer ist selbstverständlich aufs nächste

[37] Snorri Sturluson, „Edda, udgiven af Finnur Jónsson", København 1900, Gylfaginning 33, S. 35.
[38] Hermann Baumann, „Das doppelte Geschlecht", Berlin 1955, S. 226.
[39] Snorri Sturluson, „Edda, udgiven af Finnur Jónsson", København 1900, Gylfaginning 50, S. 62f.
[40] E. A. W. Budge, „The Babylonian Legends of the Creation", London 1931, S. 61.
[41] W. Krickeberg, „Märchen der Azteken und Inkaperuaner", Jena 1928, S. 5.

verwandt mit den Speeren, welche die Rasengangsgrube aufklüften helfen, jenen Urort des Daseins, in dem sich zwei Männer zu tiefster Lebenseinigung vor allen Sonderungen zusammenfinden.[42] Haben wir aber diesen Sinn für die Grube unter dem speergehaltenen Rasenstreifen erkannt, sehen wir in ihr zugleich Urort und sich entfaltenden Weltenraum, dann finden wir darin auch eine anschauliche Verwandtschaft zu der eddischen Urkluft, mit der alles Dasein anhebt, zum *ginnunga gap*.

Wir haben, um die germanische Mythe von der Weitung des Urraumes zu verstehen, auch diesen Begriff nach Möglichkeit aufzuklären. Wir können uns dabei, wenn wir die Bilderwelt der Vǫluspá anschaulich machen wollen, nicht auf Snorris Gebrauch des Wortes stützen; denn er geht von einem gewaltigen Urraum aus, der nach Feuer und Eis gepolt ist und in dem sich, zwischen den äußersten Qualitäten, in der ausgeglichenen Mitte, eben im Ginnungagap die Lebenskeime ansetzen. Das Urbild der Völve aber negiert alle Qualitäten und setzt mit *gap var ginnunga* nur den „keimenden Raum" als Beginn. de Vries hat das Wort *ginnung* als feminines Abstraktum zu einem Verb *ginnan* aufgefaßt und dieses Zeitwort über eine hypothetische ablautende Form *°gannan an gandr* = „Zauberwesen" angeschlossen.[43] Auch *ginnan* sollte dann eine zaubrische Handlung bezeichnen, und *ginnungagap* wäre demgemäß „der mit magischen Kräften erfüllte Urraum". - Gegen diese Deutung spricht zunächst, meine ich, daß die Forschung sonst in keinem Falle die Bedeutung „Zauber" als den unrückführbaren Ursinn eines Wortes betrachtet. Das Prinzip und die anzugebenden Beispiele mögen nun richtig sein oder nicht, – es besteht immer das Bestreben, für den abstrakten Sinn eine sinnlich bezeichnende Urbedeutung zu finden, und demgemäß gälte es etwa als vorbildlich, ein Wort wie *galdr* an *gala* und *gjalla* anzuschließen, also an bezauberndes Singen, oder *seiðr* = „Zauber" an *seiðr* = „Band" und damit an die Sehne als (zaubrische) Fessel. Ein weiterer Einwand ergibt sich daraus, daß die zugehörigen Bildungen *ginnheilagr* und *ginnregin*, die auch de Vries dahin zählt, als „zauberheilig" und „Zauberwalter" nicht befriedigend gedeutet sind. Schließlich halte ich es für methodisch falsch, bei der Aufhellung eines den Urbeginn bezeichnenden altnordischen Wortes die Sippe von westgermanisch *beginnan*, gotisch *duginnan* auszuschließen, obwohl

---

[42] Heino Gehrts, „Das Märchen und das Opfer", Bonn 1967, S. 159ff., 164.
[43] Jan de Vries, „Ginnungagap, Acta philologica Scandinavica V", 1930/31, S. 41 bis 66. Vgl. Jan de Vries, „Altnordisches etymologisches Wörterbuch", Leiden 1961, S. 167f.

sie nach allgemeiner Ansicht formal verwandt ist[44] und als Anfangswort eben auch semasiologisch dazugehört. Auf den Zusammenhang der nordgermanischen *ginn*-Sippe mit der genannten west- und ostgermanischen weist zudem der Umstand hin, daß im Norden bei weitverzweigter sakraler Verwendung die profane Bedeutung fehlt, während für den Süden gerade das Umgekehrte gilt. Hier hat sich doch offensichtlich ein und derselbe Wurzelsinn in zwei verschiedenen Richtungen entfaltet oder, wahrscheinlicher wohl, erhalten. Es kann sich mithin lediglich darum handeln, einen Stammbaum herzustellen, der alle Bildungen und Bedeutungen in überzeugender Weise vereinigt.

Die Zusammenstellung von *ginnung* und *gap* nun scheint mir auf einen noch immer empfundenen Zusammenhang von *ginn-* mit *gina* und *gina* hinzuweisen. Die altnordischen Neutra *gin* und *gap* bezeichnen beide den Rachen, *gap* bedeutet auch Kluft; *gapa* heißt „offenstehen, das Maul aufsperren"; *gina* und *gina*, zu deutsch *gähnen* gehörig, bedeuten „schnappen, gähnend aufklaffen, sich öffnen". Die Wörter *gapa* und *gin* begegnen in der oben wiedergegebenen Beschreibung des angreifenden und besiegten Weltwolfes. Schon hier, beim Sinn des „Aufklaffens" zweigt die Bedeutung des „Eröffnens", des „Beginnens" ab. Zum Eröffnen gehört aber auch das Einführen und Einweihen, in der Jugendinitiation oft mit betörenden Täuschungen von mancherlei Art verbunden, – von daher wäre die ginning des Gylfi zu verstehen, die bei ihm noch im vollen Doppelsinne sowohl eine „Einführung" ist, eine „Eröffnung" des mythologischen Wissens, wie auch in Snorris Auffassung eine Sinnestäuschung und Betörung. Das altnordische Zeitwort *ginna* = „täuschen, betören, zaubern" hinge also durch das suggestiv wirkende Initiations-Theater[45] mit dem west-ostgermanischen *-ginnan* = „anfangen" zusammen.

Aus dem sakralen Bereich ist mithin die Bedeutungsentfaltung unmittelbar zu verstehen, – von dorther noch ganz sinnlich die in Gähnungen sich eröffnende Urkluft, die aber gleichzeitig auch eine Kluft der Einführungen, der Daseinsweihen ist, – wie ja mythischer und ritueller Vorgang im urvölkerlichen Denken niemals getrennt sind: Jugendinitiation und Initiation der jugendlichen Welt hangen aufs engste in ein und demselben Bilde zusammen.

---

[44] So auch Jan de Vries, „Ginnungagap, Acta philologica Scandinavica V", 1930/31, S. 63, Anm. 4. Vgl. noch S. Feist, „Vergleichendes Wörterbuch der gotischen Sprache", Leiden 1939, S. 128. Cleasby-Vigfússon-Craigie, „An Icelandic-English Dictionary", Oxford 1957, S. 200. Julius Pokorny, „Indogermanisches etymologisches Wörterbuch", Bern (1959), S. 420, (438).
[45] Dazu Oskar Eberle, „Cenalora", Olten 1955, passim.

Und wenn „das Öffnen des Mundes" bei dem zum Schweigen verpflichteten Initianden, bei dem „Dummen" sicher ebenfalls in bedeutungsvoller Weise vor sich ging, dann läßt sich von daher vielleicht auch die „Stammelformel" des Kragehul-Schaftes verstehen. Daß Initianden Jungtierlaute nachahmen, daß sie mit einfachen Silben wie Wa, Ho, Ye das kultische Geschehen begleiten, daß sie nach der Initiation das Sprechen neu zu erlernen vorgeben, ist bei den Urvölkern weitverbreiteter Brauch.[46] Das *ga-ga-ga* des Schaftes wäre dann zugleich Säuglingslaut und der erste Ton aus dem Welten-gap, darum auch Initianden- und Zauberwort, und wenn unmittelbar dahinter die Silbenfolge *-ginuga-* steht, die auch de Vries mit unserem Wort verknüpft,[47] dann dürfte man vielleicht sagen, es hieße dies eben einfach *ginn-Ga*, wäre das Ga des Beginnes, der Urlaut.

In dem hier erschlossenen Sinne wäre mithin auch die Vorsilbe *ginn-* zu deuten, die man bisher, von de Vries abgesehen, lediglich als „verstärkend" oder „auszeichnend", also sehr abstrakt und ohne jede Begründung so gedeutet hat. Aber diese Silbe schließt den Sinn der mit ihr zusammengesetzten Wörter an den Urbeginn der Welt an, sie bezieht die Heiligkeit, die Festigkeit, die Geheimnisse, die Mächte auf die Urzeit, und demgemäß sind *ginnheilog goð* die „urheiligen Götter", die *ginnregin* „Urwalter der Welt", *gin(n)runar* „die das Urgeheimnis enthaltenden Zeichen" und das angelsächsische *gin-fæst* dürfen wir wohl auch als „urfest" verstehen.

Wir wiederholen, daß wir Ginnungagap als den in Gähnungen beginnenden Urraum deuten, und wir meinen, daß er nicht von vornherein als ungeheuer groß zu gelten hat, wie meist und schon seit Snorri angenommen wird, sondern als winzig klein, der Rasengangsgrube entsprechend, und ebenso urwinzig, wie polynesische Kosmogonien den Uranfang schildern.[48] Daß Ginnungagap durchaus nicht den Weltraum meint, sondern eine aufklaffende Lücke im Erfüllten, geht auch unmißverständlich aus dem spätmittelalterlichen Gebrauch des Wortes in der isländischen Kosmographie hervor. Dort bezeichnet es nämlich den Sund im Wall der Festländer (noch 1606 kartiert als Ginnungegap fretum), durch den sich der Weltozean (bei Snorri *umsjár*) gegen die befahrenen „Binnenmeere" hin auftut: „mellem Vinland og

---

[46] Don C. Talayesva, „Sonnenhäuptling Sitzende Rispe", Kassel (1964), S. 161. Oskar Eberle, „Cenalora", Olten 1955, S. 227f., 344-348. Arnold van Gennep, „Les 'rites de passage", Paris 1909, S. 117. Heinrich Schurtz, „Altersklassen und Männerbünde", Berlin 1902, S. 104.

[47] Jan de Vries, „Ginnungagap, Acta philologica Scandinavica V", 1930/31, S. 45.

[48] Te Rangi Hiroa, „Mangaian Society", Bernice P. Bishop Mus. Bull. 122, Honolulu 1934, S. 9ff.

Grönland er Ginnungagap, det gaar ud af det Hav som heder Mare oceanum og som omslynger hele Verden", – so heißt es in einem Auszug des Björn frá Skarðzá aus einer wahrscheinlich dem 14. Jahrhundert entstammenden isländischen Handschrift. In einem anderen mittelalterlichen Text erscheint einmal auch statt des abgeleiteten Wortes *ginnung* die Form des Präsenspartizips: Ghinmendegop.[49] Obwohl die Überlieferung hier alles andere als zuverlässig zu sein scheint, könnte auch diese Form immerhin überliefert sein und dann noch ursprünglicher die „gähnende Kluft" bezeichnen. Ein Vers wie Voluspá 3,7 würde in der Gestalt *gap var ⁰ginnunda* vielleicht verständlicher; aber der Ausgleich nach *ginnungagap* lag nahe und nicht nur wegen des „sakralen" *ga*.

Unser Exkurs in die Wortgeschichte war nötig, um eine letzte Anwendung auf unser unmittelbares Anliegen vorzubereiten. Die Völve enthüllt das Bild der Urzeit, da als Ymir war. Es gibt nichts, weder einzelnes noch Himmel und Erde und auch nicht einmal, so dürfen wir *upphiminn* ausdeuten, oben und unten; aber allerdings war da die Urkluft, – „Bis Burs Söhne die *bjǫð* erhoben". Was hoben sie auf? – Nun, wichtig ist erst einmal, daß diese Söhne des „Daseienden" oder des „Geborenen" überhaupt im Raumlosen etwas heben können, – ein wunderbarer Urvorgang wie Indras Vajrawurf gegen den Urdrachen im Raumlosen und wie Widars Hinausreißen des Wolfsrachens über die mit dem Rachen selbst gesetzten Grenzen. Das Wort erheben, *yppa*, widerspricht damit eben auch gerade der zuvor getroffenen Feststellung, daß gar kein *upphiminn*, kein Oben da war. Die Tat der Burssöhne ist also eben jene Urtat, nach der wir suchen, auch sie ist ein Gewinnen des Raumes im Raumlosen. Daß solche Tat aus dem Beginn des Raumes heraus, aus der eben aufgähnenden Kluft heraus erfolgen muß, ist mythisch allein folgerichtig. Wie aber haben wir uns bildhaft den Vorgang vorzustellen?

Das Wort *bjǫð*, n. pl. zu einem altnordisch nicht belegten sg. *⁰beð* wird heute zu aisl. *bjǫð* gestellt und damit zum deutschen Bett und Beet. Diese gehören ihrerseits mit lat. *fodio*, „graben", und anderen bedeutungsnahen idg. Wörtern zusammen, und von dort aus werden die beiden Bedeutungen: „gegrabene Lagerstatt" = Bett, und „aufgelockerte und aufgeworfene Pflanzerde" = Beet verständlich.[50] Zu dieser Sippe stehen *⁰beð, bjǫð* im Ablautsverhältnis

---

[49] Gustav Storm, „Ginnungagap i Mythologien og i Geografien", Arkiv 6, 1890, S. 340-350, besond. S. 347, 341.

[50] Jan de Vries, „Altnordisches etymologisches Wörterbuch", Leiden 1961, S. 29, 41. Friedrich Kluge, „Etymologisches Wörterbuch der deutschen Sprache", 17. Aufl., Berlin 1957, S. 71. Lennart Moberg, „Fornisländskan bjǫð i östnordisk belysning", Arkiv 66, 1951, S. 38-51.

(idg. e : 0, germ. e : a); vom Sinn der a-Wurzel läßt sich also nicht unmittelbar auf den der e-Wurzel schließen. Doch meint Lennart Moberg, der die schwedischen Verwandten des Wortes *bjǫð* näher beleuchtet hat, daß auch hier eine ursprüngliche Bedeutung „Aushub" und „Aufwurf" mit der Bedeutungsentfaltung „Grube, Haufen, Brink, Hügel, Wall" zu erkennen sei. Von diesen Bedeutungen wäre also auszugehen. Für unrichtig halte ich die verbreitete Ansicht, daß unsere Stelle der Strophe 59 entsprechend aufzufassen sei, wo die Völve die neubegrünte Erde zum andern Mal aus dem Meer aufsteigen sieht, das Wort *bjǫð* müsse also in Strophe 4 demgemäß „Land" bedeuten. Aber wenn vorher so eindringlich versichert wird, daß weder Sand noch See oder Erde und Hochhimmel waren, dann fiele nun das Aufsteigen des Landes im Meere völlig aus dem Bilde heraus: die Völve ist aber eine Seherin.

Allein zulässig ist, meine ich, daß wir von der wurzelhaften Bedeutung des Aufgrabens und Aufwerfens ausgehen, von Grube und Brink, und damit dürfen wir zu einer früheren Stelle unseres Gedankenganges zurückkehren. Das treffendste rituelle Abbild des mythischen Ginnungagap finden wir in der Rasengangsgrube: dort ist in einer ersten Lüftung durch den Speer ein Raum geschaffen, und im Mythos lüften die Urbrüder von dorther noch weiter das Obere an, eben die *bjǫð*, – so daß nun auch die Sonne dazwischen scheinen kann – von Süden, so wie sie nach der Himmelslüftung in zahlreichen Fernungsmythen auf der ganzen Welt dazwischen scheint. Es ist dies auch ein rituelles Geschehen, analog dem festlichen Sonnenblick, der am ausgezeichneten Jahrestage durch ein Gap zwischen Felsblöcken auf die Steine des Göttersaales fällt. Ebenso dringen jetzt zum ersten Male Sonnenstrahlen in weihevoller Weise in das von Himmel und Erde umhegte, von den Essenzen Licht und Luft erfüllte, eigentliche Heiligtum des Lebens ein, und daher wird von Þjǫðolf dies mit Bezug auf seinen Ursprung verständlicherweise *ginnunga vé* genannt.[51]

Für die Richtigkeit der hier entwickelten Anschauung zeugt, meine ich, eine andere Urzeitkunde, die, soviel ich weiß, bisher noch nie befriedigend erklärt worden ist. In Lokasenna 9 beruft sich Loki auf die *i árdaga* mit Odin geschlossene Blutsbrüderschaft. Was der Sinn einer solchen Brüderschaft sein könne, ist die Frage, und sie stellt sich um so dringender, wenn man erkennt, daß der Sinn der rituellen Verbrüderung nicht Versippung ist.[52]

---

[51] Snorri Sturluson, „Edda, udgiven af Finnur Jónsson", København 1900, Skáldskaparmál 17, S. 182: III, 2, 4.
[52] Heino Gehrts, „Das Märchen und das Opfer", Bonn 1967, S. 147ff., 177ff.

Die Antwort lautet, daß Odin und Loki Urbrüder sind, weil sie in der Ur-
rasengrube der Welt, im Ginnungagap, mitsammen hausten und die *bjǫð*
emporstemmten. Es braucht uns dabei nicht zu bemühen, daß Loki in den
ursprünglichen Götterdreiheiten, Odin, Vili und Vé der Gylfaginning, Odin,
Hœnir und Lóðurr der Vǫluspá, nicht namentlich genannt wird, obwohl freilich in der Dreiheit der Reginsmál, Odin, Hœnir und Loki. Solche Prägungen
haben nicht nur eine wechselvolle Vorgeschichte, sondern sie entstammen
auch oft bestimmten spekulativen Absichten, sind urkundlichen Namensreihen historischer Personen nicht zu vergleichen. Wir haben hier allein nach
der bedeutungsvollen Aussage zu entscheiden, daß Loki und Odin einmal
in der Urzeit den Bruderritus vollzogen haben, und dies vermutlich in einer
urweltlichen Rasengangsgrube.

2.4. Die Opferverwandlung des Weibes

Wir haben damit die wesentlichen Belege für die mythisch und kultisch vielfältig ausgeprägte germanische Himmelfernungsmythe angeführt. Zwar findet sich die anthropomorphe Form, nach Art jener polynesischen Pantomime,
nicht darunter. Sie aber dürfen wir jetzt in den untersuchten Opferformen
selbst erkennen. Sowohl der eben entworfene allgemeine Hintergrund spricht
für diese Bedeutung wie die aufgewiesenen indogermanischen Parallelen.
Der thrakische Ritus wie die indische Sagenform belegen ein Opfer an den
Himmel in der Gestalt des Himmelsopfers. Zu fragen aber bleibt, was wir
mit diesen Einsichten für das Gullveigopfer gewonnen haben. Denn da die
zugrunde liegenden Vorstellungen ein weibliches Wesen als Opfer ausschließen, kann auch das Gullveigopfer nicht Abbild des Uropfers sein.

Dieser Einwand ist insoweit wirklich treffend, als damit dem Gullveigopfer der Abbildcharakter abgesprochen wird. Das Opfer Eireks, das
thrakische und das indische Opfer wiederholen getreu das Uropfer und erneuern damit die durch dieses initiierte Welt. Wir haben aber schon eingangs
festgestellt, daß das Gullveigopfer die Welt verwandelt, daß es Neues, bisher nicht Dagewesenes eropfert. Es gibt in der mythischen Zeitspanne bis
zu Gullveig allerdings keine Form des Opfers außer derjenigen, mit der jene
Welt entstanden war. Darum wird Gullveig wie der Himmelsvater auf Speeren erhoben. Wohl aber wird eine andere Substanz zum Opfer erhoben, und
war die Erde bis dahin unbeweglich und der tiefste Grund, so wird sie doch

nun, wir dürfen wohl sagen, da die Erde selbst „unaufhebbar" ist, in Gestalt einer Tochter emporgestützt, – und sie wird verbrannt. Der Himmel, selbst Feuer, kann nicht verbrannt werden. Der Brand ist die typische Form, unter der Irdisches geopfert wird. Nur mit Hilfe des Feuers kann Irdisches gelüftet werden. Das typische Opfer des Himmels dagegen wird ohne Feuer vollzogen: weder bei jenem skandinavischen Kriegeropfer noch bei dem thrakischen wird ein Opferbrand erwähnt, – ja, er wird bei beiden ganz sicher nicht etwa nur verschwiegen, denn es ist ausdrücklich die Rede davon, daß Eirek zum Fraße wird für Raben und Adler, und bei dem thrakischen Opfermann wird als das Entscheidende angesehen, daß er durch die Speere stirbt – und nicht etwa durch Rauch und Feuer. Auch Bhîṣma stirbt auf den Pfeilen, und seine Praṇas schwingen sich zum Himmel auf, ehe sein Leib dem Totenbrand der epischen Zeitspanne übergeben wird. – Alle diese Züge stehen in einem weiten und verständlichen Sinnzusammenhang miteinander, – um so einleuchtender wird es uns, daß das Gullveigopfer eine neue Welt initiiert.

2.4.1. Die Hainuwele-Mythe

Wir haben bisher unsere Deutung aus der germanischen Überlieferung entwickelt, im Hinblick auf Leitbilder allerdings, die teils von indogermanischen Völkern, teils aus ferner liegenden Kulturkreisen stammen. Wir sind nun indes an eine Stufe gelangt, an der wir uns des bisher entworfenen Gesamtbildes noch besser vergewissern wollen, indem wir es mit einem anderen Gesamtbilde vergleichen, das nicht in Trümmern, sondern in seinem vollen Umfange bewahrt ist. Dieses Zeugnis stammt zwar aus einem weit fremderen völkischen Bereich als die bisher herangezogenen; wir dürfen aber, um diesen Weg zu rechtfertigen, uns nicht nur auf die Bestätigungen berufen, die sich aus der Sache selbst ergeben, sondern auch auf namhafte Gelehrte, die diesen Weg schon vor uns mit Erfolg betreten haben: wir brauchen den Pfad, der bereits in das alte Griechenland hineinreicht, nur bis in den Norden hinauf zu verlängern.

Die Hainuwele-Mythe,[53] die Adolf E. Jensen in den dreißiger Jahren bei den Wemale auf Ceram entdeckte und die er 1939 in einem ersten Bande seines Forschungsberichtes bekanntmachte, gab sogleich Anlaß zu einigen

---

[53] Ad. E. Jensen, „Hainuwele", Frankfurt 1939.

bedeutsamen Verallgemeinerungen,[54] und Jensen selbst konnte in seinen dar-auffolgenden Werken[55] über diesem verbreiterten Fundament wichtige kulturgeschichtliche Ansichten entwickeln. Wir beschränken uns hier darauf, das Bild des Gullveigopfers auf Grund der oben entfalteten Anschauungen unter Anleitung der Hainuwele-Mythe zu vervollständigen und zu verstehen. Wir stellen dazu sogleich fest, daß auch die Wemale die Himmelsfernungsmythe kennen: auf die Bitte der Bäume hebt das Urweib mit einer Bambusstange den Himmel hoch.[56] Aber auch dort ist mit diesem Urvorgang das Weltwerden noch keineswegs vollendet. Es gibt in der Welt, die allein erst durch die Himmelsfernung entstanden ist, noch nicht den Tod, noch nicht die Zeugung, noch nicht die Speise. Es wird zwar in dem Kampf zwischen Bananenbaum und Stein[57] schon über die Bestimmung des Menschen zu Zeugung und Tod entschieden, ins Leben getreten sind sie für die Urmenschen damit indes noch nicht. Ebenso wird zwar in der Vorgeschichte der Hainuwele schon von der Schweinejagd ihres Vaters, dem Einpflanzen einer Kokosnuß, einer Zeugung aus Blut und Blüte erzählt, aber es handelt sich bei alldem noch nicht um leibhaft-menschliche Wirklichkeit, sondern um das Wesen einer Welt, in der dies Grundzug menschlicher Möglichkeit ist. Um so besser verstehen wir das, was in der Vǫluspá zwischen der Urtat und dem Gullveigopfer vor sich geht; auch dort werden Schicksalsmächte nur vorbenannt, und erst mit Gullveigopfer und Fólkvig beginnen sie ins Leben zu wirken.

Noch auf einen Zug der Mythe, der vor dem Opfer erscheint, sei, weil er in Germanien so stark hervortritt, verwiesen: das Motiv des Weltenbaumes. Das von Hainuweles Vater gejagte Schwein sucht Zuflucht im Wasser, wird von dem Jäger aufgefischt, und er findet eine Kokosnuß an seinem Hauer. Eine Traumerscheinung bewegt ihn, die Nuß der Erde anzuvertrauen, und aus ihr erwächst in wenigen Tagen eine hohe Palme. Daß diese aber der Weltbaum ist, geht nicht nur daraus hervor, daß ihre Zweige die Stämme der Menschen bedeuten, so daß was jenen geschieht, auch diese betrifft, sondern auch aus ihrer Herkunft. Denn jene erste Kokosnuß ist sicher verwandt mit den

---

[54] W. F. Otto, „Der Sinn der eleusinischen Mysterien", Eranos-Jahrbuch 1939, Zürich 1940. K. Kerényi, „Kore. Zum Mythologem vom göttlichen Mädchen", Paideuma Bd. 1, Frankfurt 1940.

[55] Ad. E. Jensen, „Mythos und Kult bei Naturvölkern", Wiesbaden 1960, 1. Aufl. 1951. Ad. E. Jensen, „Die getötete Gottheit, Weltbild einer frühen Kultur", Stuttgart 1966, 3. Aufl. von: „Das religiöse Weltbild einer frühen Kultur", Stuttgart 1948. Ad. E. Jensen, „Die drei Ströme", Leipzig 1948.

[56] Ad. E. Jensen, „Hainuwele", Frankfurt 1939, S. 39.

[57] Ebenda S. 39f.

Urnüssen, aus denen in mannigfachen ozeanischen Mythen die Welt entsteht, und die Art ihres Erscheinens mit dem Erdtauchmotiv, besonders seiner indischen Gestaltung, wo Viṣṇu als Eber auf seinen Hauern die Erde aus dem Urmeer emporträgt.

Als für uns minder wichtigen, aber immerhin bemerkenswerten Zug der Gesamtmythe verzeichnen wir noch, daß die Wesensart des Menschendaseins sich durch drei Mädchen verwirklicht, durch die Jungfrauen Rabie, Satene und Hainuwele, durch die in jeweils besonderer Weise Zeugung, Tod und Speise ins Leben treten. Wenn nun auch diese Bedeutungsglieder in Germanien nicht überliefert sind, so muß es uns doch höchst auffällig dünken, daß die Urzeitvision der Völve mehrfach wiederkehrend uns als weltentscheidend die Ankunft dreier Mädchen vermeldet. Ob nicht die schon öfter geäußerte Ansicht, daß Gullveig eine von ihnen ist, durch das indonesische Mythologem eine Stütze erhält? Zur Artung dieser Wesen in Germanien sei nur dogmatisch festgestellt, daß die Herkunft aus Riesenheim sie nicht etwa als böse oder lebenzerstörend bezeichnet, sondern als zu den Elementen des Daseins gehörig. Gibt es doch kaum ein Wesen in der germanischen Welt, das nicht riesenentstammt wäre. Der totale Krieg, den Thor gegen die Riesen führt, entspricht seiner besonderen Funktion und ist mit seiner Rolle als Himmelsheber im Einklang.

Der entscheidende Gesichtspunkt, der uns Hainuwele mit Gullveig zu vergleichen gestattet, ist ihr Opfer in der Weltwende und die Artung der Zeitalter, die durch die Wende geschieden sind. Die Zeit vor Hainuweles Tode kennzeichnet der mühelose Reichtum, der Überfluß der Kostbarkeiten, und zugleich sind die Menschen noch ohne Bedürfnis, ohne Hunger, Tod und Zeugung. Des Mädchens Kot besteht aus wertvollen Gebrauchsgegenständen, die im Leben der Wemale geradezu das Geld und dem Sinne nach einen Goldschatz bedeuten: Korallen, chinesisches Porzellan, Buschmesser, Kupferdosen, goldene Ohrringe, javanische Gongs. Mag uns diese Ausscheidung eines mythischen Wesens auch befremden, so haben wir doch in der deutschen Vulgärsprache einen sehr verwandten Ausdruck für den Geldüberfluß. Bei den Wemale wird im übrigen auch von den Himmelswesen erzählt, daß ihr Kot aus solchen Kostbarkeiten besteht.[58]

Hainuwele nun teilt, in der Mitte des Kultplatzes sitzend, an die Tänzer, die sie im nächtlichen Maro-Tanze umkreisen, die Kleinodien aus, – so wie

---

[58] Ebenda S. 82, vgl. S. 77.

in der Gegenwart dort ebenfalls junge Frauen sitzen, die an die Tanzenden Pinang-Nüsse und Sirih-Blätter zum Kauen verteilen. Da sich aber von Nacht zu Nacht die Kostbarkeit ihrer Gaben steigert – ohne Zweifel ein Symbol für die innere Wirkung des Tanzes, die man auch bis in die Gegenwart noch erwartet, zugleich für uns ein Merkzeichen dafür, daß auch das Gold der Goldewe nicht nur ein metallischer, sondern dem Wesen nach ein ritueller Gegenwert ist[59] – wird das Mädchen den Leuten unheimlich, und zur neunten Nacht auf dem neunten Tanzplatz graben sie in der Mitte eine Grube, drängen die Jungfrau tanzend, ihre Schreie mit dem dreistimmigen Maro-Gesange übertönend, in die Grube und stampfen tanzend die Erde über ihr fest. Der Vater, nichts ahnend, dann die Tochter vermissend, findet heraus, wo sie blieb, gräbt den Leichnam aus, zerstückelt ihn und vergräbt die Stücke – bis auf die Arme – im Umkreis des Tanzplatzes. Daraus ward in der Folge, was die Menschen bis dahin nicht hatten, vor allem die Knollenfrüchte, von denen sie leben.

Höchst eigentümlich ist nun, wie der Vater in der einen Fassung der Mythe seine Rache vollendet. Er besteigt dazu nämlich jene Kokospalme, den „Weltbaum", aus dessen Blüte Hainuwele erwachsen ist, und tritt dabei so heftig auf die Zweige, daß sie abbrechen, und über jeden spricht er einen Fluch aus. Nur den obersten, jüngsten Trieb verschont er, und mit ihm ist die Sippe gemeint, die auch weiterhin am Orte des Urgeschehens, am Urkultplatze wohnen bleibt, während die übrigen Sippen zerstreut werden. Dies Motiv leitet wohl auch dazu an, den Krieg zu verstehen, der in Gestalt der Kopfjagd dort rituell ist und selbstredend voraussetzt, daß die Urgemeinschaft der Menschen aufgelöst ist. Es scheint, als seien die Kostbarkeiten der Hainuwele in gewissem Maße austauschbar gegen die Kostbarkeit der Kopfjagd.[60] So ist ja eben auch die lebendigste Kostbarkeit, die Speise, Austausch gegen den der Hainuwele zugefügten, an ihr erstmals erprobten, ja, erfundenen Tod. Daß der europäische Forscher trotz ernstlichen Bemühens und achtungsvoller Enthaltsamkeit von Werturteilen in diese auf ihrem Begriffsfelde sicher äußerst einfache Valuta keine wirklich befriedigende Einsicht erlangt, ist ein Zeichen von Wandlungen des Geistes, die nicht durch Begriffe, sondern allein durch Initiation zu überbrücken sind.

Immerhin verstehen wir, daß die Schätze der Hainuwele die Essenz des Lebens selber sind, der erbeutete Kopf aber die Münze, in welcher des Lebens

---

[59] Ad. E. Jensen, „Die drei Ströme", Leipzig 1948, S. 248.
[60] Ebenda S. 246ff.

innerer Goldschatz ausgeprägt ist in einer Welt der Individuationen. Halten wir daran fest, daß der aus dieser ersten Weltwende sich ergebende Krieg der rituelle Krieg ist, daß dieser die Erzene Ewe kennzeichnet und daß erst das Eiserne Alter den reinen Mord- und Machtkampf bringt – zwei Arten des „Krieges", die bei den Wemale durchaus unterschieden werden[61] – so werden wir auch das erste Fólkvig des Nordens nicht mit Snorri als Eroberungskrieg mißverstehen. Daß Snorri etwas durchaus Falsches behauptet, daß es nicht um Provinzen und Herrschermacht ging, macht uns die Völve selbst überwältigend deutlich, denn im Rat der Götter wird nicht über Grenzen, sondern über die Verteilung der Opfer verhandelt.

Aber damit haben wir schon vorgegriffen und eine der Folgen des ersten Weltwendenopfers gekennzeichnet. Wir wünschen jedoch, bevor wir fortschreiten, das geopferte Wesen selbst und seine eigentümliche Natur noch näher zu charakterisieren. Angedeutet haben wir schon, warum dieses Opfer an einem weiblichen Wesen vollzogen wird. Ob auch die Gullveig, wie die Hainuwele, ein Mädchen war, wissen wir nicht, möchten es aber, im Gegensatz zu den Erdichtern der Spionagegeschichte, annehmen; denn das ist im Einklang mit dem Bilde eines solchen Opferwesens. An der Hainuwele, an dem Weibe Goldkraft, an der griechischen Kore, das heißt geradezu an der Göttin „Mädchen", erblicken wir den Gehalt und die Wirkungsmacht der Goldewe selbst: es sind Bild und Macht der Knospe. Aber das Bild muß vergehen, um seine Macht zu entfalten. Die Knospe wie die Jungfrau müssen sich opfern, um zu wirken. Die nicht geopferte Knospe verdorrt. Die nicht geopferte Jungfrau wird zum Gespenst. Knospe und Jungfrau sind Wunder des Lebens. Dennoch und deshalb müssen sie sich wandeln. Alle Wunder des Lebens müssen sich wandeln, um nicht zu verdorren. Die Urvölker haben dies vom Grunde bejaht, vom Grunde aus haben sie ihre Kulturen demgemäß gestaltet. Auf dem Urgrunde der Welt, auf dem ursprünglichen Kultplatz selbst haben die Menschen der Vorzeit darum selbst die Knospe, die Goldewe und die goldene Jungfrau geopfert. Und sie haben darum den Tod auf sich genommen; durch Opfertötung haben sie die fortzeugende Fruchtbarkeit eropfert. Mit allem tiefsinnigen Denken, mit der Weisheit der Besten steht der Lebenssinn der Urvölker im Einklang. Nur daß bei ihnen in Lebens- und Jahreskreis auch das lebendig vollzogen ward, was in unserem Aion bestenfalls noch als tiefsinniger Ausspruch möglich ist.

---

[61] Ebenda S. 240f., 251.

2.4.2. Die dreifältige Wandlung

Mit der Deutung der Formel *Þrysvar brendo Þrysvar borna*, dreimal ver-
brannten sie die dreimal Geborene, treten wir bereits in die Aufhellung
der folgenden Strophen ein. Übrigens genügt diese Zeile schon, um die
Hinrichtungsthese zu widerlegen: dreimal aus dem Feuer wiedergeboren
zu werden, kann nur Wandlung und Steigerung bedeuten, Läuterung und
Machtentbindung, nicht erfrornen Rachebrand und zaubrischen Kniff. - Die
Belege für die Wandlung im Feuer sind so zahlreich, daß wir sagen dürfen,
die Flammen würden eben zu diesem Ende entfacht. Einen dreifachen derartigen Brand entzündet der Zwergkönig Och des ukrainischen Märchens;
dreimal verbrennt er den mißratenen Bauernsohn und läßt ihn dreimal wieder
aufleben, das letztemal nicht nur als vollkommenen, sondern auch als zauberkundigen Jüngling.[62] Den drei Elementen Wasser, Feuer und Luft wird
der finnische Kullerwo überantwortet, und jedem entgeht er offenbar, indem
er zugleich eine besondere Fähigkeit erwirbt; nach drei Feuertagen findet er
sich unversengt, gefeit, mit goldenem Schüreisen in der Glut.[63] Den Triptolemos legt Demeter allabendlich ins Feuer, um ihn unsterblich zu machen. Im
deutschen Märchen brennen die Feuer drei Jahre, am Ende wird die „kleine
weiße Katze" hineingestoßen, sie geht als Prinzessin aus dem Brande hervor,
und mit ihr ersteht das Königreich.[64] Ein umschaffendes Feuer, dessen Werk
sich in neunmal drei Tagen vollendet, kennt auch die Mythe der Wemale.[65]
Ganz irrig ist de Vries' Ansicht,[66] daß gerade das niedrig Dämonische dem
Feuer widersteht. Nur selten rettet sich die Hexe aus dem Brande,[67] nie aber,
weil sie als feurig das Feuer besteht; in schweizerischen Sagen bedarf sie zu
ihrer Rettung des Erdelements.[68] Was sich reingebrannt aus den Flammen

---

[62] „Russische Volksmärchen", Übertragen von August von Löwis of Menar, Märchen der Welt-
literatur, Düsseldorf (1959), Nr. 6. In einem weißrussischen Märchen werden Kinder wiederholt ins Feuer gesetzt und mit der Frage: „Weißt du was?" herausgezogen, – bis sie die
Tierverwandlung verstehen oder die Vogelsprache: V. I. Propp, „Le radici storiche dei racconti di fate", Torino 1949, S. 161 f., nach A. M. Smirnov, „Sbornik velikorusskich skasok",
Petrograd 1917, S. 30, 72.
[63] „Kalewala Rune" XXXI, V. 117 ff. Dazu ergänzend: Axel Olrik, „Danmarks Heltedigtning",
Bd. II, S. 201.
[64] Wilhelm Wisser, „Plattdeutsche Volksmärchen", Bd. I, Jena 1922, S. 132 ff. Vgl. Wilhelm
Wisser, „Wat Grotmoder vertellt I", S. 17 ff.
[65] Ad. E. Jensen, „Hainuwele", Frankfurt 1939, S. 371 f.
[66] Jan de Vries, „Vǫluspá Str. 21 und 22", Arkiv för nordisk filologi, Bd. 77, 1962, S. 45
[67] Karl Müllenhoff, „Sagen, Märchen und Lieder der Herzogtümer Schleswig, Holstein und
Lauenburg", Neue Ausgabe, Schleswig 1921, Nr. 347.
[68] Josef Müller, „Sagen aus Uri", Bd. 1, Basel 1926, Nr. 125 f.

erhebt, ist gerade das Götterentstammte, und es genügt, dazu an Herakles zu erinnern.

Hinsichtlich der Gullveig dürften wir demgemäß überzeugt sein, daß sie aus den verwandelnden Feuern nicht etwa als Gullveig wiedergeboren wird, sondern in verwandeltem Wesen und in neuer Gestalt und etwa auch, der Dreifältigkeit der Feuer entsprechend, in dreifacher Gestalt. Daher muß es auch von vornherein als fehlerhaft gelten, dieses oder jenes andere Weib mit der Gullveig „gleichzusetzen"; sie ist weder „identisch" mit der Seiðkona Heid, noch mit der Freya, – obwohl deren Schönheit, Liebesfülle und Zauberkraft sie bei der abendländischen Gelehrsamkeit längst in den Verdacht gestürzt hat, just jene Hexe zu sein. Nur wäre dann nicht zu begreifen, wie eben diese Freya ein paar Zeilen weiter Wert und innerstes Licht des Lebens sein konnte. Andererseits wird von uns nicht bestritten, daß eine der Wandlungen Gullveigs gerade die Heid oder die Freya zu sein vermöchte oder daß sie sogar in beiden wiederkehrt. Zwar fehlt zu einer derartigen Verknüpfung ganz die bestimmte Anleitung durch die Edda selbst, und nur gemäß der Reihenfolge und dem Zusammenhang der Strophen ließe sich derlei vermuten; aber es gebräche der Aufeinanderfolge von Gullveig und Heid doch nicht an einem bestimmten Sinn. Das Goldene Zeitalter ist durch und durch magisch, es entbehrt nichts, weder Wissen noch Macht oder Gold; der höchste Schatz ist dort, wie die Mythe der Hainuwele besagt, einfache Ausscheidung. Erst in der Erzewe kann es die zaubrische Anspannung geben, um zu wissen, zu wirken oder zu haben, – und daß die *spákona* und die *seiðkona* dem Weltwendeopfer entspringen, ist von vornherein gewiß. Daß auch die zeugerische Lebenskraft dort ihren Ursprung hat, liegt im Sinn begründet, und es mag sein, daß wirklich in der zweiten und der vierten Langzeile der Heid-Strophe Geschlechtliches angedeutet ist. Allerdings hat darin die Forschung im allgemeinen bisher nur eine passende Ergänzung zum Bilde der eddischen Mata Hari gesehen und eine Beziehung auf die peinlicher eingeschätzten Züge der Freya. Es ist indes ganz und gar nicht gewiß, daß in derlei die Wonne besteht, welche die Seiðkona der üblen „Braut" bereitet, den bösen Weibern, und da uns ohnehin die Sage von einer mißbrauchten Geschlechtskraft nicht zu einem bedeutenderen Verständnis anleitet, so verzichten wir auf dies sehr mangelhaft begründete Aperçu mit Fug und Vorteil.

Wir kommen weiter unten auf Freya zurück, da gewiß sie es ist, die in den Strophen 25 und 26 wiederkehrt; hier ist uns noch die Aufgabe gestellt, die Gefährlichkeit und Bosheit überhaupt der im Gesätze 22 dargestellten

Gestalt zu begreifen. Auch mangelt es dazu nicht an einer bedeutenden Anleitung. Da wir früher auf die Verwandtschaft unseres Mädchenopfers mit
der griechischen Kore hingewiesen haben, so könnten wir im gegenwärtigen
Zusammenhang uns auf die Beziehungen zwischen der Persephoneia und der
Medusa berufen: die tödliche Schreckensmaske als das verwandelte Angesicht der geopferten Mädchenblüte.[69] Durch diesen Hinweis aber erschließen
sich weitere germanische und außergermanische Zeugnisse, die das eddische Nebeneinander von „Goldkraft" oder „Goldgetränk" und Schadenshexe
verständlich machen. Der griechische Befund hilft nur gleich anfangs uns
verbürgen, daß diese Doppelung nicht etwa zufällig, sondern typisch und
möglicherweise sogar notwendig ist.

Halten wir es nämlich für möglich, daß aus dem dreifachen Gullveigfeuer
auch eine bedeutende Dreiheit von Frauen herrührt, so liegt der Gedanke
nahe, sie mit den Nornen zu vergleichen, und wenn es uns als sinnvoll erscheint, daß sich in der Weltwende verkörpert, was zuvor als metaphysische
Potenz da war, so würden die Nornen als Völven manifest werden. Die Nornen sind ja die Völven des Weltgeschicks, sie legen die Geschicke fest in der
Tiefe am Weltenbaum, und in ganz ähnlicher Weise verhängen im Hause die
Seherinnen dem Manne ein Geschick, indem sie es ihm offenbar machen.
Daß der Empfänger der Offenbarung zwischen Norne und Völve nicht unterscheidet, zeigen die Sögur oft sehr deutlich: die *spákona* hat ihm das böse
Los nicht enthüllt, sondern angetan. Mit Recht hat daher wohl auch Höckert
schon festgestellt, daß die Völve Medium sei und aus ihrem Munde die Stimme der Norne selbst ertöne.[70] An wenigstens zwei Stellen der altnordischen
Überlieferung wird dementsprechend auch kein Unterschied zwischen Nornen und Völven gemacht, und in beiden Texten treten überdies diese dop-
peldeutigen Schicksalskürerinnen in der Dreizahl auf. Nornagest gebraucht
unterschiedslos die Namen *vǫlva*, *spákona* und *norn* für die Frauen, die sein
Vater berufen hat, um des Knaben Los zu künden, und Saxo nennt die Seherinnen, die König Fridlev um das Geschick seines Sohnes befragt, *Par-
cae* und *Nymphae*.[71] In beiden Fällen aber verhängt die jüngste Norne Böses

---

[69] Karl Kerényi, in: Jung-Kerényi, „Einführung in das Wesen der Mythologie", Amsterdam
1941, S. 180f.
[70] Robert Höckert, „Vǫluspá och Vanakulten II", Uppsala 1930, S. 20, 34, 76f.
[71] Nornagestsþáttr c. 11. „Saxo Grammaticus" 181 H. Zur „schlimmen Norne" sind u. a. die folgenden Stellen zu vergleichen. Snorri Sturluson, „Edda, udgiven af Finnur Jónsson", København 1900, Gylfaginning 14, S. 22, werden *góðar nornir ok vel ættaðar* einerseits und *illar
nornir* andererseits unterschieden. Bósasaga, Buslubœn 8, werden aufgezählt: *troll ok álfar,
/ ok tǫfrnornir, / búar, bergrisar*, also Schadensmächte. Das Wort *tǫfrnornir* ist für unseren

über das Kind. Hier ist also eine Entwicklung – oder auch eine sichere Tatsache – spürbar, die der dritten Moire, Atropos, der Unerbittlichen, und der dritten Parze, Morta, entspricht, und ebenda hat offenbar auch der Name der dritten Norne, Skuld, seinen Ursprung: er bezeichnet die Lebens-, die Schicksals- und die Todesschuld, die immer am Ende heimgezahlt werden muß. Der dritten Norne würde aber dann eine „dritte Völve" entsprechen, die das, was jene verhängt, unter den Menschen auszulösen bestimmt ist. Es wäre dann die Todesnorne selbst, die in den schwarzen Künsten der Heid ihre „Wonne" fände; sie wäre die von niemand begehrte „schlimme Braut"; sie bildete den wesentlichen, welt- und lebenbestimmenden Gehalt der Heidstrophe, und darum hätte diese ihren Platz unter den „Urweltgesätzen" der Vǫluspá.

Der Schluß von den dreifachen Feuern des Gullveigopfers auf die Nornendreizahl ist, wie sich versteht, selbst wenig tragfähig; denn die kultsymbolische Dreiheit, die diesen Schluß vermittelt, ist dazu bei weitem zu allgemein, – auch wenn man in Rechnung setzt, daß die Bedeutungstiefe in den Mythen und Riten des Altertums gerade auf dem Beziehungsreichtum beruht, der jede einzelne Anschauung oder Begehung mit einer Fülle sinnverwandter Mächte oder Urgeschehnisse verbindet. Dennoch sind wir auf diesem Wege auf ein bedeutungsvolles Ergebnis gestoßen, für das sich auch weitere wichtige Stützen beibringen lassen. Zunächst stellen wir im Hinblick auf das bisher Vorgetragene nur dreierlei fest. Zum ersten haben wir eine Deutung der Heidstrophe gefunden, die mit dem Singular illrar brúðar, der bösen Braut, übereinstimmt, während alle bisherigen Deuter und Übersetzer, soweit mir bekannt, gegen den Text dort pluralischen Sinn annehmen mußten.[72] Zum andern haben wir dem Sinn der Strophe sein gehöriges kosmogonisches Gewicht gegeben. Dessen mangelte die Klage über eine zwar geschickte, aber unmoralische Zauberfrau, die bösgesinnten Weibern Freude macht, ganz und gar. Wie aber der Tod in die Welt kommt, das ist ein Mythologem höchsten Ranges, und es ist unter unseren Gesätzen um so mehr am rechten Ort, als sie nicht nur vom Anhub des eigentlichen Weltgeschehens sprechen, sondern diesen just auch in den Ausbruch des ersten Krieges

---

Zusammenhang besonders deswegen bedeutsam, weil es etymologisch zu *Zauber* und sehr wahrscheinlich auch zu aisl. *tivurr* und got. *'tibr* = Opfer gehört. Vgl. ferner: *grey norna*, Hm 29,4 = Wölfe; *skjaldar norn*, Olafsdrapa 18 = Axt. Dies letzte entspricht der Regel Snorri Sturluson, „Edda, udgiven af Finnur Jónsson", København 1900, Skáldskaparmál c. 46, S. 115, 118: ... *øxar kalla menn trǫllkvinna heitum, ok kenna við blóð eða benjar eða skóg eða við, – øx heitir trǫllkona hlifa.*

[72] Schon der Schreiber der Hs. R setzte zunächst versehentlich: þióðar. Vgl. noch: „übler Leute" Simrock – „eines jeden bösen Weibes" Gering – „arge Frauen" Genzmer.

verlegen. Zum dritten müssen wir die Nennung der Todesnorne erwarten, insofern die Opferung der Gullveig als das erste, von den Göttern dargebrachte Kriegseingangsopfer aufzufassen ist; denn daß die Kriegsmagie der Anrufung der Todesnorne nicht entraten kann, versteht sich von selbst.

Trotz dieser Erwägungen mag vorderhand der Bildwechsel in der Vision der Seherin, von den Gullveigfeuern zu den Umtrieben der Heidhexe, als ein schwer verständlicher Sprung erscheinen. Nicht ohne Grund wurden ja in die hier empfundene Lücke die mythenfremdesten Annahmen eingebaut. Wir werden also den Zusammenhang noch anders, weniger allgemein, in der Opfersituation selber begründen müssen. Es gibt auch in der Tat ein rituelles Ganzes, das nicht nur die für uns auseinanderklaffenden Teile anschaulich vereint, sondern das auch weitere beweisende Anknüpfungen erlaubt, – ich meine die festlichen Feuer, in denen zugleich eine Hexe brennt. Solche Brauchtumsfeuer sind ganz gewiß nicht nur Scheiterhaufen zur Vernichtung böser Wesen, sondern vor allem, mögen wir sagen, das immerlebende Weltfeuer in kultischer Gestalt. Und doch wird häufig gerade in diesen Feuern – wie beispielsweise im Montafoner „Funken", aber auch sonst an manchen Orten, vor allem im Süden und Westen des deutschen Sprachgebietes – eine menschengestaltige Puppe verbrannt, die hier und da auch als Hexe benannt wird.[73] Wir können dem Sinn dieses Brauchtums hier nicht im einzelnen nachforschen; nur darauf sei im Vorübergehen verwiesen, daß auch diese Hexen – wie so viele der dunklen Mächte des Heidentums, selbst auch in ihrem spätzeitlichen Nachleben – nicht etwa als das Böse schlechthin betrachtet werden. Wenn eine „Funkenordnung" vorschreibt, daß zwei Zunftgenossen in der Herberge die Hexe gegen die kalten, dunklen Winterbütze behüten müssen, dann erscheint dies Wesen wohl gar als eine Verwandte des Feuergeistes selbst.[74]

Eine noch stärkere Stütze für die unmittelbare gedankliche Verbindung zwischen dem Goldtrankfeuer und der *seiðkona* bietet uns eine fast verhallte Kunde aus Schleswig-Holstein, nach der unter dem festlichen Rauschtrankkessel just das Hexenfeuer flammt. Eine wohl noch im 18. Jahrhundert geborene alte Frau erzählte nämlich, daß „vorzeiten" in Lägerdorf die Hexen in der Johannisnacht auf freiem Felde verbrannt worden seien. „Das wäre

---

[73] Wilhelm Mannhardt, „Wald- und Feldkulte", I. Teil, Berlin 1875, S. 179, 500, 505, 512-514. Richard Wolfram, „Funkensonntag in Vorarlberg", Germanien Bd. 11, Berlin 1939, S. 198-209. Heinrich Winter, „Feuerbrauch an Fasnacht im Odenwald und Spessart", Germanien Bd. 13, Berlin 1941, S. 81-100. Richard Beitl, „Angelika", Berlin 1939, S. 135-227.
[74] Richard Wolfram, „Funkensonntag in Vorarlberg", Germanien Bd. 11, Berlin 1939, S. 204.

nun freilich nicht eigentlich geschehen, sondern auf diese Weise. Auf einer Koppel machte man ein großes Feuer an; darüber hängte man an einem Querbaum zwischen zwei großen Seitenpfählen einen Braukessel mit Bier auf. Daraus schöpfte man mit Bierkannen und trank das warme Bier. Alt und jung, das ganze Dorf nahm an diesem Feste teil. Dann und wann ging eine gewisse Frau etwas vom Feuer weg und rief: ‚Kummt hẹr jü ole Hexen ’rint Füer!‘ Und das hätte man das Verbrennen der Hexen genannt.".[75]

Diese Nachricht aus einem seit je germanischen Gebiet dünkt uns, obwohl sie zunächst in ihrer Art allein zu stehen scheint, ebenso zugehörig wie zuverlässig und altertümlich. Als besonders bemerkenswert sei hervorgehoben, daß dort eine bestimmte Frau noch in einer rituellen Rolle, die man wohl als die der Hexenruferin bezeichnen könnte, erscheint. Fragen wir jedoch weiter, was es bedeutet haben möge, die Hexen unter den Braukessel einzuladen, und was daraus für das Wesen der Hexe folge, so werden wir zunächst nur etwas über das Feuer sagen dürfen – nämlich, daß es dort eine doppelte und in gewissem Sinn polare Funktion habe, daß es zugleich zur Lebenssteigerung und zur Schadenstilgung diene. Damit eröffnen sich aber Ausblicke auf andere indogermanische Sakralfeuer und weitere mögliche Zusammenhänge, in denen die Gullveigbrände stehen.

Es ergibt sich nämlich, angesichts der Doppelfunktion des Brauchtumsfeuers, zunächst die Frage, ob nicht die drei eddischen Feuer ebenfalls als eine sinnvoll gegliederte Wirkungsfolge gedacht worden seien und nicht nur als eine bloße Wiederholung. Eine solche Annahme läge um so näher, als uns unter verwandten Völkern eben gerade sinnvolle Feuerdreiheiten begegnen. Hingewiesen sei auf die drei Reichsfeuer unterschiedlicher Bedeutung im alten Iran.[76] Die Bedeutung der drei sinnverschiedenen Opferfeuer im altindischen Ritus ließe sich kurz umschreiben als Zentralfeuer, als das den Göttern geweihte Ostfeuer und als das den menschlichen und den dämonischen Feinden zugewandte Südfeuer.[77] Haben wir nun das Gullveigfeuer einerseits im Hinblick auf seine Weltwendebedeutung zu sehen, so erschiene uns seine Dreizahl am sinnfälligsten als eine Stufung im Übergang der Goldewe ins Eherne und Eiserne Alter und die drei Stufen dann, in einem gewissen Einklang mit der indischen Aufgliederung der Feuer, als feurige Erscheinungen

---

[75] Karl Müllenhoff, „Sagen, Märchen und Lieder der Herzogtümer Schleswig, Holstein und Lauenburg", Neue Ausgabe, Schleswig 1921, S. 229.
[76] „Bundehesh", hrsg. … von Ferdinand Justi, Leipzig 1868, S. 23. Vgl. Georges Dumézil, „Jupiter, Mars, Quirinus", Paris 1941, S. 222f.
[77] Hermann Oldenberg, „Die Religion des Veda", Stuttgart 1923, S. 76f., 348-351.

der Weltalter selbst, also etwa als goldene Lohe, als Siegesflamme und als Mordbrand. Bedenken wir andererseits, daß uns das Gullveigopfer als kriegseinleitendes Ritual dargestellt wird, so würden wir die letzten beiden Stufen noch näher als Opfer um den Sieg und als gegen den Feind gerichteten Tötungszauber beschreiben können, und dies gerade auch im Einklang mit einem indischen Kriegsritual, das an ein und demselben Feuer dergestalt Heil des eigenen Heeres und Unheil des feindlichen scheidet.[78] Der Doppelsinn aber setzt ein erstes Feuer in Gestalt einer kosmischen Weihgabe voraus: nur weil die „zwecklose“, die kosmogonische Weihgabe eine Welt initiiert hat, die ihr gemäß beschaffen ist, können die Einzelopfer dementsprechende Wirkungen hervorbringen, – das ist der selbstverständliche Gang des mythisch-rituellen Denkens.

Ein weiteres anschauliches Bild für die gleichzeitige Begegnung mit dem heilbringenden und dem unheilvollen Weibe am Kultfeuer bietet uns ein anderer indischer Ritus, er selbst im Einklang mit einem typisch wiederkehrenden altindischen Opferbrauch, bei dem die Dämonen mit Opferabfällen oder dergleichen an ihrem Feuer abgefunden und verjagt werden. Im Verlaufe der Königsweihe – Königsweihen sind kosmogonische Rituale! – wird der Anumati ein Opfer dargebracht, einer glückbringenden Göttin, die man wohl mit der Aditi zusammenstellen darf, der die Fesseln lösenden Göttermutter, – und zugleich wird ihrem Gegenteil, der Nirṛti, geopfert, der Göttin der Not und der Vernichtung, ja, auch des Todes, die durch die schwarze Farbe bezeichnet ist.[79] Der Opferkuchen der Nirṛti wird aus den Körnern bereitet, die beim Mahlen des Reises für Anumati beiseitefallen, und er wird dargebracht an einem besonderen Feuer, das von dem Südfeuer in ritueller Weise abgeteilt wird. Man kann sich zu dem bedrohlichen Bilde, das unser Gesätze 22 entwirft, wohl kaum eine passendere vedische Entsprechung denken als Nirṛti, und wir glauben damit den opfermäßigen Zusammenhang zwischen Gullveig und Heiðr – bzw. dem schlimmen Weibe, dem sie gefällig ist – noch weiter gestützt zu haben. - Wird aber hier die Nirṛti und werden in anderen indischen Ritualen die schädlichen Wesen mit Opferabfällen abgespeist, so mögen wir uns die ursprüngliche Mitwirkung der „Hexen“ in jenem holsteinischen Feuer ganz entsprechend denken: sie wurden gerufen, um dem unheilvollen Verluste überwallenden oder verschütteten Rauschtrankes vorzubeugen und um

---

[78]   Heino Gehrts, „Das Märchen und das Opfer“, Bonn 1967, S. 36f.
[79]   J. C. Heesterman, „The Ancient Indian Royal Consecration“, Disputationes Rheno-Trajectinae II, 's-Gravenhage 1957, S. 15ff.

zugleich die bösen Geister zufriedenzustellen und damit den Heilsgewinn des Festes gegen sie abzuschirmen und dergestalt noch zu erhöhen. Abschließend und allen diesen Vergleichen und Belegen gegenüber dürfen wir nun wohl den allgemeinen Schluß wagen, daß sich gerade angesichts des Opferfeuers der unmittelbarste Anlaß bietet, von einem lebensabträglichen Dämonenweibe zu sprechen.

2.4.3. Tarpeja

Zum Abschluß dieser Gedankenreihe hätten wir noch besonders auf das altindogermanische Kriegsopfer hinzuweisen, das in Gestalt eines Schafes, einer Ziege, einer Hinde dargebracht wird und bei dem wir des öfteren die Mitwirkung einer jungfräulichen Göttin, oder gar einer Jungfrau als Opfer, voraussetzen dürfen. Wir erinnern vor allem an die Iphigeneia, in deren Gestalt das Kriegseingangsopfer hochliterarisch geworden ist, und wir erwähnen die kriegerische Pallas Athene mit ihrer Aigis, dem Ziegenfell,[80] und die nordische Skaði, die Fr. R. Schröder als Göttin in Ziegengestalt bezeichnet[81] und die gerüstet zu den Göttern kommt, um ihren Vater zu rächen. Die Ziege als Opfertier gibt Anlaß, auch die Heiðrún in diesem Zusammenhang zu erwähnen, die Geiß auf Heervaters Halle, deren Name sowohl an den der Heid anklingt wie auch einmal auf Freya angewendet wird – Hdl. 47 –, eine Geiß, die schadenstiftend am Weltbaum frißt und die zugleich den Walhallkriegern lichten Met, eben den *veig*-Trank spendet – Grm.25. Auf ein geopfertes Mädchen haben wir des näheren einzugehen, weil es schon früher herangezogen worden ist, um unseren Mythos verständlich zu machen. Dumézil hat einen Zusammenhang hergestellt zwischen der eddischen Gullveig und der römischen Tarpeja, jener Jungfrau, die das Capitol an die Sabiner verriet, die sich dafür die Goldspangen an deren linkem Arme ausbedang, statt dessen aber mit den Schilden ihrer Linken erschlagen ward.[82] Dem Grundgedanken Dumézils, daß in diesen Überlieferungen auch die Gesellschaftsform der betreffenden Völker begründet gewesen sei, dürfen wir rückhaltlos zustimmen. Das eben ist einer der Sinngründe für diese Weltwendemythen: sie zeigen, wie

---

[80] Karl Kerényi, „Die Jungfrau und Mutter der griechischen Religion", Albae Vigiliae N. F. 12, Zürich 1952, S. 57ff.

[81] Fr. R. Schröder, „Skadi und die Götter Skandinaviens", Tübingen 1941, S. 131.

[82] Dazu: Georges Dumézil, „Tarpeia", in: Essais de philologie comparative indoeuropéenne, Paris 1947, Livius I, 11.

die Welt und inwiefern die Welt so sein muß, wie sie ist. Im einzelnen freilich vermögen wir dem französischen Gelehrten vielfach nicht zu folgen. Insbesondere stoßen wir uns an dem großen Bedeutungsgewicht, daß er gewissen Zügen der rationalisierten und euhemerisierten Rezension Snorris und der historisierten Roms zubilligt. Da die Belege sämtlich bei Dumézil zu finden sind, umreißen wir unsere eigene Auffassung mit wenigen Strichen.

Tarpeja ist nach Mielentz ursprünglich eine römische „Lokalgöttin", deren Geschichte sich im Anschluß an griechische Sagen ausgebildet habe. Varro berichtet, daß sie Vestalin und daß zu ihrer Versöhnung ein jährliches Trankopfer üblich gewesen sei.[83] Dürften wir schon hieraus schließen, daß ihr Tod ursprünglich nicht der einer Verräterin war, so sprechen wirklich einige weitere Züge für die Opfernatur auch dieser Jungfrau und gegen die Ursprünglichkeit ihrer *auri sacra fames* und der korrumpierenden Funktion des Goldes. Unter den zugehörigen griechischen Sagen zeugt besonders eine Variante von Naxos, die Aristoteles und Plutarch mitteilen, kräftig für den Opfercharakter des Weibes. Denn hier stirbt es als Retterin seiner Stadt, und das Tarpeja-Motiv erscheint darin *comme retourné*.[84] In dieser und anderen griechischen Fassungen wird die Frau auch nicht von der Last der Waffen, sondern vom goldenen Lohn erdrückt, und zu diesem Bilde, dem des unter dem Goldschatz erschlagen liegenden Opfermädchens, finden sich dann zwei verwandte hinzu, die ihm diese Natur bestätigen. Einerseits gedenken wir dabei des Fülle-Opfers der Wemale, das selbst Schätzespenderin ist und das unter den tanzenden Füßen seiner Dorfgenossen erstickt wird: das griechisch-römische Bild bietet den Anblick eines ähnlichen Opfertodes und zugleich damit den der Opferessenz und des Opfergewinnes. Die zweite, nähere Parallele findet sich in Germanien, zwar im Bereiche des Rechtes, aber damit doch nicht weniger von kultischem und speziell von Opfersinn erfüllt: das Sühnopfer der Hülle und Fülle. Bekannt ist dessen eddische Sagenform; dort tötet Loki unversehens den Otter, und die Götter müssen sich darauf von dessen Vater mit Schätzen loskaufen. Sie stopfen den Balg des Otter mit Golde aus, stellen ihn auf die Füße und überhäufen ihn bis zum letzten Haar mit Kleinoden.[85] Auch hier kann es sich nur um eine Opfermär handeln, wie denn auch hier vom Eintritt des Schicksals und des Todes in die Welt die Rede ist.

---

[83] Pauly-Wissowa, „Real-Encyclopädie der klass. Altertumswissenschaft", II. Reihe, 4. Bd., Stuttgart 1932, Sp. 2332-2342.
[84] Georges Dumézil, „Tarpeia", in: Essais de philologie comparative indoeuropéenne, Paris 1947, S. 283.
[85] Reginsmál 5 und folgende Prosa.

Daß es sich um einen Brauch handelt, belegen die Rechtsüberlieferungen; in einer gotischen, nach Grimm einer sagenhaften Fassung wird so viel Weizen gebüßt wie ausreicht, um den Toten und seinen aufgerichteten Speer völlig mit Korn zu verdecken.[86] Es leuchtet unmittelbar ein, daß für eine Welt, in der Tötung rituelle Störung bedeutet, die Wiederherstellung der Ritenordnung in Gestalt des die Welt initiierenden Opfers erfolgen kann. Dergestalt hängen Opfer und Rechtsbrauch aufs innigste zusammen: durch die rituelle Buße wandelt sich der Ermordete zum Opfer, das Unheil in Heil. Man mag hieran ermessen, wie leicht sich auch der Sinn, der in dem Opferbild erschien, für die Nachwelt wandeln konnte. Wir verständen also die Tarpeja als ein mythisches römisches Opfer, ebenfalls dargebracht zu Beginn eines Urkrieges und „versöhnt" durch die goldene Beute eben dieses Krieges; das heimkehrende Heer bedeckte damit den Opferleichnam. Auch ursprünglich wäre sie schon auf diese Art, erdrückt unter Schilden, den Ritus der Versöhnung in der kriegerischen Form vorwegnehmend, getötet worden. Daher also stammen die ihr noch in spätrömischer Zeit dargebrachten Sühnopfer; daher auch stammte die Doppeldeutigkeit ihres „Lohnes", die *armillae* und die *scuta*. Mit Sinn aber sind diese Gestalten der Darbringung und der Sühnung verschmolzen zum einheitlichen Bild von Opfer und Opfergewinn.

3. Opferstreit und Fólkvig

Die Strophen 23 und 24 hat die Forschung nicht ohne Umkehrung der Zeitfolge zu erklären vermocht. Wir dürften auch sagen, daß sie eine völlige Verwirrung, selbst in der Haltung der kriegführenden Mächte, hat annehmen müssen, um ihre Kriegsberichte in den Urmythos gewaltsam hineindrängen zu können. - Suchen wir ohne plus quam Perfecta und Hystera auszukommen. Der Sinn der Strophe 23 liegt seinem Hauptinhalt nach ohnehin klar vor Augen. Sind mit dem Weltwendeopfer überhaupt das Opfer und das Eropferte ins Dasein getreten, so lautet natürlich die Frage: wer empfängt diesen Daseinsgewinn? und da das Recht im Streit entsteht, so gibt es offenbar in der Mythe vom Urentscheid über die Opferempfänger streitende Parteien; in dieser Rolle treten die Asen und die Wanen auf. Wir erinnern uns hier an die mythische Hainuwele, wie sie vor dem Opfer unter dem Kulttanze die

---

[86] Jakob Grimm, „Deutsche Rechtsaltertümer", 4. Aufl., Bd. 2, S. 244f.

rituellen Gegenwerte austeilt und wie sie durch das Opfer sich in die lebensnotwendige, das Leben fristende Nahrung verwandelt. Fassen wir nun die Gullveig einfach als die goldene Essenz des Daseins oder insbesondere als die festliche Essenz des Kultgetränkes, – immer fällt in der Beratung der Götter ein Entscheid über die Grundzüge des Daseins: bestimmt wird, in welcher Lebensschicht, im Wirkungsfelde welcher Götter sich der eropferte Überfluß verleiblichen soll, oder in der Sprache Dumézils, welchen der gesellschaftlichen „Funktionen" oder in welcher Verteilung allen Funktionen der Opfergewinn zugute kommen soll. Uns erscheint es indes als höchst bezeichnend, daß die Entscheidung rituell ist, daß die lebenbestimmende Gliederung von Welt und Gesellschaft unter dem rituellen Gesichtspunkt einer Opferverteilung vollzogen wird. Auf den Rökstühlen fallen rituelle Entscheide, und als solche sind sie dort kosmogonisch.

Eine solche gesellschaftsbegründende kosmogonische Mythe hat selbstredend, das wird nicht bestritten, auch einen historischen Aspekt. Dazu stellen wir kurz das Folgende fest. Sind wir davon überzeugt, und unsere ganze Untersuchung ruht auf dieser Überzeugung, daß die hier aufgeschlossenen Mythen aus sehr alter Zeit stammen, so mögen im Laufe der Zeiten mancherlei Ereignisse im Bilde des Mythos mitgeschaut, ja, sogar die Namen der in ihm auftretenden Partner neu geprägt worden sein. Auch konnten ethnischpolitische Vorgänge und die aus ihnen entspringenden Synkretismen in das Bild der Götterkämpfe verwoben werden. Ganz fern liegt es uns jedoch, den Sinn des Mythos als bloßes Ergebnis solcher historischen Vorgänge und ihrer Umformungsantriebe anzusehen. Vielmehr wird von mythenschöpferischen Völkern die Geschichte von vornherein unter mythischen Formen erfaßt und im Sinne des Mythos tradiert.[87] Der Urmythos ist nie Geschichte gewesen; er ist durchaus eigenständig, war Sinn der Welt im Bilde, und darum geschah schon Geschichte ihm gemäß, – so wie der alte Iran immer der Urmythe gemäß in allen Kriegen die Welt Ahuras gegen Ahriman verteidigte.

---

[87] Georges Dumézil, „Aspekte der Kriegerfunktion bei den Indogermanen", Darmstadt 1964, S. 110f. Heino Gehrts, „Das Märchen und das Opfer", Bonn 1967, S. 281f.

3.1. Die Heraufführung des Sieges

Führen die Verhandlungen um den Opferanteil zu einem Ergebnis oder nicht? Sie können zu keinem Ergebnis führen, denn mythisch ist wohl die Situation des Streites, etwas Ausgehandeltes aber nicht. Der Mythos schreitet nicht in Thesen und Synthesen, sondern in Zeugungen und Urzeugungen fort, und noch der Klang des Stropheneinsatzes im Gesätze 24 ist das zwingende Zeugnis dafür. Später, in der vollendeten Welt, ist es Odin, der unter Versippte Streitrunen trägt; aber durchaus nicht dieser Odin braucht es gewesen zu sein, dessen *Fleygði oc i fólc um scaut* mit eins dem Verhandeln das Ende setzt, – sondern es muß eines jeden Urgottes Faust den Ger so geschleudert haben.

Die Vertreter der herkömmlichen Deutungen haben mit der überwältigenden Schwierigkeit zu kämpfen, daß das Urbild für den Speerwurf aller siegstrebenden Heerkönige, daß Odins eigener erster Speerwurf ausgerechnet zu einer Niederlage seiner eigenen Heeresmacht führen soll. Diese Schwierigkeit ist auf dem bisher von der Forschung beschrittenen Wege unüberwindlich, und sie hätte eigentlich vor ihr kapitulieren müssen. In dem Bestreben, aus dem schwierigen Text nach dem vorgegebenen Deutungsschema doch wenigstens ein einigermaßen zusammenhängendes Ganzes zu machen, wurden die verschiedensten Wege beschritten.[88] Da hat schon Snorri Sturluson vom wechselnden Kriegsglück gesprochen und damit die Hauptschwierigkeit zu verdecken gesucht. Aber mag nun auch sonst in den Mythen indogermanischer Götterkämpfe der Sieg von Partei zu Partei wechseln – zum Zeichen, daß alle Wesensmächte in Bild und Bestand der Welt eingehen –, so löst doch dieser Sinnbezug nicht die vorliegende Schwierigkeit, – auch nicht mit dem Zusatz Dumézils, daß das erste Langzeilenpaar schon den asischen Sieg enthalte; denn das wäre ein magerer Sieg, dem im nächsten Zeilenpaar schon der wanische Sieg auf dem Fuße folgte. In einer neueren Arbeit hat Dumézil nun die Aporie unerwähnt und ungelöst stehen gelassen. An die Belege für den rituellen Speerwurf und das *heill*, das man davon erwartete, knüpft er die Worte: „Sozusagen den Prototyp dieser Handlung führt Odin hier aus und sucht damit den Sieg zu gewinnen. Er hat aber keinen Erfolg, denn noch in derselben Strophe" brechen die Wanen in „die Umfriedung der Asen" ein.

---

[88] Snorri Sturlusonr, „Heimskringla", c. 4. Georges Dumézil, „Tarpeia", in: Essais de philologie comparative indoeuropéenne, Paris 1947, S. 272f. Georges Dumézil, „Aspekte der Kriegerfunktion bei den Indogermanen", Darmstadt 1964, S. 113. Jan de Vries, „Vǫluspá Str. 21 und 22", Arkiv för nordisk filologi, Bd.77, 1962, S. 43f. Schröder, PBB 43, 1918, S. 248f.

Aber wenn wir nur ein wenig das Sinnverhältnis zwischen Mythos und Ritus begreifen, so kann das Ergebnis einer urbildlichen Handlung nicht im Gegensatz stehen zu der erwünschten Folge der abbildlichen Begehung. Die Diskrepanz zu ignorieren heißt, auf die Weisungen der Überlieferung für den eigenen Gedankengang zu verzichten. Unerwartet erscheint eine solche Wendung bei Dumézil; sie zeigt aber nur, wie sehr es der Forschung noch immer gebricht an einer verpflichtenden Anschauung vom Wesen des polaren Paares Mythos-Ritus. Selbst wenn wir mit Schröder eine Mythenkontamination annähmen, kämen wir über den strittigen Punkt nicht hinweg, – es sei denn, wir behaupteten die völlige, bis zur Sinnwidrigkeit fortgeschrittene Zerrüttung des Textes.

Unberücksichtigt hat auch de Vries das mit der Urbildlichkeit des mythischen Speerwurfes gestellte Problem gelassen und sich darauf beschränkt, Odins, des „Siegvaters" Besiegung zu erklären. Er meint, Odin habe zu der Zeit noch nicht zaubern können, erst später, mit den Wanen, habe er den Zauber beherrscht und sich darum jetzt in dem mächtigen wanischen seiðr „verrechnet". Das jedoch heißt, auf eine typisch mythenwidrige Art zu folgern, wenn man die Kategorie der Zeit auf den Gott einer Urmythe anwendet und voraussetzt, daß er zu irgendeinem Zeitpunkt nicht der war, der er zu einem späteren Zeitpunkt wesensgemäßerweise ist. Aber ein Gott des Zaubers ist immer ein zaubermächtiger Gott. Mythisch kann er der Zauberkraft nur in einer einzigen Situation ermangeln, nämlich da, wo seine zaubrische Macht unterstrichen wird durch ein Geschehnis, das ihn zum Erwerb seiner eigentümlichen Fähigkeit nötigt und das zugleich vorbildlich ist für die Initiation aller künftigen Zauberlehrlinge. Wir kennen diese initiatische Situation Odins – Hávamál 138 ff. –, sie ist eine ganz andere, als de Vries sie hier folgerechterweise voraussetzen müßte. Auch erhält Odin den Zauber dort von seinen Ahnen, den Riesen, und nicht von den Wanen. Das schlösse zwar nicht aus, daß unsere Stelle von einer anderen zaubrischen Initiation erzählte; aber es findet sich davon keine Spur, wie denn auch de Vries nicht daran denkt, seine Behauptung durch einen dementsprechenden Nachweis zu stützen. Es handelt sich vielmehr um eine typische Entgleisung des europäischen Denkens, die unzulässige Anwendung des nur der Historie angemessenen zeithaften Kausaldenkens auf den Mythos, – der von solchen Schlüsseln unaufgeschlossen bleibt.

Unausweichlich entspringt auch unserem Gedankengang die Überzeugung, daß der Speerwurf Odins den Sieg heraufführt. Statt: für wen? fragen wir indes richtiger: inwiefern? - Man hat gemeint, daß die Feilscherei um *afráð* und *gildi* dem Kriege folge; die Völve aber erzählt von der Beratung über die Opferempfänger und dann erst vom Krieg und nachher von keiner Entscheidung aus der Schlacht und über den Gegenstand der Beratungen. Warum nicht? Es ist ja kein historischer Krieg, sondern der erste Krieg in der Welt, der den Krieg überhaupt erst ermöglicht. Odins Speerwurf ist keineswegs die ultima ratio der Eisernen Ewe, sondern eine geniale, eine Urtat, die den Schaffer-Reden um das unvollendete Opfer im Anhub einer neuen Ewe und aus neuem Sinne ein Ziel setzt.

Eine solche Antwort auf die Frage der Ratenden ist immer und zumal eine Antwort Odins ist immer ein Ja! – und das Aber, das diesem Ja folgt, ist der Speerschuß: er bedeutet eben, daß den Wanen wie den Asen das Opferheil in der neuen Gestalt zuteil wird, nur so überhaupt zuteil werden kann. Dieser Speer, nicht der himmelwärts gerichtete Lichtspeer, der in der Himmelerdefernung entstand, sondern der blutige und gebrannte Opferspeer, die *hasta sanguinea praeusta*, ist ja eben erst im Gullveigopfer entstanden. Von dem Opfer wie von dem Speerschuß sagt ja die Völve mit größter Deutlichkeit: das war das erste und dies war auch noch das erste Fólkvig in der Welt. Im Zeichen dieses Speeres werden mithin die Opferanteile erworben: die Erzene Ewe verteilt sie in Gestalt von Ruhm und Ehre auf dem Schlachtfeld, und mit der Zeile *knátto vanir vigspá vǫllo sporna* erweisen sich die Wanen als anwesend im neuen Aion. Dergestalt führt also Odins Speerschuß den Sieg herauf; er ist initiatisch und macht Schlachtfeld, Krieg, Sieg, Ruhm erst möglich: er ist die erste Erschaffung des Sieges als Opferheil überhaupt.

3.2. Die Weihe des Schlachtfeldes

Wir haben damit das *fólkvig* Odins und den germanischen *vǫllr* allerdings erst zu einem Teil erhellt; der volle Anblick wird sich erst auftun, wenn wir die Bresche im Asenwall verstanden haben. Was bedeuten unter unserem Gesichtspunkt die letzten Zeilen der „dunklen" Strophenfolge: zerbrochen war der Bohlenwall der Asenburg, die kriegskundigen Wanen verstanden das Kampffeld zu treten -? Das Wort *kriegskundig* gibt uns Gelegenheit, noch einmal auf Grundsätzliches zu verweisen. Beide Handschriften überliefern hier *vigspá*, das sich nur auf die Wanen beziehen kann. Das Wort bedeutet etwa, daß sich die Wanen in der Magie und Prophetie des Krieges auskannten, sagen wir, indem wir für die Worte einen dem eddischen Altertum angemessenen Sinn voraussetzen: die Wanen, voll tiefer Einsicht in das Wesen des Krieges, wußten den Fuß auf das Kampffeld zu setzen. Wir haben bei dieser zweiten Übertragung auch den initiatischen Sinn des Zeitwortes *sporna* wiederzugeben versucht. Die andere Stelle der Edda, die es in tiefem Sinne gebraucht – Oddrúnargrátr 8,2 –, will sagen, wie der Fuß des Neugeborenen zuerst den Erdenweg berührt, – übrigens formal in merkwürdiger Übereinstimmung mit unserer Langzeile: *knátti mær oc mǫgr moldveg sporna.*

Es ist nun höchst bezeichnend, daß alle Herausgeber bis 1905 und auch danach noch fast alle das bedeutende Wort *vigspá* in *vigská* umsetzten.[89] Dies Wort kann sich auf das Kampffeld beziehen und bedeutet dann das dem Kriege ausgesetzte, das „kriegsgeschädigte" – oder auf die Wanen, was wohl den meisten Herausgebern auch im Sinne lag: es bedeutet dann „kampftotschlageifrig, eig. zum Kampf eilend" (Neckel), „im Kriege verderblich, kriegerisch" (Sijmons), „streitkühn" (Genzmer). Von diesen beiden Beziehungen bleibt die erste rein tautologisch und völlig nichtssagend, die zweite, indem sie für die Einsicht das äußere Vermögen setzt, für die Sehergabe die Taktik, stimmt zum Sinne des 19. Jahrhunderts und seiner totalen Euhemeristik. Es ist klar, daß aus derart umgewandelten Texten am Ende auch eine dementsprechend abgewandelte Deutung herausspringt. In diesem Falle hat allerdings schon 1905 Finnur Jónsson die Lesart der Handschriften wieder in den Text gesetzt, Sigurður Nordal und Eugen Mogk haben sich ebenfalls für sie ausgesprochen, und auch Kuhn hat 1962 das Wort vigspá wieder aufgenommen, dem allgemeinen Prinzip zufolge, daß der handschriftlichen Überlieferung größeres Gewicht beizumessen sei. Er korrigierte damit Neckel, der in diesem Falle, obwohl er in seiner Ausgabe selbst jenes Prinzip weitgehend beherzigte, doch der fast allgemein gebilligten Konjektur verhaftet geblieben war.

Nach der gängigen Deutung gelingt es den taktisch überlegenen Wanen, eine Bresche in den Asenwall zu legen und dergestalt den Krieg zu entscheiden. Wir würden allerdings sogleich in Schwierigkeiten geraten, wenn wir, was die Seherin nicht tut, das Schlachtgeschehen ausmalen wollten, – wenn wir uns fragten, wie den Asen selbst der wanische Sieg fühlbar und zwingend würde, ob sie etwa, wie Ares und Aphrodite, getroffen würden, bluteten, aufschrieen und sich emporschwängen. Dieser Weg führt offensichtlich nicht zum Verständnis. Auch hier müssen wir ohne Zweifel den Gesichtspunkt des

---

[89]   B. Sijmons und H. Gering, „Die Lieder der Edda", Dritter Band: Kommentar, Erste Hälfte: Götterlieder, Halle 1927, S. 33f.

Frontberichters völlig fallen lassen und nicht nach der taktischen Spreng-kraft, sondern nach der Einsicht, nach dem im Wesen des Krieges gründen-den „Zauber" fragen, der ein Stück des Asenwalles aufbrechen läßt. Auch hier darf unser Gesichtspunkt mithin lediglich mythisch, initiatisch, rituell sein. Dann enthält aber das Aufklaffen des Asenwalles selbst einen Sinn, ohne Rücksicht auf taktische Vorgänge.

Zwischen der Zeile, die den Speerwurf, und der, die das Zerbrechen der Wallburg nennt, steht nur die Reflexion über den ersten Krieg, sie verdeckt den Zusammenhang. Eine Götterburg ist ein Heiligtum, ihr Wall oder „Zaun" der Hegungsring, – der Speerschuß öffnet die Hegung gegen das Kampffeld. An diesem inneren Zusammenhang ist gar kein Zweifel möglich, auch wenn die erzählende Mythe, auch wenn die das Wesen in episches Geschehen zer-legende Göttersage die Bresche taktisch auf die Wanen zurückführte, – was aber so deutlich keineswegs dasteht. Indessen, sogar wenn dies ohne Um-schweife gesagt würde, selbst dann muß uns dies als der Gehalt des Gesche-hens erscheinen, als ein mit der Initiation des Krieges selbstverständlich gesetztes Ergebnis, daß der wodanische Speerschuß selbst den Asenwall, *dem Sinne nach, von innen* niederbricht, daß Burgfeld und Gefilde in diesem Augenblick in ein einziges Schlachtfeld zusammenschießen. Ja, wir dürften, um den Sinn vollkommen aus seiner epischen Klausel zu lösen, behaupten, daß sich die Asen selbst durch die Wallücke in das Kampffeld ergießen, wo ihnen, nicht minder „vom Sinne des Krieges erfüllt", die Wanen entgegen-treten. Es liegt hierin etwas vom Geiste nackter Weihekrieger, wie wir sie von den Germanen und Kelten her kennen, die sich zur Schlacht aller Schutzweh-ren und Hüllen begeben, die sich, entblößt von allem Hegenden, dem Los der Schlachten aussetzen. Auch diese sind sich selber geweiht, wie Odin in jenem anderen, innerlicheren Bilde, geweiht mit allem Haben und Sein ihrer Voll-endung im nicht zu überholenden Tode. Von *ihrer* „Weltanschauung" her, aus dieser kriegerischen Entblößung, deren Gehalt noch bis in die Eiserne Ewe hinüberflutet, nicht aus dem Geiste des Westwalles und der Berliner Mauer müssen wir die Lücke im Wallring der Asen begreifen. -

Das bisher über den Speerwurf und die Eröffnung des Kampffeldes Ge-sagte hat nun aber in Germanien noch eine ganz bestimmte rituelle Bedeu-tung, und deren geschichtliche Zeugnisse bestätigen noch einmal den hier ans Licht gehobenen Sinn. Der Speerschuß aus der Götterburg, der ein Schlacht-feld erzeugt, läßt nicht nur den heiligen Ring gegen den Krieg hin aufbrechen, sondern er umhegt gleichzeitig das kriegerische Vorfeld mit göttlicher Weihe.

Wir kennen diesen geweihten Kampfplatz; die vorbildliche Schlacht findet in Germanien auf geweihtem Felde, auf dem mit Haselruten abgesteckten, zu verabredeter Zeit von beiden Gegnern betretenen und göttlichen Entscheidungen unmittelbar unterworfenen Heiligtum des Krieges statt.[90] Der germanische Krieg liegt gebändigt in göttlichem Recht. Daher ist der Kampfplatz gehaselt in eben der Weise wie die Dingstätte, wie die Runde der Königswahl und der Schwertleite, der Volksversammlungen und der Opferfeste.[91] Es heißt nicht nur Odins Speerwurf und den Wanenkrieg zu verkennen, das Wort Fólkvíg und den germanischen Krieg, sondern Germanien überhaupt, wenn man diesen Sinn des Gesätzes 24 mißversteht im Sinne eines bellum omnium. Die Sturlungenzeit aber war wohl am wenigsten geeignet, diesen Sinn des Wanenkrieges zu durchschauen, darum mußte Snorri ihn als machtpolitisch bestimmtes Hin und Her von Eroberungs- und Vergeltungsfeldzügen mißdeuten, und deswegen findet sich bei ihm auch kein Wort weder von der Gullveig, noch vom Speerschuß oder der Asenburg.

Wir wiederholen, daß der Speer zwar die Hegung der göttlichen Wallburg gegen das Kampffeld hin öffnet, fügen aber hinzu, daß er die Runde doch nicht zugleich bis in das Chaos hinein öffnet, womit wir vorerst die fernere Entwicklung des angebahnten Geschehens aus der Erörterung noch ausschließen. Vielmehr erzeugt der Speerwurf außerhalb des alten Wallringes einen erweiterten heiligen Bezirk, der eine geweihte Kampfbahn umhegt. Im Prinzip entspricht dieser Vorgang uraltem indoeuropäischem Erbe, und wir befinden uns mit dieser Deutung im besten Einklang mit dem, was wir früher ausgemacht haben über die Öffnung des Ringheiligtums zur Kampfbahn hin, handle es sich nun um die Pfeilschüsse im indischen Vājapeya, die das Pfahlheiligtum gegen die Rennbahn eröffnen[92] (und wir wissen ja, daß der indische Pfeil rituell dem altindogermanischen Speer entspricht), oder um Tor und Straße im Nordosten des Stonehenge, die den Sarsenring gegen die Entscheidungen außerhalb der Säulenrunde hinauftun.[93]

---

[90] Martin Ninck, „Wodan und germanischer Schicksalsglaube", Jena 1935, S. 126ff.
[91] Jan de Vries, „Altgermanische Religionsgeschichte", Berlin 1956/57, Bd. I, S. 340, 484f.
[92] Heino Gehrts, „Drachensieg und Bruderkampf", Antaios Bd. VII, Stuttgart 1966, S. 177.
[93] Heino Gehrts, „Eine Tür zum Stonehenge", Antaios Bd. VIII, Stuttgart 1967, S. 232ff.

3.3. Die Initiation der Unsterblichkeit

Die beiden Gedanken, daß der Speerwurf Krieg und Sieg erst erschaffe und daß er zum erstenmal ein Kampffeld weihe, vollenden sich in einem dritten, der jene beiden erst eigentlich verstehen läßt. Er ergibt sich auf die Frage, ob jener kriegerzeugende Speerschuß auch die Niederlage und den Schlachtentod ins Dasein einführe. Die wohlerwogene Antwort darauf ist *nein*, freilich ein Nein besonderer Art: auch den Gegner weiht nicht etwa der Wurf Odins dem bloßen Siegverlust und dem vernichtenden Leichenbrand. Eine nächste Begründung dafür finden wir in der Darstellung des Mythos selber. Wären Tod und Verlust Wirkung der Speerweihe, gehörte dies zum wesentlichen, durch den Wurf eingeleiteten Geschehen, so müßte uns der Mythos dieses ersten kriegseröffnenden Speerwurfs selbstverständlich von einem blutigen Kriegsopfer unter den Kämpfern berichten.[94] Das ist indes nicht der Fall, und es läßt sich auch hier gar keine Lücke in der Überlieferung vermuten; der ganze Zusammenhang schließt dergleichen Blutopfer aus. Dieser Schluß ex silentio, der an sich wenig tragfähig sein mag, erfährt indes in einer anderen Einsicht seine tiefbegründete Bestätigung.

Verstehen wir das über die Enthegung der Ringburg und die kultische Entblößung des Weihekriegers Gesagte richtig, dann hat der Speerwurf Odins, sein Ja zu der ehernen Ewe nicht nur den sozusagen äußeren Sinn einer Erschaffung von Kampfding und Sieg, sondern auch den innerlicheren der umwandelnden Initiation des Wiegands, des Weihekämpfers, und auf das Raten über die Opferverteilung erteilt er auch die genialische Antwort: *Wir* sind, wir *alle* sind die Opfer in dieser Ewe, die ihre Urständ hat! – Und das bedeutet ja überhaupt auch der Kampf auf geweihter Stätte, daß dort kein Tod im Sinne des Lebensraubes, des Sterbens in der Vernichtung möglich ist. Noch gibt es dort nicht den taktischen Sieg des einen *über* den anderen, es gibt nur den essentiellen Sieg des Opfers, der durch den Tod nicht widerlegt werden kann. Der Opfertod ist eben eine Form des Sieges, und kennt die Goldene Ewe überhaupt keinen Tod, so die Erzene nicht den entlebten Leichnam: der Fallende kehrt in der Aura ins Ringheiligtum heim.

Es mag mancher Leser diese Gedanken zwar als geschlossen und sinnvoll ansehen, ihre Anwendbarkeit auf den eddischen Mythos aber bezweifeln – trotz des Haselfeldes und des Weihekriegers in seinem Opferüberschwang.

---

[94] Finnur Jónsson, „Völu-spá, Völvens Spádom", tolket af F. J., København 1911, S. 45, nimmt hier merkwürdigerweise wirklich auch den Tod eines Wanen an.

Um die Richtigkeit der hier vertretenen Deutung einigermaßen zu stützen, zu begründen, daß wir sie nur als Verlautbarung der kultischen Wirklichkeit betrachten, dürfte es eigentlich genügen, auf das Heldenlied des Altertums, auf seinen fallenden Helden zu verweisen, den trotz und gerade wegen seines Todes unsterbliches Siegeslicht umstrahlt. Es zeigt sich darin unverkennbar, daß in der Ehernen Ewe der Sieg keineswegs darin besteht, den Gegner zu Boden zu schlagen, – ein Vergnügen, das durchaus der Eisernen aufbehalten ist. Aber wir haben noch einen weit gewichtigeren Beweisgrund, den der Mythos in ausgesprochenen Worten selbst uns liefert. Sind Gullveigopfer und Speerschuß das erste Fólkvíg, indem jenes den geweihten Kampf innerlich, dieser ihn in der Außenwelt initiiert, – dann nennt die Gullveigstrophe den entscheidenden Gehalt des Kampfes schon vorweg in der Formel *þrysvar brendo þrysvar borna* und mit den auftrumpfenden Stäben der fünften, der überschüssigen Langzeile: *opt, ósialdan, þó hon enn lifir* – oft wird sie getötet, immer wieder, ewig lebt sie dennoch. Das Gullveigopfer, dürfen wir mithin sagen, ist auch die Initiation der germanischen Unsterblichkeit.

Wir hoffen unsere Deutung der dunklen Strophenfolge vor allem dadurch einleuchtend gemacht zu haben, daß wir, den Weisungen eines umfassenden Sinngehaltes folgend, nicht etwa auf politische und militärische Verhältnisse stoßen, die allerorten bestehen, sondern überall auf Züge des eigentlichen rituellen und religiösen Germanentums. Die Unsterblichkeitsgewißheit aber begegnet in Germanien von den frühesten Berichten an, im todesverachtenden Kampfesmut der den Römern gegenübertretenden Heere[95] bis zu den letzten skaldischen Gesichten vom Ritt der Schlachttoten nach Walhall. Von hier aus wird nicht nur verständlich, warum allein der Schlachttote, nicht der Siechtote, die hohe Todlosigkeit erlangt – er erringt sie als Opfer, eben in der Opferverwandlung –, sondern es wird uns auch noch einmal die reine Opfernatur des Gullveigbrandes bestätigt: das ist keine Hexe, die im Feuer der Himmlischen in Rauch aufginge, sondern auch sie ist todlos, weil auch sie in der verwandelnden Opferflamme vergeht und entsteht.

Das Inbild des Todes, das Bild der germanischen Unsterblichkeit gründet im Zusammenhang des Gullveigopfers und der Schlachtfeldweihe. Auf Ceram entspringen Daseinsform und Feldfrucht, Krieg und Tod unmittelbar dem Mädchenopfer, und ebenso das Bild der Unsterblichkeit. Nur wem Satene, eine jener ersten drei Jungfrauen, auf dem Kultplatz mit einem der

---

[95] Siehe die Äußerung des Appian bei Jan de Vries, „Altgermanische Religionsgeschichte", Berlin 1956/57, Bd. I, S. 217.

abgeschnittenen Arme Hainuweles einen Schlag versetzt, wird Mensch und gelangt später in ihr Totenreich. Daß der Kultplatz ein Labyrinth ist, eine Form, die auch in unserer und nächstverwandten Kulturen eine sinnentsprechende Rolle spielt, sei nebenher vermerkt. Von einem Feuerritus wird in diesem Zusammenhang nichts berichtet; hier dominiert offenbar eine andere Gleichung: daß das Opfermädchen in die Erde getanzt wird und aus ihr die Knollenfrüchte entstehen. Die verwandte Kultlegende von Eleusis dagegen vereinigt Mädchenopfer, Feldfrucht und lebenschenkende Flamme. Auf einem bekannten Relief steht dort der Knabe Triptolemos zwischen den beiden Göttinnen, der todgeweihten Kore und der trauernden Mutter. Ihn aber legt Demeter, als Amme ihrer Gastgeberin, in Eleusis allnächtlich ins Herdfeuer, um ihn gegen Tod und Alter zu feien. Zwar mißlingt der Ritus, aber eben darum, dürfen wir sagen, wird Triptolemos später zum Sendboten der Göttin, der mit dem Getreidekorn das Geheimnis der Fruchtbarkeit unter die Menschen bringt. Ganz dementsprechend haben ja die Mysterien von Eleusis dem Geweihten die Lebenszuversicht gestärkt, obwohl sie ihn von der Todesgewißheit nicht frei machen konnten, – auch hier besagt das erlösende Gesicht: Wiedergeburt.

Mit dem eleusinischen Mysterium vergleicht Kerényi eine Kultmythe der Cora-Indianer, nach welcher der Maisgott im Feuer vergeht und doch alljährlich wieder auflebt, und einen Feuerritus der Tarahumare-Indianer, der ebenfalls mit der Nahrungspflanze in Zusammenhang steht.[96] Dort wird das Neugeborene ein ganzes Jahr lang nicht gewaschen; wohl aber wird es am dritten Tage mit „Feuer getauft". Dreimal wird es durch den Rauch eines starken Feuers aus Maisspindeln bewegt, mit einem verkohlten Kolben gezeichnet und mit Maiswein besprengt. Tritt nun in diesen Ritualmythen sämtlich so kräftig die Rolle der Speise hervor, so hätten wir uns hier noch einmal auf die Gullveig als Inbegriff des Kulttrankes zu besinnen. Auch er enthält ja das Korn, sogar mit gesteigerter Macht, und daß der Göttertrank Unsterblichkeit schenkt, ist Überzeugung wohl aller kultischen Völker. Daß auch der Kulttrank wie das Weltwendeopfer und der Urhimmel angelüftet wird, – als Weib auf (drei) Opferspeeren, als Braukessel auf dem Dreifuß –, entbehrt weder bestimmter Parallelen noch mythischer Bedeutsamkeit; auf sie ist hier nicht einzugehen. Andererseits möchte sich der dreifache Brand geradezu auf eine

---

[96] K. Th. Preuss, „Die Nayarit-Expedition", I. Bd. „Die Religion der Cora-Indianer", Leipzig 1912, S. 110f. Carl Lumholtz, „Unknown Mexico", Vol. 1, London 1903, S. 272f. Vgl. Jung-Kerényi, „Einführung in das Wesen der Mythologie", Amsterdam 1941, S. 165.

dreimalige Erhitzung des Trankes beziehen oder auf die besondere Behandlung der drei Hauptbestandteile. Daß aber das kultische Getränk den Feuern mit gesteigertem Leben entgeht, ja gerade durch sie zur Unsterblichkeitsgabe geläutert werde, versteht sich.

4. Die Riesenburg und Ragnarök

Wir haben die letzten Gedanken nur unter Vorbehalt entwickelt, mit der Einschränkung nämlich, daß zwischen den Gegnern des Krieges eine rituelle Bindung fortbesteht. In der Tat würden wir einem Teil der Überlieferung durch die Annahme gerecht, daß die Asen und die Wanen verschiedene Kultbünde ein und desselben umfassenderen Verbandes sind, und diese Annahme stimmte auch zu der Ansicht Dumézils, daß die beiden Götterstämme altindogermanische Stände innerhalb ein und desselben Volkes vertreten. Kann es doch in alter Zeit diese Stände ohnehin nicht gegeben haben, ohne daß ihre Angehörigen zugleich Gefolgschaft bestimmter Götter und also Geweihte ihres Kultbundes waren. Um so weniger wäre dann die Verzwistung dieser Bünde eine historische, sie bestände ganz in der mythischen Bedeutsamkeit, ihr Krieg wäre, mit Dumézil zu sprechen, nur um des bedeutsamen Friedensschlusses da. Indessen ist umgekehrt doch ebenfalls ihr Hader von höchstem mythischem Gewicht, und er vertritt den Krieg überhaupt.

Allerdings fehlt diesem Krieg, diesem Streit unter Kultverwandten ein Wesensbestandteil noch völlig: das Ringen, die Entscheidung über Sein oder Nichtsein. Dies aber ist es, was in Vollendung unserer Strophenhexade die Gesätze 25 und 26 darstellen. Schon formal gehören sie aufs engste zum Vorausgehenden hinzu durch den Einsatz: *þá gengo regin ǫll* …, ein Stef, das in der Folge nicht mehr wiederkehrt. Wir betrachten es als ein Kennzeichen des Urgeschehens: auf den Rökstühlen werden die wesentlichen Entscheidungen über die Menschenwelt gefällt. Zu diesen Entscheidungen drängen paradeigmatische Geschehnisse, in denen sich unmittelbar die von den Nornen gelegten *lǫg* widerspiegeln, und auf den Rökstühlen werden die antwortenden, die weltnotwendigen Riten der Menschen festgelegt. Nur solche Entscheidungen entsprechen im übrigen der kultisch-mythischen Funktion der Rökstühle, und wir dürfen überzeugt sein, das sei gegen manche kritische Interpretation unserer Strophenfolge gesagt, daß im Wertgefüge der Vǫluspá diese Entscheidungen „richtig" sind.

4.1. Der mythische Hintergrund

Es ist seit Snorri fast allgemeine Ansicht, daß in den Strophen die Rede ist von dem Bau einer Asenburg durch den Riesenbaumeister gegen ein Entgelt in Gestalt von Freya, Sonne und Mond, – eine Geschichte, die Snorri in der jüngeren Edda ausführlich erzählt.[97] Gegen diese Ansicht ist geltend gemacht worden, daß einerseits unsere Strophen nichts von einem Burgenbau besagen und daß andererseits in jener Geschichte die Frau dem Baumeister zwar versprochen, noch nicht aber ausgeliefert worden sei, was doch offensichtlich von der Strophe 25 vorausgesetzt werde. Die beiden Gesätze bezögen sich vielmehr auf eine andere Geschichte vom wirklichen Verlust eines göttlichen Weibes, der Idun nämlich, die Loki, um sich aus der Gefangenschaft zu lösen, an den Riesen Þjazi verraten hat und die er dann, von den Göttern bedroht, wieder befreit.[98] Dem Gehalt nach, im Raub des Weibes, das für die Götter Leben und für die götterentstammte Welt Dasein bedeutet, sind die beiden Geschichten verwandt, und sie sind in dieser Hinsicht sicher parallele Ausbildungen ein und desselben Urmotivs. Es ist daher für unsere Darlegung auch nicht von entscheidender Bedeutung, welche Geschichte oder welche Fassung dieser Geschichte sich in Wahrheit hinter den beiden Gesätzen verbirgt. Auf jeden Fall wünschen wir indes auch die Geschichte von dem Bau der Burg in die Deutung einzubeziehen. Sie gehört mit in die Urgeschichte der Welt, Snorri betont ausdrücklich, daß sie sich in der Frühzeit nach Erschaffung von Mittelgard und Walhall zutrug, und sie zeigt uns Thor als Handelnden, was die Strophe 26 so entschieden hervorhebt, während die Idungeschichte kein Wort von ihm sagt. Ich neige daher zu der Ansicht, daß Snorri hier mit richtigem Gefühl eine wesentliche Verknüpfung hergestellt hat. Indes kommt es auf eine endgültige Entscheidung nicht an; wesentlich ist das, was die Strophen 25 und 26 selbst bieten: die Verpfändung des die Kostbarkeit hütenden oder darstellenden Weibes an die Riesen, die starken eidlichen Bindungen und ihre Zerreißung durch den der Schwüre nicht achtenden, hammerschwingenden Thor. Zugleich behalten wir den durch Snorri für die Urgeschichte der Welt wohlbezeugten Burgenbau im Auge.

---

[97] Snorri Sturluson, „Edda, udgiven af Finnur Jónsson", København 1900, Gylfaginning 41, S. 41ff.
[98] Snorri Sturluson, „Edda, udgiven af Finnur Jónsson", København 1900, Skáldskaparmál 1, 22, S. 68ff., 186ff. Dazu: Jan de Vries, „The Problem of Loki", FF Communications No. 110, Helsinki 1933, S. 37-41, 65-82.

4.2. Ritueller und existentieller Krieg

Den Sinn der beiden Gesätze haben wir durch die Entgegensetzung zum Wanenkrieg schon angedeutet: es ergibt sich nun ein Zusammenstoß mit den
Unverwandtesten, mit den Riesen, und in ihnen sind Heim und Mittelgard bis
an die innerste Säule hinan bedroht. Mit Unheil geschwängert ist die ganze
„Luft", also das eben geschaffene Heiligtum des Lebens, den Mächten des
Dunkels verpfändet das eben aufgegangene Licht. Auch ohne Snorris Be-
glaubigung verbürgt die Art der Begebenheit selbst ihre Urzeitigkeit, – mit
den Worten der Strophe 5 gesagt: die Himmelskörper kennen ihr Heiligtum,
ihre Heimstätte und ihre Macht noch nicht. Aber diese urweltliche Störung
ist zugleich eine allzeitige und das Vorzeichen der endzeitlichen. Der Speerschuß eröffnet den innersten Götterkreis gegen die Welt der Gegensätze hin,
der Möglichkeit nach aber bricht er damit auch noch die letzte aller Hegungen: der rituelle grenzt an den existentiellen Krieg, und der Wurf des Begin-
ners öffnet in letzter Folgerichtigkeit die Welt schon dem Ragnarök. Daß die
Setzung eines Anfangs auch ein Ende zeugt, ist ein einfacher Gedanke; aber
Germanien ist auch in Mythos und Ritus überall darauf bezogen, verwirklicht
stets im Bilde diese letzte Übermacht, die auch den Weltbaum selbst erbeben
läßt. Ihr setzt es Odin aus durch den Weltwolf, Thor durch den Ermengand,
Freyr durch den feurigen Surt und jeden germanischen König durch das Ritual des Drachenkampfes.

Die Götter suchen zu allen Zeiten der äußersten Gefährde vorzubauen
und in der Urzeit, im Gefolge des ersten Krieges eben in Gestalt der unein-
nehmbaren Burg. Und auch diese Mythe scheint nur erfunden zu sein, um
zu erweisen, daß aller göttlichen Kampfesmühe immer die riesische unaufhebbar entgegensteht. Es liegt auf der Hand, daß die Burg, damit sie von den
riesischen Gegnern nicht eingenommen werden kann, von Riesen selbst als
uneinnehmbar erbaut werden muß. Ist das riesische Chaos der Wesensgegner,
so muß dessen namenloser Sendling auch die gegen das Chaos schirmende
Burg errichten. Wird aber das Nichtsein selbst in die Bewahrung des Daseins
dienend hineingezogen, so ist in dieser Welt des Werdens der Dienst nur um
den allerhöchsten Einsatz feil: das Dasein selbst muß nun in Gestalt seiner innersten Essenz zum Pfande gesetzt werden. Aber es wissens wir und es weiß
der Mythenschöpfer, daß diese Rechnung nicht aufgehen kann: die Burg wird
nicht fertig, und das Pfand verfiele, wenn es nicht mit der zwischen Chaos und Schöpfung gesetzten Gewalt erlöst und zugleich die zwischen Chaos

und Schöpfung geschlossenen Verträge, die dem Weltgesetz der Norne widersprechen, zerschlagen würden. Das sind klare Anschauungen vom Wesen des existentiellen Krieges und der Eisernen Ewe, und wir sehen deutlich, daß sie von den vorauslaufenden Gedankengängen unmittelbar gefordert werden: der Burgenbau durch den Riesen im Auftrag der Asen stellt den göttlichen Versuch dar, auch das Unendliche zu hegen, und das mythische Modell erweist, daß dorthinaus keine Hegungen zu bauen sind. Zwischen dem Dasein der göttergeschaffenen Menschenwelt und der alle Gestalten überwältigenden Riesenmacht gibt es keinen Vertrag; dort gibt es nur die immer neue göttliche Bewährung der Heimwelt gegenüber der Unwelt.

Daß gerade Thor an unserer Stelle als der Eidesbrecher aufgefaßt werden müsse ist von Höckert entschieden bestritten worden, da just er der Schirmherr der Heiligtümer und der Rächer der Meineide sei. Schon de Vries hat dagegen auf die Lokasenna und die Hrungnirgeschichte verwiesen, wo Thor beidemal nicht gesonnen ist, den Frieden des Gastes zu achten. Auch mir erscheint dies völlig wesensgemäß und notwendig: gerade der Miðgarðs Véorr und der Véþormr kennt über die Mittelgardhege hinaus keine Eide und keinen Frieden. Ja, wenn wir mythengerecht weiterdenken und nach der rituellen Konsequenz der beiden urweltlichen Beispiele fragen, dann erkennen wir sogleich eine kultische Rolle, ohne die der Rausch des Götterfestes nicht sein kann. Es bedarf zum heiligen Fest eines Amtsträgers, der jeden möglichen *varg i véum* vertilgen kann, ohne dadurch selbst *vargr i véum* zu werden. Ganz demgemäß hätten wir auch die Ohnmacht der Götter gegenüber Hrungnir und Loki zu erklären. Sie entbehren nicht etwa der zweckgerechten Waffe, des Mutes und der Kraft, sondern sie dürfen nicht zuschlagen, weil sie dem Gast rituell verbunden sind, Odin in beiden Fällen ausdrücklich. Darin liegt der Grund für die Formel *Þórr einn þar vá*, – er *allein* schlug zu, – denn er allein darf es. Es entspricht andererseits dieser Freiheit von den rituellen Bindungen, wenn Thor an dem asischen Gastgebot beidemal nicht teilnimmt. Zwar ist dies auch eine Voraussetzung dafür, daß sich Loki und Hrungnir überhaupt ungebührlich aufführen können, und ebenso lebt die dramatische Zuspitzung von seinem Auftritt am Ende. Ob er aber andererseits nicht gerade deshalb am Frieden des Festes anfangs nicht teilhat, damit ihm für den Augenblick, da er gerufen wird, das Recht zur Waffe gegenüber dem friedenbrechenden Gaste bleibt?

Es gibt bei Snorri noch zwei verwandte Stellen, die eine auf einen wirklichen, die andere auf einen möglichen Totschlag in Asgard bezogen und daher von unserer Fragestellung nicht zu trennen. Die Götter, *ginnregin* nennt sie þjóðolfs Haustlǫng 13, 2, erschlagen den Þjazi *fyrir innan ásgrindr*, wie Snorri ausdrücklich vermerkt, – und das Wort wird gleichbedeutend sein mit *borðveggr ása* und *skiðgarðr* –, ein Totschlag also im Bereich der asischen Weihestätte. Darum bieten die Götter auch der Tochter des Toten, der Skaði, sogleich Buße. *Er þat vig allfrægt*, setzt Snorri hinzu, ein weithin beredeter oder berühmter Totschlag. Dem steht ein anderer Vermerk Snorris gegenüber: daß die Asen den jungen Fenriswolf, also gerade den Archetypus des *vargr i véum*, nicht erschlagen, denn „sie hielten ihre Heiligtümer und Friedensstätten so hoch, daß sie die nicht mit dem Blut des Wolfes besudeln wollten". Die beiden Stellen stehen nicht zueinander im Widerspruch, und die letzte widerspricht auch nicht unserer Strophe 26. Jede von den dreien gibt ein mythisches Beispiel für das Gesetz des Heiligtums – und unsere Stelle, wie ich meine, für den einen, der dort zuschlagen darf.[99]

4.3. Die Entrückung des Weibes

Einen letzten Zusammenhang, in dem die Strophen 25/26 stehen, haben wir noch aufzuhellen. Einer der Hauptanstöße für ihre Erklärung durch die Baumeistersage ergibt sich daraus, daß allen Göttern der Vertrag wohlbekannt ist und es daher zweifelhaft bleibt, warum sie die Rökstühle besteigen müssen, um den Urheber ihrer Not herauszubringen. Diese Schwierigkeit wird dem Anscheine nach beseitigt, wenn man die Idungeschichte als Hintergrund voraussetzt; denn von diesem Verrat durch Loki wußten die übrigen Götter nichts. Aber für ein tieferes Forschen ist auch diese Ansicht noch nicht befriedigend, denn es stellt sich daraufhin die Frage: was ist der Sinn eines solchen Verlustes, der unversehens und der just, wie auch andere Weltgefährdungen, durch Loki eintritt, durch Allvaters Urbruder? Ist es möglich, den weltbedeutenden Sinn dieser Urmythe einzusehen?

Eine erste Antwort scheint mir gegeben in einem indischen Mythologem von höchster ritueller Bedeutung, das ich mit der eddischen Abbreviatur wesens- und urverwandt glaube. Der jähe, unvorhergesehene Verlust des Lichtes erscheint dort als der Glanzverlust der Urgötter nach der Schöpfung – Varuṇas,

---

[99] Robert Höckert, „Vǫluspá och Vanakulten II", Uppsala 1930, S. 98. Jan de Vries, „The Problem of Loki", FF Communications No. 110, Helsinki 1933, S. 81. Snorri Sturluson, „Edda, udgiven af Finnur Jónsson", København 1900, Skáldskaparmál 1, Gylfaginning 33 S. 70, 35. Haustlǫng: Snorri Sturluson, „Edda, udgiven af Finnur Jónsson", København 1900, S. 188.

Indras, Prajāpatis – und ebenso des Königs während der Königsweihe, nach seiner Verselbigung mit der Weltachse in der Urrolle Varuṇas und ausdrücklich mit diesem verglichen.[100] In dieser mythisch-rituellen Situation ist das göttliche Urlicht in die individuellen Wesenslichter zerlegt und damit in die Raumesfernen entrückt, und dieses flüchtige Lebenslicht, der verlorene Götter- oder Königsglanz kann immer nur wieder im Raume erfahren und erstritten werden. Eben diese mythisch-rituelle Stufe, ferner die überfallartige Natur des Verlustes, die räumliche Entrückung des Lichtes und die Notwendigkeit ritueller Gegenmaßnahmen scheinen mir vortrefflich zu der eddischen Situation zu stimmen, in Sonderheit auch zu der Natur der Rökstühle, deren ritualistischen Sinn wir oben kurz gestreift haben. Am Uranfang der Welt ist das Gewebe der Riten noch unvollständig, die Antwort der Welt auf eine rituelle Erfindung noch unbekannt, und erst wenn die Antwort gefallen ist, können die Riten sinngemäß in Gestalt einer neuen weltbedeutenden Erfindung ergänzt werden. Höchst bemerkenswert erscheint es mir dabei, daß sowohl die Erfindung Odins wie die Thors als Unterbrechung der Ratsversammlung, eben als erfinderisches Aufspringen und Neubeginnen erscheinen: hier werden die rituellen Funktionen Odins und Thors in ihrer ersten Ursprünglichkeit sichtbar.

Eine zweite Antwort auf die Sinnfrage ergibt sich aus einem mehr psychologischen Gesichtspunkt, und ich meine, daß wir damit nicht etwa aus dem Zielbereich der Mythenbildner heraustreten. Im Urmythos werden auch Züge der menschlichen Seele wahrnehmbar gemacht, – so wie eine neuseeländische Mythe von der Trennung des Himmels und der Erde verkündet, man sage „im Andenken an diese Dinge …: ‚Die Nacht! die Nacht! der Tag! der Tag! das Suchen, das Ringen nach dem Licht! nach dem Licht!‘"[101] - Wir haben Gullveig oben als die Essenz der Goldewe bezeichnet und es für möglich gehalten, daß sie verwandelt als Freya wiederkehrt. Es ist völlig mit diesem Sinn im Einklang, daß Freya nun hier, mit Sonne und Mond zusammen, als Sinn und Wert des Lebens, als das lebensnotwendige Gut in der leibhaften Welt erscheint. Aber selbst wenn wir dies dahingestellt sein ließen, so vermag uns *Óðs mær*, der Sinn ihres Verlustes, doch unmittelbar einzuleuchten, und es weiß es unser jeder, daß sein Weltenlicht, daß ihm Sonne und Mond auf

---

[100] J. C. Heesterman, „The Ancient Indian Royal Consecration", Disputationes Rheno-Trajectinae II, 's-Gravenhage (1957), S. 119f. Heino Gehrts, „Drachensieg und Bruderkampf", Antaios Bd. VII, Stuttgart 1966, S.171ff.
[101] Willibald Staudacher, „Die Trennung von Himmel und Erde", Tübinger phil. Diss. 1942, S. 35.

einen Stundenschlag jäh bis zu den Riesen am Weltende hin entschwunden sein können – und daß er sich aufmachen muß, sie in der tiefsten Ferne zu suchen. Wir verstehen von hier aus nicht so sehr Thors Riesenfahrten, der immer nach dem überwältigendsten Gegner suchen muß, sondern Odin als Wanderer, seine Entfernungen und Verbannungen, seinen Verzicht auf Herrschaft und Ehe; auch gehören hierher der Weg des Initianden in die Wildnis und die Abenteuerfahrten der Jungmannschaften, ebenso wie die nordischen Weltmeerfahrten und natürlich das germanische Wandern überhaupt. In welchem Sinne immer die märchenhafte Brautfahrt wirklich gewesen sein mag, das Freikämpfen der Schönsten unter den Riesen und Trollen in der Ferne, – sie ist nicht etwa Vorlage des Mythologems gewesen, sondern *Óðs mær* und die trollgeraubte Prinzessin entstammen beide einem ritualisierten Zuge wirklicher menschlicher Daseinsartung.

So bietet sich uns die lichte Seite des schicksalhaften Geschehens dar, die märchenhafte Brautfahrt in die Ferne und die glückhafte Befreiung. Die andere Seite zeigt uns das düstere Bild, den unheilschwangeren Himmel über der Gegenwart, den namenlosen unvorhergesehenen Verlust. Daß derlei in das Grundgefüge menschlichen Daseins hineingehört, wissen wir, – wir sollten es in den Urmythen erwarten und ihre dementsprechende Aussage so verstehen. Hier liegt also auch die schicksalsgerechte Auffassung der Loki-Gestalt: schon im Urraum ist dieser Wesenszug der Menschenwelt mit veranlagt. Die Götterrunde selbst kann sich keiner Dauer ihres Lichtes, ihres Friedens, ihres Bestandes versichern, unter ihnen selbst hegen sie den Spieler, den Zornmütigen, den Querkopf, den Narren, der das Unversuchte, das Gefährliche, das Widersinnige, den Schabernack tun muß, um das just sich Vollendende damit wieder der Fragwürdigkeit und der Untergangsdrohung auszusetzen. Eben das ist auch seine Funktion in der Baldergeschichte. Es gibt ja dies nicht, daß höchstes Licht und höchste Daseinsfreude sich gegen allen Wandel feien ließen: das Vergnügen der Götter am ohnmächtigen Waffenbiß gegenüber Balder ist Illusion, und es kommt nur darauf an, das Neuerwachsene ausfindig zu machen, den jungen Sproß, der außerhalb der Eidgenossenschaft geblieben ist. Es ist Lokis Trieb und seine Lust, diese Lücke in der Illusion aufzufinden und, unbekümmert um die Folgen und daher auch ohne radikale Bosheit, zur Wirkung zu bringen.[102] Er entspricht darin dem kymrischen Efnisien, der ebenfalls die Gabe besitzt, den schönen Schein

---

[102] Vgl. dazu Eilifr Guðrúnarson, Þórsdrapa 1, Snorri Sturluson, „Edda, udgiven af Finnur Jónsson", København 1900, S. 183.

der unzerreißbaren Friedensära zu entlarven: er schneidet den Weiherossen schimpflich Lippen, Lider, Ohren und Schwänze ab.[103] Vielleicht läßt sich hinter Loki eine kultische Narrenrolle erkennen, die in den Friedenstagen der Feste und Wettkämpfe das Bewußtsein der höchsten Gefährde wach erhält: der Narr stellt die Unbedingtheit einzelner Erscheinungen in Frage, der Weltnarr das Dasein überhaupt. - Es ist seltsam, aber folgerichtig, daß der Mythos diese Götterrolle in der Höhle zu fesseln sucht. Das Wesen der Welt vermag er damit freilich nicht zu verwandeln: was Loki bisher gemäß seiner Natur vollbrachte, muß nun der Urbruder schicksalsgerecht mit übernehmen. Daher stammt das Doppelsinnige in Odins Natur: sobald sein Urbruder Loki gefesselt ist, muß Allvater selbst den Streit stiften.

4.4. Die asische Schuld

Was bedeuten unsere Erwägungen für die Frage nach der asischen Schuld und für die Vorstellungen, die wir uns bisher von dem sogenannten Verfasser der Vǫluspá gemacht haben? - Besonders Nordal hat in bestechender Weise als Beleg für des Dichters Gedankenwelt angeführt, wie nachdrücklich er die Tatsache des Eidbruches mit viermal wiederholter Wendung betont: *á genguz eiðar, orð oc sœri, mál ǫll meginlig, er á meðal fóro*, – niedergetreten sind die Eide, die Worte und Schwüre, all die bindenden Verpflichtungen, die eingegangen waren. Hier betone er eben die Schuld der Asen, darin bekunde sich aufs kräftigste, daß er den Gang der Welt ethisch und ihren Untergang als ethisch bedingt betrachte.[104] Wenn aber nun der mythenangemessene Gedanke Dumézils gilt, daß ein mythischer Krieg geschildert werde, um im Friedensschluß die Natur des Friedens, die in diesem wirksamen Mächte und Bedingungen sichtbar werden zu lassen, – ob dann nicht ebenso in dem zuletzt betrachteten Mythos ein beeidetes Abkommen geschildert wird, um an seinen Folgen zu erweisen, daß der Krieg Thors gegen die Riesen, der Kampf für die Gestalten gegen die Ungestalten im Wesen der Dinge liege und daß dieser Krieg Erhalter der Gebilde sei? Damit wäre die geistesgeschichtlich späte Datierung des Liedes, die sich gerade auf diese Stelle mit großem Recht

---

[103] „The Mabinogion", translated by Gwyn Jones and Thomas Jones, London 1950, S. 25, 27.
[104] Sigurður Nordal, „Völuspá, Vǫlvens spádom", udgivet og tolket af S. N., fra Islandsk ved Hans Albrectsen, København 1927, S. 59f., 150ff. Gegen „moralische" Tendenzen im alten Bestande der Vǫluspá Robert Höckert, „Vǫluspá och Vanakulten II", Uppsala 1930, S. 99: „Das Pathos der Völva ist nicht moralisch, sondern religiös, rituell."

zu berufen schien, plötzlich hinfällig; die Wahrscheinlichkeit spräche für einen sehr viel älteren Sinn des Liedes und eine weit urtümlichere Entstehung auch sogar dieser Stelle.

Das Mythologem ist in der Tat indogermanischen Alters. Es entspricht in allen wesentlichen Einzelheiten dem paradeigmatischen „Eidbruch" Indras. Dieser erschlägt nämlich einen brahmanischen Verwandten, den Tvaṣṭṛ, weil dieser in der Urwelt den Opfergewinn zwar den Göttern öffentlich, im geheimen und wirksam aber nur den Asura, also den indischen „Riesen" zuweist.[105] Diese Parallele ist so eng, daß man sogar den Namen Tvaṣṭṛ mit dem Namen Þjazi, des Räubers der Idun also, etymologisch in Zusammenhang bringen kann.[106] Wir dürfen in dieser Übereinstimmung eine letzte entscheidende Bestätigung für die ritualmythologische Deutung unserer Strophen, für die Opfernatur der Gullveig und die eropferte Natur von Sonne und Mond – dieser ohnehin – und *Óðs mær* sehen. Auf die mit der Darstellung Dumézils aufgeworfene Frage nach der „Sünde" Indras sei hier noch kurz eingegangen, da mit ihrer Bejahung schon für den Ṛgveda auch eine moralische Verfehlung Thors in indogermanische Zeit hinaufzurücken schiene.[107] Mir indes scheint die Versündigung Indras ein spätes Theologem und das Schweigen des Ṛgveda, trotz der Gegengründe Dumézils, beweisend. Erst in der Weltanschauung der Brāhmaṇas, mit ihrer veränderten Einschätzung des Daseins, können die Opfervorgänge, die aus der Ureinheit das körperliche Dasein und die Vielfalt entbinden, als sündhaft gedeutet werden. Dieser Umschwung drängt sich noch deutlicher auf in der Bewertung der dem Indra eigentümlichsten Tat, der Erschlagung des Urdrachen Vṛtra, die in den Brāhmaṇas zum „Sündenfall" wird, eine Einschätzung, die erst recht in den Purāṇas herrscht. Der Ṛgveda aber ist ganz auf Daseinsgewinn und Daseinsbehauptung eingestellt – schon aus zeitgeschichtlichen Gründen – und findet in Indra dafür seinen besten Bundesgenossen – auch und gerade als Brecher daseinswidriger „Eide".[108]

---

[105] Georges Dumézil, „Aspekte der Kriegerfunktion bei den Indogermanen", Darmstadt 1964, S. 30ff.

[106] Jan de Vries, „Altnordisches etymologisches Wörterbuch", Leiden 1961, S. 612.

[107] Georges Dumézil, „Aspekte der Kriegerfunktion bei den Indogermanen", Darmstadt 1964, S. 59ff. Für die Gesinnung des Ṛgveda vgl. besonders S. 53, 61f.

[108] Unser Gedankengang schließt nicht aus, daß sich der Gott nach der Erschlagung des Vṛtra auch schon in alter Zeit gewissen „Sühnungen" unterwerfen mußte – wie auch etwa Apollon nach der Tötung des Python, wozu Plutarch, de def. or. c. 15, zu vergleichen. Vielmehr müssen wir hier wohl sogar Zusammenhänge mit sehr alten jägerischen Ritualen voraussetzen. Wohl aber wenden wir uns gegen die Übertragung spätzeitlich ethischer oder gar

5. Der Weltaltermythos

Wir haben damit unsere Untersuchung abgeschlossen, müssen aber am Ende noch auf einen geschichtlichen Zusammenhang eingehen, in dem der Gegenstand steht. Läßt sich nicht durch eine Wesensschau allein der Gehalt eines solchen Überlieferungsbruchstückes aufklären, sondern vorwiegend durch den Vergleich mit dem Ähnlichen, dann stellt sich für dieses das Problem seiner Artung: ob es nur ähnlich, ob es psychologisch oder ob es historisch verwandt sei. Die Frage ergibt sich auch hinsichtlich der Weltaltermythe, die in grundlegender Weise in unsere Deutung einbezogen worden ist, deren besonderer Nachweis aber noch aussteht. Sie hätte indes nicht in dieser Weise verwendet werden dürfen, wenn sie nicht auch wirklich zum ursprünglichen Mythenbestande des Nordens gehört hätte. Dazu sei auf zwei gewichtige Zeugnisse verwiesen, und zwar zunächst auf die Urkönige der Hervararsaga.[109] Deren erster nämlich. Guðmundr, hängt in eigentümlicher Weise mit Kastrationsmythen und -riten zusammen, und er herrscht in Bernsteinsfelden, wo auch das Gefilde der Unsterblichen liegt, das siechtums- und alterlose; er steht also einem Reiche vor von lichter Kostbarkeit und unendlichem Leben. Hǫfundr aber, sein Sohn, dessen Name ein altes Participium Präsentis zu *haf̄jan* = heben darstellt, der also „Hebender" bedeutet und dann „Urheber" und „Rechtsschöpfer", ist vorschauend und fernschauend und der gerechteste Richter, und zwar über rituelle Verpflichtungen. In ganz ähnlicher Weise berichtet die dänische Sage von den beiden Frodi, von denen der ältere die Goldmühle besitzt, deren Werk doch jäh in einer Nacht wechselt und Unheil heraufführt, – während der jüngere Frodi Herr des Friedensreiches und des Rechtsfriedens ist. Beidemal folgen also aufeinander das Goldene und das Erzene Alter, und bei Gudmund findet sich sogar das an Uranos erinnernde Kastrationsmotiv, während der Sohn einen dem Mythos des Kronos entsprechenden Namen führt. Nicht einzugehen ist hier auf die – übrigens leicht erklärbare – „Verschiebung" der Herrscher gegenüber den Reichen, so daß der „Kastrierte" im Norden Herr des Bernsteinreiches ist, während in Hellas

---

moralisierender Bewertungen solcher Göttertaten auf die älteren Zusammenhänge, da denn die Unvereinbarkeit später Moralbegriffe mit den alten Gehalten auch aus den bei Plutarch angestellten Erwägungen deutlich wird.

[109] „Heiðrekssaga", udg. ved Jón Helgason, Samfund etc. 48, København 1924, S. 1, 89. Dazu Nils Lid, „Joleband og vegetasjonssguddom", Oslo 1929, S. 170-182. Otto Höfler, „Kultische Geheimbünde der Germanen", Frankfurt 1934, S. 172 bis 188. Jan de Vries, „Altgermanische Religionsgeschichte", Berlin 1956/57, Bd. II, S. 284ff. Jan de Vries, „Altnordisches etymologisches Wörterbuch", Leiden 1961, S. 280.

der Kastrierende König des Goldalters wird. Jedenfalls liegt diesseits der beiden Urreiche immer das dritte des Unfriedens oder des umkämpften Friedens, Angriff und Abwehr der „Riesen". Verbreitetes Symbol für die Artung dieses Weltalters ist der Brudermord. In der dänischen Königssage kommt er mehrfach vor,[110] in besonders typischer Gestalt aber in der Gudmundsage. Zwei Söhne hat nämlich Höfund von Hervör, seinem Weibe aus Riesen- und Berserkergeschlecht. Angantyr ist wohlmeinend und beliebt, beide sind schön, stark und klug, Heidrek aber böse, Schürer des Streits. Auf einem Gastgebot seines Vaters stiftet er Händel und Totschlag, empfängt, des Landes verwiesen, von seiner Mutter das Mordschwert ihrer Sippe und erschlägt damit sogleich seinen Bruder. Bezeichnend erscheint des weiteren sein Entschluß, mit den „Heilräten" seines Vaters, also mit den ihm auferlegten rituellen Beschränkungen zu brechen.[111] Ganz in diesem Sinne „erfindet er" für das Opfer den Krieg. Statt nämlich den eigenen Sohn für die Fruchtbarkeit der neugewonnenen Heimat zu opfern, wie das Los und Höfunds Spruch es fordern, beschließt er, seinen Gegner im Opferstreit, den Landeskönig und dessen Sohn mitsamt ihrem Heer dem Odin zu weihen – unter dem, nach ursprünglich mythischem Verstande, wohl jetzt erstmals aufgerichteten merki, dem Banner überm Schlachtfeld.[112]

Mit aller Deutlichkeit entwickelt also die dem Mythos kaum halbwegs entwachsene Hervararsaga die Vorstellung von den drei Weltaltern. Klar erweist sie auch, daß die mythische Folge nicht chronologisch gemeint war, sondern ganz in der Bedeutsamkeit gründete. Nicht die Mythenschöpfer, erst die Mythologen haben die Weltalter als historische Abschnitte einer primitiven Zeitanschauung mißverstanden. Die Urvölker selbst wissen sehr wohl zwischen zeugerischer Urzeit und verkörpernder Daseinszeit zu unterscheiden.[113] Demgemäß meint auch der Weltaltermythos Entfaltung des Wesens; die Ewen verhalten sich zueinander wie Wesensschichten, wie Kern und Schale, und sie entsprechen dergestalt auch einem ursprünglichen Zeiterleben, das auch dem unseren noch immer zugrunde liegt.[114] Daher spiegelt sich

---

[110] „Saxo Grammaticus", II, 51 H, VII, S. 217, 243ff.
[111] „… ok uill nu reyna at briotta ǫll heilrædi fǫdur sins." S. 47. „ǫll hans ráð skal ek rjúfa" S. 49. „Heidreki kom i hug ad onyta oll rad fodur sins. " S. 125.
[112] „Hann mælti Þá: ‚svá líz mér sem goldit muni vera Óðni fyrir einn svein, ef Þar kømr fyrir Haraldr konungr ok son hans ok herr hans allr'. Hann bað nu setja upp merki sitt …" S. 43f.
[113] Vgl. z. B. bei australischen Stämmen den Begriff *Altjera = Vorzeit, Traumwelt* bei Richard Thurnwald, „Primitive Initiations- und Wiedergeburtsriten", Eranos-Jahrbuch 7, Zürich 1940, S. 339, 347, 353.
[114] Luise Resatz, „Gedanken zur Polarität von Raum und Zeit", „Rhythmus", München 1962, 35. Jahrgang, S. 56-60, 73-76, 89-92.

auch der Mythos in der leibhaften Wirklichkeit: in der Gestalt der Kultplätze, der kultischen Jahresordnung und der initiatischen Staffelung individueller Lebensläufe. Um den Mittenpfahl des Heiligtums herrscht noch immer die Aurea Aetas, noch immer erstreckt sich die Erzene Ewe über den Kultkreis auf die Rennbahnen und die Arenen seines Friedens, und erst jenseits seiner Feste beginnt der Eiserne Krieg. Ähnlich verhält es sich mit Frühling, Sommer, Herbst und Winter, mit Mädchen, Weib und „Hexe", mit Jüngling, Krieger und lebenzehrendem „Alten". Es bezeichnet allerdings den Kern des Daseins, daß es die Goldene Ewe als die „früheste", als innerste zeitigte – wie den Frühlingsknaben und die Göttin Mädchen. Diese Mitte, diese Urwelt, diese Götter sind zeitlos und todlos, aber sie sind weder da, noch vermögen sie zu dauern; der Mensch selbst vollzieht den notwendigen Schritt, er selbst opfert dies Wesen, um vollends da zu sein. Und daß er immer noch, durch Opfer, die Ewen der Feste und der Wettkämpfe herauführen kann, das ist eben darin begründet, daß er auch ursprünglich, oft noch in göttlicher Gestalt, angetan nämlich mit der Machtfülle der Notwendigkeit, diese Zeitalter initiierte. Denn so wenig wie die Goldene Ewe länger lebt als einen festlichen Tag oder aufs höchste die Tage eines Götterfestes, und so wie dies sich immer öffnen muß gegen den Wettkampf mit seinen Siegen und Niederlagen, ja, wie es davon zehrt und daraus das Gold seiner Tage sammelt, – so wenig vermag auch die Erzene Ewe eine Schicksalsrunde zu überdauern. Auch dort kommt immer der Tag, wo das alte Opfergold verbraucht ist und sie aufklafft gegen die Welt der Ungeheuer, unter denen allein sich das Drachengold aufs neue erfechten läßt. So notwendig wie der Übergang vom Goldnen Alter zum Erzenen ist der von diesem zum Eisernen, ja, mit der Eröffnung des Goldenen durch die Himmelshebung sind in der Potenz die anderen ebenfalls schon gegeben. Dies ist der Sinn, der die Bilderfolge verknüpft, dies das Gefälle, das in sechs Strophen durch drei mythische Katarakte herabstürzt bis an den Stau, wo die „Weltgeschichte" beginnt und hinter ihr die Untergangsvisionen auftauchen. Diesen gewaltigen Tiefenblicken entspricht eine mächtige innere Bewegung. Ihr wird die euhemeristische Stimmung der Deutungen Snorris und seiner Nachfolger im mindesten nicht gerecht.

Haben wir das in Rede stehende Mythologem und die in ihm gründenden Kulte mit dem Wesen von Welt und Mensch in Zusammenhang gebracht, so soll damit doch nicht die Meinung ausgedrückt sein, daß dieses Wesen auch überall in unabhängiger Weise in den gleichen Bildern und Kulten ausgeprägt werden mußte. Wir nennen nur, als bildhaft unterschiedene Analoga der Himmelsfernung, das Emporsteigen aus der Unterwelt, das Erdtauchmotiv und den Himmelssturz. Hier ist jeweils eine durchaus unterschiedene mythenschöpferische Kraft am Werke gewesen, eine Seele, die aus einem eigengearteten Welterlebnis zur Anschauung von einem anderen Urbild des Daseins gelangt ist. Demgegenüber scheinen mir die Anschauungen, auf deren Grunde die vorliegende Deutung des Gullveigopfers entwickelt wurde – der Weltalter- und der Himmel-Erde-Fernungs-Mythos, ihr Zusammenhang mit der Gestalt des Kultplatzes, das Weltwendenopfer und die Rolle des Speeres –, auf eine einheitliche geschichtliche Schöpfung zu verweisen, und ich meine, dies sei die Megalithkultur gewesen, oder diese Züge seien doch gerade in der Megalithkultur zu einem besonders einheitlichen, alle Kulturäußerungen durchgreifend prägenden Gebilde geworden. Dies indes nicht, ohne daß in ihren Provinzen eigentümliche Bildungen, zum Teil aus bodenständigem, älterem Erbe sich durchsetzten.

So hat auch Ad. E. Jensen den Gedanken abgelehnt, daß die von ihm als ein höchst eigentümliches Gebilde in weltweiter Verbreitung nachgewiesene „frühe Kultur" nur Ausfluß der überall gegebenen seelischen Voraussetzungen gewesen sei.[115] Auf keinen Fall, meine auch ich, könne das für die Gesamtheit ihrer Charakterzüge gelten, nicht für deren höchst eigentümliche Ganzheit, die vornehmlich bestimmt ist durch die mit ihrer Zustimmung geopferte Gottheit, die sich damit in die Lebensgüter verwandelt, durch das Schwein als Opfertier, durch Kopfjagd und durch den Mond, in dem die genannten drei Opfermotive siderisch anschaulich werden. Einzelne dieser Züge, möchte man glauben, sind wesensbedingt, konnten unabhängig voneinander entspringen oder, bei unvollständiger Übernahme oder in erwanderter verwandelter Umwelt, sinnentsprechend ergänzt werden, – für das *Weltbild* dieser Kultur aber ist eine geschichtliche schöpferische Einzelleistung als wahrscheinlich anzunehmen.

Es ergibt sich dann die Frage, in welcher Beziehung dieses Weltbild, von dem wir einzelne Züge zur Aufhellung unserer Eddastrophen herangezogen haben, zum germanischen Weltbilde steht. Sicherlich würde unser Vergleich an Beweiskraft gewinnen, wenn wir ihn auch geschichtlich untermauern, wenn wir die Parallele noch durch weitere zugehörige Züge verstärken könnten. Im Grunde aber wäre damit nichts zu gewinnen, denn es käme letztlich nicht auf die Einzelheiten an, sondern auf das geistige Band, das sie

---

[115] Ad. E. Jensen, „Die getötete Gottheit, Weltbild einer frühen Kultur", Stuttgart 1966, 3. Aufl. von: „Das religiöse Weltbild einer frühen Kultur", Stuttgart 1948. S. 112ff.

verknüpft, das in Germanien sicher verloren ist und das wir auf jeden Fall aus den Einzelbefunden erst wiedergewinnen müßten. Nichts anderes aber haben wir hier schon unternommen und durchgeführt, und nicht mehr dürften wir erhoffen von dem Versuch, eine ältere „bäuerliche Wanenreligion" zu rekonstruieren – mit Schweineopfer, Mondkult und trauernder Göttin und mit dem Schweineopfer verbundenen Gelübden, die auf einen der Kopfjagd ähnlichen Beutegewinn abzielten. Dies schiene uns ein sehr zweifelhaftes Verfahren, während wir die von Westeuropa nach Insulinde reichenden „megalithischen" Zusammenhänge allerdings für geschichtlich und geschichtlich nachweisbar halten. Gerade zu diesem Beweis glaube ich auch mit der Deutung der Gullveigstrophen beigetragen zu haben.

ANDENKEN AN ALFRED SCHULER

Anläßlich seines Todestages am 8. April 1925.

Die folgende Darstellung – ursprünglich eingeordnet der Rede Egon von Niederhöffers am 28. Oktober 1972 in München zur Feier des hundertsten Geburtstages von Ludwig Klages – und für den vorliegenden Zweck geringfügig erweitert und ergänzt, erläutert die wohlbekannte Charakteristik Schulers im „kosmogonischen Eros". Klages nennt ihn dort den „weitaus Wissendsten um die Geheimnisse des Altertums", betont jedoch, daß die Einreihung Schulers in die Altertumswissenschaft, wie er sie versucht habe, nur ein Notbehelf sei. Die schulersche Gnose liefere zwar dem Metaphysiker für sein Gedankengebäude kostbarsten Baustoff, aber dies Wissen besitze durchaus nicht denselben Wert für den, der es hervorgebracht. Denn da in Schuler längst gelebtes Urerleben selbst wieder eingeleibt gewesen, ein altes Seelenfeuer wieder aufgeflammt sei, so habe der personale Herd dieses Feuers sich nicht in wissenschaftlichen Werken vollenden können, „sondern nur durch Umschmelzung dieser ganzen verdorrenden Gegenwart in einem zurückbeschworenen Ehemals." - Demnach gehen unsere Betrachtungen von den folgenden vier Fragen aus: Worin bestand das Wissen Schulers? - Wie waren die Geheimnisse des Altertums beschaffen, auf die es sich bezog? - Welches wäre das diesem Wissen angemessenste Wirken gewesen? - und viertens und endlich: Welches war Schulers eigenste Artung, vom Heidentum selbst her gesehen, und welches wäre in einem von Schulers heidnischer Gnose bestimmten Lebenskreis die für einen Klages eigentümliche Rolle gewesen? -

Der Philosoph unseres wissenschaftlichen Zeitalters hat sich sein Wissen forschend und denkend erschlossen und hat es begrifflich begründet und verknüpft; allgemeinverbindliche Gewißheit erlangt es nur in der Behauptung von *Beziehungen*. Im Gegensatz dazu ist das Wissen des schulerschen Menschen selbstgegeben und bedarf daher keiner rationalen Begründungen oder empirischen Bestätigungen; ihm stellen sich unmittelbar anschaulich und selbstgewiß *Substanzen* dar. Die Ursubstanz nun allen Lebens, die Schuler als Visionär erschaut, ist ein wesentliches, sozusagen stoffliches Licht, – in Einklang nicht nur mit den Überzeugungen von neuplatonischen und gnostischen Mystikern, sondern auch mit sehr verbreiteten Anschauungen in Kult, Magie, Mythos und Alltag geschichtlicher und außergeschichtlicher Völker.

In den Lebenden ist dieses Licht der eigentlich lebenswerte Kern des Erlebens selber, für die Toten ist es die lebensinnere Zentrale, in die sie mit
ihrem Wesenskern eintauchen und aus der sie zur Neueinkörperung wieder
hervortreten. Rein biologisch ist mithin das Leben der Menschheit die pul-
satorische Einleibung und Entleibung dieses Lichtes. Aber auch in der Welt
eingeleibter Menschen ist alles wesentliche Geschehen Vorgang in diesem
Licht. Alle echte Begegnung ist zeugerische Begegnung lichter Pole, und das
gebärerische Ergebnis ist das höhere Aufblühen der in den Körpern sichtbaren diesseitigen Leuchte. Die Menschheitsperiode, in der diese Pulsationen
ungehemmt und ohne Raub vor sich gehen, nennt Schuler das offene Leben.

Wir hingegen leben in der Periode des geschlossenen Lebens. Geschichtliche Entwicklung bedeutet nach Schuler fortschreitende Entlichtung der
Menschheit – zugunsten lichtfeindlicher Zentren, die sich aus dem allgemeinen Leben ausgesondert haben, die das Licht ansaugen, ansammeln und
einschließen. Dieser Vorgang ist aber nicht etwa ein natürliches Geschehen,
sondern er wird zweckbewußt betrieben von machthungrigen Instanzen, die
das Licht mit Hilfe magischer Verfahren an sich reißen und einkapseln. Als
solche Instanzen sah Schuler die Männerbünde an, vorwiegend die Priesterschaften, also die christlichen Kirchen, die Synagoge, aber auch schon
manche urvölkerlichen Kultbünde und ebenso – mit gewissen Einschränkun-
gen – die europäische Adelsgesellschaft. Er betrachtete diesen Prozeß also
vornehmlich unter religiösem Gesichtspunkt, und dieser Gesichtspunkt hat
insofern auch allgemeine Geltung, als es sich bei allem wesentlichen Geschehen stets um ein Geschehen in und an der Essenz handelt.

Wir haben damit das Wesentliche des geschichtlichen Prozesses, der
Evolution wie Schuler auch sagt, gekennzeichnet. Im einzelnen verläuft er,
wie sich versteht, in unendlich verschiedenen Formen. Ein sehr sinnfälliges
Beispiel vermöchte etwa das Sonnenreich der Inkas abzugeben, in dem gold-
schindelgedeckte Tempel, goldbekleidete Götter- und Ahnenbilder das wesentliche Licht in alle Bereiche ausstrahlten – und demgegenüber Pizarro, der
all dies Gold abreißen, zusammenschlagen und in einem einzigen dunklen
Raume horten ließ – zwecks Versklavung von Land und Volk in Peru. Für
das geschichtliche Prinzip, das in den so gekennzeichneten Geschehnissen
wirksam wird, gebrauchte Schuler Worte wie: Schwarze Zelle, saugender
schwarzer Hohlraum, Schwarzer Magus, Herr des Schwarzen Rades.

Als eine der Schwarzen Zellen unserer Zeit, die einen ungeheuren Reichtum lichter Potenzen vom Leben abschnürt und mit Dunkel bedeckt, dürfte

man etwa Fort Knox ansehen, den militärtechnisch verpanzerten Goldhort, auf dem der „Amerikanismus" beruht. Indes, – ein auf alle derartigen Zellen gerichtetes fruchtbringendes Verständnis der Gegenwart, das auch zu lebendienlichem Handeln und Verhalten Anleitung bieten könnte, – müßte zunächst natürlich ihren menschheitlich-symbolischen und religiösen Sinn ausmachen und nicht etwa bloß auf den gruppeneigenen, personalistisch-politischen Scheinzweck gerichtet sein. Selbstverständlich besäßen die dergestalt gewonnenen Einsichten andererseits auch politische Relevanz, wie denn überhaupt die schulersche Betrachtungsweise, mag sie auch zunächst weltfern erscheinen, allewege zu einer sehr konkreten, unmittelbar leibhaften Ansicht und Wertung der Dinge führt.

Der weltgeschichtliche Entlichtungsprozeß wird also in jedem einzelnen Vorgang bewußt und planmäßig betrieben. Ebenso wurde im Zeitaltar des offenen Lebens die Entbindung und Ausschüttung des Lichtes aktiv betrieben, – ohne daß allerdings hier von Gewolltheit die Rede sein dürfte. denn die Verfahren folgen aus der Lichtnatur selbst, und sie sind oft in den Menschengruppen schon aus uralten Zeiten überliefert. Es ist die rituelle Ordnung das Daseins, die in der Urkultur die Durchleuchtetheit des Lebens ständig auf einer gewissen Höhe hält – und zwar einerseits dadurch, daß sie in allen, auch den alltäglichsten Verrichtungen den Zusammenhang mit dem Totenreich wahrt, – und das bedeutet, mit den Toten, mit den Ahnen und dergestalt mit der Essenz, aus der sich Tod und Leben speisen, – und andererseits führt sie in ihrem Zeitkreis fort und fort zu rhythmischen Ausbrüchen des inneren Lichtes, – in den großen Götterfesten nämlich, an denen abermals wie die Lebenden auch die toten Ahnen teilhaben.

Die stärksten Bilder, die Schuler für das offene Leben bietet, entstammen den Festen des rituellen Zeitalters. Das entscheidende Bild, in dem Schuler selbst praktisch zu werden, ja, geschichtlich zu handeln drängte, ist das des göttlichen Kindes Zeus, das die kultisch gewaffneten Kureten umtanzen. Die Göttergeburt, das göttliche Kind, jedes Kind, das von drüben aus dem Lichtreich in die Körperwelt eintritt, ist eine sich selber genügende Zelle des Lichtes. Diese passive Zentrale wird zur überwallenden Lichtquelle durch den zu ihr polaren, aktiven Kreis der Tänzer. Der Kuretenring, erzene Schwerter und Schilde, Symbole geschlechtiger Polarisation aufeinanderschlagend, reizt die Mitte und entreißt ihr die Fluten inneren Lichtes, die entbunden auf die festliche Gemeinde hinüberströmen. Im Hinblick auf die glutvolle Farbigkeit dieses festlichen Reigens – und im Anklang an den Kinderreigen – spricht

Schuler vom Rosenring – und von dem „alten Rosenrad" überhaupt als dem lichterzeugenden Organ des offenen Lebens.

Ferner verwendet Schuler, insofern im Zeitalter des offenen Lebens alle Menschen in gleicher Weise am Lichte teilhatten, das altbabylonische Bild vom „Ätherkleid", vom „Mantel des Lebendigen", der in seinen Falten – als eine kosmische lichte Zelle – die gesamte Menschheit birgt. In ihr sind in echter Weise die Gleichheit der Menschen, ihre Brüderlichkeit und Freiheit verwirklicht. Das Wesen dieser Freiheit ist einfach die wirkliche Durchleuchtetheit jedes einzelnen, auch dessen, der etwa sozial ein Sklave wäre. In solchen Überzeugungen ist Schuler unmittelbar politisch und demokratisch, – konkret zum Beispiel in der Verurteilung eines Zustandes, in dem nur der Adel Durchlaucht, Durchleuchtet ist, – demokratisch freilich in *der* Weise, daß Freiheit, Gleichheit, Brüderlichkeit ihm sogleich als „Lügentrias" erscheinen, sobald sie nicht mehr die allgemeine und gleiche Teilhabe an der Essenz meinen, sondern bloß die an materiellen Werten und Besitztümern. Wobei wir nicht vergessen wollen, daß die Essenz allein auch das wahrhaft Nährende ist und nicht die heutzutage vielfach vergifteten Hab- und Haftümer Kraft und Stoff.

Als ein sinnfälliges Zeichen für die Wirksamkeit des Kuretenringes, für die Lichterzeugung in kultischen Umkreisen der Mitte, faßt Schuler das Hakenkreuz auf, – deutet es also nicht etwa in der üblichen Weise als „Sonnensymbol". Und zwar erscheint ihm dieser Sinn vornehmlich in einer Sonderform, die offenbar in Germanien heimisch ist. Dort sind nämlich die Spitzen der Haken jeweils mit drei Punkten oder Sternen besetzt, – vermutlich in der Bedeutung, und so jedenfalls nach Schulers Auffassung, von herausgeschleuderten Funken, – eben die auf die Feiernden aus der Mitte überspringenden Lebensfunken. Andererseits verwendet Schuler das Svastika gelegentlich auch, mit einem Anklang an das Bild der Spiralnebel, als ein Zeichen für den Weltprozeß insgesamt, für die Geschichte ursprünglicher Essenzausbrüche in der Zeit, für die Ergießung einer glühenden Mitte, die in den äußeren Ringen der Abkühlung und der Erstarrung anheimfällt. Schuler war jedenfalls kein Systematiker, – daher bietet er als Entscheidendes nicht Begriffe, sondern Bilder, Urbilder, die wechselnde Ausbildungen erfahren können.

In der Feindschaft des „Schwarzen Magus" gegenüber dem „alten Rosenringe" erblicken wir nun auch eine wesentliche Verwandtschaft der schulerschen, wohl als mythisch zu bezeichnenden Anschauungen – mit den philosophischen Überzeugungen von Ludwig Klages, der Widersacherschaft des Geistes nämlich gegenüber der Seele, die er vom Leibe abzuspalten strebt. Was aber bei Klages in solchen Grundbegriffen verlautbart wird, ist bei Alfred Schuler stets leibhafte Wirklichkeit: es sind körperlich wirkliche Männerbünde, insbesondere die Priesterschaften, und zwar auch schon die mancher Naturvölker, die schwarze Zellen erfinden und betätigen. Erfährt bei den beiden Freunden der geschichtliche Prozeß derart nahverwandte Deutungen, so wird es nicht wundernehmen, daß bei beiden an einer schwierigen Stelle sich auch dieselbe Schwierigkeit erhebt. So wenig Klages eine zulängliche Erklärung für den Einbruch des Geistes zu geben vermag, so wenig entdeckt auch Schuler einen befriedigenden Grund für die Zerstörbarkeit des alten Rosenringes.

Überhaupt findet sich eine merkwürdige Doppelung in Schulers dorthin gerichteten Erklärungsversuchen. Wir lernen einerseits die geheimnisvolle Formel kennen von der Schwarzen Zelle, die der Männerbund betreibt und deren Tätigkeit auf magischem Wege zu einer Verarmung des Leiberlebens an wesentlichem Lichte führt, – aber wir hören andererseits von absichtsvoll gesteuerten Bewußtseinsvorgängen, die Nahverwandtes bewirken. Über das Ichbewußtsein des einzelnen Menschen erlangt die Priesterschaft nämlich Zugang zu seiner Vorstellungskraft und vermag es durch sie zu bewerkstelligen, daß das Licht nicht mehr in den Erglühungen der Leiber, nicht mehr in rituell bewirkten Aufleuchten des Totenreiches geschaut, sondern nur noch abgeschieden im transzendenten Bereiche gewußt wird. Die Seelenleuchte leibhafter Lebensmitten wird entlang der Bahn der Zeit hinter den Todesschlußpunkt hinausgedrängt – und in die düster-stoffliche Glut der Hölle und den blassen Glanz eines entkörperten Himmels zerschieden.

Wie nun nach Klages der einseitig gerichtete Vergeistigungsprozeß der Menschheit Schwankungen erfährt dadurch, daß die Lebensfeuer der Erde in rhythmischen Intervallen nach außen drängen, so gibt es auch in dem von Schuler zur Anschauung gebrachten Entlichtungsprozeß ein retardierendes Element, das den perniziösen Ablauf zeitweilig sogar umzukehren vermöchte. Alle Geburten kommen von drüben und bringen wesentliches Licht in die sich entlichtende diesseitige Lebenszone mit, – einige Geburten aber sind so überreich mit der Leuchte begabt, daß sie ganze lichtverarmte Zeitalter aufs neue mit dem essentiellen Golde zu erfüllen vermöchten, – Schuler nennt diese Geburten, die als wirkliche, leibhafte Menschen vorzustellen sind, Sonnenkinder. Es ist ein merkwürdiger und deutungsbedürftiger Tatbestand, daß Schuler in seiner Zeitgenossenschaft das Prädikat des Sonnenkindes nur einer einzigen Person beilegte und daß dies eine Frau aus dem Hochadel war, die Kaiserin Elisabeth. Von ihr mußte er daher eine Erneuerung erhoffen, und als die Hoffnung in ihrem Mordblut erstickt ward, bedeutete dies eine schlimme Wende auch seines Schicksals.

Die bis hierher in ihrer Allgemeinheit dargestellte Ansicht vom Weltgeschick hat Schuler in seinen Vorträgen auf die Deutung einer bestimmten Epoche angewandt, auf die Zeit der ersten römischen Caesaren nämlich. Er unternahm es, ihre Lebensweise und bestimmte Arten ihres Handelns und Verhaltens unter dem Leitgedanken auszulegen, daß sie auf die Wiederbringung des alten Lichtreiches angelegt gewesen seien. Daraus erwuchs ihm die zweite Aufgabe, zu erklären, warum ihnen dies Ziel doch unerreichbar blieb. In unserer Erwartung, daß er dazu die Schwarze Zelle, den Magus und sein magisches Verfahren enthüllen würde, werden wir allerdings enttäuscht. Es ist ausschließlich von jenem zweiten Wege der Entlichtung die Rede, der über das Bewußtsein verläuft, und zwar macht er die Stoa namhaft als denjenigen Männerbund, der die licht- und lebensfeindlichen Anschauungen entwickelt und propagiert und damit die gleichsinnige Wirksamkeit des Christentums vorbereitet hat. Je vertrauter der Leser mit schulerschen Gedanken ist, um so bemerkenswerter wird ihn diese Abweichung von dem gerade ihm eigentümlichen Gedankengange bedünken, und es besteht auch nicht der mindeste Zweifel darüber, wessen Einfluß hier wirksam geworden ist.

Schuler konnte sich bei seinem Unternehmen, die Geschichte einer Epoche essentiell zu deuten, kaum auf einen Vorgänger stützen. Die Schwierigkeit eines solchen Unterfangens steigerte sich naturgemäß in dem Punkte, wo das am tiefsten Verdeckte dieser Geheimgeschichte aufzudecken gewesen wäre. Um so willkommener muß ihm der Ausweg gewesen sein, der sich ihm in der philosophischen Weltdeutung des Freundes darbot. Zu der Mitwirkung in diesem Punkte – und nur in diesem einen Punkte – hat sich Klages in seiner Einleitung ausdrücklich bekannt. Indes, auch wenn wir meinen, daß Schuler bei diesem Problem die beste der ihm möglichen Lösungen verfehlt hat, und selbst, wenn wir sein Unterfangen auch in anderen Teilen des Gesamtproblems für gescheitert halten, so hätten wir ihm doch eines mit ausschließender Entschiedenheit zuzubilligen. Seine Deutung des Cäsarismus ist der einmalige, außerordentliche Versuch, Geschichte zu betreiben nicht als Darstellung des Unwesentlichen, der Personen und Sachen und der person- und sachgeprägten Ideen, – sondern als Ereignis im Wesentlichen zu verstehen, als die der Epoche eigene Bewegung in der Lebensessenz selbst. Und wäre dieser Versuch auch nur höchst unvollkommen geglückt, so nähme ihm das nichts von seiner Vorbildlichkeit.

Ludwig Klages war seiner Natur nach überwiegend ein Schauender und daher vorzüglich Symbol- und Mythendeuter. In Alfred Schuler begegnete ihm eine wurzelhaft andersartige Anlage, deren ganzes Sinnen und Trachten bezogen war auf den wesentlichen Gehalt leibhafter, im Hier und Nun vollzogener Handlungen. „Seine Denkweise" sagt Klages von Schuler, „war in nicht überbietbarem Maße konkret" und ermöglichte mir dadurch „Einblikke ... in den sonst mir für immer verschlossen gebliebenen Sinn des dicht gespannten Zeremoniendienstes fast aller außergeschichtlichen Völker...". - Die Bedeutsamkeit der Rituale für das Gesamtleben der alten Kulturen haben schon seit Schulers Jünglingstagen auch andere Forscher hervorgehoben. Als eine praktische Konsequenz entsprang aus eben dieser Einstellung in den Kirchen die liturgische Bewegung, die auch dort auf höhere Einschätzung des religiösen Gestaltens und des gestalthaften Handelns gegenüber der religiösen Erkenntnis im Worte drängte. In der Religionsgeschichte bedeutete diese Wende unter anderem eine Reaktion auf die einseitige Erforschung der Mythen, auf die Behauptung ihrer Priorität gegenüber vermeintlich sekundärer Ausgestaltung im Ritual. Die gewaltigsten Kulthandlungen erschienen für diese Ansicht nur als religiöse Operetten nach mythologischen Librettos. Die neuere Richtung gab demgegenüber zu bedenken, ob nicht die uralten Begehungen selbst Anlaß zur Mythenbildung gewesen sein könnten. Weit radikaler als diese akademischen Überlegungen ist die schulersche Anschauung; sein Sinn ist gründlich unakademisch, ist auf die Wirklichkeit selbst bezogen: die Rituale sind nicht etwa nur von Tiefsinn erfüllte Schauspiele, sondern sie sind der wesentliche Lebensvorgang selber, sind biologisch im Grunde unentbehrlich. Das seiner Lichtnatur entsprechende Leben, das wesenentsprechende Leben macht das Dasein nicht bloß lebenswert, sondern macht es im Grunde allein lebendig. Zeigt sich das Leben der Moderne deswegen lichtberaubt – und strahlte allein die rituelle Daseins- und Festordnung des Altertums in innerem Lichte, – so bleibt demgegenüber für Schuler sogar sein Wissen ärmlich und lichtberaubt, und erstrebenswert konnte ihn allein eine Lebenserneuerung dünken, die das menschliche Daseinsfest wieder eingegliedert hätte in die makrokosmische Festordnung selber, – oder wie Klages an jener Stelle im „Kosmogonischen Eros" die mögliche Erfüllung des schulerschen Lebenszieles umschreibt: „durch Umschmelzung dieser ganzen verdorrenden Gegenwart in einem zurückbeschworenen Ehemals."

Aber für die eigenste Begabung des Mannes bietet die Epoche kein Arbeitsfeld, und das Zeitalter drängt derlei Gestalten in eine tragische Rolle. Indes – erschiene uns Schuler unter diesem Gesichtspunkt auch als ein der Moderne nicht eingeklinkter, nicht einzupassender Atavismus, so war er doch ganz und gar nicht allein dies. Schuler war obendrein von einer Eigenart, die auch im Altertum auffallend gewesen wäre und zu einer Sonderstellung geführt hätte. Das Altertum hätte freilich auch für diese Eigenheit eine besondere rituelle Rolle bereitgehalten: die des Ungeborenen. *Eine* Gestalt dieser Art ist auch uns noch vertraut; in Shakespeares Tragödie Macbeth ist der Held, der die mörderische Gewaltherrschaft bricht und die Ermordeten rächt, ein Ungeborener, einer der aus dem Mutterleib geschnitten worden ist, und Volks- und Völkerkunde liefern uns weitere Belege für diese Rolle. Ihr Sinn wurde sicherlich unter anderem darin gesehen, daß sie nicht so sehr Herausgeschnittene, Herausgerissene waren, sondern nie Geborene, also dem Sinne nach lebenslang im Mutterleib Verbliebene, in der Vollkraft und Vollmacht des Innern Verbliebene. Und dies bedeutet: was sie verlautbaren, ist Urwissen, das sich nicht in Syllogismen zu rechtfertigen braucht; was sie tun, ist im Ur- and Naturrecht begründet und bedarf nicht des Staatsrechtes, um sich zu rechtfertigen. Daß Schuler sich selbst erlebte als ein nach wie vor von den Falten des Mutterschoßes Umgebener – eine Prägung von ihm selber – bedarf keiner weiteren Nachweise. Aber aus dieser seiner vorgeburtlich erhaltenen Natur erklärt sich auch manches Eigenartige in seinem Wesen und seinen Meinungen, das nicht einfach das Fremdartige einer archaischen Seele ist. Hierher gehört es zum Beispiel, daß Schuler die Reifezeremonien der Naturvölker verwarf: er plädierte für ein langausgedehntes Stehenbleiben vor der Initiation, – und er blieb daher selbst ein in die Welt der Ausgeborenen nicht Initiierter.

Der männlich Geborene, der sich davor hütet, den Vollendungsweg seines Geschlechts zu beschreiten, bewahrt in sich damit mehr von der Polkraft des anderen Geschlechtes, mehr als derjenige, der den Weg seines Geschlechtes zu Ende geht. In ihm sind beide Pole, der aktive und der passive, in einem ausgewogeneren Gleichgewicht, sie entsprechen in ihrer Mischung mehr der Essenz selbst, als in dem typischen Mann. Denn die Essenz ist hermaphrodisisch, und daher gibt es in der ganzen Welt esoterische Praktiken, durch die Mann oder Weib vor die Initiation zurücktreten, in die Doppelkraft beider Pole, um magische oder seherische Gewalt zu gewinnen. In dieser Weise ist das weitverbreitete kultische Transvestitentum zu verstehen, und genauso ist es zu verstehen, wenn sich Schuler als Magna Mater mit der Lampe verkleidet. Ein bloß psychologisches oder gar pathologisch-sexualistisches Verstehenwollen ginge an der wahren Bedeutsamkeit dieser Erscheinungen gänzlich vorüber. In kurzem, mit dem Fortschreiten der parapsychologischen Forschung, werden derlei psychopathologische Verständnisbemühungen angesichts solcher Gebilde ohnehin ins Hintertreffen geraten.

In voller Übereinstimmung mit dem Mutterkleide Schulers steht übrigens eine Nachricht aus dem germanischen Altertum, aus dem Bereich der germanischen Dioskuren, der Alken. Der Priester eben ihres Heiligtumes hüllt sich nämlich in weibliche Tracht, und von so tiefem Sinn erfüllt ist hier diese Tracht, wie es in keinem anderen Bereiche, im Kreise keiner anderen Gottheit möglich wäre. Die göttlichen Zwillinge selbst sind das mythische Gegenbild der beiden Pole, über deren Lebensschicksal in den initiatischen Riten eine Vorentscheidung fällt. Demnach ist das dioskurische Heiligtum, dem der weiblich gekleidete Priester vorsteht, gerade dasjenige, aus dem die Pole an einseitig entschiedener und doch brüderlicher Vollendung entlassen werden.

Damit ist auch die eigentliche schulersche Möglichkeit in der ihm gemäßen Umwelt einer rituellen Kultur gekennzeichnet; aber sie gerät freilich in ein schlimmes Mißverhältnis zu einer Welt, die ihn selber, damit er überhaupt sich in ihr darleben kann, zu umbildender Tat herausfordert. Denn dann muß er aus der Rolle des bipolaren Magiers heraustreten, um in der Leiberwelt als passiver Teil im Bunde mit einem aktiven Bruder zu wirken. In diesem Sinne ist es als wesensnotwendig zu verstehen, wenn er zeitlebens sich als des ergänzenden Menschen, wie ihn nannte, bedürftig erklärte, – im Sinne einer sozusagen kosmogonischen Notwendigkeit nämlich, die man nicht als eine seelische oder charakterliche mißverstehen darf. Es ist schon ein Abweg in eine niedere Potenz, aus dem Heiligtum in die passiv wirkende Rolle einzugehen, – ließe sich aber ihr Träger noch darüber hinaus zu der aktiv wirkenden verleiten, so verlöre er vollends sein Mandat, seinen Standort und sein inneres Gesicht. Warum ward für Alfred Schuler ein Klages, der uns just dazu vorbestimmt erscheint, nicht der ergänzende Bruder? -

Es ist klar, daß sich ein Ludwig Klages selbst wiederholt diese Frage vorgelegt und daß er sie in der dringlichsten Form während der bewegenden Münchener Jahre gestellt haben muß. Und sie muß als eine Frage vor ihm gestanden haben, deren Auflösung auch über den Sinn seines eigenen Schicksals und die Verantwortung seines eigenen Lebens richten würde, – wenn wir nämlich an die Schlußworte im „Kosmogonischen Eros" denken. Dort ist ja die Rede von der Vereinigung zweier Blutsbrüder im Geheimnis des Eros kosmogonos, von ihrer und der Verwandlung der Welt in sympathetisch verbundener Schau, – und er schließt daran die sichere Voraussage, daß mit der Erfüllung des Unerhörten auch nur zwischen zweien – die Fluchmacht des Geistes gebrochen, der Angsttraum der Weltgeschichte zerronnen und der Strom des Lichtes wieder befreit wäre. Kein Zweifel, daß auch an dieser Stelle Anschauungen Schulers hereinspielen. Was antwortet Klages auf die Frage, warum sich dies nicht zwischen ihm und dem Weggenossen Schuler vollendete?

Schon im Jahre 1900 formuliert er die abschließende Antwort, die er den „Rhythmen und Runen" einverleibt und die er noch vierzig Jahre später in der Schuler-Einleitung wiederholt hat.[1] Die unüberbrückbare Kluft stellt Schulers römische Welt dar, die er wiederlebt, und nicht aus deren Bildern und Gebilden hätte ein Klages *seine* Welt erneuern können, – denn Bilder sind ja für Klages die eigentlich entscheidende Wirklichkeit. Im brüderlichen Zusammenwirken wäre Schuler der haftende, die Mitte vertretende, passive Pol gewesen, Klages aber der schweifende, kreisende, aktive Pol. Die Möglichkeit dazu aber wird mit dem Satze verneint: „Der Römer war Zentrum, der Germane Peripherie, aber so weite, daß er wie ein tangential Hinausstrebender erscheint. Die römische Sonne ist nicht sein Zentrum, sondern selbst nur ein peripheres Gebilde in dem ungeheuren Bahnzirkel seines Schweifens." -

So also hängt es zusammen, daß Schulers Gnose, obwohl ganz und gar auf leibhaftes Wirken gerichtet, nicht zu weltumgestaltendem Handeln gereichte, – sondern dem Metaphysiker Klages nur dienlich erschien als „kostbarster Stoff zum Gedankenbauwerk", – weltgeschichtlich und sogar in Klages' Sinne bewertet, fast oder gewiß ein Mißbrauch, – unzweifelhaft aber auch von der Zeitgeschichte abgenötigt und daher tragisch in seiner Unumgänglichkeit. -

---

[1] Ludwig Klages, „Rhythmen und Runen. Nachlaß. Herausgegeben von ihm selbst", Verlag Johann Ambrosius Barth, Leipzig 1944, S. 250, vgl. 275a. „Alfred Schuler Fragmente und Vorträge aus dem Nachlaß – Mit Einführung von Ludwig Klages", Verlag Johann Ambrosius Barth Leipzig 1940, S. 98, vgl. S. 73: „ … im Ringen mit Schulers römischem Heidentum ist meine Weltanschauung stark genug geworden …".

Nochmaliges Nachsinnen

Der „Kosmogonische Eros" gibt nicht nur in den beiden Anmerkungen, S. 207f., S. 244, Schulerisches wieder, sondern ein großer Teil des Eros kann gar nicht außer Zusammenhang mit der Gestalt und dem Erleben Schulers durch Klages erfaßt werden. Diese Erkenntnis dämmerte mir zuerst anläßlich der „berühmten" Stelle von dem Unerhörten, das sich zwischen zweien begeben könnte und den Angsttraum der Weltgeschichte zerrinnen ließe.[2] Das ist überhaupt kein klages'scher Gedanke, sondern ein schulerscher; denn hier handelt es sich um die bipolare kosmische Zelle, die sich vermöge zweier persönlicher Wesen oder Lebenseinheiten verwirklichte, und damit wäre der Anhub eines neuen Svastika, eines neuen Urweltringes gegeben. Das ist nicht klages'sche Anschauung, sondern schulersche Magie, ist schulersches Urritual, aus dem ein neues kosmogonisches Weltritual entstehen könnte. Diese Vorstellung entspricht nicht der Auffassung, die Klages hat von Geist und Leben, sondern sie entspringt der rituellen Anschauung, die ein Schuler besitzt vom Lebensprozeß. Es geht hier nicht um den weltgeschichtlichen Kampf von Leben und Geist, sondern um das Leben allein, an dem der Geist ein Störer sein mag, aber doch nicht die große weltgeschichtliche Rolle spielt, die Klages ihm zuschreibt.

Wenn es sich nun aber an einer so wesentlichen Stelle, die das Buch in gewissen Hinsichten abschließt, um einen schulerschen Gedanken handelt, dann mag doch in dem gesamten Eros-Buch viel mehr von schulerschem Nachsinnen stecken, als es uns scheinen mag, uns, die wir das Buch als erstes und deswegen typisch klages'sches gelesen haben. Daß in dem Buche wirklich manches und sogar unentwirrbar schulerisch ist, sagt ja Klages ausdrücklich in jener ersten Anmerkung, wenn er dort auch nur auf die von Schuler hervorgehobenen essentiellen Zitate und auf bestimmte Wortprägungen hinweist. Das freilich ist auslösbar, – was mag überdem nicht herauspräparierbar Schulerisches in dem Werke sein!

Wenn wir aber den „Kosmogonischen Eros" von Schuler her betrachten, dann sieht das Ganze noch etwas anders aus. Dann muß es nämlich so scheinen, als sei das gesamte Buch in gewissem Sinne *sein* Buch. Denn von ihm her gesehen, erscheint das Zusammenwirken zwischen ihm und Klages – von dem

---

[2]   Ludwig Klages, „Vom kosmogonischen Eros", 4. Auflage, Eugen Diederrichs Verlag Jena 1930, S. 207f., 244. Vergleiche Ludwig Klages, „Rhythmen und Runen. Nachlaß. Herausgegeben von ihm selbst", Verlag Johann Ambrosius Barth, Leipzig 1944, 275a.

ja auch dieser spricht: jahrelang fortgesetzter Gedankenaustausch, Gleichläufigkeit der Forschungen – als ein gemeinsames Meditieren innerhalb einer zweipoligen Zelle, und dann tritt der eine Pol in Gestalt des personhaften Forschers Klages nach außen und schreibt ein Buch für die Welt außerhalb der Zelle. Und dieses Buch ist dann natürlich nicht weniger auch das Werk des innen verbleibenden Poles. Und wenn wir das Wort von Schuler, das HK[*] nur ungenau erinnert,[3] das Wort auf seinem letzten Lager nun auf den „Kosmogonischen Eros" beziehen, dann wird uns ganz klar, was Schuler gemeint haben muß. Schuler kann sich nicht als verkannt erschienen sein in jenen beiden auf ihn bezüglichen Anmerkungen, – sondern das Buch „Vom kosmogonischen Eros" als Ganzes stellt nicht die Überzeugungen des schulerschen Menschen als Ganzen dar. Denn für Schuler würden ja jene allerletzten Schlußsätze das eigentlich erstrebenswerte Ziel, das worum es geht, darstellen, nämlich Meditationen darüber, wie man diese Urzelle verwirklichen könne. Und da die Urvölker ja auch meditieren über das Ritual, die Erneuerung des Rituals in einem neuen Ritual, so wäre es auch nach schulerschen Grundüberzeugungen durchaus legitim, darüber zu meditieren, wie diese Zelle, die den Angsttraum der Geschichte aufbräche, zustande kommen könnte. Davon aber handelt das Werk ja eben nicht, es handelt sich dort immer um das Zustandekommen der Schau – das war es ja, was uns von Anfang an an dem Werk faszinierte –, aber nicht um das Zustandekommen der leibhaften Zelle.

Mir scheint, daß man den „Kosmogonischen Eros" durchaus unter diesem Gesichtspunkt betrachten müßte, und man muß ihn, zumindest um dem historischen Gesichtspunkt gerecht zu werden, unter dem Aspekt der Jahre während gemeinsamen Forschertätigkeit betrachten. Dann darf man sich nicht darauf beschränken, gelegentlich hier und da Schulerisches zu finden, sondern muß das gesamte Werk auch als eine Auseinandersetzung des klages'schen Menschen mit dem schulerschen Menschen betrachten. Und daß sich Klages von Schuler abgesetzt hat, daran ist gar kein Zweifel möglich. Das bestätigt Klages selbst auch in der Einleitung des Schuler-Buches. Es gibt einen

---
[*] Gemeint ist hier möglicherweise Hans Kasdorff. – Anmerkung des Herausgebers.
[3] Vor Jahrzehnten, als ich dieses schrieb, war mir der Fundort dieser Reminiszenz völlig vertraut, heute aber nicht mehr erinnerlich. Wichtig sind in diesem Zusammenhang aber die Worte der Einleitung in „Alfred Schuler Fragmente und Vorträge aus dem Nachlaß – Mit Einführung von Ludwig Klages", Verlag Johann Ambrosius Barth Leipzig 1940, S. 88 von Schulers „hemmender Wachsamkeit nicht selten grundlose Argwohns" und die Mitteilung von Maria Gundrum, Schuler „habe Klages' Fortgang von München als Verrat an seinem Werk betrachtet und Klages vorgeworfen, er habe sich seine tiefsten Gedanken aneignen wollen, um sie für sich zu verwerten." – Hans Eggert Schröder, „Ludwig Klages. Die Geschichte seines Lebens. 2. Teil. Das Werk. Erster Halbband", Bonn 1972, S. 690.

Punkt, wo Klages sich von Schuler abtrennt: „bei gleicher Grundgesinnung
… getrennte Wege".[4] Diese Gabelung muß man auch biographisch bezeich-
nen und muß sagen, daß der „Kosmogonische Eros" in gewisser Weise in
Bezug auf Schuler *das* bedeutet, was in Bezug auf Stefan George das George-
Buch bedeutet – ein Absetzen. Wobei selbstredend klarzustellen ist, daß eine
Unterscheidung vom Freunde etwas völlig anderes ist als die Scheidung vom
Feinde.

Demnach bezeichnet nicht das den grundlegenden Unterschied zwischen
Klages und Schuler, daß jener Germane, dieser Römer war, sondern daß jener
Visionär, dieser Ritualist gewesen ist: „ich – nicht Wirker, sondern Bildner".[5]
Und diese schicksalhafte Zweiung der Lebensziele zwischen Klages und
Schuler war wohl in hohem Maße verantwortlich für jene Klage Schulers auf
seinem letzten Krankenlager, auf seinem Totenbett.

---

[4]   „Alfred Schuler Fragmente und Vorträge aus dem Nachlaß – Mit Einführung von Ludwig
      Klages", Verlag Johann Ambrosius Barth Leipzig 1940, S. 86.
[5]   Ebenda.

DIE SPALTUNG VON ORAIBI

Dem Andenken meines Freundes, des Kunstmalers Heinrich Döhmann
(1893-1974)

*[Erschienen in Flensburger Hefte, Heft 37 – 9/90, Flensburger Hefte Verlag,
Flensburg 1990, S. 23−39]*

Die Pueblo-Völker im Südwesten der Vereinigten Staaten weisen, bei verschiedener sprachlicher Zuordnung, doch kulturell vielerlei Gemeinsamkei-
ten auf. Beispielhaft für die Lebensweise dieser Stämme sind die Hopi in
Arizona, die bis in unser Jahrhundert hinein einen großen Teil ihres eigenartigen Kulturerbes bewahrt haben und die sich aus diesem Grunde einer wachsenden Berühmtheit in der Welt erfreuen. Denn ihre Daseinsordnung bietet
ein Musterbild der rituellen Kultur dar, das heißt für ein Urbild menschlicher
Lebensgestaltung überhaupt, das vermutlich schon vor langen Zeiträumen
auf allen Kontinenten weithin die schamanistische Daseinsform abgelöst hat,
Rituelle Daseinsordnung – dies bedeutete, daß alle lebendigen Belange der
rituellen Gestaltung unterworfen waren. Wollten wir das Leben dort mit den
modernen Lebensformen vergleichen, dann würden wir sagen, daß bei ihnen Kanzler und Techniker, General und Bischof sämtlich und in erster Linie
Ritualführer waren. Politische, ökonomische, militärische Angelegenheiten
sind dem Ritualgefüge eingeordnet: Die politische Beratung ist ein Ritualge-
spräch, Wirtschaftsfragen sind Erd- und Wolkenrituale, militärische Aktionen
sind Kriegsrituale – ein jedes Problem ist in erster Linie ein rituelles Problem,
eine jede Schwierigkeit verlangt nach einer rituellen Lösung.

Gegen ein solches Prinzip erhebt sich auf seiten moderner amerikanischer
Institutionen eine Blockade des Unverstehens, und selbst Völkerkundler sind
angesichts dieser tief wurzelnden Andersartigkeit in Irrtümer verfallen. Zumal der Yankee – mit seinen Idealen Adaptation, Adjustment und Survival
und der Überzeugung von der Überlegenheit seiner Daseinsordnung – vermochte das gänzlich anders zusammenhängende Lebensgefüge einer solchen
Kultur nicht zu begreifen und suchte es daher, wenn er sich ihm gegenüber in
einer Machtstellung befand, zu zerstören. Erfolgsordnung stand gegen Sinn-
ordnung, und die Träger jener vermochten nicht zu begreifen, daß sich die
Träger dieser nicht um des Erfolges willen dem Unsinn und dem Widersinn
zu öffnen bereit fanden. Nichtsdestoweniger hat die Hopikultur in den letzten

hundert Jahren eine Vielzahl von Freunden und Vermittlern gefunden, und ein umfangreiches Schrifttum ist daraus entstanden – von den ersten Pionieren an bis zu dem vorläufigen Abschluß in einer Art „Hopi-Bibel". Den unmittelbarsten Zugang eröffnet aber auch hier wie sonst das Lebensschicksal des einzelnen Menschen, das in einer solchen Kultur gelebt wird, das uns durch seine verwandten Seiten berührt und durch die eigenartigen, die fremdartigen fasziniert. Zu Anfang der vierziger Jahre erschien die Autobiographie eines Hopi aus Oraibi, des 1890 geborenen Don C. Talayesva, und wenn wir im folgenden ein merkwürdiges Ereignis aus der Geschichte des Stammes in diesem Jahrhundert schildern, dann werden wir auch gelegentlich auf die Rolle dieses einzelnen und auf den Beziehungszusammenhang hinweisen, in dem er die Vorgänge erlebt.

Der Schilderung des Ereignisses müssen wir vorausschicken, daß sich das Ritualganze der Hopi wie bei vielen anderen Kulturen zumal im kosmogonisch begründeten Jahreskreis der Feste darstellt, daß diese mit vielerlei Vorbereitungen und Nachfeiern verbunden sind, die der Weiße als zeitraubend ansieht, weil nach seiner Meinung die Zeit besser auf Arbeit verwendet würde als auf das rituelle Drama. Denn da gibt es die langdauernden einstimmenden Besinnungsübungen, zumal bei den rituellen Amtsträgern – mit geschlechtlicher Enthaltsamkeit, mit Speiseeinschränkungen –, bei denen die sogenannten Altäre aufgebaut werden, die aus symbolischen Gestaltungen bestehen, aus Sandgemälden, heiligen Gegenständen, Götterbildern, bei denen die Pahos aus Hölzern, Vogelfedern, Baumwolle, Maishülsen und anderen Pflanzenteilen hergestellt werden: symbolische Leiber von Gebeten – und bei denen auch die Masken gepflegt, erneuert, gespeist und mit Gebeten bedacht werden. Das Wesen, das sich bei den Kulttänzen in der Maske darstellt, führt den Namen Katschina, den wir uns versuchsweise mit Percht verständlich machen können, ein Brauchtum, das wir sicherlich mit dem heimischen älteren Maskenwesen vergleichen dürften. Die Schembartläufer in ihren vielerlei symbolträchtigen Gewändern, mit ihren Jahreszeiten- und Sinnspielen, lassen sich als eine Spätform mit der hopimäßigen Urform durchaus vergleichen, als mit den bedeutenden Masken nämlich von Wesen aus Urwelt, Vision und Geschichte. Die Anzahl der bekanntgewordenen Hopimasken mag sich auf ein halbes Tausend belaufen, und sie sind von den Weißen in herbarienartigen Bestimmungsbüchern zusammengetragen worden. In Wirklichkeit aber ist ihre Zahl Legion, denn jedes neu erscheinende Wesen der Natur- und Menschengeschichte kann durch schöpferische Nachgestaltung in einer Katschinamaske verdichtet werden. Eines der auffälligsten Merkmale am Katschinakult ist die Jahreshälftung ihrer Erscheinungsweise. Im Zyklus der Feste erscheinen sie zuerst zur Wintersonnenwende, zum Soyál, begleiten mit ihren Tänzen den Aufstieg des Jahres und werden nach der Sommersonnenwende feierlich entlassen – am Nimanfest, an dem hohen Abschiedsfest der Katschinas, zu dessen Begehung auch viele der außerhalb des Hopilandes lebenden Stammesangehörigen heimkehren.

Das Ereignis, das wir schildern wollen, betrifft Oraibi, die älteste ununterbrochen bewohnte Siedlung der Vereinigten Staaten, und es leitet ihren Untergang ein, zumindest das Ende ihrer vorherrschenden Stellung unter den Ortschaften des Hopistammes. Es ist das dritte von drei erregenden Ereignissen aus der Geschichte der Hopi, so weit wir sie überschauen und wir in ihnen mitbetroffen sind, und die zwei späteren fordern jedenfalls unsere unmittelbarste Anteilnahme heraus. Das erste wäre, im 13. Jahrhundert, die Einwanderung des Stammes in seine heutigen Gebiete mit der Gründung von Oraibi – Begebenheiten, die sich in den Wandersagen der Clane erhalten haben. In diesen erscheinen sie verbunden mit dem Mythos vom Aufstieg aus der Unterwelt und von der Entdeckung der Erdwelt, die unter der Obhut Masau'us steht, des Feuergottes, der zugleich der Gott des Todes und der Toten ist.

In der Unterwelt hatten gemeinsam mit ihren roten Brüdern auch die Weißen gehaust, waren aber bald nach dem Aufstiege getrennte Wege gegangen und zu ihren besonderen Geschicken in den Osten aufgebrochen. Die ursprüngliche unterweltliche Schicksalsgemeinschaft und die oberweltliche Trennung – mit der Verheißung eines glückbringenden Wiederfindens, einem Mythos der Hoffnung – bilden den Hintergrund jener anderen beiden Ereignisse, ihre Farben vertiefend und unsere – Betroffenheit. Denn wie die Azteken – mit denen die Hopi sprachverwandt sind – traten auch diese den Pionieren unserer Rasse mit einer bestimmten Erwartung gegenüber und wurden schmählich enttäuscht.

Das zweite Ereignis, mit der ersten „Wiederbegegnung" zusammenhängend, ist die Befreiung von der spanischen Mission, die sich im Laufe des 17. Jahrhunderts bei den Pueblos eingenistet hatte und die 1680 in einer gemeinsamen Unternehmung aller Stämme beseitigt wurde, was oft einer Ermordung der Missionspriester gleichkam. Die folgenden Jahre sind erfüllt von politischen Versuchen der Hopi, eine Strafexpedition der Spanier abzuwenden; sie schwanken daher zwischen einer gewissen Nachgiebigkeit und dem schroffen

Verlangen, ihre eigene Religion geachtet zu sehen. Es kommt anscheinend zur Neuerrichtung einer Missionsstadt in Awatovi, und von dort geht auch im Jahre 1700 ein Hilferuf aus, eine spanische Garnison zum Schutze der christlichen Hopi zu bestellen. Die übrigen Hopidörfer aber sahen Awatovi offenbar als einen Pfahl im Fleische an; denn noch im selben Jahre wurde das Dorf durch eine Expedition der anderen Ortschaften überfallen, zerstört und zum Teil ausgemordet. Die Überlebenden, nach der mündlichen Überlieferung zumeist Frauen, wurden in die eigenen Dörfer mit heimgenommen. Es ist höchst merkwürdig, vermutlich aber auch sehr bezeichnend für die mündliche Überlieferung in rituellen Kulturen, daß die um 1900 aufgezeichnete Sage von der Zerstörung von Awatovi kein Wort von Spaniern oder Christen vermeldet, sondern ein Schema wiedergibt, das auch in den Untergangssagen anderer Ortschaften erscheint: Der Dorfvogt ist unzufrieden mit seinen Schützlingen, betrachtet sie als unverbesserlich und beschließt bei sich, die Bösen durch Verschwörung mit einem anderen Dorfe auszurotten.[1] Das Schema enthält, soweit ich es verstehe, einen gewissen Doppelsinn: Zwischen der Dorfgemeinschaft und dem Dorfvogt herrscht ein polares Verhältnis; wenn der Vogt seine auf das Wohl des Dorfes gerichtete, ausgewogene und fromme Gemütskraft bewahrt, kann die Gemeinschaft nicht völlig verbösen. Wenn aber die *gegen* die Gemeinschaft wirkenden Hexer, die zwei Herzen in der Brust haben, zeitweilig die Oberhand gewinnen, dann nur deswegen, weil schon zuvor auch der Dorfvogt sich der lebendienlichen Haltung entfremdet und dem schmarotzerischen Zwieherzertum geöffnet hatte. Darum hat der Dorfvogt, auch bei überhandnehmender Zwieherzerschaft, die Pflicht, die den Lebenswerten zugewandte, gleichmütige und einfältige Wunschkraft zu bewahren. Diese Deutung des Schemas macht es verständlich, inwiefern es auf den Untergang von Awatovi anwendbar war und dessen Untergangssage durchgehends beherrschen konnte, ohne daß deswegen die Rollen der Spanier und der Hopichristen vergessen sein mußten. Denn das sind bloße Historismen europäischer Observanz und stellen für rituelle Kulturen kein Hauptaugenmerk dar.

---

[1] Heinrich R. Voth, „The Traditions of the Hopi", Chicago 1905, Nr. 101-105, besonders S. 256. Eine Reihe dieser Texte und weitere Überlieferungen sind übertragen in: „Hopi – Stimmen eines Volkes", Herausgegeben von Harold Courlander und Stephan Dömpke, Köln 1976: Oft bestraften die Vögte so ihr Volk, wenn es dem Hexenwesen verfiel. „Das ist einer der Gründe dafür, daß man überall im Lande so viele Ruinen findet. Viele Leute wurden so getötet, weil ihre Vögte zornig wurden und den Vogt oder Einwohner eines anderen Dorfes aufforderten, ihr Volk zu vernichten *(destroy)*."

Wie in der Sage und der Historie von Awatovi handelt es sich auch bei der Spaltung von Oraibi um Spannungen innerhalb der Ortschaft und um den Druck von außen, den die Weißen ausüben. In einer von einem Sinn getragenen Gemeinschaft lösen sich Spannungen nach einer gewissen Zeit, indem ihre Glieder über den Spannungsanlaß hinauswachsen und ihm vermöge des in ihrem Grunde angelegten Sinnes in neuen Gestaltungen zum Ausgleich führen. Gegen derartige wuchshafte Entspannungsvorgänge wirken in der Gruppe selbst gegebenenfalls Beweggründe nackter Machtbegier, die keinen Stellenwert im ursprünglichen Sinngefüge besitzen – von außen und vor allem aber der Druck der Fremden. Diese, von vornherein ohne Anteil an jenem Sinn, stellen ihn vom Grunde aus in Frage, verhindern den Ausgleich, benehmen jede tröstliche Aussicht darauf, wenn er anhält, und lassen die Spannung sich bis zur Unerträglichkeit steigern. Die tadelnde Bemerkung des Regierungsbeauftragten im Jahre 1906, die Parteien sollten sich doch, wie Weiße es vernünftigerweise täten, zusammensetzen und die Schwierigkeiten aushandeln, zeugt für die totale Uneinsichtigkeit des typischen Yankee, dem für seine beiden Höchstwerte, Demokratie und Dollar, eine Preisgabe anderer Werte nicht einmal ein Opfer dünkt, sondern lediglich eine in minderer Valuta geleistete Zahlung.

In Oraibi gab es seit langem, womöglich schon seit spanischer Zeit, zwei Gesinnungen, die zu immer schroffer sich absetzenden Parteiungen wurden: die der Feindseligen und die der Freundschaftlichen, von den Amerikanern auch als Konservative und Fortschrittliche unterschieden. Doch sind diese Benennungen ganz irreführend; denn vom Hopigefüge zum Yankeesystem wollte keine der beiden Parteien fortschreiten. Die Konservativen lehnten jeden Kompromiß mit der amerikanischen Lebensweise und Religion ab, die Freundschaftlichen wollten die angebotene Ausbildung und einige wenige der zugesagten Daseinsmittel annehmen, doch selbstverständlich ebenfalls ihre Riten bewahren. Ihre Position war allerdings insofern unklar, als man keine sichere Grenze zwischen Schulbildung und religiöser Unterweisung erkennen konnte, und zwar sowohl infolge der eigenen Kindererziehung, die ein organisches, sinn- und innerlichkeitsbezogenes Ganzes war, wie auch infolge der amerikanischen Schulpraxis, zu der ein christlicher Religionsunterricht selbstverständlich dazugehörte.

Es war allerdings nicht nur der Druck der amerikanischen Behörde, der die Freundschaftlicheren zu einer nachgiebigeren Haltung bewegte, sondern es gab noch mindestens drei weitere Gründe, die eine Zusammenarbeit mit den Yankees empfahlen. Kein politisch-verantwortlicher Dorfvogt konnte sich der Einsicht verschließen, daß der benachbarte Großstamm der Navajo in den letzten Jahrzehnten zu einer unerträglichen Übermacht herangewachsen war und daß er in nicht allzuferner Zeit nicht mehr vom eigenen Land und Pueblo abgewehrt werden könnte. Die letzten blutigen Schlachten haben die Hopi im vorigen Jahrhundert mit den Navajo ausgetragen. Neuerdings aber war eine Abwehr nur noch zu denken als Grenzziehung durch den Großen Weißen Bruder.

Der zweite Beweggrund zum Einlenken war die ständig gegenwärtige Bedrohung durch den Hunger in diesem Steppenland. Jeder Haushalt mußte über den laufend geernteten und verbrauchten Vorrat hinaus eine volle Jahresernte vorrätig halten, denn allzuleicht gab es in diesem Land der Regenarmut und der Sandstürme eine Mißernte. Aber eine zweite Mißernte auch im folgenden Jahr bedeutete dann die Katastrophe – und von solchen Hungerperioden wußten die Älteren entsetzliche Geschichten zu erzählen. Hier schienen die vollkommeneren Daseinsmittel der Weißen Abhilfe zu versprechen.

Von dieser Daseinsmacht hatten einige Dorfvögte anfangs der neunziger Jahre einen bestimmenden Eindruck erfahren. Man hatte sie in den amerikanischen Osten gebracht, hatte ihnen die im Vergleich zum Pueblo außerordentliche technische Daseinsordnung der großen Städte vorgeführt und in ihnen den Gedanken gefestigt, daß der Hopi, um den Anforderungen und Nöten seiner Steppenlandschaft besser gewachsen zu sein, sich das Wissen der Weißen auf ihren Schulen zu eigen machen müsse. Auch der Dorfvogt von Oraibi, Lolulomai, war auf dieser Reise zu der festen Überzeugung gekommen, daß er mit den Seinen, mit der ihm anvertrauten Bevölkerung diesen Weg gehen müsse. Aber unlösbar war und blieb eben die Schwierigkeit, wie man die Kinder im Ritual bewahren könne, wenn man sie auf die ihre missionarischen Tendenzen nicht verbergende Schule gäbe.

Der dritte Grund für das Anlehnungsbedürfnis der Freundschaftlichen waren die Gegensätze innerhalb der Bevölkerung. Mischa Titiev, den wir aus Dons Lebensbeschreibung als einen offenherzigen Freund der Hopi kennen, hat in seinem Buch über All-Oraibi die Spaltung der Ortschaft in aller Ausführlichkeit dargestellt. Aber er verleugnet sein Amerikanertum darin so wenig, daß er als Hauptursache für das Zerreißen der Einwohnerschaft nicht den Druck der Weißen hinstellt, sondern innere gesellschaftliche Spannungen, für die die politische Situation um 1900 mehr den allgemeinen

Hintergrund gebildet habe.[2] So recht er nun auch im einzelnen bezüglich der inneren Reibungen haben mag, ihre katastrophalen Auswirkungen sind doch ohne Zweifel bedingt durch die amerikanische Bedrohung des allein hopimäßigen Lebenssinnes, ohne den der Ausgleich zwischen den beiden rivalisierenden Gruppen sich unmöglich einstellen konnte. Dieser Lebenssinn war in dem die Jahre verwebenden Ritualganzen ausgebildet, wurde in ihm wie ein Hort von Stammeskleinoden gehegt und mußte wie ein Kronschatz weitergegeben werden. Es war die Besorgnis um den Verlust dieses Hortes, der die Gegensätze erst bis auf den Grund aufklaffen und im Laufe der Zeit immer klaffender werden ließ. Dabei bestand durchaus kein Gegensatz in der Wertschätzung des rituellen Erbes, er bestand allein in der Vorstellung von der Haltung, mit der man ihn bewahren könne. Eine solche pragmatische Parteiung ist aber überall bei drohender Beraubung zu erwarten, und er kann auf keinen Fall dem rituellen Gefüge des Stammes zur Last gelegt werden. In einem von Nequatewa geschilderten Gespräch zwischen Tewaquaptewa, dem späteren oraibischen Dorfvogt, dem Nachfolger von Lolulomai, und einem Truppenkommandeur bringt jener es völlig klar zum Ausdruck: daß im Dorfe alles in Ordnung gewesen sei, bevor die Weißen die Schulen erbaut hätten. Bei diesen läge also die Schuld, daß sich in den letzten Jahren die Zwistigkeiten entwickelt hätten.[3] - Solche überlieferten Äußerungen sind freilich nicht als eigentlich persönlich und historisch anzusehen, aber doch als symbolhaft für die Richtung, in der auch ein „freundschaftlich" gesonnener Hopi die Schuld für die Spaltung suchen mußte.

Es war nicht anders zu erwarten, daß der von der Meinung des Dorfvogtes abweichenden Gruppe ein Führer wuchs; dies war zunächst Lomahongyoma vom Spinnenclan. Die Dorfvögte dagegen kommen aus dem Bärenclan, ihm gehörte also auch Lolulomai an. Aber Spinnengesippen und Bärengesippen bilden zusammen den höheren Verband, den die Völkerkunde „Phratie" nennt. Im Hinblick auf das Ritual nahm Lomahongyoma ebenfalls eine bedeutende Stellung ein; er verwaltete die Blauflötenkiva – die Kiven sind die unterirdischen Kulträume –, war Leiter des Bundesrituales der Blauen Flöte, hatte im Soyal, also der großen Wintersonnenwendfeier, eine bedeutungsvolle Sängerrolle und war Bundesbruder des Kriegerbundes, von dem sein

---

[2]   Mischa Titiev, „Old Oraibi. A Study of the Hopi Indians of Third Mesa", Cambridge, Massachusetts 1944, S. 92f., wo in Anmerkung 174 der Druck der Weißen als sekundär hingestellt wird. Dagegen Elsie Clews Parsons: „The Oraibi split was a consequence of friction from contact with white culture", Am. Anthropologist, N.S., 24, 1922, S. 283.
[3]   Edmund Nequatewa, „Truth of a Hopi", Northland Press, Arizona 1976, S. 70.

eigener Mutterbruder der Leiter war. Die unbedingte Anhängerschaft seines Clans und seiner Flötenbundsgenossen sicherte ihm auf jeden Fall eine verläßliche Gefolgschaft, aber es gab nur wenige Bünde und Sippen, aus denen nicht Konservative zu ihm stießen. Nur im Feuerclan (zu dem Irene, Dons Frau, gehörte) hatte er nicht einen Anhänger, während sogar aus dem Bärenclan zwei Gesippen zu den Feindseligen zählten. Die weitaus meisten Bünde und Clane waren geteilt; allerdings verlief der Schnitt selten in der Mitte wie beim Schmerholzclan (Dons Gevatter), von dem 26 Gesippen zur einen wie zur anderen Seite gehörten. Vom Sonnenclan (Don selber) standen zwei Drittel auf seiten der Freundschaftlichen, während sich vom Sandclan (Dons Vater) drei Viertel zu den Konservativen hielten.[4] Ich meine, daß sich hierin sehr klar, gegen Titievs Ansicht von der ausschlaggebenden Rivalität der Sippen und Bünde, eine Entscheidung nach Gesichtspunkten anzeigt, unter denen sich auch Gesippen und Bundesgenossen voneinander trennen können.

Selbstredend war der allerletzte Ratschluß des einzelnen und der kleinsten Zelle keineswegs allein abhängig von der Einstellung zu den Bahanas, zu den Weißen. Es gab, da es sich nicht um eine abstrakte Entscheidung handelte, sondern um eine menschliche, vielerlei Motive, die den Menschen nach der einen wie nach der anderen Seite zogen, und der endgültige Entschluß, als es sich um das Bleiben oder Fortziehen handelte, war oftmals unter bitterem Schmerz errungen – Eheleute und Gesippen wurden auseinandergeworfen, und manch einer mag sich am Ende ohne eigene Wahl, nur von den Umständen hingerissen, bei der einen oder der anderen Gruppe eingefunden haben. Don selbst erzählt, daß die Feindseligen bei ihm im Hause der Mutter erschienen und die Familie zum Mitkommen aufforderten, daß aber ein Großoheim Talasquaptewa – mit einer Bärenfrau, der Schwester Lolulomais, verheiratet und freundschaftlich gesonnen – ein hoher Amtsträger war und daher den Werbern die Tür weisen konnte. Und dies sei der Grund dafür gewesen, daß seine Familie in Oraibi blieb.

Doch ich habe, indem ich die Motive der Parteinahme aufzudecken versuchte, schon vorgegriffen. Im Summer 1890 war Lolulomai in Washington gewesen, in den folgenden Jahren vertieften sich die Gegensätze. Die Schule in Keams Canyon, die auch Don später besucht hat, wurde 1887 eröffnet, aber es kamen aus Oraibi nur wenige Kinder dorthin. Im Frühjahr 1891 schickte die Regierung die ersten Landmesser ins Hopigebiet, weil sie die Allmende

---

4   Mischa Titiev, „Old Oraibi. A Study of the Hopi Indians of Third Mesa“, Cambridge, Massachusetts 1944, S. 87.

in Privateigentum umwandeln wollte – ein Vorhaben, das nur dem bürokratischen Aberwitz landfremder Beamter und dem Zivilisationsdünkel fortschrittsbesessener Umerzieher entspringen konnte und das daher von allen Dorfvögten abgelehnt wurde.[5] Denn schon in wirtschaftlicher Hinsicht war diese Maßnahme unzweckmäßig und verderbenbringend – in dieser Steppe mit ihren wechselnden Wasserverhältnissen, ihrer Bodenerosion durch Stürme und den Schwemmlandbewegungen in den Arroyos. Zumal aber lief sie darauf hinaus, die alten ritualgeschichtlich begründeten Landzuteilungen aufzuheben, die wiederum mit den alljährlich ins Spiel gelangenden rituellen Befugnissen, Mächtigkeiten und Verpflichtungen der Bünde und Clane zusammenhingen. Vor allem aber war es doch so, daß das Land, die Erde den Hopi heilig war, daß die Landmesser mit ihren Stäben an dieser Heiligkeit frevelten und daß geradezu die Zerstörung der eigentlichen Heiligtümer drohte, dieser schlichten alten Erdheiligtümer, die das Auge des Geometers nicht einmal zu sehen vermag. Freilich wagten es nur die Leute von Oraibi, eine Vielzahl der Vermessungsstangen wieder aus dem Boden zu ziehen. In Dons Jünglingsjahren wurden, wie er erzählt, die Ländereien abermals eingeteilt (1907-1910), und es scheint so, als hätten erst nach dem letzten Kriege die Behörden den unsinnigen Plan endgültig fallengelassen. Da in jenem Jahre, als Oraibi die Meßlatten ausriß (1891), auch die oraibischen Kinder aus der Schule in Keams Canyon ausrissen, ordnete die Regierung die Verhaftung der widerstrebenden Vögte in der Ortschaft an. Ein halbes Dutzend Kavalleristen wurde dazu unter Führung eines Leutnants nach Oraibi entsandt.

Diese Anordnung gab Anlaß zu einem Ereignis von höchster Eigenart, das in der Geschichte der Begegnungen ritueller und technokratischer Völker nicht oft vorgekommen, ganz gewiß aber nur selten aufgezeichnet worden sein mag: zum Einsatz magischer oder ritueller Waffen gegen die Feuerwaffe. Die Berichte stimmen nicht ganz überein, und der Einsatz war ohnehin unvollständig, weil offenbar von vornherein ein Fehler in den Ablauf einging. Es hätten jedenfalls vier mächtige göttliche Wesen in Gestalt ihrer Masken erscheinen sollen, beginnend mit der Urmutter des Spinnenclans, mit dem

---

[5] Die verbrecherische Leichtfertigkeit, mit der man in die gewachsenen Verhältnisse eingriff, wird besonders deutlich in dem ursprünglichen, dahin führenden Fortschrittsaperçu des Senators Henry L. Dawes, 1890, bei Frank Waters, „Das Buch der Hopi. Nach Berichten der Stammesältesten aufgezeichnet von Kacha Hónaw (Weißer Bär)", Düsseldorf, Köln 1980, S. 304. - Siehe auch Harry C. James, „Pages from Hopi History", Tucson 1974, S. 111-117. - Nach Frederick J. Dockstader, „The Kachina and the White Man. A Study of the Influences of White Culture on the Hopi Kachina Cult", Cranbrook Institute of Science, Bulletin 35, Bloomfield Hills 1954, S. 90, fanden Vermessungen statt in den Jahren: 1892-94, 1907-1910.

Spinnenweib, das aber nicht nur als seine Ursprungsmacht, wuya, dem einen Clan gehört, sondern auch eine allgemeine erdhafte Gottheit der Hopi ist. Sie hätte die Soldaten nur gewarnt und zum Verlassen des Dorfes aufgefordert. Ihr wäre der Feuer- und Totengott gefolgt, Masau'u, in schwarzer Maske und mit einer Schale voll Zaubersaft, aus der er die Soldaten mit Hilfe einer Feder bespritzt hätte – unter nochmaliger Aufforderung, sich zurückzuziehen, da ihm der Kleine Kriegsgott folgen und der Kampf dann ausbrechen werde. Als vierte hätte sich die Maske eines kriegerischen Himmelsvogels gezeigt, von dem die Hopi der Zeit nur mit Schauder und halben Andeutungen zu sprechen wagten. Die Bedeutung dieser vier Erscheinungen wäre also etwas gewesen: eine ultimative Warnung, die magische Schwächung und Todesweihe des Gegners, der wirkliche Ausbruch des Kampfes und das Gesicht des Aasvogels, der das Schicksal der Feinde besiegelt.[6]

Es scheint so, als wäre diese rituelle Folge an die vorhergehende Ermordung Lolulomais geknüpft gewesen, was mir freilich nicht recht einleuchten will. Da aber der für den Todesschuß bestimmte Mann, trotz mehrmaliger Herausforderung durch den Dorfvogt, sich zu dem Schusse nicht habe ermannen können, so sei es alles anders verlaufen. Der Bericht wird noch besonders unklar dadurch, daß man nicht recht weiß, warum der Bürgerkrieg ausgerechnet in Anwesenheit weißer Truppen vom Zaune gebrochen werden sollte, oder andererseits, warum man, wenn man die Soldaten aus dem Dorfe werfen wollte, sich den Kampf noch dadurch zu erschweren vornahm, daß man – mit der Ermordung des Dorfvogtes – noch die andere Stammeshälfte gegen sich aufbrachte. Dies ist um so weniger zu verstehen, als diese selbstredend die fremden Uniformen ebenso ungern in den Straßen und auf der Plaza des heimischen Dorfes erblickte. So scheint es mir denn richtig, anzunehmen, daß auch unter den Hopi nur wenige den Sinn des ablaufenden Rituals durchschauten und daß sich in den Berichten Vorstellungen davon mischen, was unter wechselnden Bedingungen rituell hätte geschehen können. Diese Annahme, daß von der Allgemeinheit das Geschehen nicht durchschaut wurde, ist um so wahrscheinlicher, als sich unter den Maskenträgern mindestens ein origineller Kopf befand, Patupha aus dem Kokopclan, ein älterer Bruder Yukiomas, des späteren Anführers der Feindseligen, allseits als großer Zauberer anerkannt und gefürchtet, Genosse des Kriegerbundes, letzter überlebender Genosse des mit seinem Tode eingegangenen Heilerbundes. Soviel

---

6   Mischa Titiev, „Old Oraibi. A Study of the Hopi Indians of Third Mesa", Cambridge, Massachusetts 1944, S. 87. Harry C. James, „Pages from Hopi History", Tucson 1974, S. 117f.

wissen wir sicher, daß er in der Masau'umaske wirklich aufgetreten ist, daß aber seine Handlungen unter der Maske zum Teil schon darauf gerichtet waren, die unheilvollen Folgen mißglückenden Maskengebrauchs abzuwenden. Nichtsdestoweniger wurde er kurz darauf von der zur Masau'udarstellung gehörigen „Krankheitsgeißel" getroffen, also von einer Art Nemesis zur Maskenanmaßung. Diesem Manne, meine ich, dürfen wir es zutrauen, daß er ein bestimmtes magisches oder rituelles Ziel mit diesem Aufzuge mächtiger Göttermasken im Sinne hatte und daß er, nach dem Entgleisen des Aufzuges, der Gepflogenheit esoterischer Sachwalter entsprechend, auch nachher über das schwieg, was larvenhaft und leibhaft hätte Gestalt gewinnen sollen.

Wir sehen an diesem Beispiel, wie selbst in einer solchen Krisensituation, sogar in der Auseinandersetzung mit den Yankees, sich der Angehörige einer rituellen Kultur rituell verhält. Natürlich versteht er sich selbst und seine Lage, sein Handeln und die Erwartungen, die er daran knüpft, zumindest zum Teil, auf dem Hintergrunde der Mythen, der mythenhaften Voraussagen von der Weltgeschichte, der Rolle seines Clans und seines Bundes in dem lebendigen Körper einer überlieferten Lebensweise. Edmund Nequatewa spricht geradezu von der Theorie, die Yukioma und Talasquaptewa, die beiden späteren Führer, zur Grundlage ihres Handelns gemacht hätten.[7] Diese Theorien sind indessen unterschiedlich und nicht nur infolge verschiedener Traditionsbahnen; denn auch in einer rituellen Kultur ist die Anwendung überkommener Weisheiten in der konkreten Lage an eine Auslegung gebunden, und es ist Menschenlos, daß der Auslegungen stets mehrere möglich sind. Auch selbst die Schicksalsmantik gibt keinen eindeutigen Wink. Im Hinblick auf das delphische Orakel bezeugt es Heraklit, daß der Gott weder geradezu benennt noch verheimlicht, sondern daß er ein Zeichen setzt. Wie das Ich dessen, der die Weisung empfängt, das Zeichen in seiner Bedeutung zu verfälschen geneigt ist, dafür gibt es ja der Beispiele genug.

Eine solche Verschiedenheit in der Auslegung zeigt sich auch in bezug auf ein potentielles Menschenopfer, das in den Berichten wieder und wieder auftaucht und das im Kulturbild der Hopi zunächst fremdartig anmutet. Denn dem Waffengebrauch widereinander sind sie abgeneigt und versuchen, der Bedeutung ihres Stammesnamens, Hopi, die Friedfertigen, nachzuleben. Das Blutopfer wäre die Enthauptung eines Ritualvogtes gewesen, und sie erscheint auch in der Tat nicht als innerstammliche Justiz, sondern als eine

---

7   Edmund Nequatewa, „Truth of a Hopi", Northland Press, Arizona 1976, S. 65, 71f., 128f., Anmerkung 31.

Aufgabe des Weißen Bruders. Yukioma erzählte vor 1902 dem Missionar, dem Riten- und Mythenforscher Heinrich Voth, von der Gründung Alt-Orai-bis. Damals habe der Bärenclanvogt dem Masau'u, dem Gott, dem das Land ursprünglich gehörte, die Häuptlingsschaft angeboten, doch der habe sie ab-gelehnt: „Wenn indes der Weiße Mann, dein Älterer Bruder, wiederkehrt und den Bösen die Köpfe abschneidet, dann werde ich das Land wieder in meinen Besitz nehmen. Bis dahin sollst du der Häuptling sein." - In diesem Mythos aus dem Munde des „Oppositionellen" erscheint also die Häuptlingsschaft des Bärenclans als in der Zeit begrenzt; sie wird durch eine Art Gottesreich abgelöst, das mit der Ausübung der Richterrolle durch den Weißen Bruder Dasein gewinnt.[8]

Der Stamm bewahrt aus sehr alter Zeit auch einige steinerne Tafeln, die mit verschiedenen Bildzeichen versehen sind. Eine dieser Tafeln, die seiner-zeit Lolulomai, dem Dorfvogt, gehört haben soll, zeigt einen Geköpften, und es heißt, daß damals vielerlei Diskussionen darüber im Gange gewesen sei-en, *wer* nun eigentlich zu diesem Opfer verpflichtet sei.[9] Die Entscheidung darüber lag nach der Überlieferung zwar bei dem Älteren Bruder; aber da die Tradition auch von mancherlei Selbstopfern erzählt, von der Bereitstellung zumal eines Dorfvogtes zum Opfer, wenn die rituelle Einheit der Dorfschaft zu zerbrechen drohte,[10] so muß auch jeder führende Ritualvogt in seinem Innern die Frage erwogen haben, ob er derjenige sei, der das Leben für das Leben der Gemeinschaft hingeben müsse. Noch nach der Jahrhundertmitte wurde erzählt, daß Lolulomai seinerzeit allnächtlich, angesichts seiner Ta-fel, darüber nachgegrübelt habe, ob er derjenige sei, der mit dem Kopfe für die Neuerungen, die mit den Weißen kamen, bezahlen müsse. Noch seinem Nachfolger, Tewaquaptewa, scheint man später immer wieder vorgehalten zu haben, daß er, um sein Volk vor dem Untergang zu bewahren, von der höchsten Felswand hinabspringen oder sich köpfen lassen müsse.[11] Um 1940 taucht das Motiv in einem Alptraum Talayesvas auf – als eine späte Wir-kung der Angst, die durch die religiösen Verfolgungen seitens der Yankees in den Seelen seiner Generation tief eingewurzelt war. Der Dorfvogt ist in einer

---

[8]   Heinrich R. Voth, „The Traditions of the Hopi", Chicago 1905, S. 23. „Vor 1902": in diesem Jahr verließ Voth die Reservation.
[9]   Frank Waters, „Book of the Hopi", New York 1976, S. 44ff., 309ff.
[10] Ein Beispiel aus älterer Zeit bei Edmund Nequatewa, „Truth of a Hopi", Northland Press, Arizona 1976, S. 44f.
[11] Frank Waters, „Book of the Hopi", New York 1976, S. 340.

Kiste eingesperrt, der Kopf guckt heraus, er ist von Soldaten und getauften Hopi umringt, und ein Mann steht bereit, ihn zu enthaupten.[12]

Eine besondere Deutung des Enthauptungsmotivs zeigt sich in den zujüngst aufgezeichneten Berichten, bei Waters aus dem Anfang der sechziger Jahre, also bei Männern, die als Jünglinge noch die Spaltung miterlebt hatten. Danach hätte sich jeder der beiden Führer zum Selbstopfer erbieten können und hätte auf diese Weise seinem Gegner den Rang abgelaufen und sich und den Seinen den Ruhm des Zeitalters erkauft. Doch mag es zweifelhaft bleiben, ob dies auch der traditionsgerechten Überzeugung der Vögte selber entsprach; vermutlich handelt es sich dabei eher um die Meinung der Geführten, die sich heroische, befreiende Entschlüsse von den Verantwortlichen erhofften.[13]

Die Schiedsrichterrolle, die man dem zurückkehrenden Älteren Bruder zubilligte, war freilich an eine Bedingung geknüpft: Er mußte auch selbst seiner in der Urzeit festgelegten Rolle eingedenk sein. Nach dem Aufstieg aus der Unterwelt, bei der Trennung der Ritualgemeinschaften, hatten einige Clane rituelle Auflagen erhalten, die zu einer glückhaften Aufnahme in den Gesamtverband erfüllt sein mußten. Die Legenden von den Dorfgründungen, vom Abschluß der Wanderzeit berichten, daß ein neu eintreffender Clan erst dann in den Ritualverband eingelassen wurde, wenn er seine künftige rituelle Rolle bewahrt hatte, wenn er den rituellen Beitrag, den er zum Ritenschatz der Ortschaft leisten konnte, vorgewiesen hatte.[14] Etwas derartiges mußte man auch von den Weißen erwarten, dem entsprechend, was den Brüdern, die vom Urort aus nach Osten zogen, auferlegt worden war: Wer als erster die Stätte des Sonnenaufgangs erreichen würde, sollte denen zu Hilfe eilen, die von Feinden bedrängt würden – das betraf nun seit mehr als hundert Jahren die landräuberischen Navajo –, oder er sollte eben dem Zwieherzerunwesen ein Ende bereiten.[15] Die Castillas waren offenbar nicht die erwarteten Brüder gewesen. Nun erprobte man wiederum die Neuankömmlinge: Man bot ihnen die Hand in einer bestimmten Weise dar, in die sie nach einer besonderen brüderlichen Weise einschlagen mußten; man zeigte ihnen die Feuerclantafel, an der die eine Ecke fehlte, und erwartete, daß die Fremden sich mit dem Bruchstück auswiesen. Man erzählte und fragte, doch erhielt man keine

---

[12] Don C. Talayesva, „Sonnenhäuptling Sitzende Rispe. Ein Indianer erzählt sein Leben", Kassel 1964, S. 395f.
[13] Frank Waters, „Book of the Hopi", New York 1976, S. 310f.
[14] Zum Beispiel ebenda S. 65f., 68f., 69f., 102f.
[15] Heinrich R. Voth, „The Traditions of the Hopi", Chicago 1905, S. 15.

Bestätigung, erfuhr kein Urzeitwissen, das dem eigenen entsprach. Manchmal deutete die Hoffnung auch eine von den Seltsamkeiten des Fremden im Sinne des Erwarteten. So brachten die Soldaten ein scherenartiges Gerät mit, das sich öffnen und zuschnappen ließ und das den Hopi als ein zweckmäßiger Halsabschneider erschien, ja, man schreibt dem Hauptmann, der es betätigte, sogar eine dementsprechende Aufforderung an die Führer im Streite zu; aber Entscheidungen der erwarteten Art fielen nicht. Ein großartiges rituelles Richteramt und eine kosmische Arbitrage erhoffte man von den Ankömmlingen und erlebte sie als daseinsbedrohende Drangsalierer. Wie winzig, wie kümmerlich erschien gegenüber den mythologischen Erwartungen der Indianeragent auf der Reservation: ein aufgeblasener, machtberauschter Bürokrat.[16] Wie tief müssen die Enttäuschungen, wie hochgespannt aber auch die Erwartungen gewesen sein und wie aufwühlend die Überlegungen, wenn man mit dem Bruder, der im Osten die Sonnenaufgangsstätte erreicht hatte, sogar eine theologische Hoffnung verknüpfte, nämlich die, daß er dort erfahren werde, „wer unser wahrer Gott ist".[17]

Der Mythos vom Älteren Weißen Bruder war so grundlegend tief in den Überlieferungen verwurzelt, daß noch in den dreißiger Jahren, wie Don berichtete, nach all den zahlreichen Enttäuschungen durch die Bahanas, Dan Katchongva, Yukiomas Sohn von einer Sonnenfrau, Hitler für den Weißen Bruder hielt, der die Bösen erschlagen und die Guten befreien würde. Heute ist, unter dem unerträglichen antikulturellen, antirituellen Druck der Weißen die Hoffnung mancher Hopi und vieler Indianer überhaupt darauf gerichtet, daß die Zivilisation in den Städten durch einen furchtbaren Krieg ausgelöscht wird, während die in den Steppen abgedrängten Urkulturen dort vor der Katastrophe bewahrt bleiben – eine Folgerung *gegen* den Mythos vom wiederkehrenden Weißen Bruder, ein Ergebnis jahrhundertelanger Drangsal.

Damals aber, bei den ersten Auseinandersetzungen im Hopilande, war die in der Urzeit gegründete Rolle des Weißen Bruders noch ein Bestandteil der Theorie, und mir scheint, daß wir daraus auch eine Vermutung entnehmen können, die uns Patuphas Zauberritual verständlicher macht. Alles Beigebrachte legt es eigentlich nahe, daß sein Plan nicht auf die Ermordung Lolulomais durch einen Hopi abgestellt sein konnte, sondern auf seine Enthauptung durch die Weißen. Hätte doch einerseits ein derartiger ritueller Auftakt die Weißen kultbiologisch mit einer Blutschuld belastet, weil auch

---

[16] Dazu Harry C. James, „Pages from Hopi History", Tucson 1974, S. 106f.
[17] Edmund Nequatewa, „Truth of a Hopi", Northland Press, Arizona 1976, S. 29.

das notwendige Opfer dessen Vollstrecker einer Opfernemesis aussetzt. Auch bei anderen Völkern gehört es zur Opferweisheit, das Odium einer solchen Tötung dem Gegner aufzubürden. Zumal geschieht dies bei kriegerischen Auseinandersetzungen, und auch die Hopi pflegten es im Kampfe nach Möglichkeit so einzurichten.[18] Andererseits aber hätte ein solches Blutopfer auch eher ein Zusammenwirken beider Parteien herbeigeführt. In diesem Punkte, wo das Mitwirken der Weißen erforderlich wurde, der Urmythe gemäß, konnte auch am leichtesten jene Entgleisung des Rituals eintreten, von der die Überlieferung berichtet. Hat Yukioma dem Missionar noch später den Mythos von der Richterrolle des Weißen Mannes erzählt, dann ist es nicht unwahrscheinlich, daß sein zauberkundiger Bruder einige Jahre zuvor sein Kriegsritual auf dieses blutige Eingreifen des Gegners abstellte.

Die Demonstration der Masken trug sich im Sommer 1891 zu und war gegen einen kleinen Trupp von Soldaten und Beamte gerichtet. Ihren Auftrag, die Vögte von Oraibi zu verhaften, konnte diese Schar nicht durchführen, und daher wurde nun eine größere Truppe in Marsch gesetzt, zwei Schwadronen Reiterei, die vier Hotchkiss-Kanonen mitführten, die derzeit weitverbreiteten kleinkalibrigen Schnellfeuerkanonen. Noch in der Niederung unterhalb von Oraibi forderte man, daß sich die Vögte als Gefangene einstellten, und wirklich kamen ihrer sechs von der Mesa herab, unter ihnen Patupha und Lolulomai. Einer von ihnen überreichte dem Truppenführer eine Steintafel, die darauf unter den Offizieren und den Zivilisten von Hand zu Hand ging, aber bei ihnen, wie sich versteht, keine Wiedererkennung auslöste, und die dann zurückgegeben wurde. Darauf marschierte die ganze Truppe, teils auf dem steilen Felsenpfade, teils auf dem Hauptwege nach Oraibi hinauf. In der Nähe der Ortschaft standen mitten auf dem Wege zwei Männer, ein älterer und ein jüngerer, in der Tracht der Kriegsvögte. Der Ältere, befragt, wer er sei und ob er kämpfen wolle, erwiderte: „‚Ich bin der Kriegsvogt und stelle den Kriegsgott dar, und dies ist mein Sohn und Amtserbe. Wir sind bereit zu kämpfen, aber unser Volk nicht. Nun stellen wir uns als Geiseln. Tut mit uns, was ihr wollt, aber vernichtet nicht unser Volk!' - Der Berichterstatter (Fewkes) erinnert sich niemals dieses Vorfalles auf dem Wege nach Oraibi, der nun schon dreißig Jahre zurückliegt, ohne diesen Kriegsvogt von Oraibi zu bewundern."

---

[18] Frank Waters, „Book of the Hopi", New York 1976, S. 266f.

Die Truppe findet die Ortschaft völlig verlassen, kein Mensch und kein Hund ist zu sehen, Fenster und Türen der Häuser sind mit Lehm verstrichen: Beim normalen Pueblo alter Zeit sind die Haustüren ohnehin oben und nur über Leitern zu erreichen; doch nun war die Einkapselung offenbar vollkommen. Die Bevölkerung aber erwartete ihre Peiniger auf der höchsten Spitze der Mesa. Das Militär demonstrierte seine Macht, indem es mit den Kanonen in die Baumgärten schoß, und dies faszinierte auch die Soldaten so, daß einer der Gefangenen über die Mesakante davonspringen konnte. Der Kommandeur erteilte dem Volk gute Ratschläge, das heißt, er erfüllte seine Aufgabe als Pedell der Umerziehungsschule, und am nächsten Morgen zog er mit seinen fünf Gefangenen ab. Unter ihnen war Lolulomai, der grad ein Jahr zuvor vom Werte der amerikanischen Zivilisation überzeugt worden war und bei dem man nun nach Kräften dafür sorgte, daß er unter den Seinen das Gesicht verlor: ein Anzeichen für das Durcheinander in der Indianerverwaltung der Staaten, aber auch ein Hinweis auf die Verwirrung, die sich unter denen einstellen mußte, die man zugleich anlockte und unter Druck setzte.[19]

Indessen blieb es bei den Parteiungen, und der Zwiespalt vertiefte sich noch in den folgenden Jahren, bis im Jahre 1897 der Führer der Feindseligen eine eigene Wintersonnenwendfeier einrichtete, womit die Zerreißung der rituellen Dorfgemeinschaft besiegelt war. Ein eigenes Soyal der Feindseligen verlangte ja von jedem initiierten Mann, sich für eine der beiden Parteien zu erklären; undenkbar wäre es gewesen, sich von jeder der beiden Feiern auszuschließen, und demnach war Oraibi seit der Jahreswende 1897/98 bis in den Grund seines rituellen Fundamentes hinein zerstört. Einige Jahre später gab es so schlimme Vorkommnisse wie dies, daß der bisherige Katschinavater den Katschinas der Konservativen den Zugang zum Katschinaheiligtum verwehrte, oder daß zwei Nimanfeiern gehalten wurden, also das Abschiedsfest, mit dem man die Katschinas auf eine Jahreshälfte entließ – ein schrecklicher Verstoß, wie Don sich ausdrückt; verständlicherweise, denn damit wurde der klaffende Spalt bis in die Geisterwelt hinein aufgesprengt.

Am Anfang des Jahrhunderts starb Lolulomai, und sein Neffe Tewaquaptewa wurde Dorfvogt. Etwa um dieselbe Zeit zog sich Lomahongyoma aus seiner Führerstellung zurück, und an seiner Stelle trat Yukioma aus dem Kokopclan in den Vordergrund. Die beiden jüngeren Männer waren ebenso

---

[19] Mischa Titiev, „Old Oraibi. A Study of the Hopi Indians of Third Mesa", Cambridge, Massachusetts 1944, S. 77. J. Walter Fewkes, „Oraibi 1890", American Anthropologist, New Series, Vol. 24, 1922, S. 277f.

kompromißlos wie ihre Vorgänger und betrieben entschiedener den Versuch, die unerträgliche Verzwistung zum endgültigen Austrag zu bringen. Den Druck innerhalb des Dorfes verstärkten die Feindseligen noch dadurch, daß sie 1904 von der Zweiten Mesa eine Gruppe Konservativer bei sich in Oraibi aufnahmen, ihnen Land zuwiesen, das rechtlich zur Verfügung des Bären-clans stand, und sie zum Bau von Häusern ermutigten. Das ganze Jahr 1905 hindurch bemühte sich Tewaquaptewa, diese Leute, die die schwierige Was-serversorgung und die Ernährungslage des Dorfes noch weiter belasteten, wieder zu entfernen, aber erst im Spätsommer 1906 – anderthalb Jahrzehnte nach der folgenschweren Ostreise Lolulomais – fiel endlich die Entschei-dung: die räumliche Trennung der innerlich Geschiedenen.

Anfang September, nach dem Schlangentanz, den die Konservativen ausrichteten, war Tewaquaptewa entschlossen, die Leute aus Shungopovi mit Gewalt aus Oraibi zu vertreiben. Yukioma hatte eigentlich den Tag des Tanzes selber für die Auseinandersetzung ins Auge gefaßt, wohl um seinem Gegner die rituelle Nemesis zuzuschieben; aber Tewaquaptewa bestand da-rauf, die rituellen vier Tage, die jedes Fest ausklingen lassen, einzuhalten. „In der Nacht vor dem Streit blieben beide Parteien wach, um sich ihr Glück zu sichern, denn *dies war eigentlich eine Zeremonie*. Die ganze Nacht hin-durch wurde feierlich geraucht." – Dieser Satz von Edmund Nequatewa[20] bezeichnet klar, wie eigentlich derartige geschichtliche Ereignisse in einer rituellen Kultur aufgefaßt werden. Solche Verlautbarungen sind freilich dünn gesät, weil das Vordergrundgetümmel den Bereich des Erzählbaren zu über-schwemmen pflegt.

Dennoch wußten es anscheinend nur wenige, daß der Tag der Entschei-dung gekommen war; jedenfalls war am Morgen des 7. September[21] noch so mancher zur Feldarbeit oder zum Hüten hinausgewandet, der nun eilends heimgerufen wurde. Auch die Weißen am Fuße der Mesa erhielten Nach-richt, der Mennonitenmissionar, sein Helfer, eine Besucherin, die Schulleh-terin, Miss Stanley, die Krankenschwester Miltona Keith. Miss Keith ritt auf ihrem Pony zur Mesa hinauf, die anderen fuhren mit dem Pferdewagen des Besuches. Alle diese Leute traten gegen acht Uhr zu Tewaquaptewa ins

---

[20] Edmund Nequatewa, „Truth of a Hopi", Northland Press, Arizona 1976, S. 66.
[21] Die Felsinschrift, abgebildet bei Harry C. James, „Pages from Hopi History", Tucson 1974, S. 137, hat das Datum 8. September, doch scheint der 7. das richtige Datum zu sein: Mischa Titiev, „Old Oraibi. A Study of the Hopi Indians of Third Mesa", Cambridge, Massachusetts 1944, S. 86, Udall bei Helen Sekaquaptewa, „Me and Mine. The Life Story of Helen Seka-quaptewa as told to Louise Udall", Tucson 1969, S. 71, 84.

Haus, wo schon ein Kreis seiner Anhänger versammelt war und sich ständig vermehrte, und die beiden Frauen ergriffen, als Angestellte der Regierung, das Wort. Sie mußten sich allerdings eines Dolmetschers bedienen, da zwar der Missionar, nicht aber Lehrerin und Krankenschwester die Sprache ihrer Pflegebefohlenen beherrschten. Sie erklärten also, daß es nicht im Sinne des Indianerbeauftragten der Regierung läge, einen gewaltsamen Ausweg aus den Schwierigkeiten zu suchen, sondern daß sie sich mit der anderen Partei beraten sollten. Auch warnten sie vor einem Eingreifen der Regierung und vor den zu erwartenden Strafen, falls jemand verletzt würde. Aber der Dorfvogt und die Seinen waren nun entschlossen und faßten ohne Furcht die Ankunft von Soldaten ins Ange, da sie ihr Vorhaben für rechtens hielten. Ihre Waffen trügen sie nur zur Verteidigung für den Fall, daß sie angegriffen würden. Auch Don hatte sich, wie er erzählt, als er später an den Geschehnissen teilnahm, seinen Revolver eingesteckt. Im Hinblick auf den weiteren Verlauf dürfen wir wohl annehmen, daß ein Waffengebrauch in der Tat nicht in Erwägung gezogen wurde. Tewaquaptewa hatte in Verkleidung eine Beratung der Feindseligen belauscht und dort vernommen, daß sie keineswegs zuerst zur Waffe greifen wollten. Würde von den Fortschrittlichen einer toll und tötete jemanden, so läge der Fehler bei diesen. Es scheint mir danach sicher, daß die Bewaffnung in einem weitaus höheren Maße, als wir das zu sehen gewohnt sind, Symbol war. Aller Zubehör der Riten und der rituellen Tänze war stets Emblem und Symbol, auch die von einigen Katschinas getragenen Messer und Pfeile, und zum entschlossenen Handeln, da auch dies von rituellem Sinn erfüllt war, gehörte als Symbol des Vorzunehmenden die Bekleidung mit der Waffe. In der Tat ist dann auch im Laufe der Kämpfe, trotz ihrer Heftigkeit, trotz Hunderten von Kämpfern, niemandem die Waffe aus ihrer Bildhaftigkeit in die Zweckmäßigkeit entgleist.

Die Entgleisung aber wäre dann eben eine rituelle Entgleisung gewesen, und der eigentlich von der Waffe Getroffene wäre der von der zugehörigen rituellen Nemesis Betroffene gewesen, das heißt der Schütze selbst und seine Bundesgenossen. Dan Katchongva, Yukiomas Sohn, bezeugt, daß sein Vater eine entsprechende Anordnung gegeben habe: Wenn einer (von den anderen) vergessen sollte, daß *wir* die Streitenden, *eines* Volkes sind und einer (von uns) schwer verletzt würde, dann sollte der Betreffende dort liegenbleiben und niemand sollte ihn berühren oder bestatten![22] Diese Anordnung erinnert

---

[22] Frank Waters, „Book of the Hopi", New York 1976, S. 314.

sehr genau an jenes unberührbare Piaculum, das nach Livius' Darstellung (VIII 9,9) der vom Feinde getötete, devovierte römische Konsul darstelle, und damit fällt ein eigenartiges Licht auf andere Berichte von zerstrittenen Hopidörfern, wo der Dorfvogt entweder seinen eigenen Sohn zum Opfer bereitstellt – oder durch andersartige Aufopferungen einzelner Menschen die Zerstörung des Dorfes einleitet.[23] - Wirklich erlebte auch in Oraibi der Sohn des Anführers, eben Dan Katchongva, an sich selbst die Möglichkeit, der Todgeweihte zu sein. Er wurde beim Ringen schwer getroffen und fiel, als er auf den Boden schlug, in eine tiefe Ohnmacht. Während des ganzen stundenlangen Kampfes lag er ohne Bewußtsein da, ohne daß sich jemand um ihn kümmerte. Als er wieder zu sich kam, schwor er, daß er sein Leben dem Frieden, den Guten und den Demütigen weihen wolle. „Dank, daß ich wieder auflebe!" sagte er laut. „Nun werde ich leben und streben für das Eine Herz!"

Ein anderes merkwürdiges Opfer von der anderen Seite war schon lange vorher gefallen.[24] Als Lolulomai kurz nach 1890 im Gefängnis gewesen war, schlugen die Feindseligen eine Probe auf die Vertragstreue und das Gewicht amerikanischer Versprechungen vor. Doch erscheint es unmöglich, daß es sich um einen bloß politisch-pragmatischen Test gehandelt habe; dazu ähnelt diese Probe anderen Aufopferungen bei früheren ortszerstörenden Zerwürfnissen allzusehr. Lolulomais eigener Neffe wurde aufs Beste bekleidet und ausgestattet, mit kostbarer Handelswaren versehen und machte sich, mit einem Esel beritten, auf den Weg. Oder mit anderen Worten: Man entließ ihn in den sicheren Tod durch einen Raubmord. Nach drei Tagen kam das Tier ohne den Reiter zurück; ein Suchtrupp fand die Leiche: mit zerschmettertem Schädel, typisch für Navajomorde. Die Agentur sendet eine starke Streife aus, diese spürt auch den Mörder auf, und er wird eingesperrt. Doch ein Verfahren läßt auf sich warten. Der Agent, ausweglos eingeklemmt zwischen die Belange der Hopi, der Navajo, der Regierung, bietet die Auslieferung des Täters an die Hopi an. Diese verlangen den zugesagten Schutz und die Bestrafung durch den Staat. Da läßt der Agent den Navajo entwischen. Kein Wunder, daß die Feindseligen den Amerikanern um so weniger trauten. Aber wir wissen nicht, wie es in Lolulomai aussah, der seinen Neffen in den recht gewissen Tod hatte reiten lassen und der dafür von den Weißen nicht einmal die entschiedene Rechtfertigung seiner vertrauensvollen Einstellung eingehandelt

---

[23] Heinrich R. Voth, „The Traditions of the Hopi", Chicago 1905, S. 248f, 252f. Frank Waters, „Book of the Hopi", New York 1976, S. 84f.
[24] Frank Waters, „Book of the Hopi", New York 1976, S. 301.

hatte. Auch erkennen wir in seinen Handlungen keine Folgerungen aus dem Geschehnis.

Daß wir mit einer opferkundlichen Deutung solcher Todesfälle deren Hopisinn wirklich nahekommen, zeigt eine Anmerkung Nequatewas.[25] Er sagt dort, daß sich die Vögte in alten Zeiten, wenn sie eine Wanderung für nötig hielten, zusammenhockten und einen Zwist ausbrüteten, um die Wanderung einleiten zu können. Wegen der Leiden, denen sie auf diese Weise das Volk aussetzten, hielten sie sich indes immer für schuldig, obwohl das Ergebnis am Ende doch gerade den Leidtragenden zugute kam. „Daher ‚opferten‘ sie sich oftmals freiwillig zur Sühnung für das Ungemach, mit dem sie das Volk beladen hatten; auch wurde alles Unheil, das sie nach solchen Unternehmungen … befallen mochte, als eine angemessene und gerechte Strafe betrachtet."

An jenem Septembertage in Oraibi fiel indes kein Schuß; man hat nicht einmal dem Gegner die Waffe vorgehalten und ihn aufgefordert, das Dorf zu verlassen. Sondern man hat ihn als eine Bürde auf sich genommen und aus dem Dorfetter hinausgetragen – oder hat ihn gezerrt und geschoben, bis man ihn draußen hatte. Wie dies geschehen und ein nachhaltiges Ergebnis haben konnte, ist für uns fast unbegreiflich. Denn wir vermögen uns nicht vorzustellen, daß die Hinausgebrachten nicht ihren Beförderern sogleich ein Schnippchen schlugen und auf einem Umwege wieder ins Dorf zurückfluteten, so daß in dem unaufhörlichen Hin und Her kein Ende abzusehen gewesen wäre. Oder mit anderen Worten: Ohne ein irrationales Element ist diese endgültige leibhafte Spaltung von Oraibi gar nicht zu verstehen – Schicksalsmagie, Ritus und Mythos wirkten alle in einer Richtung. Die Spaltung von Oraibi war geweissagt, die Form der Entscheidung war vorausgesehen, seit langem war ins Auge gefaßt worden, die Feindseligen an den Ort im Norden zu schicken, nach Kawestima, wo in der Vorzeit das Spinnenweib die Wanderung ihres Clans abgebrochen und ihren Leuten aufgegeben hatte, nach Oraibi zu gehen und sich dort Matcito, dem Urvogt des Bärenclans, und seiner Siedlung anzuschließen.

Die Weißen begaben sich, nach ihren an Tewaquaptewa gerichteten Ermahnungen, mit denselben Dolmetschern zu Yukioma, um ihm ebenfalls Mäßigung anzuraten. Miss Stanley hatte aber ihre Rede noch nicht beendet, als schon Tewaquaptewa mit seinen Männern erschien und die Weißen zum Verlassen des Hauses aufforderte. Von den Fremden aus Shungopovi verlangte

---

[25] Edmund Nequatewa, „Truth of a Hopi", Northland Press, Arizona 1976, S. 132, Anmerkung 47.

er, daß sie das Dorf sofort verließen, und als Yukioma sich für ihr Verbleiben aussprach und ihnen den Schutz der Seinen verhieß, erhielt er vom Dorfvogt die Antwort, daß er dann ebenfalls samt seines Anhangs gehen müßte. Darauf setzte dann die stundenlange Rangelei, das Drängen und Ziehen ein, das den Entscheid herbeiführte. Aus Helen Sekaquaptewas Lebensbeschreibung erfahren wir, daß es außer der berühmten Linie Yukiomas, von der sogleich die Rede sein wird, noch einen anderen Strich gab, der schon vor einiger Zeit in den Sandstein nördlich des Dorfes eingeritzt worden war:[26] Über diesen wurden die konservativen Männer hinausbefördert, und man holte dann ihre Frauen und Kinder dazu. In der Tat, kein Weißer hätte jemals den Gedanken fassen können, daß sich ein Dorf auf solche Weise entzweizuteilen vermochte. Welch ein Fatalismus, welche Erfülltheit von Weissagungen, von unüberschreitbaren Lebens- und Entscheidungsformen.

Helen Sekaquaptewa, damals ein sehr junges Kind, etwa zehn Jahre später geboren als Don C. Talayesva, zu einer konservativen Familie gehörig, zuerst von ihrer Mutter unter dem Fußboden verborgen, dann von ihr unter dem Schaffell aufgerufen, noch an der Mutterhand hangend, wurde jäh von einem Manne hochgerissen und von einem anderen – mit einer schiefen Nase – die Hausstiege hinuntergestoßen. Sie wanderte mit den Ihren auf die Plaza, und von dort wurden sie weiter aus dem Dorfe getrieben. Viele der freundschaftlichen Frauen, sagte sie, saßen auf ihren Hausdächern, klatschten in die Hände, „kreischten hinter uns her und machten sich über uns lustig, während wir aus Haus und Heimatdorf von dannen zogen.[27] Hahaye, Dons Mutter, vom Sonnenclan, sitzt daheim bei dem kranken Bruder und weint, weil die Freundschaftlichen die Feindseligen aus dem Dorfe treiben.

„Ein Wirrwarr von Menschen, von Männern, Frauen und Kindern, strömte aus den Häusern, am Hause Tewaquaptewas vorüber und zum Dorfe hinaus, geschoben, gezerrt und gezogen von Tewaquaptewa und seinem aufgeregten Gefolge. Wer sich widersetzte, dem wurden die Kleider zerrissen, er trug Beulen und Kratzwunden davon. Aber die meisten ließen sich treiben, ihr Bündel auf dem Rücken, die Männer mit starren Gesichtern, voll Furcht die Frauen und Kinder und unter Tränen. Des Dorfvogtes Helfer liefen geschwinde zwischen dem Dorf und dem Anger hin und her; Gruppen

---

[26] Helen Sekaquaptewa, „Me and Mine. The Life Story of Helen Sekaquaptewa as told to Louise Udall", Tucson 1969, S. 75.
[27] Ebenda S. 76f. Edmund Nequatewa, „Truth of a Hopi", Northland Press, Arizona 1976, S. 68. Don C. Talayesva, „Sonnenhäuptling Sitzende Rispe. Ein Indianer erzählt sein Leben", Kassel 1964, S. 109.

antreibend, einzelne abführend, Getriebene anherrschend, gegenseitig sich anfeuernd, immer in Eile, mit aufgeregtem Geschrei, mit wilden Blicken und wahrhaft fanatisch. Denn was vorging, war das Ergebnis tiefangelegter Überlieferungen, und beide Parteien verlangten, daß es geschehe. Ihre Vorväter hatten es vorausgesagt, und die Worte waren allen bekannt: Auf diese Weise ist es immer dann und wann bei den Hopi vollbracht worden. Zwei Vögte können nicht das Wort führen in einem Dorf. Einer muß gehen." So Helen Sekaquaptewa.

Und damit sind wir bei dem Höhepunkt angelangt, bei der einschneidendsten Szene, in der das Geschehen sein ergreifendes Angesicht gewinnt. Stunden waren vergangen, es war der Nachmittag des 7. September, und Helen erzählt, wie der Tag für sie selbst inzwischen all sein Schauerliches verloren hatte und sie mit den übrigen Kindern Kinderspiele trieb; für sie war es ein Picknick, für andere die Tragödie ihres Lebens. Die Erwachsenen saßen hier und dort auf den heißen Felsen in der Sonne; die Freundschaftlichen standen in Gruppen umher, bewachten die Ausgetriebenen und versuchten gelegentlich ohne Erfolg, sie wieder in Bewegung zu setzen und weiter fortzutreiben, nach Norden, nach Kawestima. Zuweilen wurde auch erneut über die alten Mythen und Weissagungen gestritten; beide Scharen stimmten überein, daß die eine ausziehen müsse. Aber die Feindseligen erklärten, die anderen seien die Abtrünnigen und darum das Heimatdorf zu verlassen bestimmt.

Schließlich rief Yukioma die Seinen auf, und seine Gegner traten ebenfalls hinzu; er ritzte mit einem Steinbrocken von Westen nach Osten eine Linie in Sand und Fels, stellte sich selbst mit seinem Gefolge im Norden auf, die Augen nach Oraibi gerichtet, während die Mannen des Dorfvogtes südlich der Linie, mit dem Rücken zur Heimstatt standen. „Also, laßt es denn auf diese Weise geschehen", sagte Yukioma, „wenn ihr mich über diese Linie drängt, will ich auswandern." - Auf einem Felsen in der Nähe, in dem eine Linie und die Clanzeichen für Bär und Kokop eingeritzt sind, stehen die Worte in etwas anderer Form: „Also, auf diese Weise muß es nun geschehen, daß es, wenn ihr mich über die Linie gedrängt habt, vollbracht ist." Nach Titiev folgten noch die Worte: „Aber wenn wir euch über die Linie drängen, dann ist es nicht vollbracht, und wir werden hier wohnen bleiben.[28] - Dem Yukioma trat Humihongniva vom Wasserkoyoteclan gegenüber; sie legten einander die Hände auf die Schultern, die beiden Parteien packten sie von hinten an und

---

[28]   Mischa Titiev, „Old Oraibi. A Study of the Hopi Indians of Third Mesa", Cambridge, Massachusetts 1944, S. 86.

begannen zu drücken – mit aller Wucht auf die beiden in der Mitte gegeneinander Gestemmten, ein Ringkampf von zweien mit der Kampfkraft von vielen. Die Menschenmasse taumelte hin und her; minutenlang, eine Viertelstunde lang wankte der verkrampfte Haufen über der Linie; Yukioma, lang und hager, ward über die Köpfe hinausgedrückt, tauchte wieder unter in der Mitte des Knäuels und ward endlich, schwer in Mitleidenschaft gezogen von der Gewalt beider Seiten, weit nach Norden über die Linie gedrängt. Sobald er wieder zu Atem gekommen war, sagte er: „Nun also, in dieser Weise muß es nun sein. Da ihr mich über die Linie gedrängt habt, ist es vollbracht." - Es heißt auch, daß Yukioma viermal über die Linie hinausgedrängt worden sei, denn vier ist die Zahl, die alle rituellen Wiederholungen abrundet. Ebenso soll Tewaquaptewa seine Aufforderung zum Aufbruch viermal ausgesprochen haben.

Das Vollbringen bedeutete Wanderschaft für die Ausgetriebenen, und Wanderschaft hatte es bei diesen seßhaften Maisbauern allerdings seit Jahrhunderten nicht mehr gegeben. Wohl aber waren die Vorzeitlegenden voll davon, alle Clane hatten große Wanderungen vollbracht, von der Mitte, dem Ort des Aufstiegs her in die vier Himmelsrichtungen, bis an die Enden eines gewaltigen Richtungskreuzes, rituelle Wanderungen, die dem Erwerb und der Bewährung des rituellen Besitzes gewidmet waren, Wanderungen, die ebenfalls schon solche Spaltungen und Auszüge gekannt hatten. Natürlich kann es nicht fehlen, daß man hierin die typisch hopimäßige Unfähigkeit zu politischen Kompromissen gesehen und dies dem Stamm vorgeworfen hat. Dabei übersieht man, daß eine rituelle Gemeinschaft auf Einheit gegründet ist und ohne diese Einheit auf die Dauer nicht bestehen kann. Droht die Einheit infolge zweier verschiedener Visionen zu zerfallen – so können wir den Sachverhalt am angemessensten zum Ausdruck bringen –, dann kann es einen rationalen Kompromiß zwischen ihnen keinesfalls geben. Die beiden scheinbar widerstreitenden Inbilder könnten nur in einem tieferen, umfassenderen Inbilde ineinander aufgehen. Solange es indes an diesem mangelt, ist an keine Übereinkunft zu denken. Dennoch bleibt, auch bei einer Trennung, eine Art von Einheit bestehen, insofern nämlich die Wanderschaft der Ausgetriebenen rituelle Wanderschaft ist und ihr als Ziel die Rückkehr vorschwebt – mit einem rituellen Gewinn, der den Zusammenschluß in einer neuen Ganzheit ermöglicht. Soweit ich sehe, wird zwar dieser Gedanke in den Wandersagen nicht ausgesprochen, er scheint mir aber doch als deren unmittelbare Voraussetzung darin zu liegen. - Auch dürfen wir den wiederholt auftauchenden Vorwurf, daß der Bogenclan und der Spinnenclan auch in den alten Geschichten immer die Störenfriede gewesen seien, nicht als *politischen* Tadel verstehen. Es handelt sich vielmehr um die Kennzeichnung ihrer rituellen Rolle; diese Clane sind nicht bloße Unruhestifter, sondern auch die Aufstörer, die sich nicht zufrieden geben mit dem Verharren im unentschieden unfriedlichen Zustand, sondern die eine Entscheidung herbeiführen, durch die ein wirklich erfüllter Friede sich wieder einzustellen vermag.

In der „Hopi-Bibel" von Waters wird freilich der rituelle Beitrag des einzelnen Clans oder der Phratrie als „Religion" bezeichnet, und die Schismen in den Ortschaften werden als eine Folge dieser Verschiedenheit der „Religionen" innerhalb des Stammes angesehen. Schwerer kann man wohl den Sinn einer rituellen Kultur, die Dienlichkeit ihrer Phratrien und Bünde nicht mißverstehen. Man braucht nur die Richtungskreuze in den Kultbildern und den kultischen Bewegungen aller Riten anzuschauen, um der Mitte gewahr zu werden, der sie alle dienen und in der sie sich alle einen. Wenn man will, kann man *daraus* die allen gemeinsame „Religion" abstrahieren.

Nach der Entscheidung begab sich Yukioma also mit seinen Genossen und ihren Familien auf die Wanderschaft, etwa dreihundert Menschen. Sie trugen ihre Lebensmittel mit sich, das Notwendigste für ein Lager und den persönlichen Besitz. Sie gingen an dem Abend noch bis Hotevila, zehn Kilometer nördlich von Oraibi, wo eine Quelle fließt. Als die Kinder anlangten, brannte schon ein halbes Hundert Feuer, und alles richtete sich notdürftig für die Nacht unter den Bäumen ein.

Zu dem Ringen über der Linie müssen wir noch einiges hinzusetzen, wodurch seine Bedeutsamkeit noch mehr aufleuchtet. Wir sprechen bildhaft von einem Tauziehen in der Politik, und so haben auch manche Berichterstatter die Entscheidung des 7. September 1906 mit einem Tauziehen verglichen, nur daß die Hopi gedrückt statt gezogen hätten. Aber wenn wir nun meinen sollten, daß die Hopi, die Friedlichen, einen politischen Zwist durch einen sportlichen Wettkampf entschieden hätten, und wenn wir uns gar nach einem solchen Vorbild richten wollten, so müßten wir zuvor noch etwas anderes dazulernen. Zwar handelt es sich, dem leibhaften Vornehmen nach, um einen sportlichen Kampf – der Hintersinn aber auch dieser kampflichen Entscheidung war, wie es sich in einer rituellen Kultur gebührt, rituell: Die Linie war nicht die Rille im Gestein, das Felsplateau nicht die oraibische Lokalität, der Kampf kein Wettkampf – und die Zeit, so dürfen wir wohl sagen, nicht der 7. September –, sondern die Linie war der Colorado-Fluß, das Plateau die Urlandschaft, der Wettkampf ein Orakel und die Zeit war wenigstens bezogen auf die mythische Urzeit. Titiev stellt in einer Anmerkung – wie das Wesentliche bei weißen Autoren oft, wenn es nicht überhaupt entfällt, erst anhangsweise oder in einer Fußnote beiläufig ans Licht kommt – fest, der Vorgang sei von Yukioma ins Werk gesetzt worden als ein auf die urzeitlichen Wanderungen bezogenes Orakel mit der Linie über die Felsen als Colorado. Wir hätten auf etwas derartiges auch selbst schon schließen können aus der Stimmung der Streitenden und aus dem, was sie sagten, wovon ich, nach Helen Sekaquaptewa, einiges wiedergegeben habe.[29] Auch hat Nequatewa es in dem oben angeführten Satz klar zum Ausdruck gebracht, daß es sich um eine Zeremonie gehandelt habe, also nicht um ein bloß politisches Ereignis, eine rein bürgerliche Auseinandersetzung. Demgemäß entsprechen auch Yukiomas abschließende Worte ohne Zweifel den Formeln, mit denen auch sonst die Vollendung einer Zeremonie verkündet wird. Nach Titiev wäre die eigentliche Orakelfrage die gewesen, zu bestimmen, ob die Nachfahren des Spinnenweibes die Gefolgschaft des Bärenvogtes von Oraibi fortziehen würden (oder ob sie selbst, von Oraibi fortgestoßen, in den Norden, nach Kawestima, wandern müßten). Die Nachfahren des Spinnenweibes, Titiev schreibt *descendants*, hätten wir wohl klarer als die Nachfahren derjenigen zu verstehen, die bei den Urzeitwanderungen unter der Führung des Spinnenweibes standen.

Das entscheidende Ereignis bei den alten Wanderungen dieser Leute war offenbar gewesen, daß sie in den Norden gezogen waren und dort infolge der Kälte Enttäuschungen im Maisbau erlebt hatten. Darum waren sie gezwungen, ebenfalls in den Süden auszuweichen, und dort hatte der Bärenclan schon früher Oraibi gegründet. Der Norden erscheint in dieser Fassung der Mythe also als eine urzeitliche, frühere Heimat der Spinnenleute: Kawestima, das Norddorf. Titiev meint, man habe dies zu Yukiomas Zeiten am Colorado gesucht; bei Waters wird es mit drei Ruinen im Navajo National Monument an der Nordgrenze von Arizona identifiziert.[30] Es scheint aber, als hätte man es auch in Erwägung gezogen, die Heimat im höchsten Norden selbst aufzusuchen, dort nämlich, wo nach Fredericks Weißbär die „Hintertür" des Kontinentes gelegen war, also die eigentliche mythische Ortschaft selbst. Wahrscheinlich stellte Kawestima, also die nähergelegene Trümmerstätte,

---

[29] Ebenda, Anmerkung 149.
[30] Ebenda S. 74, 86. Frank Waters, „Book of the Hopi", New York 1976, S. 315f., 364. – Die Bezeichnung Navajo National Monument bezeichnet nur die Lage auf der Navajo-Reservation. Historisch haben die Navajo nichts damit zu tun.

nur deren geographisch erreichbare Verkörperung dar. Derartige örtliche Denkstätten für mythisch und geschichtlich fernliegende Gegenden kennt das Ritualsystem der Hopi auch sonst.

Von der Hintertür im eisigen Norden wird der seltsame Mythos erzählt, daß einige Clane unter der Führung des Spinnenweibes diese „Tür" aufzuschmelzen versucht hätten mit Hilfe der Wärmekräfte, die ihnen der göttliche Demiurg Sotuknang indes früher ausdrücklich verboten hat, und die Folge jenes Verstoßes war unter anderem, daß die Anstifterin, das Weltalter hindurch blühend junge Spinnenweib, rasch zu einer häßlichen Greisin veraltet war. Ob man so weit wie möglich nach Norden ziehen und erneut den Versuch machen könnte, die Hintertür aufzuschmelzen, diese Frage scheint 1906 in Oraibi auch erörtert worden zu sein. Wir entnehmen daraus, daß die Führung durch Riten, Mythen und Orakel das menschliche Wägen und Wagen kaum weiter einengt als die rationale Planung – nur allerdings lenkt sie aus anderen Zonen des menschlichen Gemüts und richtet auf andere Ziele hin. Nach den Überlieferungen, die Waters mitteilt, scheint es auch so, als habe Yukioma bestimmte Visionen auf dem Wege erwartet, die ihm genauere Weisungen gegeben hätten. Dies hätte allerdings beim Aufbruch eine rechtläufige Umwandlung Oraibis zur Voraussetzung gehabt, denn nur auf diese Weise hätte er die geweihten Orte in der richtigen Reihenfolge berührt, an denen ihm der Feuer- und Totengott begegnen sollte.

Auf jeden Fall, so unklar Yukiomas Sinn in der mündlichen Überlieferung auch erfaßt sein mag und so wiederstreitend auch dem Wandervolke die Entscheidungsmöglichkeiten erschienen sein mögen, auf jeden Fall geht aus diesen Andeutungen doch hervor, auf welchen Schatz mythischer Erinnerungen und divinatorischer Erwartungen sich eine rituelle Kultur in ihren Krisen besinnen kann. Wir dagegen fassen nur die täuschende Tatsache und unsere illusorischen Ziele ins Auge und sind daher zu wirklich schicksalhaften Entscheidungen nicht mehr fähig. Trotzdem nennen wir unsere Verfahrensweise Realpolitik. Über den jeweiligen Entschluß kann daher je länger desto leichter im Denkkasten entschieden werden, der Auffassung entsprechend, daß Massenmenschen nichts wesentlich anderes seien als manipulierbare Roboter. Dieser Vernachlässigung und Verdrängung der wirklichen inneren Entscheidungsgründe und ihrer kontemplativen Träger ist es zu verdanken, daß der aktive Teil des Volkes in progressive Manager und reaktive Gewalttäter auseinanderbricht.

An jenem Abend umwandelte man also Oraibi nicht, sondern zog bis in die quellenreiche Gegend von Hotevila. An den folgenden Tagen holten die Familien ihr gesamtes Eigentum dorthin und begannen, sich – als es kälter wurde und zu regnen anfing – auf längeres Bleiben einzurichten, indem sie nach Navajo-Art Hogans bauten. Etwa eine Woche nach der Auswanderung stand Yukioma bei der Quelle, schaute über das Tal hinaus und sagte: „Ich bleibe hier. Wer will, kann weiterziehen." - Aber niemanden verlangte es nach Kawestima, nach dem Dorf im Norden, und auf diese Weise kam es zu der Gründung von Hotevila, dem Ort, der sich noch bis in unsere Zeit den Jahreskreis der Feste bewahrt hat, der in den dreißiger Jahren noch dem Mythos vom Weißen Bruder nachhing und wo man sich noch im letzten Kriege weigerte, die Gestellungsbefehle der Yankees entgegenzunehmen. In Oraibi aber zerbrach nicht nur der kultische Jahreskreis, sondern es verfielen auch Dorfgemeinschaft und Lebensstil: Am Fuße der Mesa entstand Neu-Oraibi, wo die Hopi wie Yankees zu leben versuchen, wo sie, wie Don sagt, nur hinter dem Gelde herrennen und sich so toll aufführen wie geköpfte Suppenhühner. Ein einzelner kann den goldenen Mittelweg gehen, nie eine Gemeinschaft – unter Zwang und Verlockung zermürbt rasch das einende Band.

Die Schicksalsentscheidung am Strome unter geschichtlichem Zwang gibt uns Anlaß, an eine sehr verwandte Szene der deutschen Geschichte zu denken, an das Widereinander der cheruskischen Brüder Flavus und Arminius auf den beiden Ufern der Weser – kurz vor der Schlacht von Idistaviso, von denen der eine auch ein „Fortschrittlicher" war im Dienste des Landesfeindes, der andere ein Konservativer und Freiheitskämpfer. Und wenn die Szene von Tacitus nicht ganz erfunden ist, so mag wohl auch der Ruf nach den Waffen am Ende der Unterredung nicht einem Verlangen nach Brudermord entsprungen sein, sondern der Absicht, in einem Holmgang die divinatorische Entscheidung über diejenigen Cherusker herbeizuführen, die ursprünglich mit Willen ihres Stammes „nach Washington" gegangen waren, um dort die höhere Zivilisation zu studieren.

Doch vermögen wir über die Zeitenferne hinweg nicht mehr viel von der Innerlichkeit der germanischen Brüder zu erraten. Hier haben wir es mit den beiden indianischen zu tun und fragen nun nach ihrer Wesensart. Wir wissen aus Dons Buch um seine Freundschaft mit Tewaquaptewa – von den Jugendtagen an bis in die höheren Jahre. Simmons, der Herausgeber der Biographie, bestätigt uns noch zum Überfluß, daß zu seiner Zeit Don ein getreuer und konservativer Bundesgenosse des Dorfvogtes gewesen sei. Für Yukioma hat er keine Sympathien gehegt, und noch nach dem Erscheinen der deutschen Ausgabe des Buches, die ja ein Bild Yukiomas enthält, schrieb er mir, dieser habe einen niederträchtigen Gesichtsausdruck (*a mean face*). Titiev seinerseits, während seiner Forschungen freundschaftlich mit Don verbunden und auf Tewaquaptewas Mitarbeit angewiesen, die ihm dieser, wenn auch oft zögernd und zurückhaltend, gewährte, bringt jedenfalls nichts, was im Widerspruch steht zu jener Wertung des feindseligen Führers. Aber aus Helen Sekaquaptewas Biographie wird eine warmherzige Sympathie spürbar, die ihm seine Gesinnungsgenossen entgegenbrachten, was eine um so deutlichere Sprache spricht, als Helen ihm gerade in dem entscheidenden Streitpunkte nicht nahesteht. Denn als Frau wie offenbar auch als Einzelcharakter stand sie den ererbten Riten fern, lehnte sie zum Teil sogar als roh ab. Außerdem lebte sie in der Gründungszeit Hotevilas viele Jahre lang, auf entlegene Schulen gezwungen, weit von zu Hause entfernt; und schließlich war sie zu der Zeit, als sie ihre Lebensgeschichte erzählte, schon Christin geworden.

Aber auch unter den Gewährsleuten des Hopi-Buches von Waters finden sich Befürworter des Mannes, was nicht wundernimmt, da sie zum Teil aus Hotevila stammen. Auch ist ja nicht zu verkennen, daß Yukioma nicht nur selbst für das heimische Erbe einzutreten bereit war, sondern auch andere in ihrem Willen zum Widerstand zu bestärken vermochte. Und das war keineswegs ein leichter Entschluß. Betrachten wir nämlich Yukiomas Entscheidungen vor dem grauenhaften Hintergrund, wie ihn Friedrich von Gagern und neuerdings Dee Brown[31] entworfen haben, dann geht uns auf, daß derjenige, der seine Kinder nicht in die Schule schicken wollte, mit der Todesstrafe rechnen mußte. Das Mythologem der Enthauptung durch den Weißen Bruder, das Don bis in seine Träume hinein verfolgt, erscheint uns dann als ein mythisches Kürzel für die drohenden Gesetzestafeln, mit denen der Rote Mann in Angst und Schrecken versetzt wurde, eine Angst, von der auch Don, als von einem Grundmotiv des damaligen Lebensgefühles, berichtet.

Nehmen wir zu dem unbezweifelbaren Mannesmut Yukiomas die Anhänglichkeit gegenüber den eigenen Überlieferungen hinzu, die Bereitschaft, gemäß den alten Mythen und in Gestalt der herkömmlichen Rituale zu handeln, das Verantwortungsgefühl gegenüber den Seinen, das sich auch auf die Konservativen einer anderen Ortschaft erstreckt – und dies alles verbunden mit dem Bewußtsein, in all dem zwar im Recht zu sein, in einem Punkt aber,

---

[31] Friedrich von Gagern, „Das Grenzerbuch", Berlin 1927 u.ö.. Dee Brown, „Bury my Heart at Wounded Knee. An Indian History of the American West.", London 1972 u.ö..

nämlich im Hinblick auf den traditionell gebotenen Gehorsam gegen den Dorfvogt dennoch ein Abtrünniger zu sein –, vergegenwärtigen wir uns all dies innerlich, so können wir als Wesentliches jedenfalls das zugleich treibende und schmerzende Schicksalsbewußtsein des Mannes nachempfinden, das ihn durch eine tiefe Niederlage und schreckliche Verluste in eine Neugründung hineinschreiten ließ, der doch wenigstens einige Jahrzehnte höchst fruchtbarer Zukunft beschieden waren und die sogar den von ihren Riten verlassenen Heiden von Alt-Oraibi ein gewisses Maß an Zuflucht bot. Am Ende fand selbst Tewaquaptewa dort eine Heimstatt für rituelles Mitwirken. Mit den Jahren verlor sich seine Verbitterung gegenüber den Leuten von Hotevila, und nach Yukiomas Tod nahm er oft an den dortigen Zeremonien teil.[32] Er wurde gastfrei aufgenommen, und 1932 rühmte er sich gegen Titiev, daß man ihn in einem solchen Falle achtmal zum Imbiß eingeladen habe – was nun freilich zum rituellen Stil der Hopi gehört: Jemanden zu speisen heißt, für ihn ein lebenförderndes Ritual zu feiern.

Der Führer der Freundschaftlichen im neu gegründeten Dorf der Feindseligen als einer rituellen Zuflucht: eine schicksalsschwere Feststellung, die jenen düsteren Zwist in ein merkwürdiges Zwielicht stellt und ahnen läßt, wie herzzerreißend die Spaltung von Oraibi für alle war. Was für ein Mann war nun dieser angeblich progressive freundschaftliche Dorfvogt? Ihm hat es natürlich ebensowenig wie Yukioma an Mannesmut gefehlt. Wenn er selbst bei dem leibhaften Ringen auf dem Plateau nicht mit antrat, so blieb er gerade damit in der Rolle des Dorfvogtes und nahm damit den Sieg seiner Partei in dem Orakelkampf vorweg. Die Vögte der Hopi sind esoterische Führer, und sie kämpfen mit der Kraft ihrer Innerlichkeit.

Es gibt Überlieferungen aus der germanischen Vorzeit, die sich unmittelbar damit vergleichen lassen. Der letzte König der Heruler, Rodulf, saß während der Entscheidungsschlacht im Zelt überm Brettspiel – sicherlich nicht aus Hochmut und zuchtloser Spielsucht, sondern hingegeben mit ganzer Seele an das in den Spielfiguren sich spiegelnde Stammesschicksal. Im letzten Waffengang Hrolf Krakis siegt der König so lange, als sein Vorkämpfer schläft, beginnt jedoch allsogleich zu verlieren, als dieser, gewaltsam geweckt, leibhaft in den Kampf hineingezogen wird. Bei einem Treffen der Svarfdœlasaga bleibt der Hauptheld, der Vater Thorolf, daheim, indes der Sohn doch weiß, daß jener an Ort und Stelle mitstreitet, wie er sich denn auch

---

[32] Harry C. James, „Pages from Hopi History", Tucson 1974, S. 142f.

nicht verwundert, ihn nachher zu Hause erschöpft und wie gelähmt vorzufinden.[33] In unserer späten Welt aber wird das Fuchteln mit dem Hieber maßlos überschätzt, und es wird vermutlich noch einige Zeit dauern, bis man sich wieder darauf besinnt, daß die Vorgänge in der Hauptkampflinie nur Symbole dessen sind, was an Entscheidungen im Innern bereits gefallen ist.

Abgesehen von jenen Septembertagen aber hat Tewaquaptewa seine Aufgabe nicht mehr meistern können. Ob ihm dabei wirklich persönliches Versagen vorzuwerfen ist – nicht nur Helen Sekaquaptewa fällt ein hartes Urteil über seinen Charakter – oder ob die Aufgabe unter den gegebenen Umständen überhaupt Menschenkräfte überstieg, läßt sich schwer abschätzen – am wenigsten heute und hier, ein halbes Jahrhundert und viele Tausende von Land- und Seemeilen vom Geschehen entfernt. Wenn wir eine so außerordentliche Begabung wie den Schwarzen Wapiti von den Oglala-Sioux scheitern sehen, auch innerlich scheitern sehen, was dürfen wir dann mit Fug einem Manne abfordern, der nur Treue und Tradition sein eigen nennt! Jedenfalls wäre es ganz irrig, in dem „progressiven" Dorfvogt einen Kollaborateur zu vermuten. Der Mann, der von 1911 bis 1919 Reservationsagent war und der ein Buch über die Geschichte der Hopi-Agentur und seine eigene Dienstzeit geschrieben hat, faßt seinen Widerwillen gegen diesen Indianerhäuptling folgendermaßen zusammen:

Er weist auf ein Buch hin, das eine Sammlung indianischer Lieder enthält und dazu ein Bildnis Tewaquaptewas bringt, das einen entrückt-ekstatischen Ausdruck zeige, während er seinen Schmetterlingsgesang jodle. „Ich jedoch habe, als sein Reservationsagent, acht Jahre lang versucht, aus ihm einen vernünftigen Menschen zu machen; aber der Versuch schlug, mangels Materials, fehl. Nachdem ich ihn versuchsweise als indianischen Richter hatte und dann als indianischen Polizisten, in der Hoffnung, ihm seine Würde und Befehlsgewalt als Erbhäuptling zu bewahren (!), entpuppte er sich als der halsstarrigste, streitsüchtigste Wilde und unbelehrbarste Rebell, der in Oraibi verblieben war, bis oben voll von böswilliger Händelstifterei – zu seinem eigenen Vorteil –, so daß einige seiner eigenen Leute mich darum ersuchten, ihn aus der Mesa-Siedlung auszuweisen – in der Hoffnung, daß es dann endlich Frieden geben werde ..."[34]

---

[33] Martin Ninck, „Wodan und germanischer Schicksalsglaube", Jena 1935, S. 19, 38f., 304.
[34] Harry C. James, „Pages from Hopi History", Tucson 1974, S. 169. Frank Waters, „Book of the Hopi", New York 1976, S. 320.

Es war allerdings nicht nur die von seinem Beruf gebotene befehlshaberische Einstellung des Reservationsagenten, die diesem Mann sein hartes Urteil über Tewaquaptewa eingab. Auch aus anderen Quellen ergibt sich mancherlei Mißbilligung seines Charakters. Freilich ist es auch immer Partei, die sich so äußert, etwa der Bruder, dem Tewaquaptewa die Mitgliedschaft im Bärenclan und die Teilhabe an dessen Feldern entziehen wollte, weil er Christ geworden war.[35] Da ihm dies, wie es scheint, nicht gelingen wollte, unternahm er einen intriganten Versuch, diesen Bruder mit einem dritten zu entzweien, der mit jenem zusammen einen Handel betrieb. Aber Tewaquaptewas Zwist mit dem Bruder war nur die Folge einer Anordnung, die er gegeben hatte und die besagte, daß ein Einwohner, der die amerikanische Lebensart oder das Christentum annehme, Oraibi zu verlassen hätte. Auch diese Regel war im Grunde selbstverständlich, da bis jetzt die Dorfgemeinde auch Ritualgemeinschaft war. Die christliche Teilgemeinde weigerte sich, ihren rituellen Beitrag zum Ritualganzen zu leisten, ja, sie ist bestrebt, dies zu zerstören. Daß sich daraus vielerlei Zwistigkeiten ergaben und daß der seiner herkömmlichen Machtstellung beraubte Dorfvogt seine Ziele durch List zu erreichen suchte oder daß er bei völligem Mißlingen seiner Absichten sich durch Händelstifterei zu entschädigen suchte, muß nicht unbedingt Ausfluß eines schlechten Charakters sein – jedenfalls kann es zu einem Teil dem Mißverhältnis zwischen den Pflichten eines Ritualvogtes und ihrer Durchführbarkeit angelastet werden.

Als besonders merkwürdig sei noch eine Konfrontation von Yukioma und Tewaquaptewa wiedergegeben, die Nequatewa schildert und die sich unmittelbar im Zusammenhang mit der Spaltung zugetragen haben soll. Auch hier ist zu vermerken, daß die Sympathien des Erzählers bei dem Führer der Ausgestoßenen liegen und daß die Szene schon ein Maß von Verallgemeinerung zeigt, wie die Überlieferung sie in einem mündlich tradierenden Volk anzunehmen neigt. Auch ist darin immer noch etwas von der Rolle des Älteren Bruders enthalten, der die Verzwistung unter seinen roten Brüdern einer gerechten Lösung zuzuführen bestrebt ist.[36] Der Anführer der Truppen, die nach der Spaltung zunächst in Neu-Oraibi kampierten, berief die beiden Führer, verhandelte mit Tewaquaptewa zuerst, und dieser teilte ihm mit, daß er seine Handlungsweise aus seiner von den Großoheimen übernommenen „Theorie" gefolgert habe, daß auch Yukioma von der Notwendigkeit der Entscheidung

---

35 Harry C. James, „Pages from Hopi History", Tucson 1974, S. 142. Frank Waters, „Book of the Hopi", New York 1976, S. 323f.
36 Edmund Nequatewa, „Truth of a Hopi", Northland Press, Arizona 1976, S. 70ff.

gewußt habe und daß sie einander getötet hätten, wären nicht die Missionare dazwischengetreten. Der Hauptmann sagt, er wolle ihm Gelegenheit geben, Yukioma jetzt noch zu erschießen, und bringt ein Treffen oben auf der Mesa zuwege, indem er eine Botschaft an den Vogt von Hotevila sendet, daß er sich erschießen lassen müsse. Als sie sich dem Sandhügel nähern, auf dem Yukioma sie erwartet, händigt er dem Tewaquaptewa und seinem Dolmetscher Schußwaffen aus. Yukioma steht dort auf der Höhe, gefaßt zu sterben, doch hinter ihm lauern verborgen seine Männer, um Tewaquaptewa zu töten, wenn der Yukioma umbringen sollte.

„Als die Sonne aufging, sagte der Hauptmann zu Tewaquaptewa, er solle zu Yukioma hingehen, aber er weigerte sich. Viermal forderte ihn der Hauptmann auf, aber er steckte so voller Angst, daß er nicht reden konnte. Sein Unterkiefer wackelte zu sehr. Da der Vogt von Oraibi unfähig war, sich zu bewegen, forderte der Hauptmann Yukioma auf, heranzukommen. Darauf kam er herbei, ohne eine Spur von Angst, und der Hauptmann fragte ihn, ob er bereit sei, sich erschießen zu lassen. Ja, sagte er, das wäre er, denn dies sei der traurige Tag, der sein Ende bedeute. Der Hauptmann fragte Tewaquaptewa, ob er bereit sei, seine Pflicht zu tun, die man von ihm erwarte, aber er wollte nicht reden. Er war so schwach vor Angst, daß er sich kaum aufrecht halten konnte. Darauf fragte der Hauptmann den Yukioma, ob er seinem Widersacher die Waffen wegnehmen und ihn erschießen wolle; aber Yukioma sagte nein, das wäre nicht nach seiner Theorie. Seine Theorie sei lediglich, daß er seine Gefolgschaft von dem alten Vogt wegführen müsse an einen besseren Ort. Er sagte ferner, der Vogt von Oraibi verstände seine Theorie nicht, er stecke tief in Irrtümern. Indessen, sogar wenn jener sich irre und es immer im Sinne gehabt habe, ihn umzubringen, so wäre er selbst bereit, das über sich ergehen zu lassen. Er wäre bereit, für seine Leute zu sterben. - Darauf wandte sich der Hauptmann wieder an Tewaquaptewa und fragte ihn, ob er es jetzt tun wolle, da sein Widersacher sich freiwillig dazu gestellt habe und bereit sei, für seine Leute zu sterben. Da sagte der Vogt, er wolle es nicht tun, weil, wie er sagte, Yukioma im Recht sein müsse und er selber im Irrtum gewesen sei mit dem Gedanken, ihn umzubringen. Auch fragte er nun den Hauptmann, was der mit ihm gemacht hätte, wenn er den Alten getötet hätte."

Damit nimmt das Gespräch eine andere Wendung. Der Hauptmann wirft schließlich dem Tewaquaptewa vor, daß er die Not der nach Hotevila Ausgetriebenen verschuldet habe, daß dies nicht nur seinem eigenen Volke schade, sondern auch den Absichten der Regierung zuwiderlaufe und daß er ihn verhaften werde. Tewaquaptewa bittet noch um Aufschub, und als ihm der versagt wird, erniedrigt er sich nach dieser Sage in unverzeihlicher (und unglaublicher) Weise: „Der Vogt sagte, wenn er bei seinen Leuten bleiben dürfe, würde er dem Hauptmann alle die verschiedenen Zeremonien zeigen, die der durchführen könne. Er sagte, er würde dem Hauptmann den schönsten Tanz zeigen, den seine Leute für ihn tanzen würden. Als nun der Hauptmann seine Chance begriff, diese schönen Tänze zu sehen, sagte er zu dem Vogt, er solle nicht zuviel Zeit auf die Vorbereitung verwenden, da seine Zeit begrenzt sei. Von da an ließ Tewaquaptewa seine Leute den Schmetterlingstanz üben", was nun freilich kein esoterisches Ritual war, und die Vorführung war kein Geheimnisverrat. Aber daß man nach dieser Überlieferung dem Dorfvogt einen Mysterienverrat zutraut, nur um damit ein paar Tage Haftaufschub zu erlangen, zeigt, wie tief unter dem äußeren Druck die Spaltung in die Gemüter eingedrungen ist.

Im Laufe dieses Jahrhunderts hat sich in weiten Kreisen der USA ein besseres Verständnis für die Ureinwohner Amerikas entwickelt, und die Freunde und Förderer der Indianer schlossen sich in Vereinigungen zusammen, um auf allen möglichen Wegen deren Rechte durchzusetzen. Einer der Pioniere dieser Bewegung war Harry C. James (1896-1978), Begründer eines Pfadfinderbundes und seit Beginn der zwanziger Jahre ein tätiger Freund der Hopi. Um nun doch von den Begegnungen Tewaquaptewas mit dem Weißen Bruder auch eine hellere Seite aufzuzeigen, zitiere ich aus einer Schrift dieses Mannes eine kleine Szene. Er war mit seinen Trailfinders in Hotevila zum Schlangentanz gewesen, saß am Abend in Oraibi, am Rande der Ortschaft, mit ihnen und den Hopifreunden zusammen um das Lagerfeuer, und die Weißen ließen sich das Gesehene erklären. Dann steht einer der Hopi auf, holt den Dorfvogt, Tewaquaptewa, mit seiner großen Trommel, die aus einem hohlen Baumstamm gefertigt war, „und bald war der Umkreis erfüllt von dem tiefen Dröhnen des Tomtoms und von den wohltönenden Stimmen unserer Hopifreunde, die ihre Lieder anstimmten, die Lieder der Langhaarkatschinas und die vom Adlertanz". Danach führten zwei Hopi in grotesker Verzerrung einen Navajotanz vor, und als man sich recht sattgelacht hatte, begann der alte Tewaquaptewa Koyotegeschichten zu erzählen. Auf einem Hausdach legten die Weißen sich dann schlafen, unter der Glut eines Sternenhimmels, wie er sich nur über der Steppe wölbt.[37]

---

[37] Harry C. James, „Western Campfires", Flagstaff 1973, S. 34.

Der Dorfvogt von Oraibi ist im Laufe der Jahrzehnte noch durch die eigentümlichen Katschintihu bekanntgeworden, die er verfertigt und an Touristen verkauft hat. Diese Puppen sind profane Nachbildungen der Katschinas und ihrer Trachten, waren früher im allgemeinen dazu bestimmt, die Kinder mit Art und Sinn dieser Masken bekanntzumachen, und sind dann, neben Decken, Silberschmuck und Keramik, einer der kunstgewerblichen Gegenstände geworden, mit denen der Stamm Handel treibt. Es gibt Künstler, die mit ethnologischer Treue arbeiten; das galt auch für manche Stücke Tewaquaptewas, aber ebenso oft auch nicht, und seine Bildwerke hatten dann wenig Ähnlichkeit mit dem traditionellen Maskenentwurf. „Ob jedoch diese abweichende Technik der für die Hopi typischen, aber hier übertriebenen Verschwiegenheit entsprang oder der bewußten Absicht zu täuschen oder einer künstlerischen Eigenwilligkeit – das vermag ich nicht zu sagen."[38]

Haben wir damit einiges aus dem Leben von einer der beiden Mittelpunktsgestalten der oraibischen Spaltung angeführt, so bleibt uns noch zu berichten übrig, daß Tewaquaptewa 1960 in hohem Alter starb, daß er niemanden klar zu seinem Nachfolger bestimmt, sondern verfügt hat, daß sein Ritualzubehör mit ihm bestattet würde, und dies geschah. - Das Ende eines Indianerlebens, eines Hopi unserer Zeit, eines „Freundschaftlichen", eines angeblich „Progressiven", der doch ein Traditionalist war wie jeder wertvolle Stammesangehörige seiner Generation. Auch Fewkes war 1890 der Meinung, daß die wenigen Nutznießer aus Oraibi, die sich sehr entgegenkommend gaben und stets zur Stelle waren, wenn die Agentur irgendwelche Regierungsmittel zu vergeben hatte, „nicht notwendigerweise die Besten aus Oraibi" waren. Noch entschiedener hat sich 1970 gegenüber Earle R. Forrest der Verkäufer in dem Laden bei Oraibi ausgedrückt. Er hatte wenig im Sinn mit den Freundschaftlichen: „Seiner Meinung nach waren sie bloß ein Haufen von Raffgierigen und Drückebergern (*grafters and coffee coolers*). Er sagte mir, die Feindseligen seien verläßlicher, und er hielt sie für die Besseren aus den beiden Gruppierungen."[39] Das Urteil mag allzusehr verallgemeinern, ist aber doch bemerkenswert im Munde eines Mannes, der weder bürokratische noch missionarische Interessen verfolgte, sondern bloß die menschlichen Beziehungen im Auge hatte, die sich aus dem geschäftlichen Verkehr ergaben.

---

[38] Frederick J. Dockstader, „The Kachina and the White Man. A Study of the Influences of White Culture on the Hopi Kachina Cult", Cranbrook Institute of Science, Bulletin 35, Bloomfield Hills 1954, S. 106.

[39] J. Walter Fewkes, „Oraibi 1890", American Anthropologist, New Series, Vol. 24, 1922, S. 273. Earle R. Forrest, „The Snake Dance of the Hopi Indians", Los Angeles 1961, S. 66f.

Tewaquaptewa, der die Spaltung durchgesetzt hatte, lebte sich allmählich in die Überzeugung vom Untergang hinein,[40] – ein merkwürdiges, für einen Fortschrittlichen beispielhaftes Schicksal, ein Omen dafür, daß sich der am Vergangenen orientierte Ritualdienst und die der Zukunft zugewandten Zweckmäßigkeitsentscheidungen schwerlich an einer Person vereinigen lassen – und noch weniger allerdings in einer Ortschaft: Oraibis Lebensquell mußte versiegen, in der neuen Siedlung kamen noch einmal die alten Brunnen zum Fließen. Earle R. Forrest ist im Jahre nach der Spaltung in Hotevila gewesen und beschreibt diese elende, kaum für Menschen geeignete Wohnstatt: „Armut an allen Ecken. Es gab ein paar eilig erbaute Steinhäuser, aber die meisten Unterkünfte bestanden in Buschlauben, die wohl im Sommer behaglich waren, aber kaum Schutz boten gegen die Stürme der winterlichen Steppe." Mehr als ein halbes Jahrhundert später jedoch vermerkt er, daß nun die Ortschaft „zu einem wohlhabenden Dorf erblüht sei, während Alt-Oraibi zum großen Teil wüst liegt."[41]

Wir wenden uns noch einmal zurück zu den Ereignissen, die 1906 auf die Spaltung folgten. Zunächst hatte die Unentschiedenheit der oraibischen Verhältnisse, wie es scheint, ein gewisses Zuwarten der amerikanischen Bürokratie bewirkt. Nach der Trennung der verzwisteten Brüder aber brach die Maschinerie in ihrer ganzen seelenlosen Brutalität über die roten Menschen herein. Soldaten marschierten nach Hotevila und führten Yukiomas von der zweiten Mesa stammende Anhänger dorthin zurück. Den Vätern von Hotevila wurde die Wahl gestellt, entweder zur Zwangsarbeit deportiert zu werden oder die Kinder in die Schule zu geben. Man hat sich nicht gescheut, die neue Ansiedlung, die ihrer Arbeitskräfte dringend bedurfte – zum Häuserbau bei hereinbrechendem Winter, zur Einrichtung der Äcker für die Bestellung im kommenden Frühjahr –, von ihren Männern zu entblößen. Fünfundsiebzig von ihnen wurden in Keams Canyon auf 90 Tage eingesperrt. Nach Ablauf dieser Frist waren fünf Väter auf langes Zureden hin bereit, ihre Kinder umerziehen zu lassen, wodurch sich der Widerstand der übrigen noch versteifte. Einige Wochen später mußte man sie indes doch zu den so dringend gewordenen Arbeiten heimziehen lassen.

Die jüngeren Männer, in denen man künftige Führer sah, etwa ein Dutzend an der Zahl, wurden, auch wenn sie Familie hatten, auf fünf Jahre in die

<hr />

[40] Harry C. James, „Pages from Hopi History", Tucson 1974, S. 134. Mischa Titiev, „Old Oraibi. A Study of the Hopi Indians of Third Mesa", Cambridge, Massachusetts 1944, S. 95.
[41] Earle R. Forrest, „The Snake Dance of the Hopi Indians", Los Angeles 1961, S. 71f.

Kaserne von Carlisle geschickt, um dort ausgebildet zu werden. 1880 war dort eine Indianerschule eingerichtet worden; heutzutage dienen die Gebäude als Offiziersschule wieder der Armee.

Eine Anzahl älterer Männer, unter ihnen Yukioma und Helens Vater, erklärte man für schuldig an den Septemberunruhen und verurteilte sie zu einem Jahr Gefängnis auf einer Festung im südlichen Arizona. Yukioma wurde für immer von der Hopireservation verbannt, aber er scheint sich, als er im Oktober 1907 mit sechzehn anderen entlassen wurde, um das Verbannungsurteil nicht gekümmert zu haben. Wohin hätte er auch gehen sollen! - Er verbrachte seine übrige Lebenszeit, mehr als zwanzig Jahre, in Hotevila, wenn er nicht als Gefangener in der Agentur in Keams Canyon saß. Denn jede erneute Weigerung, Kinder zur Schule zu schicken, zog sogleich eine Polizeiaktion nach sich, und da Yukioma die Seele des Widerstandes war, so war er auch der erste, der verhaftet wurde. Dieses Schicksal nahm er auf sich – eine ganz andere Art von Schicksalsergebenheit als die des freundschaftlichen Tewaquaptewa, sicherlich dem Sinne der hopimäßigen Einherzigkeit näher als das Lebensgefühl des Dorfvogtes von Oraibi.

Als einer der Reservationsagenten, der oben schon angeführte Leo Crane, eine Tagesschule bei Hotevila eingerichtet hatte und Yukioma den Lehrer und die Wirtschafterin bedroht hatte, sperrte der Agent ihn und seine nächsten Gefolgsleute ein. Von diesen wurde einer nach dem anderen wegen guter Führung entlassen, der Dorfvogt aber zurückgehalten, ohne daß er sich beklagte. „Einmal komme ich doch nach Hause", sagte er zu dem Agenten, „vielleicht schickt Washington an deiner Stelle einen anderen, oder dich selbst verlangt es nach Hause wie alle Menschen. Oder die Regierung entläßt dich überhaupt – was auch schon vorgekommen ist. Die Weißen kommen in die Steppe, und sie gehen wieder. Aber die Hopi, die aus der Unterwelt emporgestiegen sind, bleiben. Du bist nun schon lange hier – sieben Winter – viel länger als die anderen. Und außerdem, du kannst ja auch sterben!"[42]

Trotz dieser Schicksalsergebenheit war Yukioma keineswegs untätig. Fünf Jahre nach der Spaltung hat er anscheinend eine letzte Hoffnung auf eine Begegnung mit dem Präsidenten gesetzt, und der Regierungsbeauftragte brachte es auch zuwege, daß er mit einem Dolmetscher zusammen nach Washington reisen und mit dem Leiter des Indianeramtes und Präsident Taft

---

[42] Frank Waters, „Book of the Hopi", New York 1976, S. 322.

sprechen konnte.[43] Das Diskutieren ist ja ein wichtiger Bestandteil des amerikanischen politischen Stils, und die Indianer wurden auf ihren Schulen auch darin ausgebildet. Indessen – waren die beiden höchsten Beamten für indianische Angelegenheiten in Washington überhaupt fähig, die Position eines Indianers zu verstehen, auch nur zu vernehmen? - Der Reservationsagent Crane fragt allein danach, ob auf Yukioma in Washington etwas Eindruck gemacht habe, und er meint, man hätte ebensogut ein Stück Sandstein aus Oraibi zu einer Papstaudienz senden können. Jedenfalls sei Yukioma ebenso verdrossen und entschlossen wie zuvor nach Hause gekommen. Eines freilich, so erfahren wir aus anderer Quelle, hat Washington auf den Dorfvogt von Hotevila doch Eindruck gemacht, der große Leibesumfang nämlich des Präsidenten. Bei einem Reservationsagenten gelte derlei lediglich als Indiz für die Abgestumpftheit seines Klienten; wir mögen darin allerdings umgekehrt eher die ironische Äußerung eines Indianers erkennen, der offenbar im District Columbia auf vergleichbare geistige und seelische Umfänglichkeiten und Inhalte nicht gestoßen war.

Nichtsdestoweniger hat Yukioma wenig später, noch im selben Jahre, zehn Tage lang einem Obersten, der zur Unterstützung des Reservationsagenten mit Negersoldaten abkommandiert worden war und der den Dorfvogt zur Befürwortung der Kinderschulung überreden wollte, die „gesamte Schöpfungsmythe der Hopi" vorgetragen, um seinen Standpunkt zu untermauern.[44] Man kann sich kaum ein ungleicheres Paar von Unterrednern vorstellen, den Visionär und den Kommißstiefel; und dennoch ist der Offizier eher geneigt, einem Gegner Achtung entgegenzubringen und ihm dadurch ein gewisses Vertrauen einzuflößen, als der Politiker, der auf Besserwisserei gegenüber dem Gegner gedrillt ist.

Was immer der Sinn dieser merkwürdigen Gespräche gewesen sein mag, zu gegenseitigem Verstehen und Nachgeben haben sie nicht geführt. Der Offizier soll später, 1921, als er bereits Generalmajor war, sogar den Standpunkt vertreten haben, es sei am besten, Alt-Oraibi gewaltsam zu räumen und die Einwohner in Streusiedlungen unter der Mesa zu behausen. „Dies würde der Einheit von Clan und Religion den Todesstoß versetzen, würde den Missionaren die Arbeit erleichtern und die traditionstreuen Hopi den Forderungen der Regierung gegenüber gefügiger machen." Es ist nicht zu belegen, daß der

---

[43] Harry C. James, „Pages from Hopi History", Tucson 1974, S. 164. Frank Waters, „Book of the Hopi", New York 1976, S. 320f.
[44] Harry C. James, „Pages from Hopi History", Tucson 1974, S. 166. Frank Waters, „Book of the Hopi", New York 1976, S. 323.

Generalmajor diese Empfehlungen wirklich vertrat, wohl aber „wurden diese Ansichten bald bei den verschiedenen Vereinigungen bekannt, die damals einen lebhaften Feldzug für eine Reform der Indianerpolitik der Vereinigten Staaten führten und die Äußerungen des Generals als willkommenes Propagandamaterial benutzten.[45]

Yukioma blieb in seinen Gesinnungen unwandelbar. „Er blieb durch und durch ein Feindseliger, jedem Übergriff der weißen Zivilisation abgeneigt und widerstrebend. Reservationssekretäre kamen und gingen, aber jeder neue hatte sich mit Yukioma auseinanderzusetzen, einem Pfahl in seinem Fleische. Er starb 1928 und verfügte, daß niemand sein Nachfolger werden sollte, insbesondere nicht sein Sohn Dan." Soweit Helen Sekaquaptewa, die uns leider über den inneren Grund seines letzten Willens, der so merkwürdig dem Tewaquaptewas ähnelt, nichts berichtet, sondern nur hinzusetzt: Dan war zeitlebens ein aktiver Traditionalist, und wir haben schon angeführt, was Don, der ihn seinen Oheim und einen weisen Alten nennt, von seinen Ansichten erwähnt. Als in den letzten Jahrzehnten die bis dahin isolierten Bemühungen der einzelnen Stämme um Anerkennung ihrer Rechte in den allgemeinen Kampf aller Indianer um kulturelle Freiheit einmündeten und eine Werbung für ihre Rechte auch auf der internationalen Bühne begann, wurde auch bei uns ein Bild des uralten Dan Katchongva verbreitet und dazu sein Bekenntnis gesetzt: „Ich muß daran festhalten, mein Volk auf dem Wege zu geleiten, den der Große Geist für uns als Lebensbahn bereitet hat. Vielerlei Hindernisse werden sich uns auf diesem Weg entgegenstellen. Darum kann eine friedliche Lebensweise nur von einem Volke mit hohem Mut befolgt werden und unter Heilighaltung aller lebenden Wesen." – Worte des Sohnes Yukiomas, die als ein fernes Echo aus der Spaltung von Oraibi nun auch in unser Leben sinnvoll und mahnend herüberklingen.[46]

---

[45] Harry C. James, „Pages from Hopi History", Tucson 1974, S. 182.
[46] Weitere von Heino Gehrts genannte Quelle zu diesem Aufsatz: Charles Hamilton, „Cry of the Thunderbird. The American Indian's Own Story.", Norman 1972 u.ö. – Anmerkung des Herausgebers.

GENIUS DER JUGEND UND KRITISCHE GESETZTHEIT

Zur Psychologie der Kritik in den Geisteswissenschaften

[Erschienen in „GORGO". Zeitschrift für archetypische Psychologie und bildhaftes Denken, Jg. 1981, Heft 6, Verlag Adolf Bonz GmbH Fellbach-Oeffingen, S. 23-40]

Unwillkürlich verbinden wir mit dem Begriff des Wissens den der Klarheit, und wenn wir von Wissenschaft reden, so schwebt uns dabei vor das gemeinschaftliche Ringen aller derer, die an ihr teilhaben, um jene Klarheit. Eine jede wissenschaftliche Arbeit wäre ein Vorstoß in dieser Richtung, ein Versuch, Dunkelgebliebenes zu erhellen, und würde von den Genossen des Wissenschaftsbetriebes als ein solcher willkommen geheißen und zum Anlaß weiterer Erhellungsversuche genommen. Vermutlich würde ein bis dahin wenig beachteter Gegenstandsbereich von der neuen Einsicht zunächst nur unvollkommen aufgehellt, und jedermann wäre bemüht, die Lampe eigener Erkenntnisse neben die erste trübe Ampel zu hängen und deren Licht zu verstärken. Es gäbe eigentlich nur eine Tatsache, die einer solchen Auffassung der lebendig sich steigernden Leuchtkraft des Wissens entgegenstände: der Irrtum, der alles menschliche Wissen bedroht. Im Verhältnis zum echten Verstandesgebrauch jedoch erschiene er als zweitrangig. Er ist der Zeit verhaftet, grundsätzlich läßt er sich ausräumen und aufklären, ist ein Schatten, der dem Lichte weicht, eine Grauzone, in der sich auch ihr erster Entdecker nicht gegen das aufdämmernde Licht tieferer Einsicht verschließt. Der Schatten des Irrtums ist ein Spuk, der den Benediktionen der Wahrheit weichen muß.

Nun bietet aber die Geschichte der Wissenschaft merkwürdige Vorkommnisse, in denen ihr weißes Licht sich in ein Spektrum von Tinten zerlegt, in dem gerade die dunklen Farben vorherrschen. 1906 veröffentlichte ein junger Oberarzt am Züricher Burghölzli – C. G. Jung – einen Aufsatz über die Neurosenlehre Siegmund Freuds und erhielt daraufhin Warnbriefe von zwei deutschen Professoren, daß ein weiteres Eintreten für den Wiener Neuerer Jungs akademische Zukunft gefährde,[1] – und eben jener Freud, meint ein Autor, habe nur auf dem Umwege der *Brandmarkung* sein späteres Ansehen

---

[1] C. G. Jung, „Erinnerungen ...", Zürich 1967, S. 153.

gewonnen.[2] Angesichts solcher eigenartigen Stimmungsbilder könnte es scheinen, als spiele sich das Ringen ums Licht gar nicht auf dem besonnten Acker der Wissenschaft selbst ab, sondern in einer verdeckten Schicht unter dem Boden. Der Irrtum will keiner Beschwörung weichen, und es scheint, als wäre er ein Dämon, der sich an seinem Heger festklammert – oder gar, als hätte sich der Heger ihm mit seinem Blute verschrieben auf Zeit und Ewigkeit. Die Geschichte bahnbrechender Entdeckungen wäre dann weniger ein Erhellen des Dunklen und ein Ausräumen irrtümlicher Ansichten – als ein düsteres Ringen mit unbekannten, namenlosen Dämonen.

Die erste Begegnung eines wissenschaftlichen Werkes mit seiner wissenschaftlichen Umwelt findet in der Besprechung statt, die ein Kenner des Gebietes darüber veröffentlicht. Gehen wir ein wenig den Einzelheiten nach, die in dieser ersten Begegnung sich abspielen, also in der Rezension, und verfolgen wir sie bis in die allgemeineren Bereiche des wissenschaftlichen Entdeckens und seiner Kritik, insbesondere bis dahin, wo entdeckerische Jugend und rezeptive Gesetztheit aufeinanderstoßen. Nach der mustergültigen Anschauung kommt die Rezension eines wissenschaftlichen Werkes etwa so zustande, daß der Rezensent es liest und damit zumal einen Begriff davon bekommt, worauf der Autor hinauswolle. Er ermißt im Verhältnis dazu den Gang, den der Verfasser eingeschlagen hat, ob dieser zweckmäßig war und ob er das Ziel, soweit es überhaupt erreichbar war, erreicht hat. Er prüft die Prämissen, – ob sie überhaupt annehmbar sind, ob sie dem Stande der Wissenschaft, dem bisher Klargestellten und gegen Kritik Abgesicherten entsprechen oder ob sie von diesem unabhängig sind, ob sie ihm womöglich widersprechen und ob dann der Widerspruch erkannt und begründet wird. Er untersucht, ob der Urheber den durch die Prämissen festgelegten Begriffen gemäß verfahren ist und an ihren Definitionen festgehalten – oder ob er sie womöglich geändert hat – entweder aus Unachtsamkeit oder vom Gegenstand dazu genötigt und dann mit vollem Bewußtsein davon – oder unversehens den Nötigungen erliegend und zu Unklarheiten gedrängt, deren Ausmaß und Auswirkungen er, in seinen Vorstellungen befangen, gar nicht erkannt hat. Er prüft, ob der Verfasser eine genügende Übersicht über die sachlichen Hintergründe seiner Arbeit hat, ob er die für die Argumentation entscheidenden Bestände anführt, ob er gegebenenfalls neue Gegenstandsbereiche dafür erschließt, ob durch seine Ansichten Gegenständliches in

---

2   Gerhard Wehr, „C. G. Jung", Reinbek 1969, S. 26.

einem neuen Lichte erscheint und demgemäß eine neue Bewertung erfahren muß. Aus all diesen Beobachtungen ergeben sich mancherlei Gesichtspunkte, einerseits zu immanenter Kritik, andererseits zur äußeren Kritik, um den wissenschaftlichen Wert des Werkes überhaupt zu beurteilen. Dabei kann die immanente Kritik unter Umständen dazu führen, daß die Rügen des Rezensenten gerade zu einer günstigeren Beurteilung des Werkes in objektiver Hinsicht beitragen, wenn nämlich der Autor wichtige Vorteile seiner eigenen Beweisführung übersehen oder sich gar Hindernisse in den Weg gelegt hat, die bei geschickter aufgebautem Gedankengange von vornherein ausgeschaltet gewesen wären. Auf diesem Wege – und unter Berücksichtigung einiger weiterer Gesichtspunkte, die wir übergehen – auch gegebenenfalls mit dem Eingeständnis, daß der Rezensent über einige Einzelheiten nicht zu urteilen vermöge, kommt er zu einem wohlausgewogenen Urteil über den Wert und die Tragweite der von dem Urheber vorgetragenen Thesen, so daß der Leser der Rezension sich wohlunterrichtet fühlt und zumal darüber im klaren ist, welche Berücksichtigung das rezensierte Werk im Verhältnis zu den eigenen Überzeugungen und Vorhaben verdient.

Es ist bekannt, daß die wissenschaftliche Rezension keinesfalls immer diesem Ideal entspricht, und wir wollen einige von den Gründen dafür ans Licht zu bringen suchen. Schon die anfangs genannte allererste Voraussetzung dieser Betrachtung entspricht nicht immer den Tatsachen. „Unter die größten Entdeckungen, auf die der menschliche Verstand in den neuesten Zeiten gefallen ist" läßt sich Lichtenberg vernehmen „gehört meiner Meinung nach wohl die Kunst, Bücher zu beurteilen, ohne sie gelesen zu haben." Und noch etwas spitzzüngiger sagt er: „Ob ich gleich weiß, daß sehr viele Rezensenten die Bücher nicht lesen, die sie so musterhaft rezensieren, so sehe ich doch nicht ein, was es schaden kann, wenn man das Buch liest, das man rezensieren soll." - Damit ist in der Tat ein eigenartiges Problem gestellt; denn wenn wir die Fälle beiseite lassen, wo etwa ein gewerbsmäßiger Rezensionenschreiber ohne Verantwortungsgefühl aus Klappentexten und Allgemeinbildung eine seichte Kundgabe zusammenleimt, – beiseitelassen, weil dort die Motive am Tage liegen – dann bleibt in der Tat die viel gewichtigere Frage bestehen, warum ein Forscher, der sich zur Rezension eines Werkes berufen fühlt oder der zur Beurteilung geradezu berufen wird, es trotzdem nicht liest, – nur flüchtig darin blättert und es mit seichtem Geschwätz obenhin abtut, – mit einem Geschwätz, das in unvereinbarem Widerspruch zu seinen sonstigen Leistungen als Wissenschaftler steht. Dieses Rezensieren mit vorlaufender Ablehnung eines Werkes, die so weit gehen kann, daß man die betreffende Arbeit gar nicht erst liest, – ist offenbar ein extremer Fall aus all jenen gewöhnlicheren Fällen, wo die Rezension aus inneren Gründen nicht jenem oben skizzierten Ideal entspricht.

In diese inneren Gründe wünschen wir einen Einblick zu nehmen, wobei wir uns freilich darüber klar sein müssen, daß wir es in diesem Bemühen nicht zu einer Gesamtübersicht bringen werden. Nur eine Perspektive können wir uns eröffnen auf eine Seite der Wissenschaftlichkeit und der wissenschaftlichen Existenz. Dabei werden wir uns unter anderem auch von einer Illusion freimachen, die alle Wissenschaftsgeschichte begleitet und die immer wieder, trotz aller gegenteiligen Ansichten in wechselnden Formen verlautbart wird. Es ist die Illusion, daß es eine Wissenschaft gäbe, die den Namen *Die-Wissenschaft* verdiene und die sich eben auch immer wieder konstituiere in einer Folge von Werturteilen, die unter anderem in den wissenschaftlichen Rezensionen zum Ausdruck kämen. Dieser nur ungenügend entlarvten Illusion entspringt etwa auch Lichtenbergs Stoßseufzer: „Wenn es doch in Sachen des Geschmacks oder der Kritik überhaupt ein Oberappellationsgericht gäbe!!"[3] - Klärlich, – da es dieses nicht gibt und nicht geben kann, gibt es auch nicht *Die-Wissenschaft* und kann es sie nicht geben, – es gibt nur die jeweilige wissenschaftliche oder forscherische Existenz. Zwar erscheinen immer wieder Rezensionen, die dem Ideal sehr nahekommen, ja, die es erfüllen und die dann sogar *Die-Wissenschaft* zu beweisen scheinen. Indes, sie beweisen doch nur die entsprechenden wissenschaftlichen Existenzen, – und den Beweis hinsichtlich *Der-Wissenschaft* entkräften geschwind die anderen Rezensionen, zumal die von den Nichtlesern verfaßten. Einen Appell von diesen an jene aber gibt es kaum, und die Rolle der Zeit ist eine sehr zweifelhafte. Gibt es seelische Gründe gegen das Lesen und das echte Rezensieren heute, dann gibt es sie womöglich auch morgen und im nächsten Jahrhundert. Ganz abgesehen davon, daß es wissenschaftliche Wahrheiten gibt, die zur Existenzerhellung und zum Dienst an einer Gegenwart berufen scheinen und die natürlich auch in hundert Jahren noch objektiv *wahr* sind, – aber freilich nicht mehr *lebendienlich* wahr und *existenzerhellend*.

Wollte man daher in Wahrhaftigkeit von *Der-Wissenschaft* sprechen, dann dürfte man es nur tun im Sinne einer Vielzahl forscherischer Existenzen, denen auf der Gegenstandsseite eine Fülle flüchtiger oder zählebiger

---

[3] Georg Christoph Lichtenberg, „Aphorismen, Briefe, Satiren", Stuttgart 1962, S. 52f.

oder unausrottbarer erblicher Irrtümer entspricht und ebenso auch ein Schatz echter Wahrheiten, die zum Teil anerkannt, zum Teil aber auch „abgelehnt" werden – bis zur erstickenden Einkapselung durch Diffamieren und Ignorieren hin. Aber *Die-Wissenschaft* im Sinne jenes Oberappellationsgerichtes – die ist Illusion.

Außer acht lassen wir dabei, um uns die eigentlich existentiellen und psychologischen Probleme nicht zu verstellen, die „unwissenschaftlichen" Methoden jener Staatsgewalten, die unliebsame Wahrheiten einfach abtun durch Abmachen oder Einkerkern der wissenschaftlichen Köpfe, – obwohl wir uns vielleicht denken können, daß die psychologischen Probleme hier und dort nicht völlig verschieden sind. Wie dort sich der Staat bedroht findet, so mag sich hier der Rezensent beunruhigt fühlen durch eine Wahrheit, die nicht er ausgeheckt hat und die seine eigene vermeintliche Wahrheit als Nichtigkeit entlarven könnte. In der Tat vollendet sich jene illusionäre *Die-Wissenschaft* in einer Art theokratischer Staatsauffassung, die der Selbsteinschätzung totalitärer Regime sehr nahekommt. Nach dieser Vorstellung bildet das Insgesamt der bisher von der Menschheit erkannten Wahrheiten einen „Tempel der Wissenschaft", der zwar noch nicht fertig ist, an dem aber doch an Hand bestimmter Grund- und Aufrisse gebaut wird, der demgemäß einer absehbaren Vollendung entgegenwächst und an dem daher eigenmächtige Basteleien auf keinen Fall zu dulden sind. Zur Verhinderung solcher als genehmigungspflichtig betrachteten, aber immer wieder regel- und gesetzlos unternommenen Bauarbeiten sind Polizeikräfte eingesetzt, – das heißt, als solche setzen sich selbst gewisse Rezensenten ein. Man könnte diesen eine hohe ethische Auffassung ihres Berufes zuschreiben, wenn nicht jene Grundvorstellung von einem Wissensgebäude, das just *sie* zu hüten berufen sind, allzu deutlich von einem unbewußt gesteuerten, ins Allgemeine projizierten Machtwillen zeugte. Gewiß, für ihre Person mögen solche Wissenswachtmeister bescheiden genug sein; aber im Namen jener Illusion scheuen sie vor keiner Anwendung ihrer Gewalt zurück.[4]

Oftmals freilich kann von Bescheidenheit keine Rede sein, und Eitelkeit und Machtwille und eine urteilslose Empfindlichkeit spielen eine große

---

[4]   Ein krasses Beispiel ist der Kampf um Velikovsky, dessen Werk der Illusion eines störungslos stabiles Firmamentes eine Anschauung von der Geschichtlichkeit des komischen Geschehens entgegensetzte, – zwar nicht verbunden mit durchweg annehmbaren sachlichen Begründungen, wohl aber in Gestalt einer genügend gestützten neuartigen Auffassungsweise. Der Widerstand gegen das Werk besaß nur zum geringeren Teil wissenschaftlichen Charakter, zum größeren bestand er im Einsatz publikationspolitischer Druckmittel: Alfred de Grazia, „Immanuel Velikovsky", München 1979.

Rolle. Anerkennung wird nur gezollt für eine in gleicher Münze bereits gezahlte Vorleistung. Rezensieren ist kein Dienst mehr an *Der-Wissenschaft*, sondern Fron allein für ein um jeden Preis zu glorifizierendes Ich; an die Assistenten ebenso wie an beflissene Liebesdiener ergehen entsprechende Weisungen. Die ganze Schülerschaft verknüpft das Gewicht des eigenen Wortes mit dem des Meisters, an dessen Ansehen sie teilhat, und weil jeder Gesichtsverlust ihres Götzen für sie selber den Abstieg bedeutet, kämpft sie blindwütig gegen jede andere Ansicht. Vernichtendes Rezensieren gegenüber jedem Zweifler und Neurer wird zu einer Verpflichtung im wissenschaftlichen Existenzkampf. Auf diese Weise entstehen in manchen Wissensgebieten sogar Engpässe, und es kommt dort eine Zeitlang zu keiner Erweiterung des Wissensschatzes mehr. In solchen Situationen hat dann das bittere Wort seine Statt, daß man (manche) Professoren nicht überzeugen könne, man müsse auf ihren Tod warten. Einer der zu Anfang seiner Laufbahn verlästerten, später hochangesehenen Forscher war der Slawist Friedrich S. Krauss. In einer seiner späteren Schriften wendet er sich gegen die wissenschaftlichen Lästermäuler mit den Worten: „Befangen von maßlosem Hochmut und irrenhausreifem Größenwahn, fehlt ihnen auch jeder Maßstab zur Beurteilung der Bedürfnisse und des Fortschritts in den Wissenschaften."[5] - Sollte eine derartige Diagnose auch nur von ferne zutreffen, dann würde eine bloß charakterkundliche Begründung der Rezensentenverirrungen nicht ausreichen. Es müßte sich um einen schweren und typischen Konflikt menschlicher Seelenbeschaffenheit überhaupt handeln. Wir hätten es bei unserem Thema nur nebenher mit den Charakterschwächen einzelner Wissenschaftler zu tun, möchten sie auch für noch so viele unter ihnen ein bedrohlicher Fallstrick sein. Für uns ginge es vielmehr um eine allgemeine Schwäche, die der wissenschaftlichen Bewußtseinsbildung grundsätzlich anhängt und von der daher auch die Treffsicherheit jeder Rezension bedroht wird. So ist in der Geschichte der Wissenschaften ja auch die Situation nicht selten, in der das Vorurteil nicht an der Person eines einzelnen hängt, sondern von der ganzen Gelehrtengeneration oder doch der gesamten Fachgenossenschaft getragen wird und wo sich jedermann mit gewissen Stilelementen der Wissensarchitektur identifiziert.

Wie es unter solchen Umständen dem unzünftig Baubeflissenen ergehen kann, hat mit Hilfe eines anderen Gesamtbildes ein geistreicher Franzose,

---

[5] Friedrich S. Krauss, „Sagen und Märchen der Südslaven", Leipzig 1833, S. XII.

Gustave Thibon, folgendermaßen ausgedrückt: „Es ist uns wohlbekannt, daß die zünftigen Gelehrten stets bereit sind, mit Schweigen oder einem herablassenden Vermerk jene Wildschützen zu züchtigen, die sich in Bereiche wagen, wo ihre hochmütige Unfähigkeit die Jagd für unmöglich hält. In dieser Haltung liegt etwas sehr Menschliches, man erträgt es wohl, an Geistesschärfe oder -weite übertroffen zu werden, aber nicht an Tiefe. Sollten indes die Wildschützen darauf verfallen, auch noch über die leeren Waidtaschen der gewerblichen Jäger zu scherzen, so brauchen sie sich nicht darüber zu verwundern, wenn man sie bei lebendigem Leibe einsargt."[6] Eine bemerkenswerte Metapher, im Bilde nahe zum Totschweigen stimmend – und ebenso zu dem leibhaften Gegenstück, nämlich zu der Behandlung unbeliebter Wahrheitsträger im totalitären Regime. An dieser Stelle ist es freilich nötig, damit wir nicht mißverstanden werden, einen Vorbehalt von Ernst Krause anzuführen, einem anderen Verfolgten der wissenschaftlichen Zionswächter, der im Anschluß an den von ihm zitierten Satz des Slawisten Krauss vermerkt: „Natürlich darf … nicht umgekehrt gefolgert werden, daß alles ursprünglich Ausgepfiffene nachher etwa eben deshalb, wie Mozarts Don Juan oder Wagners Tannhäuser, die Welt erobern müsse. Jedes Ding muß sich eben selbst bewähren, …"[7]

Bevor wir weiterschreiten, sind wir allerdings noch schuldig zu erklären, unter welchem Bilde *wir* das Ganze des Wissens sehen, insofern wir nämlich die sehr verbreitete Metapher vom Bau der Wissenschaften und ihren Sinn für illusionär erklären. Nun, – wir sehen die Wirklichkeit als unendlich an, sowohl der Intension wie der Extension nach, erachten es daher als unmöglich, sie in Gestalt eines homogenen Begriffsgebäudes in der wissenschaftlichen Wahrheit zu reproduzieren, und halten dementsprechend auch die beliebte Metapher von der asymptotischen Annäherung menschlichen Wissens an die unendliche Wahrheit für illusionär. Demgegenüber dünkt es uns, daß jede nur einigermaßen bedeutungsvolle Wahrheit, möge sie sich immer mit anderen zu sinnvollen Komplexen verweben, *schon für sich eine Ganzheit ist,* die nicht der Jahrtausende bedarf, um erst als Teil eines künftigen Gedankensystems letztendlich ihre Gültigkeit zu erweisen. Nicht die Beziehung zu peripheren Begriffsverbindungen gibt der wissenschaftlichen Aussage Sinngewicht und eigentliche „Wahrheit", sondern der ihr selbst von vornherein eigene Zusammenhang mit einem lebendigen Zentrum der Wirklichkeit, ohne

---

[6]   Gustave Thibon, „La science du caractère", Paris 1933, p. 17s.
[7]   Ernst Krause, „Die Trojaburgen Nordeuropas", Glogau 1893, S. XXVII.

das es überhaupt nicht zum Sinnerleben käme und zu der daraus erfolgenden Entwicklung von Kriterien der Wahrheit. Sogenannte Wahrheiten, die ohne diesen Zusammenhang Geltung gewinnen, scheinen mir eher widersinnig zu sein und an einem mehr oder minder großen Mangel an Wahrheit zu kranken. Es kennzeichnet diese Bruchteilwahrheiten, daß sie sich stets über nichtwissenschaftliche Mittel, nämlich über äußere Machtmittel, durchzusetzen trachten. Zu diesen gehört auch eine Art des Rezensierens, die nicht dem eingangs skizzierten Idealtypus entspricht.

Es gibt noch eine andere Art des „unbilligen" Rezensierens, die zunächst nicht zur Thematik der wissenschaftlichen Rezension zu gehören scheint, die aber doch hier erwähnt werden muß, weil von ihr aus Licht auf die wissenschaftliche Kritik fällt, nämlich die Kritik in der schönen Literatur. Dort sieht sich der Rezensent jedem urwüchsigen Werk gegenüber in einer Lage, in der er sich kaum auf etwas endgültig Geleistetes und Gesichertes berufen kann, um daran den vorgetragenen Gehalt zu prüfen. Vielmehr steht er einem Neuen gegenüber, das auch mit neuen Maßstäben gemessen sein will und muß. Die Ungerechtigkeit des Rezensenten ist daher für die literarische Kritik geradezu typisch. Man braucht nur, um hier allergrößte Ingenien in der Kritik versagen zu sehen, Schillers hausbackene Ratschläge an Hölderlin zu lesen oder Goethes Urteile über Kleist, um zu erkennen, daß eigene Fruchtbarkeit nicht von selbst eine fruchtbare Kritik zutage fördert. Am allerersten Anfang unserer Literaturgeschichte steht das vernichtende Urteil eines Großen über einen anderen Großen, Gottfrieds von Straßburg über Wolfram von Eschenbach, und die beiderseits fallenden Worte seien hier in die Erinnerung gerufen, weil sie einerseits so nahe zu den Metaphern Thibons stimmen – und anderenteils zum Wesen des Findens und Entdeckens auch in der Wissenschaft. Wolfram hatte in seinem Parsival davon gesprochen, daß er zur Vollendung des Werkes neuer Funde in der Wildnis bedürfe, also unverbrauchter Entdeckungen im Unbegangenen. „dar zuo gehôrte wilder funt." Aber Gottfried wirft ihm gerade dieses vor und nennt ihn in seinem Tristan-Epos den Finder wildwüchsiger Erzählungen, einen Wildschützen auf dem Gebiete des Erzählens, einen der „vindære wilder mære, der mære wildenære." Da die zeitliche Einordnung mittelhochdeutscher Dichtungen in vielen Fällen ungewiß bleibt, so halten manche Forscher auch das umgekehrte Verhältnis für möglich: daß Gottfried seinen Kollegen als dichterischen Wildschützen gescholten habe und erst dagegen Wolfram aufgetrumpft habe: allerdings gehöre zu seinem Vorhaben „wilder Fund"! Doch wird dadurch die Heftigkeit der Schelte, die Gottfried gegen seinen Rivalen ausstößt, um nichts gemildert, und er steigert sich noch bis zu dem Vorwurf der Lüge und des Betruges. Die Schärfe seiner Kritik ist um so auffälliger, als sie zwischen Reden hohen Lobes steht, die er mehreren anderen Dichtern der Epoche darbringt.[8]

Angesichts eines solchen Beispieles erscheint der Kampf um den literarischen Wert als etwas vom Streit um die wissenschaftliche Wahrheit sehr verschiedenes. Der Kritiker ist hier in weit höherem Maße Partei und die Illusion von irgendeinem höheren Gericht, an das man appellieren könne, ist weit schwächer. Zumal ist der Kritiker dann Partei und fühlt sich um so eher gefährdet und angegriffen, wenn er selber ein schöpferischer Werker ist und Werte schafft und geschaffen hat: Kleists Penthesilea ist für Goethe geradezu ein zerstörerischer Angriff auf seine Iphigenie und das mit der Iphigenie verwirklichte Niveau der Dichtkunst, und der ältere Dichter mußte den Verlust des in seinem Werk just für die Kunst Erreichten befürchten. Stammt von ihm das bissige Wort: Schlagt ihn tot den Hund! Es ist ein Rezensent![9] – so steht dies nicht etwa im Widerspruch zu den eigenen abschätzigen Werturteilen. Es geht ihm nicht um eine Illusion, sondern um das Werk, in dem er mit seinem eigenen Wesen, mit dem ihm anvertrauten Schatze sich verwirklicht hat, – und dies erscheint ihm auch als ein Kleinod für seine Gemeinde, für die Nation oder Menschheit. Allerdings vermag er das fremde Werk nicht rein in seiner Eigenart zu erfassen. Denn beim Künstler wirkt der Antrieb zu eigener Gestaltung auch hinüber in das Vermögen zur Gestaltwahrnehmung; das Organ selber ist schon geprägt und muß unwillkürlich nach dem Erleben des ihm Angemessenen suchen, nach dem ihm Formverwandten. Gerade dies Bestreben verhindert die vorurteilslose, die von Vorprägung freie Auffassung fremder Gestalten. Oder vielmehr: das ganz Fremde wird in seiner Urwüchsigkeit mit Freude aufgenommen, – aber die verwandten und doch anders gerichteten Antriebe der eigenen Lebens- und Produktionszone werden als schmerzvolle Abweichung vom selber Angestrebten empfunden und abgelehnt. Eine jede Sakuntala[10] ist immer ein Wunder, eine Penthesilea stets eine Störung.

In der ästhetischen Kritik haben wir nun aber Motivationen der Ungerechtigkeit aufgedeckt, die nur scheinbar von völlig anderer Beschaffenheit

---

[8] Gottfried von Straßburg, „Tristan", V. 4665ff. - Wolfram von Eschenbach, „Parzival" 4,2ff.
[9] Goethe, „Gedichte – Parabolisch – , Recensent'".
[10] Shakuntala – Das durch Georg Forster bekanntgewordene Drama des großen Inders Kalidasa (um 400 n. Chr.?), das Goethe mit einem Spruch in Distichen als vollkommenes Meisterwerk pries: Gedichte – Antiker Form sich nähernd – „Sakontala".

sind als die Antriebe, die hinter der verneinenden wissenschaftlichen Rezension vermutet werden, – sei diese nun vorurteilslos oder voreingenommen. Mit dem Vergleich eröffnet sich für uns eine Anschauung von Wissenschaft und wissenschaftlicher Rezension, die nicht nur viel näher zur Ästhetik und zur ästhetischen Kritik stimmt, sondern auch zum wirklichen Wesen der Wissenschaft. Um so deutlicher wird uns auch der Abstand dieser Anschauung von der oben gekennzeichneten illusionären Vorstellung eines perfektiblen Wissenschaftswolkenkratzers – und das Gegenteil davon: nämlich der unvermittelte Zusammenhang einer jeden wissenschaftlichen Wahrheit mit einer sinngebenden Mitte. Auch Wissenschaft, zumal die wirkliche, nicht nur eingebildete, die auf urwüchsigen Anschauungen im Forscher selber beruht, hat einen *gestalterischen Wurzelboden*, und ein echtes so beschaffenes Wissen kann daher sowohl förderlich wie hinderlich sein für die Beurteilung der ursprünglich-eigenen Erkenntnisse anderer. Ganz dementsprechend begreift daher der Dichter selber das Wesen einer wissenschaftlichen Aussage, auf die sich eine mögliche Kritik bezieht. Er hält sie jedenfalls für weit weniger begriffsgebunden und beweisgesichert, als wie es dem rationalen Vorurteil gemeinhin erscheint. „Man tut immer besser" läßt sich Goethe vernehmen „daß man sich grad ausspricht wie man denkt, ohne viel beweisen zu wollen: denn alle Beweise, die wir vorbringen, sind doch nur Variationen unserer Meinungen, und die Widriggesinnten hören weder auf das Eine noch auf das Andere." - Danach unterscheidet sich die Beurteilung eines wissenschaftlichen Werkes kaum von der Beurteilung einer Penthesilea durch einen Iphigenienschöpfer – oder eines Wallenstein durch einen Faustschöpfer. Dieser findet bei ihm Gehör und Echo, jene nicht. Beweisen meint nicht Verknüpfen mit einem Allgemeinen und Gesicherten, sondern eine sozusagen künstlerische Variation des Behaupteten. Auch trifft die wissenschaftliche Aussage nicht auf ein verwandtes Begriffsgefüge, an dem sie ermessen wird, sondern auf eine Gesinnung, die entweder empfangsbereit ist oder abgeneigt.

Unter diesem Gesichtspunkt erscheint auch das Werk selber nicht als ein Gefüge, dessen Konkordanz mit anderen Strukturen sich einfach klären ließe, sondern, ganz analog einem Werke der Dichtkunst, vielmehr als ein Individuum, das ebensowenig wie ein menschliches Individuum sogleich überschaubar ist und in seinen Teilen anderen wissenschaftlichen Erfahrungen zuteilbar wäre. Auch dem wissenschaftlichen Werke gegenüber bedürfte es, wie in einer menschlichen Begegnung, der Zeit, durch die sich das fremde Individuum erst eigentlich der eigenen Individualität erschließt. Die rein wissenschaftliche Illusion dagegen befördert die Auffassung, daß wir jedes Buch – unseres Faches zumindest – sogleich beurteilen können und noch dazu in allen seinen Teilen, und dementsprechend verhält sich und kritisiert der Rezensent.

Begegnen wir jedoch naturnotwendigerweise einem wissenschaftlichen Werk ebenso wie einem literarischen Kunstwerk, so klaffen auch dort das bloß zur Kenntnis nehmende Lesen und wirkliches Kennenlernen völlig auseinander. Haben wir überhaupt Gewinn von einem Werk, so vermögen wir daraus zu lernen. Jedes Lernen aber ist ein Vorgang in der Zeit – genau wie die Annäherung an einen Menschen, mag er sympathisch oder unsympathisch sein und mag sich die anfängliche Sympathie in ihr Gegenteil verkehren oder umgekehrt. „Eigentlich lernen wir nur von Büchern, die wir nicht beurteilen können" meint Goethe, und nach einem solchen Satze stände für einen jeden der Wert wissenschaftlicher Werke gerade im umgekehrten Verhältnis zu ihrer Rezensierbarkeit. Dagegen kann es dem wissenschaftlichen Kritiker zustoßen, daß er vergißt, wie das Lernen, das heißt auch das anfänglich nicht zu Verstehende und das Neue, im Grunde das allein Wichtige ist – und nicht das Sich-zur-Wehr-Setzen gegen dasjenige am Neuen, das in den alten Vorstellungen nicht aufgeht. Die echte offene Grundeinstellung verlautbarte Sokrates in seinem Ausspruch über das Biblion Heraklits: „Was ich verstanden habe, fand ich großartig, und so ist vermutlich auch das, was ich nicht verstand. Doch es bedarf eines delischen Tauchers", – um die Kostbarkeiten vom Grunde zu heben nämlich.[11]

Das Vorurteil der wissenschaftlichen Kritik glaubt sich zu momentanem Urteil befähigt durch einen vorhandenen Thesaurus unanfechtbar sicheren Wissens. Man *wußte* vor 200 Jahren – trotz zahlreicher entgegenstehender Einzelberichte –, daß keine Steine vom Himmel fallen können. Man *wußte* vor 100 Jahren, daß der Steinzeitmensch nicht die zauberhaften Malereien geschaffen haben konnte, die Sautuola in den Höhlen seiner Heimat entdeckt hatte: sie hatten ohne Zweifel von spätzeitlichen Betrügern zu stammen. Der Vorkämpfer des Liberalismus, Rudolf Virchow, bedeutender Mediziner, Anthropologe und Ethnologe, *wußte* sowohl, daß die von Fuhlrott im Neandertal aufgefundenen Knochenreste von einem rezenten debilen Greise

---

[11] Fragment A4. Für ganz verfehlt halte ich die Deutung des Wortes in dem Sinne, daß der Leser, um in dem Werke Heraklits nicht zu ertrinken, ein Taucher sein müßte – so Burkhardt auf S. 53 seiner Übertragung (Inselbücherei Nr. 49), verfehlt zumal deswegen, weil es wissenschaftlich immer noch lebendienlicher wäre, im Pantarhei Heraklits zu ertrinken, als in irgendeinem seichten Tümpel umherzuwaten.

stammten, – wie auch als Begründer einer Zellularpathologie, daß die Forschungen von Robert Koch über lebendige Krankheitserreger, Schmarotzer im menschlichen Körper, in die Irre gingen. - Das sind nur einige wenige Beispiele für die schweren Verirrungen der wissenschaftlichen Kritik, – und ich meine, daß ihre Ursache mit dem oft berufenen Gelehrtendünkel nur ungenügend beschrieben wird. Denn die Charaktereigenschaften der Bescheidenheit, der Demut und Menschenachtung verhelfen *nicht unmittelbar* dazu, daß sich Knochensplitter zum Gesicht des Neandertalers zusammenfügen oder daß die Höhlenbilder von Altamira als menschliche Urschöpfungen einleuchten. Nicht mehr vermögen jene Eigenschaften, wenn sie in langer Selbstbeobachtung und Selbstzucht gewachsen sind, als das lediglich absprechende Urteil aufzuhalten. Die Zeit ist der Gott, an den dann Opfer möglich werden. Der Instantankritik aber hinkt das wahre Eingeständnis oft lange hinterdrein. Erst nach Sautuolas Tode bekannte sein verbissenster Gegner seine Schuld: „Mea culpa d'un sceptique" nannte er dieses Bekenntnis[12] und hatte dabei doch vergessen, daß das alte Ideal der Skepsis in Wirklichkeit die epoché war, die Enthaltung vom Existentialurteil, – und daß Skepsis von skopein kommt: vom Schauen. Und überhaupt erst einmal *sehen* zu können ist das allererste Vermögen, auf das es bei der ästhetischen wie der wissenschaftlichen Kritik ankommt.

Durch die Zwischenbetrachtung haben wir uns einen ersten Einblick in vitale Zusammenhänge des Rezensierens eröffnet und sehen nun, wie der Rezensent oftmals von der Forderung einer unmittelbaren Begreiflichkeit ausgeht, während es sich doch im allgemeinen mit dem zeitgebundenen Verstehen einzurichten hätte – und dies zumal in den Geisteswissenschaften. Denn mit originellen Werken der Dichtkunst hat auch jede originelle geisteswissenschaftliche Darstellung dies gemein, daß sie sich über einem Fond des Unausgesprochenen, des nur Angedeuteten und Mitgemeinten erhebt. Ein jeder Gegenstand ist unerschöpflich, einer jeden Darstellung haftet mithin etwas Unzulängliches an. Der Lernende, indem er sich mit dem Ausgesprochenen einläßt und es auf sich wirken läßt, wird dankbar das Unausgesprochene ahnen und nicht ungern im Gefühl einer Unendlichkeit jedes Wirklichen bestärkt werden. Der bloß Rezensierende aber, indem sich ihm nur das Ausgesprochene darstellt und er dies in seiner Endlichkeit lediglich begreift, wird dadurch von vornherein auf einen engen Bereich beschränkt,

---

[12] J. Jelinek, „Das große Bilderlexikon des Menschen in der Vorzeit", Gütersloh 1975, S. 281.

den er völlig zu überschauen glaubt und bei dessen Beurteilung ihm doch das eigentlich Wichtige und Fruchtbare des Werkes entgehen muß. Selbstredend sind bei Werken verschiedener Thematik die Anteile des Begrifflichen und des Mitgemeinten sehr verschieden. Auch kann das Mitgemeinte entweder Felder des Sachwissens betreffen, und dann wird vom Rezensenten gefordert, daß er dies ausreichend beherrscht, oder es kann sich um verschiedenartige Erlebenszusammenhänge handeln, an denen der Leser gegebenenfalls wenig oder gar keinen Anteil hat und von deren Antönen er kaum berührt wird. Andrerseits, je stärker Erlebtes in die Darstellung hineinspielt, werden auch um so höhere Ansprüche an die Sprachmächtigkeit des Verfassers gestellt, damit der Leser nicht nur in das Begreifen, sondern auch in dessen erlebensmäßige Voraussetzungen einbezogen wird.

Der in der Rezension sich abspielende Gedankenaustausch wird nun aber, über das Gesagte hinaus, weiter erschwert durch die geistesgeschichtliche Situation, in der er stattfindet. Die Geisteswissenschaften haben bei weitem noch nicht den Schock überwunden, den der Aufschwung der Naturwissenschaften ihnen zugefügt hat. Nach wie vor gelten auf vielen geisteswissenschaftlichen Einzelgebieten die unberechtigten Forderungen, die mit der Nachahmung naturwissenschaftlicher Methoden dort aufgestellt wurden. Ganze weite Gegenstandsgebiete sind noch wissenschaftliches Niemandsland, weil die Geisteswissenschaftler in ihrer Verwirrung sich aus ihnen zurückgezogen haben, indem sie dort weder der Forderung der Exaktheit genügen konnten, noch auch ihre eigenen Kriterien zu behaupten wagten. Im Verhältnis zu der Masse der Materialien sind die Verstehensversuche auf dem Gebiet der Vorgeschichtswissenschaft bescheiden, und zahlreich sind die Forscher, die froh sind, wenn sie sich auf das Sammeln und Ordnen beschränken dürfen. Welche nie wieder gutzumachenden Verheerungen hat der Behaviorismus auf den Gebieten der Ethnologie angerichtet, schon und zumal auf dem der reinen Feldforschung. Gibt es doch zahlreiche Forschungsberichte, deren Verfasser der Wissenschaft Genüge getan zu haben glauben, wenn sie, im Bilde gesprochen, beschrieben haben, wie die urvölkerliche Sibylle gezittert, gezappelt, gekreischt hat: aber um den Inhalt ihrer Botschaft haben sie sich nicht gekümmert und haben ihn nicht überliefert.[13] Große Teilgebiete der

---

[13] J. Pieper, „Begeisterung und göttlicher Wahnsinn", München 1962, zitiert S. 91 f. die „Screwtape Letters" von C.S. Lewis: „Nur die Gelehrten lesen alte Bücher. Wir aber (= die vereinigten höllischen Geister) haben diese Gelehrten so geschult, daß sie unter allen Menschen am wenigsten geeignet sind, sich die Wahrheit aus den Büchern der Alten anzueignen. Wir haben das erreicht, indem wir ihnen den „historischen Standpunkt" unauslöschlich eingeprägt

Psychologie sind vom eigentlichen Wesen der Seele entleert, sind auf Statistik und Tabelle zusammengeschrumpft, und zwischen ihr und verwandtesten Schwesterwissenschaften haben sich wüste Gemarkungen ausgebreitet. Die Parapsychologie hat sich als eine paradoxe Wissenschaft etabliert, die fortgesetzt ihren eigenen „unwissenschaftlichen" Gegenstand zu eskamotieren trachtet. Der Sektor der literarischen Volkskunde wird weithin von einer Erzählwissenschaft beherrscht, die allen formalen Vorgängen der Überlieferung und des soziologischen Materialaustausches nachgeht, im übrigen aber sich weitgehend hütet, die Sinnfrage zu stellen.

Und an diesem Punkt entsteht nun für die Kritik innerhalb der Geisteswissenschaften, für jede Rezension ein schwieriges psychologisches Problem. Natürlicherweise will der jugendliche Mensch, der eigentliche Genius der Jugend dem Sinne nachgehen und dem eigentlich gegebenen, nicht dem wissenschaftlich zugerichteten Gegenstand. Pedantisches, philiströses, greisenhaftes Zusammenscharren, Aufstellen, Abzählen und Registrieren, als wie wichtig ihm die ordnende Voraussetzung des Wissens späterhin erscheinen mag, liegt ihm nicht: das Wesen, das Wesentliche, das Bewegende, die Keime und Ursprünge sind sein eigentliches Anliegen. Infolge des naturwissenschaftlichen Schocks aber wurde in den Geisteswissenschaften der Sinn eskamotiert – und das geschah selbst sogar in der Theologie – und er gilt heute dort überall als Mangelware. Auf dem Gebiet der Naturwissenschaften ist das schon längst vollzogen. Materie ist nicht mehr Mater, Element nicht mehr elementarisch, Energie nicht mehr Urkraft. Erklärung im naturwissenschaftlichen Sinne bedeutet längst nicht mehr das Aufleuchtenlassen einer zentralen Klarheit, sondern ist, so wird der Lernende von vornherein belehrt, ein exaktes Beschreiben von Vorgängen – notwendig peripherer Art – gegebenenfalls in formelhaft-mathematischer Weise. Hierin liegt ein heilloser Zwiespalt, der schon auf rein naturwissenschaftlichem Gebiet einem ursprünglichen Verlangen des Menschen, zumal des jugendlichen Menschen, die Erfüllung versagt. Am deutlichsten ist der Umschwung dort in der Geschichte der Chemie zu erkennen, nämlich in dem Zeitpunkt, wo sie sich von der Alchemie abwandte, die Kraft an die Physik, später die physikalische Chemie abtrat und sich mit einem Stoff ohne Leben beschied. Als aber die Alchemie mehr als ein Jahrhundert später eine Zuflucht in der Psychologie fand, gab sie notgedrungen

---

haben. Der „historische Standpunkt" bedeutet, kurz gesagt, folgendes: Wenn ein Gelehrter irgendeiner Aussage eines früheren Autors begegnet, dann ist die einzige Frage, die er niemals stellen wird, die Frage, ob jene Aussage *wahr* sei."

auch noch das Labor auf und ward, – unter Verlust ihres alten Wahlspruchs *Ora et labora!* – beschränkt, sit venia verbo, aufs bloße Perorieren.

Bei einem solchen Umschwung ergibt sich natürlicherweise ein Wechsel in den Menschentypen, die sich für die eine oder die andere Wissenschaft entschließen. Der junge Mensch, der sich vor 200 Jahren für die Offizin entschieden hätte, um dort spagyrisch und chymisch zu arbeiten, würde heute vielleicht seine Erfüllung in der Psychologie suchen. Wer sich damals, zur Zeit der Aufklärung, der Philosophie gewidmet hätte, erblickte heute vielleicht in den exakten Naturwissenschaften sein Ziel. Selbstredend gibt es auch die Täuschung, daß der Alchemist von damals noch immer in der modernen Chemie dem Wunder des Urstoffes nachforschen zu können glaubt, woraus dann lebenslanges Unbefriedigtsein hervorgehen könnte – oder schon bald die Notwendigkeit, das eigentlich Gesuchte in einem anderen Fache zu verfolgen.

Die genannten Möglichkeiten sind für unser Thema nicht bedeutungsvoll. Der Normalfall im Hinblick auf die Geisteswissenschaften dürfte der sein, daß irgendwann einmal der Verzicht darauf geleistet oder abgezwungen wird, das eigentliche, das Jugendziel zu verfolgen. Die damit eintretende Philistrierung ist aber besonderer Art. Was geschieht eigentlich, wenn der Psychologe auf die Seele Verzicht leistet, der Soziologe auf die Gemeinschaft, der Theologe auf Gott? Was geschieht, wenn sich der Sprachwissenschaftler vom Wunder der lebendigen Sprache zu den Kommunikationstheorien hinwenden muß, der Indologe von altindischer Weisheit zur Textkritik und von der unmittelbaren Textkritik zur Ausbreitung rechnerischen Stückwerks für die elektronische Daten-Verarbeitung? - der Psych-Iatros zur Hirnphysiologie - der Volkskundler von der lebendigen Anschauung eines wirklichen Volkslebens zur soziologischen Theorie - oder, zusammenfassend und symbolisch gesprochen und um den weitestmöglichen Abstand zu bezeichnen: der Prähistoriker von der Anschauung eines Goldenen Zeitalters zur Scherbenregistratur? -

Mit dem Wort philistrieren habe ich eben schon zum Ausdruck gebracht, daß der „Musenjünger" seit langem einen Substanzverlust beklagt hat. Dabei ist klar, daß dieser aus mancherlei Verlusten bestand, die sich unter einem anderen Gesichtspunkt auch als die notwendigen Gewinne eines menschlichen Schicksalsablaufes darstellen, also als Einengungen zumal in Örtlichkeit, Beruf, Lebensweise, Gesellschaft. Uns gehen diese alle hier nichts an, sondern nur die allein, mögen sie mit jenen auch verwoben und verwandt sein, die aus dem Umschwung in den Geisteswissenschaften hervorgehen, den das exakte Mißverständnis dort ausgelöst hat. Was wird eigentlich aus jenen getäuschten Erwartungen, die wir gekennzeichnet haben, die einen Anspruch darstellen, auch eine Überzeugung von echten Wahrheiten, auch ein Ziel und eine Aufgabe, – die jedoch beiseitegeschoben werden müssen, die unter Zwang aus dem lebendigen Anschauen und Denken ausgeschieden werden? - Nun, es gibt zahlreiche Weisen ihres Fortlebens, jeder einzelne Wissenschaftsschüler muß die wissenschafts-soziologische Anpassung verkraften, und das Ergebnis ist abhängig sowohl vom persönlichen Charakter wie von der besonderen Beschaffenheit des fraglichen Faches. Indessen ergeben sich doch bestimmte Gruppen typischer Lösungen. Die einfachste darunter ist seit langem vorgezeichnet. Der begabte Schüler eines großen Meisters hat natürlicherweise seine eigenen Ideen, nur darf er sie nicht aussprechen oder veröffentlichen, wenn er nicht auf die Lebenshilfen, die ihm der Meister zu bieten vermag, verzichten will. Mit diesem Verzicht würde er aber zugleich auch die Möglichkeit aufgeben, jene eigenen Ideen möglichst bald und möglichst wirkungsvoll zu Gehör zu bringen, und darum ist es nur natürlich, daß er sie vorderhand überhaupt verschweigt. Das Schweigenkönnen ist auf dem Gebiet unserer Geisteswissenschaften indessen überhaupt allgemeine Erfordernis, auch für die Meister. Die stille Klage im kleinsten Kreise: Was könnte ich sagen, wenn ich dürfte! – ist gerade für den hochbegabten Hochschullehrer typisch. Er darf aber sein Bestes nicht sagen, weil er sonst die ganze Fachgenossenschaft gegen sich hätte.[14] Wobei man freilich unter dem durch Offenherzigkeit ausgelösten großen Clamor auch mit mancherlei zur Stummheit verurteilter Zustimmung zu rechnen hätte. - Was Wahrheit ist, glauben wir zu wissen, – was aber ward aus ihr in Der-Wissenschaft? -

Jene Ideen, das heißt ihre Träger, warten also ab. Das Abwarten hat auch mancherlei Formen, und im günstigsten Fall führt es zu privater Beschäftigung und Gestaltung neben dem öffentlichen Werk, so daß sich die Spannungen innerhalb der Person in einer schönen Weise ausgleichen. Bedeutsamer ist indessen das Gegenbeispiel: daß unter dem Zwang des wissenschaftlichen Consensus die eigentlichen Bestrebungen des Jugend-Genius verleugnet, verkauft, verraten werden. Dies muß nicht in der Form eines bewußten Betruges geschehen. Der gewöhnlichere Fall dürfte der sein, daß im Bewußtsein die

---

[14] Wie hat sich Lévy-Bruhl durch sein ganzes Werk hindurch, bis in die Carnets hinein, bemüht, die „occulte Tatsache", über der sich ja die sogenannte primitive Mentalität erhebt, *als Tatsache* außerhalb der Diskussion zu lassen, – sie bis zuletzt so tief zu verschweigen, daß das Gerücht aufkommen konnte, er habe seine ursprüngliche Ansicht schließlich aufgegeben!

Exaktheitsforderung anerkannt wird und dort die ursprünglicheren Anliegen als vorwissenschaftliche Irrtümer abgetan erscheinen. Dieser Vorgang würde noch unterstützt dadurch, daß die Jugend selbst, das jugendliche Denken und Wissenwollen altern, daß ihre ursprünglichen Ziele sich verwischen, verdunkeln und schließlich sogar vergessen werden.[15] Es scheint mir freilich so, als fände der Vorgang in dieser Weise zumal in den weniger genialischen Charakteren statt, im Typus des wissenschaftlichen Arbeiters. Auch hier käme es mithin nicht zu einer gefährlichen Spannung.

Eine wirkliche Gefährdung ergibt sich bei jenen Charakteren, in denen es aus besonderen Gründen weder zu der einen noch der anderen Art des Ausgleiches kommt, bei denen neben der „exakten Bewußtseinsbildung" eine Anschauung der eigentlich wirklichkeitsgerechten Anliegen wirksam bleibt. Den schlimmsten Wutausbruch in einer wissenschaftlichen Diskussion habe ich an einem hochbegabten Forscher erlebt, gegen den ein dritter des Forschers eigene tiefere Ansicht von der Sache verteidigte, da er selbst eben deren pragmatischen Aspekt vertrat, – ein Beispiel für das zerstörerische Widereinander von zwei „Seelen" in unserer Brust. Indessen handelte es sich in diesem Falle nur um ein zeitweises Hinwegsehen über die eigene innere Überzeugung, um einen freilich bezeichnenden Irrtum, der sich aus einer verzwickten Sachlage und der momentanen Stimmung ergab.[16]

Weit schwieriger, dauerhafter und wirksamer sind die wissenschaftlichen Verwirrungen jener Charaktere, die von vornherein dem Exaktheitsbewußtsein die Herrschaft übergeben haben und die um des inneren und äußeren Friedens willen radikal verzichtet haben auf alle forscherischen Bestrebungen, die dem jugendlichen Eros des Wissens Genüge tun können, – bis dahin, wo sie die innere Stimme, welche die alten Hoffnungen wachhalten könnte, mundtot gemacht und jeden Zweifel an ihren exakten Zielen gewaltsam unterdrückt haben. Im äußersten Falle haben sie gerade dasjenige Vorwissen in sich umgebracht, das sie einstens Erfüllung bedünkte. Indessen, diese abgetöteten Ahnungen vom eigentlich Wirklichen sind damit vorerst noch nicht abgetan und unwirksam geworden. Sie schlafen ihren Betäubungsschlaf unter der asketischen Werkstättenarbeit ihres Kerkermeisters, nehmen im günstigen Falle immer noch anregend, traumhaft drängend, an seinem Werken

---

[15] Einige Beispiele für diesen Verlust des zutiefst Wesentlichen durch das Altern gibt Rudolf Otto, „Das Gefühl des Überweltlichen", München 1932, S. 274-281.
[16] Zu vergleichen C. G. Jungs Gespräche mit seinem Vater, „Erinnerungen" S. 96ff.: aus einer Phase, in der der Sohn noch nicht versteht, „wieso ein völlig vernünftiges Argument auf einen emotionalen Widerstand stoßen konnte."

und Wirken teil und bilden so das fruchtbare Element in seinem rationalen Tun. Gefährlich wird es erst, wenn ihm der wissenschaftliche Gegner gegenübertritt, der sich just für das engagiert, was er in sich selber niedergekämpft hat. Dann bricht der innere Zwiespalt in aller Schärfe aus, und während alles darum zu gehen scheint, die gegnerische Ansicht mit Gründen zu widerlegen, geht der Kampf in Wirklichkeit darum, die innere Stimme zum Schweigen zu bringen – nicht mit Gründen, denn die fruchten da nicht, sondern mit der Gewalttat eines Zwingherrn. Die Begründung der Gewaltherrschaft indes ist bekanntlich die Lüge. Dies ist an den Zwingburgen der Wahrheit die Schlupfpforte, durch welche die Lüge das Kampffeld betritt. Sie dürfte im Grunde stets gegen das Selbst gerichtet sein – und würde nur beiläufig und zufällig gegen den äußeren Widersacher geschleudert. Daß der Diener der Wahrheit die Lüge mit zahllosen Scheinwahrheiten verkleidet und unkenntlich macht, versteht sich, da er in erster Linie nicht den anderen, sondern sich selber täuschen muß, – ein schwieriges Unterfangen. Ihm kann daher ein Erfolg nur beschieden sein, wenn das Blut aufgerührt und im Wirbel der Emotionen der wirkliche Sachverhalt, der eigentliche Sinn der Auseinandersetzung verdeckt wird.

Der Sieg wird teuer erkauft. Denn der tote Genius der Jugend stirbt dadurch den Zweiten Tod und wird in eine tiefere Unterwelt verbannt. Nicht nimmt er schlafend mehr teil an der eigenen Produktion, die nun vertrocknet und versandet. In seinem Wesen ist er verkehrt und gebrochen und spukt nur noch als sein eigenes Gespenst im Gemüt seines Herrn. Als Gespenst aber ist er endlich der ersehnte unumstößliche Beweis, daß jener Genius wirklich tot ist und nichtig. Endlich ist die Lüge Wahrheit geworden. Der gebrochene Genius der Jugend kehrt wieder als Dämon der Lüge, und von ihm findet sich der Erbe fortan besessen.

Haben wir den Blick bei diesem Vorgang bisher vorwiegend auf die inneren Geschehnisse gerichtet, so dürfen wir doch nicht die begleitenden äußeren Umstände und Begebenheiten vergessen. Von Anfang an stand die Person, von der wir sprechen, unter dem Druck ihrer Umwelt, die bestimmte Ansichten fordert, auf daß es dir wohlgehe und du lange lebest in Scheinfrieden und Wohlstand. Dieser Druck kann auch in den mehr „weltabgekehrten" Wissenschaften recht stark sein; er ist fast übermächtig in denen von politischer und ökonomischer Relevanz, weil der Denkende und Forschende sich dort unmittelbar der mehr und meist minder verhüllten nackten Macht gegenübersieht.[17] Sein Dämon bewahrt ihn vor jedem Konflikt, da er ihn zu einem willigen Diener der zeitgemäß-konventionellen Lüge macht. In dieser Weise wird der Verlust, den der Mann durch den Zweiten Tod seines Genius erlitten hat, wettgemacht, da der Dämon nun alles herbeischafft, dessen er bedürftig ist, um das Gebäude wissenschaftlicher Konventionen noch weiterhin auszustatten und in ihm eine Figur zu machen.

Ist der Genius eines jugendlichen Forschungsdranges auf ein allgemeines Ziel gerichtet – auch da, wo er sich am Besonderen erprobt und dieses mit Lust zu durchschauen trachtet, so nimmt nach der inneren Wende das Besondere den Charakter des Zieles an. Dies ist die notwendige Folge der inneren Verarmung. Die eigentlichen Bildträger des Sinnes, die dem jugendlichen Genius voranleuchten, sind nun ihres verlockenden Lichtes beraubt, und an ihre Stelle ist die vereinzelte Sache getreten, die es nötig hat, wissenschaftlich beleuchtet zu werden, da sie im übrigen, von sich aus, dunkel ist. Auf diese Weise wird aus dem jugendlichen Forscher der bewährte Fachmann, der Spezialist seines Gebietes. Die geläufige These, daß man heutzutage Spezialist sein müsse, um es überhaupt noch zu einem beachtenswerten Wissen zu bringen, stimmt nur zur Hälfte. Der Zwang zur Spezialisierung rührt

---

[17] Ein Fall, in dem man solche politischen Verängstigungen zu verspüren meint, hat sich nach dem Krieg in Schleswig-Holstein zugetragen, als der Pfarrer Jürgen Spanuth seine nordeuropäische Lösung des Atlantis-Rätsels vorzutragen begann. Rätselhaft ist aber auch, schrieb er 1977 zu der unbegreiflichen Artung des ihm begegnenden „Widerstandes", „warum sich Männer, die auf ihren eigenen Ruf Wert legen, mit Fälschungen meiner oder anderer oder *gar ihrer eigenen* Veröffentlichungen hervortun und dabei noch betonen, daß sie es ablehnen, mein Buch überhaupt zu lesen, und zugeben, daß sie von den archäologischen Fragen, die mein Buch behandelt, keine Ahnung haben." - Wie unintelligent die dämonische Sperre, die zur Ablehnung und zu den charakterisierten Machenschaften zwingt, verlautbart wird, ist aus der Äußerung des treibenden Hauptkritikers ersichtlich: „Ich lehne es ab, Spanuths Buch ... zu lesen, da ich mich als Geologe nicht beeinflussen lassen will." *Sic!* - Zu der Lösung des Rätsels, das ein derartiges Verhalten im wissenschaftlichen Wahrheitsringen aufgibt, steuert der obige Gedankengang, meine ich, Wesentliches bei. Dazu: Jürgen Spanuth, „Die Atlanter", 2. Aufl., Tübingen 1977, S. 10, und: Jürgen Spanuth, „... und doch: Atlantis enträtselt!" Stuttgart 1955, S. 8.
In einer sehr bedenkenswerten Weise ist die Lage der deutschen Wissenschaft unter dem Druck einer nicht integrierten, aber nach wie vor höchst relevanten Vergangenheit – bei gleichzeitigem wohltuendem Sterilitätsangebot: Sinn bleibt außerhalb der Wissenschaft – von einem Schweizer Volkskundler und Psychologen gekennzeichnet worden. Gotthilf Isler sagt, in Verteidigung seiner Sagendeutung, daß ein Mythos nicht theoretisch überwunden werden könne, „solange eine archetypische Idee noch lebendig, das heißt, psychisch gültig ist. Man kann nur versuchen, eine adäquate Auffassung für sie und damit eine richtige Einstellung zu ihr gewinnen, damit sie einen nicht a tergo überfällt und besessen macht ... Die modernen ‚Aufklärer' dagegen haben keine Ahnung, daß ein Mythos eine Realität ist. Darum ist die ‚Summe aller Laster', nämlich das Besessensein, nicht kleiner geworden, ..." Indessen, so „ungewohnt das noch klingt: es gibt daher auch so etwas wie eine seelische Gesundheit des Forschers und damit der Wissenschaft ..." – „Fabula", Zs. f. Erzählforschung, XIV, 1973, S. 151, 154. - Es wäre ein bedrückender Gedanke, wenn von dem letzten Satze auch seine Umkehrung gälte: daß es Forscher gäbe, die als solche seelisch krank wären und dergestalt eine sieche Wissenschaft betrieben...

271

keineswegs her aus dem Wesen des Wissens und selbst nicht einmal aus dem einer Wissenschaft vom Wirklichen, sondern aus den inneren Veränderungen des Forschers, dem der eigentlich jugendliche Sinn seines Forschens in der geschilderten Weise entglitten ist. Verlassen von den Sinn-Bildern, die dem Genius Leitbilder seines Forschens sein können, sieht der Fach-Mann sich rings umgeben von nicht-bildhaften und daher auch nicht von selber sinntragenden Sachen. Ihnen kommt man nur durch das Aufdecken von Beziehungen bei, und es ist bekannt, daß man sich bei deren Aufschlüsselung bis ins unendlich Kleine hin – schließlich von einem unendlich weiten Netz umfangen sieht. Wird diesem Fachmann dann ein aus dem Zusammenhang der Sinn-Bilder erwachsenes Werk vorgelegt, so wird er in seiner Rezension immer Teile seines Netzes vorweisen und die für alle Netzestricker begreiflichen Gegenbeweise liefern. Doch jenes inneren Sinnes, dem er sich hätte gegenübersehen können, wenn er noch eines lichten Blickes fähig gewesen wäre, wird er bei seinem Scrutinium gar nicht gewahr. Darüber tröstet ihn allerdings, wenn er doch in sich noch das Gefühl eines Mangels tragen sollte, die Zustimmung seiner Fachgenossen, – und die halbe Wahrheit, daß man Spezialist sein müsse, um zu wissen, wird durch jenes Lob voll und ganz.

Die echte Halbwahrheit ist aber nur, daß man allerdings, um in der Wissenschaft etwas Sinnvolles auf die Bahn zu bringen, *auch* ein tüchtiges Sachwissen besitzen müsse, – wobei Sachwissen nicht mit Fachwissen identisch ist. Denn die lebendige Wirklichkeit, auf die sich doch unsere Wissenschaft beziehen soll, hat eine eigene Art, in den Zellen unseres Wissenschaftsklosters zu hausen. Sie manifestiert sich spukhaft bald in dieser, bald in jener Zelle und geht oft ganz occultistisch durch die künstlichen Wände hindurch und zumal durch die Maschen jenes von vielen Händen ausgespannt gehaltenen Netzes. Es kann nicht fehlen, daß der Spuk, je rigoroser die Zellenregel jenes Klosters gehandhabt wird, um so toller zu toben anfängt.

Das Wort Spuk verwenden wir hier nicht etwa im uneigentlichen Sinne. Ist es nämlich richtig, daß der in Sparten zerspellten Geisteswissenschaft in der Seele ihrer typischen Betreiber eine Besessenheitsstruktur entspricht, dann ist es auf Grund der Erfahrungen, die man seit je mit der Besessenheit gemacht hat, auch zu erwarten, daß Spukphänomene auftreten. Diese sind, ganz den alten Beobachtungen entsprechend, teils dämonisch bösartig, teils aber auch narrenhaft-burlesk. Dabei sprechen sie einerseits die Sprache der Wissenschaft selbst, präsentieren sich als besseres Wissen, und andererseits desavouieren sie mit böser Schelte und mit beißendem Spott die reine

Frohbotschaft der modernen Wissenschaftlichkeit. Los und ledig wird man dieser Dämonen nur durch einen Exorzismus. Wie seit eh und je muß man freilich, damit dieser wirksam wird, sich dabei auf die eine wahre und tiefste Wirklichkeit selbst berufen können – mit einem bis auf den letzten Grund guten Gewissen.

DAS DELIKT DER FAHRERFLUCHT

Fahrerflucht liegt dann vor, wenn sich ein Fahrzeugführer nach einem Verkehrsunfall, an dem er sich ursächlich beteiligt glauben muß, den sachdienlichen Feststellungen vorsätzlich durch die Flucht entzieht. Sie ist ein Vergehen, das mit harten Strafen, in schweren Fällen sogar durch Zuchthaus geahndet wird. Solche Strafen erscheinen dem Unbeteiligten oder gar dem Geschädigten als unbezweifelbar angemessen. Der flüchtige Fahrer hat, fahrlässig oder nicht, schuldig oder unschuldig, jedenfalls ein Unheil mit heraufbeschworen, und er bedient sich just des Fahrzeuges, durch das er es verursacht hat, dazu, die Mitverantwortung abzuschütteln. Obendrein aber, unbekümmert um das eben angerichtete Unheil, überläßt er die Opfer seiner Fahrweise ihrer Hilflosigkeit. Eine solche Handlung erscheint äußerst niedrig: der Schuldige, der die Verantwortung flieht, gibt seine Würde auf und, wo er dem durch ihn selber in Not Gestoßenen seine Hilfe versagt, seine Menschlichkeit. Dem Unwürdigen und Unmenschlichen aber verschließt sich das Verständnis, und die härteste Strafe erscheint gerade hart genug. So beurteilt, wie bemerkt, der Außenstehende das Delikt, und solche Grundansicht muß man wohl auch für den Paragraphen 139a St.G.B., der das Vergehen formuliert, voraussetzen. Der Richter freilich, der die einzelne bestimmte Tat beurteilt, muß, schon um das Strafmaß festsetzen zu können (und der Paragraph selber unterscheidet besonders schwere Fälle von den übrigen) auch andere Gesichtspunkte in Rücksicht ziehen, zum Beispiel den Gemütszustand des Täters zur Zeit der Tat und die Folgen, welche die Flucht für den Geschädigten hatte. Auf diese Weise mag er dann am Ende zu einer juristisch gerechten Beurteilung des bestimmten Falles gelangen. Es fragt sich aber, ob man auf diese Weise, bei der die an sich würdelose und unmenschliche Handlung als mehr oder weniger abgeschwächt angesehen wird, auch zu einer gerechten menschlichen Beurteilung von Tat und Täter gelangt. Und sollte das nicht der Fall sein – und die folgende Darstellung sucht das zu erweisen – dann erhöbe sich die Frage, ob nicht auch rechtlich das Delikt der Fahrerflucht von vornherein in einem andern Sinne bestimmt werden müßte.

Zunächst einmal fällt bei diesem Delikt auf, daß es unter allen mit schweren Strafen bedrohten Vergehen das einzige ist, zu dem sonst durchaus rechtschaffene Menschen sich gedrängt finden, Menschen, welche die Versuchung zu strafwürdigen Taten normalerweise gar nicht an sich herankommen lassen. Nun setzen aber alle unsere Handlungen und Entscheidungen eine gewisse Übung voraus; und der kaltherzige Berufsverbrecher, der gewohnt ist, die Chancen der Nutznießung und des Erwischtwerdens kaltblütig abzuwägen, hat im Falle des Verkehrsunglücks günstigere Bedingungen als der solcher Versuchungen ungewohnte Durchschnittsbürger. Jedenfalls würde jener, wenn er sich entschlösse, weiterzufahren, entschieden besser in das Bild passen, das wir oben von dem Flüchtigen entwarfen, das Bild des zu kaltschnäuziger Selbstsucht und Rücksichtslosigkeit Entschlossenen, als der Durchschnittsbürger, dessen Entschlüsse niemals so entschieden abgefaßt sind.

Zu seiner allgemeinen Unerfahrenheit in solchen Versuchungen tritt weiter erschwerend hinzu, daß die Situation, die seine Entscheidung fordert, ihn urplötzlich überfällt und daß sie im allgemeinen in gar keinem Verhältnis zu dem Inhalt vorausgegangener Augenblicke steht. Der jäh ertappte Räuber, der sich durch einen Mord aus der Gefahr des Ergriffenwerdens befreien könnte, ist doch in ungleich höherem Maße, sowohl durch früheres Abwägen des Risikos wie auch infolge des Unsicherheitsgefühles unter seiner Tat, auf die plötzliche Versuchung vorbereitet als der rechtschaffene Fahrer, der bis dahin geglaubt hatte, daß er als anständiger Mensch natürlich der Verantwortung nicht entfliehen würde. Dies hat er im Zustande der Besonnenheit geglaubt und gewollt, – aber er hat damals die geradezu weltumstürzende Natur des plötzlichen Situationswechsels nicht geahnt. Aus dem Heimkehrenden, dem gesellschaftlich oder geschäftlich Verabredeten, dem Planenden, Gedenkenden, Trauernden ist jäh der Töter, der Schuldige, Angeklagte, Verfolgte geworden, und diese schrecklichen und gänzlich unvertrauten Kennzeichen seiner Lage schwärzen die vertrauten vorigen gänzlich aus. Und bevor der Fassungslose sich faßt, hat er das Delikt der Fahrerflucht bereits begangen.

Denn zu der Augenblicklichkeit, mit der die Lage über ihn verhängt wird, tritt noch die Forderung sich momentan zu entscheiden. Nur kurzes Zögern führt schon über den Tatbereich hinaus. Wiederum fordert das Gesetz eine Reaktionsbereitschaft im Ethischen und Rechtlichen, wie sie der Durchschnittsmensch kaum besitzen mag. Denn das Normale ist, daß Versuchung und Rechtschaffenheit miteinander ringen und daß der Entschluß zum gerechten Handeln sich erst nach einer wie immer bemessenen Frist einstellt. Eine ethische Forderung, daß der Mensch ohne Versuchungen sei, ist gar nicht gedenklich, sondern nur diese, daß er sie überwinde. Stellen wir uns vor, daß ein Mensch auf seinem Wege einen kostbaren Fund tut, der ihn mit einem Schlage aller Not enthöbe. Nicht das machte ihn unwürdig, daß ihn der

Fund lockt, und nicht das unmenschlich, daß ihm zeitweise seine Not über der des Verlierers steht, sondern daß er unter Umständen der Verlockung erliegt und sich über den Verlust des Verlierers selbstsüchtig hinwegsetzt. Wieviele Menschen aber sind sich dessen gewiß, daß bei ihnen der erste Schritt über die Fundstelle hinaus bereits auf das Fundbüro gerichtet wäre! Von dem in einen Unfall Geratenen aber wird der entsprechende Entschluß unter viel schwierigeren Bedingungen ohne Aufschub gefordert.

Das Gesetz stellt also die höchste und die entscheidende Anforderung an die Entschlußkraft. Daraus folgt mit Notwendigkeit, daß umgekehrt dem Fahrer, der dieser Forderung nicht gerecht wird, in erster Linie Unentschlossenheit vorzuwerfen ist. Denn es sind nicht Rücksichtslosigkeit und Unredlichkeit, die ihn weiterfahren lassen, sondern die Unfähigkeit zu raschem Entschluß. Entschlußkraft ist aber kein notwendiger Bestandteil der Hilfsbereitschaft und der Rechtschaffenheit, beide können durchaus ohne sie ungeschmälert bestehen, und das Weiterfahren beweist nicht ihre Abwesenheit. Vom Soldaten fordert man die Fähigkeit zu momentanem Entschluß, aber im zivilen Verkehr wird das Gewöhnliche sein, daß der von dem Ereignis Überfallene zunächst in dem Zustande verharrt, in dem ihm das Bewußtsein des Geschehenen zuteil ward. Unternahm der Täter schon im Unfall den Versuch, zu bremsen, so wird er vielleicht anhalten. Versuchte er, den Zusammenstoß durch Geschwindigkeitserhöhung zu umgehen, so ist sein Weiterfahren wahrscheinlicher. Der vermeintliche ethische Aspekt der Tat ist also in hohem Maße abhängig von außerhalb des Ethischen liegenden Gegebenheiten, unter anderem sogar bloß von den infolge der Umstände notwendigen oder infolge der Reaktionsweise des Fahrers notwendig erscheinenden Fahrmanövern. Demgegenüber erscheint der § 139a wie aus einer Art Militärgerichtsbarkeit herübergenommen. Er setzt Vertrautheit mit dem Grausigsten voraus, will von keiner Schwäche wissen, wertet nur nach dem Erfolg und rechnet – sozusagen – ausschließlich mit „Offizieren" des Verkehrs.

Sähen wir uns nach dem bisher Dargelegten geneigt, den im ersten Augenblick Flüchtenden von den schwersten Vorwürfen loszusprechen, so bleibt doch die Frage offen, wie sein Verhalten nach drei, fünf, dreißig Minuten zu beurteilen ist, nach einer Stunde oder nach einem Tage. Zu irgendeinem früheren oder späteren Zeitpunkt müsse sich doch – gemäß dem eingangs geschilderten Bilde der Fahrerflucht – seine Schuld vollenden. Um hierauf antworten zu können, gilt es nun, den seelischen und letzten Endes schon metaphysischen Charakter des Geschehnisses zu erforschen, gilt es, ihn von innen her zu durchleuchten. Nur vom unmittelbaren Erlebnis her werden wir Tat und Täter wirklich verstehen können. Wir sehen dabei von solchen Unfällen ab, die infolge ihrer Leichtigkeit dem Fahrer sofort sachlich klar sind und keine die Innerlichkeit tief erregende Kraft entwickeln, handeln also nicht von dem bloßen Verbiegen einer Stoßstange, Einbeulen eines Bleches, Abkratzen der Farbe. Wir beschränken uns auf die erregenden Fälle, denen auch die Presse breitesten Raum gewährt, welche die Öffentlichkeit schon wegen der Bedingungen des Unfalls und dessen schlimmen Folgen beschäftigen, – und die auf der Seite des Fahrers starke optische und akustische Eindrücke mit sich führen, Schreie des Schmerzes, den dumpfen Prall von Leibern, das Knirschen, Splittern, Krachen des Materials. Denn es sind diese Fälle, in denen die Frage nach den seelischen und tatsächlichen Ursprüngen der Fahrerflucht besonders dringlich gestellt werden muß. Wir verwenden dabei vornehmlich, aber ohne uns auf sie zu beschränken, die Erfahrungen eines Arztes, der Fahrerflucht beging, bei dem also der Gegensatz zwischen vorauszusetzender menschlicher Verpflichtung und anscheinend vorliegender schimpflicher Flucht besonders unvereinbar und rätselhaft aufklaffte. Unsere Darlegungen fußen auf genauer Kenntnis der Person und der feststellbaren Umstände des Unfalles. Wir glauben, daß dieser Fall Bedeutendes zur Klärung der Verkehrsflucht beizutragen vermag, und werden im Folgenden diese Klärung versuchen.

Wir betonen, daß wir den Fall nicht als einen Einzelfall ansehen, sondern als den typischen Fall der Fahrerflucht nach schwerem Unfall. Wir halten auch dafür, daß die typischen inneren Bedingungen des Vergehens, obwohl sie ungewöhnliche Zustände des menschlichen Innern darstellen, doch nicht so weit von unser aller Erleben entfernt sind, daß wir uns allein auf die Schilderung des Arztes verlassen müßten, – vielmehr lassen sich diese seelischen Vorgänge durchaus nachfühlen und begrifflich klar erfassen. Das Gericht hat zwar des Angeklagten Ausführungen zu diesem Punkt als wahr unterstellt, ja, die Urteilsbegründung behauptet sogar, es handle sich um den typischen Verlauf bei jeder Fahrerflucht, im übrigen aber nimmt sie den Standpunkt ein, daß trotz dieser Befunde festgestellt werden dürfe der Vorsatz der Flucht. Unter Vorsatz aber versteht den juristische Wortgebrauch den gewollten Entschluß bei klarem Bewußtsein des Tuns.

Der Fahrer allgemein, wie wir ihn nunmehr ins Auge fassen, führt zwar die Bedingungen des Unfalls mit herauf, aber er wird sich dessen im Normalfall nicht bewußt sein; er wird vielmehr glauben, auch wenn er

Polizeivorschriften fahrlässig außer acht läßt, allen Anforderungen des Verkehrs gewachsen zu sein. Dann aber vollendet sich plötzlich mit rasender Geschwindigkeit das Bild eines unentrinnbaren Zusammenstoßes. Auf Bruchteile von Sekunden hat der Fahrer beides gegenwärtig, die noch heile Welt und ihr bodenloses – durch die unabsehbaren, aber sozusagen seherisch im Augenblick zusammengefaßten Folgen – bodenloses Verderben. Nicht der physische Zusammenprall versetzt dem Fahrer den ersten Stoß, sondern die Erkenntnis dieser unentrinnbaren Notwendigkeit.

Das Alltagsbewußtsein ist geneigt, diesen ersten Anprall zu unterschätzen; es billigt nur den tatsächlichen Geschehnissen heftige Wirkungen zu. Aber gerade diese Meinung macht den Anprall um so verheerender. Er bereits zerstört nämlich jenes Alltagsbewußtsein, aus dem die meisten unserer Handlungen und Wertungen stammen. Der Alltagsglaube, daß es noch immer irgendeinen Weg gäbe, daß sich die Dinge managen ließen, daß Lösungen gefunden werden könnten, wird durch den Anblick des unausweichlich Kommenden, der Übermacht der Zeit, die sich weder aufhalten noch umkehren läßt, gründlich zerstört. Unberührtes Heil und Zerstörung liegen in zwei unaustauschbaren Momenten nebeneinander. Gerade der Ingenieur seines Lebens, der Maschinenwart des Schicksals, zu dem der Gegenwartsmensch sich zu formen beflissen ist, gerade seine Haltung wird durch die Anschauung des fremd gewordenen Verhältnisses schon vor dem „Unfall" zerschmettert.

Nach diesem Zusammenbruch der bewußten Haltung trifft der nächste Stoß, der wirkliche leibhafte Prall mit seinen mehr oder weniger grausigen Einzelheiten bereits gar nicht mehr auf das bewußte Bemerken, sondern unmittelbar in die tierhaften Gründe unserer Natur und erfüllt sie mit Schauder, Angst, Finsternis. Damit sind – für eine Zeitlang wenigstens – auch die halbtierischen Instinkte des Sichstellens oder des Zuspringens ausgelöscht. Es ist eine seltsame Anforderung an diesen Fahrer, die da gestellt wird: er solle würdig und human handeln. Was oder wo ist dieser Fahrer? Er ist wie eine zusammengeprellte Feder, und sowie der Druck nachläßt, schnellt sie auseinander. Der Wagen rast mit einem Satz wie von selber davon. Zu dieser zerstörten Natur steht ethisches Sollen in gar keinem Verhältnis.

Denn nun – wie unter dem Beschuß mit Drillingstürmen sich Panzerplatten biegen und brechen – trifft ein dritter Stoß bis in den Kern: die Erkenntnis des Geschehenen. In drei aufeinanderfolgenden Momenten erlebt der steuernde eine ganze Metaphysik: die Unentrinnbarkeit des Verhängnisses, das Überwältigende des Widerfahrenden und die Unabänderlichkeit des

Geschehenen: die drei wirklichen Aspekte der Zeit, die er wie wir alle nie wahrhaben wollte. Das Ungeheuerliche aber, das wahrhaft Vernichtende ist, daß sich dieser letzte Stoß mit monotoner Regelmäßigkeit wiederholt. Unsere Wahrnehmungstätigkeit besteht aus dem Dabeisein und dem Darübersein, dem Verlorensein im Anschauen und der Gegenüberstellung im Auffassen. Dies Dabeisein, diese Verlorenheit bestehen ununterbrochen fort, aber sobald das Bewußtsein dazu ansetzt, sich über die Anschauung zu erheben, sobald das bloß Angeschaute in seiner Bedeutung vergegenwärtigt werden soll, schon bei dem ersten Anhub dieser Vergegenwärtigung trifft der vernichtende Sinn des Geschehenen die Zentrale des Bewußtseins, das Ich, und löscht es gewissermaßen aus. Und jeweils, sobald sich über das bloße Dabeisein – gleichsam rotierend – das Ich aufs Neue zu erheben trachtet, wird es aufs Neue wieder in die Dunkelheit hinuntergestoßen.

Von den beiden Funktionen der Wahrnehmung, der Anschauung und der Vergegenwärtigung, fällt also die eine, die Vergegenwärtigung aus. Der nun längst flüchtige Fahrer vergegenwärtigt sich das Geschehene überhaupt nicht, er stellt es sich nicht vor, sein Vorstellungsvermögen ist leer. Folglich, und das ist eine entscheidende Folgerung, kann es im geschilderten Falle auch gar nicht geben den Vorsatz. Dieser aber ist die unerläßliche Bedingung für das Zustandekommen der Fahrerflucht.

Der Sachverhalt läßt sich noch deutlicher machen. Der Mangel an Vergegenwärtigung bedeutet eigentlich, daß die je und je geschauten Bilder in keinem übergeordneten Bewußtsein, nicht im bleibenden Ich von Augenblick zu Augenblick verknüpft werden. Die Zeit – in der uns vertrauten Form der Dauer – hat aufgehört. Sie ist abgebaut auf ihre Wurzel – den stehenden Augenblick, der wandellos nur je für sich ist. Abermals, auch aus dieser Betrachtungsweise erhellt, daß es den Vor-satz, die Vorstellung eines in der Zukunft liegenden Zwecks und den darauf gerichteten Willen, nicht geben kann, denn der stehende Augenblick gewährt dazu keine Frist, keinen Zeitraum. Allerdings erlaubt die unter diesem subjektiv zeitlosen Zustande verstreichende objektive Zeit, daß der Fahrer sich vom Unfallort entfernt, objektiv also Fahrerflucht begeht.

Man wird fragen, wie es bei der so geschilderten Bewußtlosigkeit dem Fahrer denn überhaupt möglich ist, scheinbar zweckvoll zu flüchten. Nun, diese Bewußtseinsstörung ist keine Ohnmacht, und sie ist kein Schlaf. Es mangelt der Seele nur an der Vergegenwärtigung des Gegebenen, nicht an der Anschauung dessen. Und diese unvorgestellte, diese nicht gegenübergesehene, sondern unmittelbar „eingehende" Anschauung vermag sich jedenfalls unmittelbar in scheinbar zweckmäßige Handlungen umzusetzen. Je und je reagiert der Fahrer angemessen auf äußere Bedingungen, er steuert – scheinbar – sein ursprüngliches Ziel auch weiterhin an, aber da er gar keinen Zweck sich vorzusetzen vermöchte, flüchtet er nicht. Er bleibt nur in der Bahn, auf der er ansetzte.

Einen Zustand, in dem die Anschauungsbilder nicht distanziert werden vom Erlebenden bezeichnen wir als traumhaft. Und annähernd so erschiene wohl auch dem Fahrer sein Zustand in der Rückschau. Einen wichtigen Bestandteil dieses „Traumes" stellt die Halluzination eines stehenden Tones dar; er ist, je nach den Umständen abgewandelt, eines der sinnlichen Kennzeichen für das Zeiterlebnis des „stehenden Augenblicks". Hier läge für die gerichtliche Psychiatrie ein wichtiger Ansatzpunkt, indem einerseits die Forschung eine Systematik der „geträumten" Innenseite solcher Delikte liefern könnte und andererseits der gerichtliche Gutachter aus den Merkmalen des jeweiligen „Tat-Traumes" wichtige Fingerzeige für die Diagnose erhielte. Vielleicht ergäbe sich hier eine stichhaltige Methode, den kriminell Flüchtigen – der keinen solchen Traum zu berichten wußte oder nur einen gefälschten – von dem „kopflos" Flüchtenden objektiv zu unterscheiden.

Wir haben den Ablauf der Verkehrsunfallflucht bis zu dem Zeitpunkt vorgeführt, wo der „Geflüchtete" allmählich wieder in einen dem Normalen vergleichbaren Bewußtseinszustand zurückgleitet – durch Abstumpfung, durch Gewöhnung an den Schrecken. Aber auch dies Wiedererwachen könnte intermittierend sein, indem wiederholt, mit wachsender Klarheit, das Bewußtsein aufs Neue ausweicht und abstirbt. Man könnte den nun einsetzenden Vorgang beschreiben mit dem bekannten Ausdruck, daß der Verstörte nach Fassung ringt. Der Sinn davon ist, daß nun eben die Zusammenfassung der getrennten Wahrnehmungen sich anbahnt. Diese ist zunächst nur stückhaft. Statt zu einem gefestigten Ich kommt es vorübergehend zur Bildung mehrerer „Zentralen", entsprechend den in der Seele vorhandenen stärksten Antrieben. Man könnte auch sagen, daß vorläufig das Ich nicht bei sich ist, sondern bei den mächtigsten seelischen Faktoren verweilt. Dies bedeutet, daß vorläufig keine Willensbildung möglich ist. Es existieren daher unabhängig nebeneinander Wünsche, die sich nicht durchsetzen, – vornehmlich also wohl die Wünsche, daß man rechtschaffen verfahren möge und daß man allem entronnen sein möchte. Zu echten Entschlüssen aber kommt es zunächst nicht, weil das Vermögen des Wollens selber gespalten ist. Es gibt nicht einmal die Zentrale, die abwägen könnte, die dem einen oder dem andern Wunsche, wenn auch ohnmächtig beipflichtete. Das Innere liegt in Anarchie, – und nach außen tritt von diesen Vorgängen nichts in Erscheinung, die Fahrt wird fortgesetzt.

Schon am gegenwärtigen Punkt der Erörterung möge der Leser zu entscheiden versuchen, ob wohl durch diese ganze Tiefe der Verstörtheit derjenige Fahrer hindurchgeht, der zur Feinfühligkeit, zur Menschlichkeit und zu würdigen Einstehen befähigt ist, oder der ehr- und gefühllose Drückeberger. - Noch haben wir anzumerken, daß der Geflüchtete nicht völlig wieder zu dem Durchlebten zurückkommt. Sein Gedächtnis an die Tat ist lückenhaft, es wäre gedenklich, daß es fast völlig ausgelöscht wäre bis auf ein unwandelbares Bild, das mit jenem geschilderten ersten „Stoß" zusammenhinge, oder es gesellten sich zu diesem noch abgerissene Augenblicksbilder aus der Zeit der Bewußtseinsintermittenz.

Nehmen wir an, daß der Fahrer endlich faßt, daß er einen Unfall verursacht hat mit schweren Schäden für Mitmenschen, dann kommt ihm nun auch endlich zum Bewußtsein, daß er hier, weit vom Tatort, mit einer weiteren Straftat belastet steht: mit Fahrerflucht. Er kennt das Gesetz, das ihn dessen schuldig erklärt, und weiß zugleich, daß er niemals seiner Verantwortung sich zu entziehen im Sinn hatte, weder früher noch unter seiner ihm nun völlig rätselhaften Tat. Und hiermit haben wir bereits einen der Gründe dafür gegeben, warum der „Täter" sich nach dem Erwachen nicht sogleich der Polizei stellt. Denn diese Frage beginnt der Unbeteiligte nun wieder ungeduldiger zu stellen. Dieser erste Grund liegt eben darin, daß, nachdem zuvor das Bewußtsein gestört war, nunmehr der Fahrer in seiner Person gespalten ist. Denn er, dem gemäß, was er erlebt hat, weiß – oder glaubt zu wissen – daß das, was man ihm vorwerfen, um dessentwillen man ihn anklagen wird, eher an ihm als von ihm verübt wurde; jedenfalls findet er in sich als bewußter ethischer Person keinen Beweggrund zu der schimpflichen Tat, als deren Quelle ihm vielmehr ein rätselhaft wirkender Unstern erscheint. Mannhaft für Verwirktes einzutreten aber vermag nicht, wer in sich selbst zwiespältig ist. Und das ist der „Täter" hier aus der Natur der Sache, und er vermag über diese Sache nicht Herr zu werden durch Bewußtsein und Willen, denn eben diese sind in dieser Sache ja in sich zerfallen. Diese Zerfahrenheit vermag für die Haltung des Angeklagten durch den ganzen Prozeß hindurch bis zur Urteilsverkündung bestimmend zu sein: er leugnet – unter dem Gefühl innerer Berechtigung – mit der Straftat überhaupt etwas zu tun zu haben, – wobei er unter Umständen seine Einstellung zu der vorgeworfenen Fahrerflucht auf den

Unglücksfall selbst überträgt. Überhaupt beginnen natürlich hier der individuelle Charakter, sein Bewußtheitsgrad, seine Bildung eine Rolle zu spielen. Aber nun treten zu dieser prinzipiellen Schwierigkeit – der inneren Zerfallenheit – noch andere hinzu. Es appellieren nämlich nun an das Gewissen moralische Pflichten, und diese überwiegen – gerade bei dem gewissenhaften Menschen – eine Zeitlang die bloß rechtlich oder polizeilich gebotenen; denn diese letzteren maskieren ja sozusagen das auch ihnen innewohnende Moralische. Der straffällig Gewordene glaubt seine bürgerliche Existenz zerstört. Ganz neue Sorgen fallen ihn an. Er sieht einer Untersuchungshaft, einer langen Gefängnisstrafe entgegen. Der Entschluß, sich der Polizei zu stellen, ist gefaßt, aber nun denkt er an seine Mutter, seine Frau, seine Kinder. Unabsehbar sind die trostlosen Gedankenreihen, die sich daran knüpfen. Gering ist das, was ihm in der kurzen Frist, die er sich gestellt hat, noch zu tun bleibt. Er tut es, und mehr und mehr drängt es sich ihm als nötig auf. Da hat die Fahndung, die auf vollen Touren läuft, ihn endlich aufgespürt und faßt ihn als einen ehrlosen unmenschlichen Wicht.

Aber um noch einen Grad tiefer vermag das Gebot der Rechtmäßigkeit ins Hintertreffen zu geraten, ohne daß sich der Betroffene moralisch verschuldet. Es wird wahrscheinlich niemals entschieden werden, ob den Selbstmord die Feigheit oder die Herzhaftigkeit wählt. Gewiß aber hat die Hälfte oder auch ein Großteil der Menschen jezuweilen mit dem Gedanken des Freitodes zu ringen. Was Wunder, daß er einem so erschütterten und gestürzten Menschen hart an das Sein tritt. Wo aber dieser Gedanke mehr ist als ein Spiel, wo er nahe vor der Ausführung steht, da weichen die sozialen Rücksichten noch weiter zurück. Der Mensch sieht sich einsam vor Gott und die Ewigkeit gestellt, und solange er mit ihnen hadert oder an sie die ewigen Fragen richtet, bleiben Gesetze und Polizeivorschriften unverständlich, leer und ohne entscheidende Kraft.

Zusammenfassend dürfen wir sagen, daß nach schweren Verkehrsunfällen die Verkehrsflucht ein von dem äußeren Eindruck, dem landläufigen Vorurteil völlig abweichendes Inbild zeigt. Wir finden im Hintergrunde der Handlung nicht den kaltherzig seine Chancen abwägenden Halunken, sondern die dunkle menschliche Seele in ihrer Eindrucksempfänglichkeit, ihrer Wandelbarkeit und Zerbrechlichkeit. Selbstredend gibt es skrupellose Lumpen, die sich mit Vergnügen ihrer Verantwortung entziehen; aber man wird sie vornehmlich unter den Fahrern finden, die sich den Folgen leichter Unfälle durch die Flucht entziehen. Nach schweren Unfällen wird hingegen auch eine ehrlose Natur so verstört sein, daß man das Vorsätzliche der Flucht bei ihr ebenfalls verneinen muß. Den Schlüssel für den Charakter der schweren Unfälle und der aus ihnen ableitbaren Handlungen darf man also keineswegs in dem Charakter der leichten suchen. Jene sind von eigener Art, die in dem Kernmerkmal der mehr oder weniger vollendeten Verstörtheit gründet. Schwere des Unfalles und Schwere der Fahrerflucht stehen im umgekehrten Verhältnis, und die Schwere des Unfalles wäre in jedem Falle als ein entlastendes Moment zu werten. Heutzutage aber muß die Verstörtheit, obwohl sie im Zweifelsfall stets vorauszusetzen wäre, im Prozeß nachgewiesen werden – kein guter Rechtsbrauch angesichts der hier dargelegten normalen Beschaffenheit des Vergehens und des dazu entgegengesetzten landläufigen Vorurteils. Das jedenfalls vorauszusetzende seelische Geschehen schließt den Begriff des Vorsatzes aus, – es sei denn, man bezöge sich mit ihm – statt wie gebräuchlich auf die bewußte Person – auf die unterbewußte Sphäre vitaler Antriebe. Nun fallen dort zwar für die Willensbildung wichtige Entscheidungen, aber den „Täter" sucht doch in ihnen das moderne Strafrecht im allgemeinen nicht, sondern im Bewußtsein.

Der Begriff der Fahrerflucht wurde entwickelt zu einer Zeit, als die Geschwindigkeit der Kraftdroschke noch die bloß gesteigerte der Pferdekutsche war; er wurde fortentwickelt unter wachsenden Geschwindigkeiten und die Fassung wurde verschärft, ohne daß ein einziges Mal dem Bedenken Raum gegeben wurde, man sei mit der hohen Geschwindigkeit in einen sachlich anderen Bereich eingetreten. Auch auf andern Gebieten täuscht die gradweise Steigerung der meßbaren Seite eines Sachverhaltes über nichtgraduierbare Wesensunterschiede hinweg. Mit der Überwindung der tierischen und menschlichen Geschwindigkeiten ist aber in der Tat der Mensch in andere Bereiche vorgestoßen, nämlich die elementarer Geschwindigkeiten, und mit diesen stehen andere Bereiche der menschlichen Seele in Zusammenhang als mit jenen. Das ist bisher entweder unbekannt oder unbeachtet geblieben. Die Bedeutung neuer physischer Verhältnisse für den Leib wird mit Experimenten erforscht, – bei der Seele begnügt man sich mit Analogieschlüssen – sehr zu Unrecht, wie unsere Überlegungen zeigen. Sonst hätte man schon längst darauf stoßen müssen, daß in diesen Fällen das Delikt der Fahrerflucht nicht begangen, sondern ausgelöst wird.

Indessen hat etwas Rätselhaftes die Fahrerflucht doch umwittert, in steigendem Maße in den letzten Jahren. Es blieb den Berichterstattern und andern Unbeteiligten häufig unfaßlich; daß intelligente Menschen flüchteten, denen nüchterne Überlegung hätte sagen müssen, daß bei der modernen Fahndung das Entkommen mit stark beschädigtem Wagen aussichtslos sei, oder doch zumindest, daß das eingegangene Risiko, der Einsatz von Ehre und Existenz bei der äußerst geringen Aussicht, unentdeckt zu bleiben, weitaus zu hoch sei. Es wäre also logisch gewesen, zumal wenn man noch weitere Wesenszüge bestimmter Beschuldigter ins Feld geführt hätte, an dem Vorsätzlichen der Fahrerflucht zu zweifeln. Woher rührt eigentlich die Scheu vor einer kritischen Betrachtung dieses Punktes?

Die Antwort ist klar. Man fürchtet sich vor den juristischen und den verkehrstechnischen Folgen einer andersartigen Bewertung der Fahrerflucht, – in dem Glauben, daß eine scharfe Fassung des Paragraphen 139a St.G.B. vom Begehen des Deliktes abschrecke. Aber in diesem Falle zeigt der Glaube an die abschreckende Wirkung der Strafandrohung nur zum andern Male, daß die Psychologie des Deliktes unbekannt war. Das Vergehen mit diesem zusätzlichen Schrecken zu belasten, hieß nur, der Vollendung der Verstörtheit Vorschub leisten. Überdies aber kann es nicht die alleinige Aufgabe des Strafrechtes sein, die Befolgung polizeilicher Vorschriften zu erzwingen, zu allererst sollte es anleiten zu einer gerechten Beurteilung der einzelnen Straftat. Der Verfasser dieser Darlegung glaubt gezeigt zu haben, daß der Fahrerflucht-Paragraph hierin versagt, und die gerichtliche Praxis verrät, daß er zu einer unzulässigen Ausweitung im Begriff des Vorsatzes verleitet.

284

Inhalt

Schriften zur Märchen-, Mythen- und Sagenforschung

Bislang in dieser Reihe erschienen:

Band 1

Heino Gehrts

Gesammelte Aufsätze 1
Aspekte der Märchenforschung

Mit einem Vorwort herausgegeben
von Heiko Fritz

Br., 304 Seiten, 36,90 €
ISBN 978-3-86815-588-4
Igel Verlag, Hamburg 2014

Band 2

Heino Gehrts

Gesammelte Aufsätze 2
Justinus Kerner und die Zeit der Aufklärung

Herausgegeben von Heiko Fritz
Mit einem Vorwort von Sven Gallinat und
Uwe Schellinger

Br., 308 Seiten, 36,90 €
ISBN 978-3-86815-700-0
Igel Verlag, Hamburg 2015

Band 3

Heino Gehrts

Gesammelte Aufsätze 3
Initiation, Einweihungsrituale und
Wesensphänomene

Herausgegeben von Heiko Fritz
Mit einem Vorwort von Wolfgang Giegerich

Br., 280 Seiten, 36,90 €
ISBN 978-3-86815-707-9
Igel Verlag, Hamburg 2016

Band 4

Heino Gehrts

Gesammelte Aufsätze 4
Die „andere" Welt und Lebensweisheiten

Mit einem Vorwort herausgegeben
von Heiko Fritz

Br., 296 Seiten, 36,90 €
ISBN 978-3-86815-715-4
Igel Verlag, Hamburg 2017

Band 5

Heino Gehrts

Gesammelte Aufsätze 5
Die Welt der Märchen

Mit einem Vorwort herausgegeben
von Heiko Fritz

Br., 340 Seiten, 46,90 €
ISBN 978-3-86815-726-0
Igel Verlag, Hamburg 2018